트렌드
기초
영문법

트렌드 기초 영문법

개정판 1쇄 **발행** 2025년 1월 10일
개정판 1쇄 **인쇄** 2025년 1월 2일

저자	이영진, 이경주
발행처	**마인드박스**
발행인	강신갑
주소	서울시 마포구 포은로2나길 31 벨라비스타 208호

등록번호	105-91-62861	**등록일자**	2011년 7월 10일
전화	02.406.0047	**팩스**	02.406.0042
이메일	mindbox1@naver.com		

ISBN 979-11-971779-6-5 (13740)
값 24,000원
ⓒMINDBOX, 2025

머리말
PREFACE

글로벌 시대의 영문법은 소통에 도움이 되는
실용영문법이라야 합니다.

우리에게 있어 영어는, 과거에도 중요했고 지금도 중요하고 앞으로는 더욱 중요하게 될 것입니다.
우리만의 세상이 아닌 지구촌이 하나가 된 글로벌 환경에서 살고 있으며, 이런 환경에서 소통수단은
당연히 영어이며, 지금 이 시대에 절실히 필요한 것은 써먹을 수 있는 살아 있는 영어입니다.

영어의 목적은 읽기(Reading), 쓰기(Writing), 듣기(Listening), 말하기(Speaking)를 잘하는 데 있습니다.
종래의 영어교수법은 대부분 '문법 따로, 어휘 따로, 독해 따로, 영작문 따로, 회화 따로' 가르쳤지만,
영어 사용 환경이 바뀐 글로벌 시대인 이제는 각 영어 영역이 서로 연결되는
유기적 학습법이 시대의 요구와 일치합니다.

이러한 시대적 요구에 맞춰 영문법만을 위한 영문법이 아닌,
영문법을 통해 '어휘, 독해, 작문, 회화'도 향상시킬 수 있는 학습법으로,
이 책에 영문법을 소개했습니다.

첫째, 예문은
회화나 표현에 도움이 되는 **실용예문**을 사용하였고,
독해에 도움이 되는 긴 예문에는 **끊어읽기 표시**를 하여 **직독직해 연습**을 할 수 있게 했습니다.

둘째, 어휘는

교과서에서 자주 볼 수 있는 기본어휘보다는 'TOEIC'이나 '영자신문'에서
자주 등장하는 **'실용 어휘'**와 **'난이도 있는 어휘'**, **'구어체 관용어구'**를 상당수 사용하여
영문법을 통해서도 상당한 어휘력을 갖출 수 있게 했습니다.

셋째, 문법 정리는

챕터별 학습 과제를 제시한 후, 시험에 관계되고
독해, 작문, 회화에 도움이 되는 **실전적**이고 **실용적인 부분**을 위주로,
보는 순간 바로 이해되도록 명쾌하게 정리했습니다.

이 책이 출간하기까지 많은 분들의 도움이 있었습니다.
우선 원고의 완성도를 높여 주시고 교정에 심혈을 기울여 주신 교수님들,
강사님들, 선생님들, 광주 한스어학원 한창용 원장님께
깊은 감사의 마음을 전합니다.

이 책을 끝내는 순간
영문법 정복은 기본이고 어휘력은 최고 수준으로 올라가며,
독해의 맥이 잡혀 영어 문장이 쉽게 읽히고,
영어작문에도 자신감을 가지게 되며,
영어회화도 할 수 있게 됩니다.

차례
CONTENTS

<u>이론편</u>

이 책의 특징
ABOUT THIS BOOK

이 책으로
무엇을
얻을 수 있는가?

첫째, **영문법 체계**를 확실히 세워 주고 **영어에 대한 눈**을 뜨게 하며,
영어에 자신감이 생기고 실력이 크게 향상됩니다.

둘째, 대부분의 예문에 **실용어휘**와 **시험에 자주 출제되는 어휘**를
사용하여, **영문법**과 **어휘학습을 동시**에 할 수 있습니다.

셋째, 독해에 도움이 되는 예문으로 **끊어읽기**를 연습하며,
독해정복의 기틀을 다질 수 있습니다.

누가 이 책을
읽어야 하는가?

1. **영어공부를 체계적으로 하고 싶은 모든 분들**

영어의 골격을 잡아 주는 영문법을 알기 쉽게 체계적으로
정리하였으므로, 이 책 한 권이면 영어의 기본을 튼튼히 다지는 데
있어 어느 영문법 교재보다 효과적입니다.
한눈에 쏙 들어오게 도표로 쉽게 정리해 놓았으므로,
누구나 쉽게 영문법 구조를 이해할 수 있습니다.

2. **영문법 하나만이라도 딱 부러지게 끝내고 싶은 분들**

우선 가장 자신 있는 과를 먼저 살펴보세요. 헷갈렸던 부분이나
알고 있는 부분일지라도 얼마나 이해하기 쉽고 명쾌하게
정리되었는지 확인해 보세요.
어휘와 예문만 빼면 혼자서 공부하기에도 크게 부담되지 않겠지만,
어휘와 예문이 이 책의 강점 중의 하나이므로 함께 공부하면
영어실력 향상에 많은 도움이 될 것입니다.

3. **토익, 토플, 공무원, 편입, TEPS를 준비하고 계신 분들**

이 책은 시험 준비생들을 위한 맞춤 영문법입니다. 거의 모든
영어시험이 어휘, 독해, 어법에 초점을 맞추고 있습니다.
이 책을 통해 영문법 문제를 완벽하게 준비하고, 어휘 문제 또한
충분히 대비하며, 독해까지도 가능하도록 끊어읽기를 훈련하여,
시험 학습능률에 도움이 되도록 구성했습니다.

4. **고입, 대입 시험 준비생들**

수능이나 내신을 이 책 한 권으로 꾸준히 대비해 나가면,
자신도 모르는 사이 영어실력이 부쩍 늘었다는 것을
실감하게 되고 시험에서도 좋은 점수를 얻게 됩니다.

5. **영어를 가르치고 계시는 선생님이나 강사님들**

살아 있는 예문과 수준 높은 어휘로 구성된 이 책에는
학습자들에게 전달할 내용이 많습니다.
배우는 학생 입장에서도 선생님의 수준 높은 실용적 강의를 통해
만족도가 높아질 것입니다.

이 책을
어떻게
활용할 것인가?

이 책은 학습자의 학습목표에 따라
문법, 어휘, 독해에 중점을 두고 학습하면 됩니다.

1. 영어 영역별 학습 가능

시험에 관계없이 앞으로의 영어학습을 위한 영문법 체계를
세우길 원하는 독자들은 문법 내용을 중심으로 꾸준히
공부합니다. 시험을 목적으로 학습하는 독자들은 어휘,
독해를 중심으로 문법 내용을 익히는 것이 효과적입니다.

2. 영문법 최단기에 끝내기

이것저것 필요 없이 영문법만 가장 빨리 끝내고 싶은 분은
문법 내용만 반복 학습하세요. 바로 이해되면 예문은
건너뛰어도 좋고, 예문을 참고할 경우에도 예문 속의 어려운
어휘는 지나치고 예문을 영문법 이해의 수단으로만
활용하면 효과적입니다.

3. 시험에 임박해서는

영문법 시험에서는 논란의 여지가 없는 표준적인 것이
출제될 것이므로 지엽적인 부분은 무시하고
'바로 이것이 포인트'와 '색상이나 굵게 처리된 부분'을
우선 학습하면 효과적입니다.

[시험출제경향]

현대 영문법의 흐름은 **실용영문법 쪽으로 빠르게 방향전환**되고 있으며
이 책은 이러한 경향에 충실하려고 노력했습니다. 각종 시험도 이러한
경향을 충분히 반영하여 논란의 여지가 없고 영어를 이해하는 데 도움이
되는 기본적인 것들이 출제되고 있습니다. 따라서 시험준비생들도
너무 지엽적인 부분까지 이해하려 하지 말고 기본적이고 원칙적인 것에
초점을 두고 학습할 것을 권합니다.

한눈에 쏙!
English Diagram

이 장에서 소개하고 있는 **영어의 구조와 핵심**이 한눈에 쏙 들어오게 개발한 **27개의 다이어그램**은 어느 책에도 볼 수 없는 독창적 내용으로 현재 특허출원 중에 있습니다. 독자님들은 이것만 기억해도 영어에서 중요한 부분은 모두 끝내게 되므로 영어실력 향상에 큰 도움을 줄 것이며, 강의를 하시는 선생님들은 이 다이어그램만으로도 영문법 강의를 훌륭하게 진행할 수 있으리라 생각합니다. 일단 이해되는 것부터 기억하고 이해가 되지 않는 부분은 관련 부분을 학습한 후 다시 보면 쉽게 정리가 될 것입니다.

English Grammar(영문법)는
Reading Comprehension(독해 – R/C)
English Composition(영작문 – Writing)
English Conversation(영어회화 – Speaking)의 토대

영문 구조도

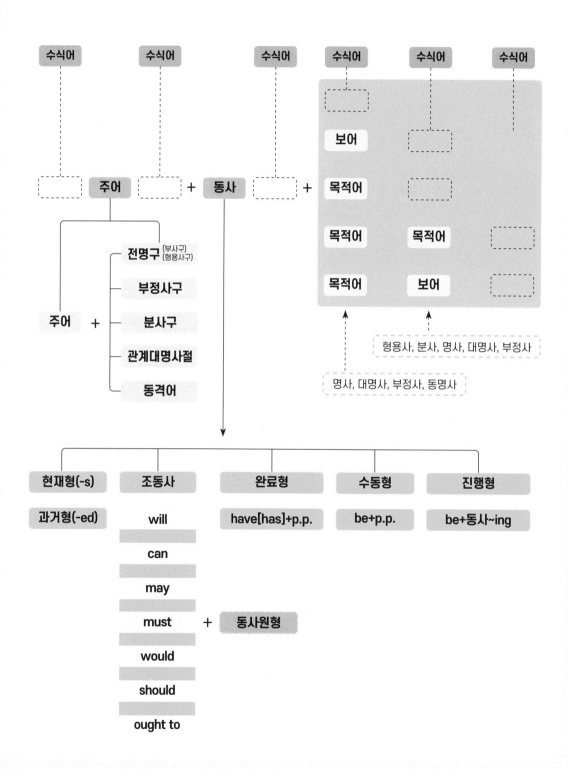

현재형(-s)	조동사	완료형	수동형	진행형
과거형(-ed)	will	have[has]+p.p.	be+p.p.	be+동사~ing

단어<구<절<문장 비교도

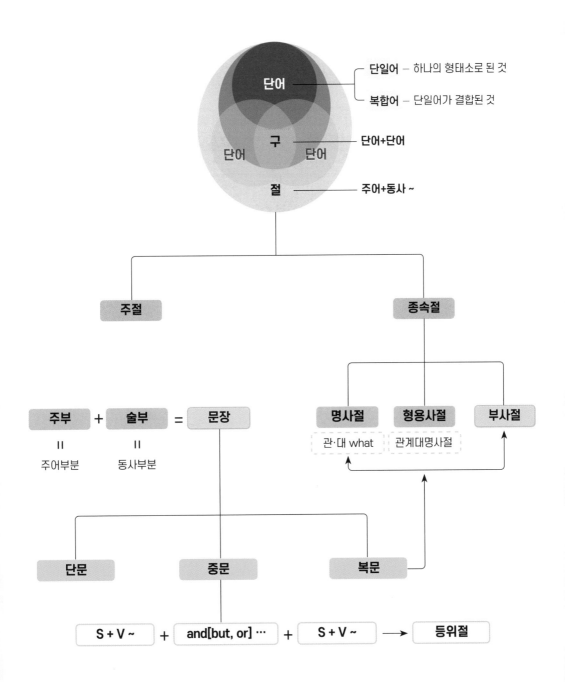

단어
- **단일어** – 하나의 형태소로 된 것
- **복합어** – 단일어가 결합된 것

구 — 단어+단어

단어　단어

절 — 주어+동사 ~

주절　　종속절

주부 + **술부** = **문장**
　‖　　　‖
주어부분　동사부분

명사절　**형용사절**　**부사절**
관·대 what　관계대명사절

단문　　중문　　복문

S + V ~ + and[but, or] … + S + V ~ ⟶ 등위절

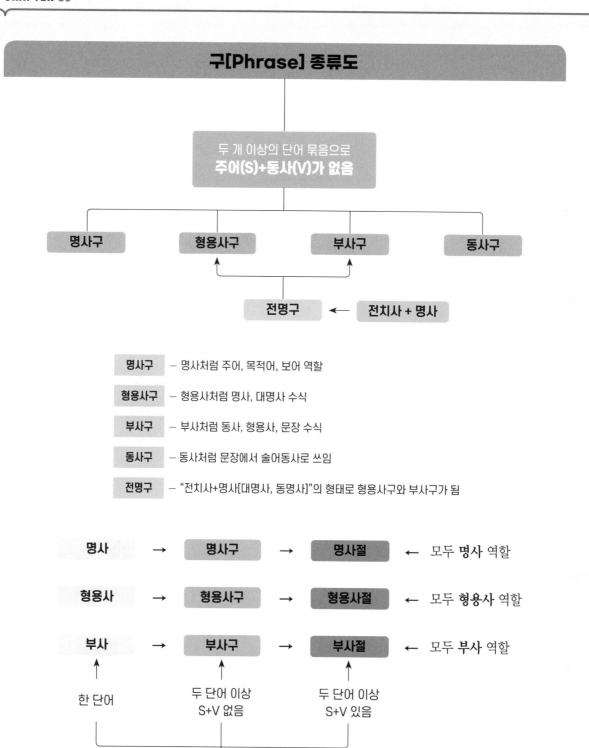

구[Phrase] 종류도

두 개 이상의 단어 묶음으로
주어(S)+동사(V)가 없음

명사구　　형용사구　　부사구　　동사구

전명구　←　전치사 + 명사

명사구 – 명사처럼 주어, 목적어, 보어 역할

형용사구 – 형용사처럼 명사, 대명사 수식

부사구 – 부사처럼 동사, 형용사, 문장 수식

동사구 – 동사처럼 문장에서 술어동사로 쓰임

전명구 – "전치사+명사[대명사, 동명사]"의 형태로 형용사구와 부사구가 됨

명사 → **명사구** → **명사절** ← 모두 **명사** 역할

형용사 → **형용사구** → **형용사절** ← 모두 **형용사** 역할

부사 → **부사구** → **부사절** ← 모두 **부사** 역할

한 단어　　　두 단어 이상　　두 단어 이상
　　　　　　S+V 없음　　　S+V 있음

단어<구<절 로 **형태가 변했을 뿐**

영어에서는 같은 말이 들어 있으면 문장에서 같은 역할을 함

절[Clause] 종류도

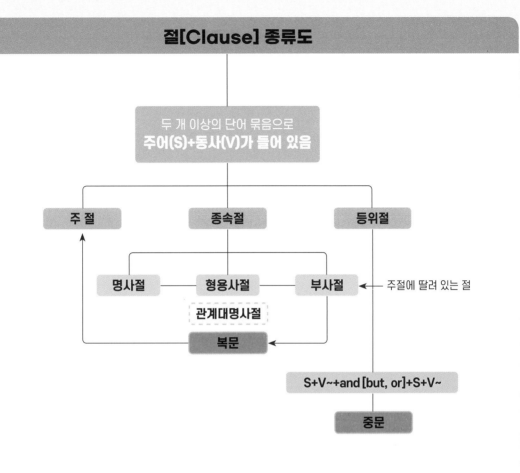

두 개 이상의 단어 묶음으로
주어(S)+동사(V)가 들어 있음

주 절   종속절   등위절

명사절   형용사절   부사절   ← 주절에 딸려 있는 절

관계대명사절

복문

S+V~+and [but, or]+S+V~

중문

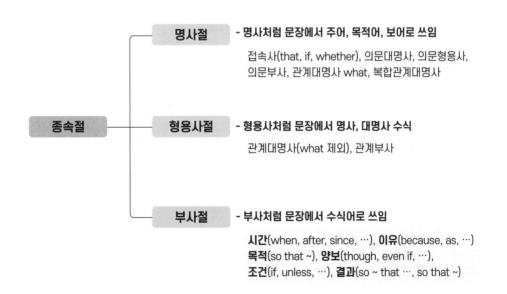

명사절   - 명사처럼 문장에서 주어, 목적어, 보어로 쓰임

접속사(that, if, whether), 의문대명사, 의문형용사,
의문부사, 관계대명사 what, 복합관계대명사

종속절

형용사절   - 형용사처럼 문장에서 명사, 대명사 수식

관계대명사(what 제외), 관계부사

부사절   - 부사처럼 문장에서 수식어로 쓰임

시간(when, after, since, …), **이유**(because, as, …)
목적(so that ~), **양보**(though, even if, …),
조건(if, unless, …), **결과**(so ~ that …, so that ~)

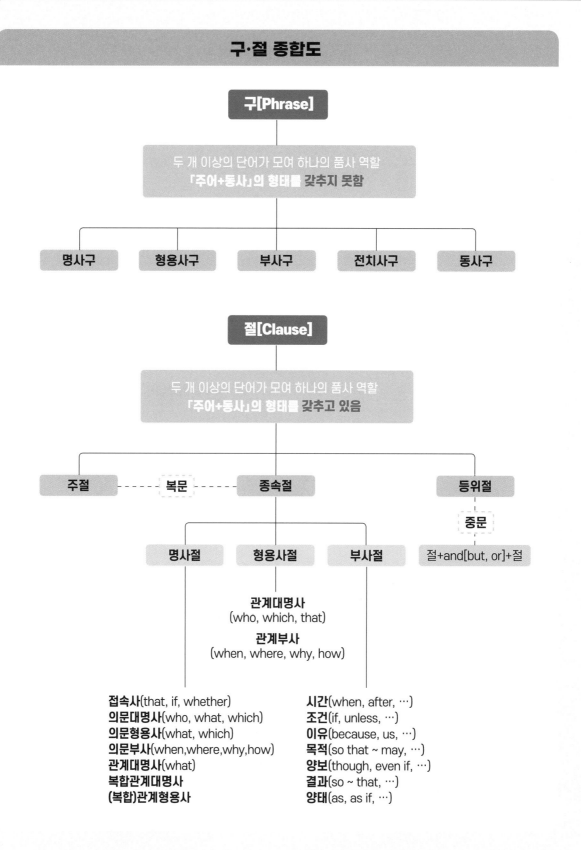

동사 종류도(1)

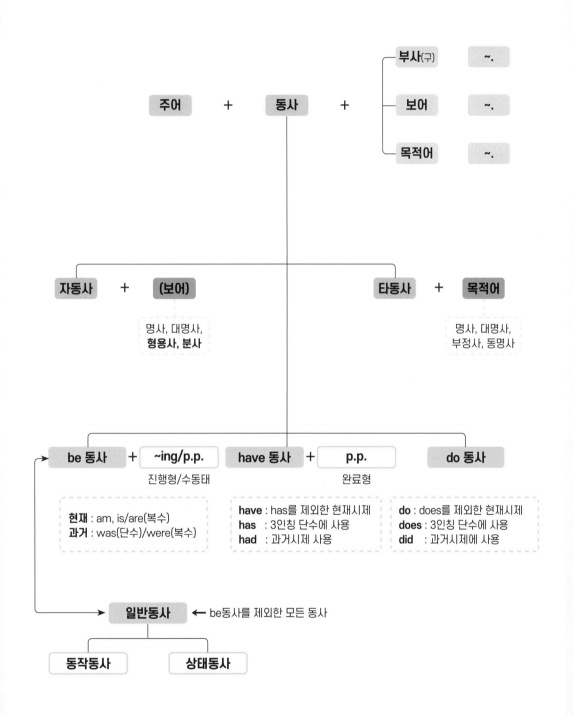

동사 종류도(2)

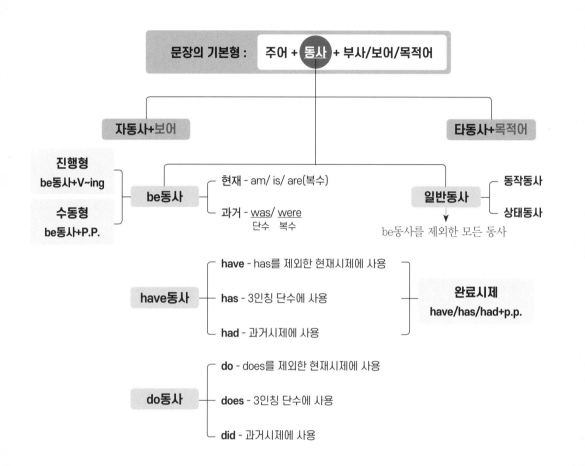

문장의 기본형 : 주어 + **동사** + 부사/보어/목적어

자동사+보어

타동사+목적어

진행형
be동사+V~ing

수동형
be동사+P.P.

be동사

현재 - am/ is/ are(복수)

과거 - <u>was</u>/ <u>were</u>
　　　단수　복수

일반동사

동작동사

상태동사

be동사를 제외한 모든 동사

have동사

have - has를 제외한 현재시제에 사용

has - 3인칭 단수에 사용

had - 과거시제에 사용

완료시제
have/has/had+p.p.

do동사

do - does를 제외한 현재시제에 사용

does - 3인칭 단수에 사용

did - 과거시제에 사용

팔품사 구조도

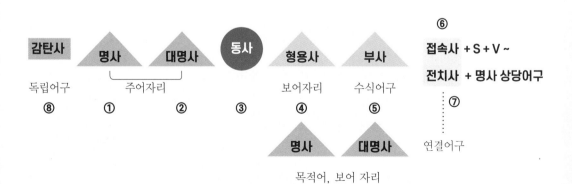

감탄사　**명사**　**대명사**　**동사**　**형용사**　**부사**

⑥
접속사 + S + V ~

전치사 + 명사 상당어구

독립어구　　　주어자리　　　　　　　보어자리　수식어구

⑧　　①　　②　　③　　④　　⑤　　　　⑦

명사　**대명사**　　　　연결어구

목적어, 보어 자리

문장 구성요소도

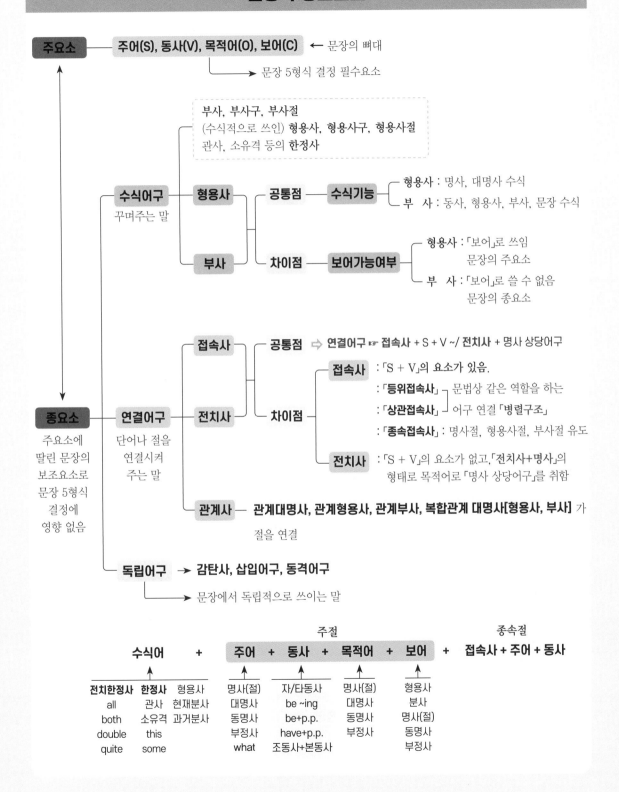

문장의 분류도

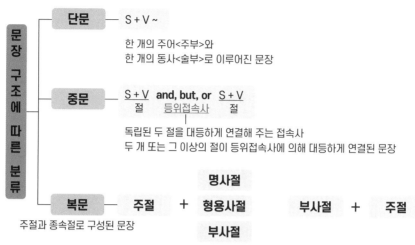

문장 구조에 따른 분류

단문 — S + V ~

한 개의 주어<주부>와
한 개의 동사<술부>로 이루어진 문장

중문 — S + V   and, but, or   S + V
　　　　　　절　　등위접속사　　절

독립된 두 절을 대등하게 연결해 주는 접속사
두 개 또는 그 이상의 절이 등위접속사에 의해 대등하게 연결된 문장

복문 —

명사절

주절 ＋ **형용사절**　　　　**부사절** ＋ **주절**

부사절

주절과 종속절로 구성된 문장

S + V that, whether/ who, when/ since, because, … S + V ~
주절　　종속절(명사절/형용사절/부사절)

종속접속사 → 명사절 or 형용사절 or 부사절 중 하나가 됨
　　　　　└────→ 주절에 딸려 문장을 연결해 주는 접속사

서술 형식에 따른 분류

평서문 —
　긍정문　: ~은 …이다
　부정문　: ~은 …아니다 ── 「주어+동사 ~」 어순으로 된 문장

의문문 —
　일반의문문　　**부정의문문**　　**선택의문문**
　간접의문문　　**부가의문문(Tag-Question)**
　의문사로 시작되는 의문문(Wh-Question) – 7W1H

Who(누가), When(언제), Where(어디서), What(무엇을), Why(왜),
How(어떻게), Whose(누구의), Which(어느 것을)로 시작되는 의문문

명령문 — **직접명령문** — **간접명령문** — **조건명령문**

감탄문 —
　How로 시작되는 것
　What으로 시작되는 것

기원문 — **May+주어+동사원형 ~!**

문장 5형식 구조도

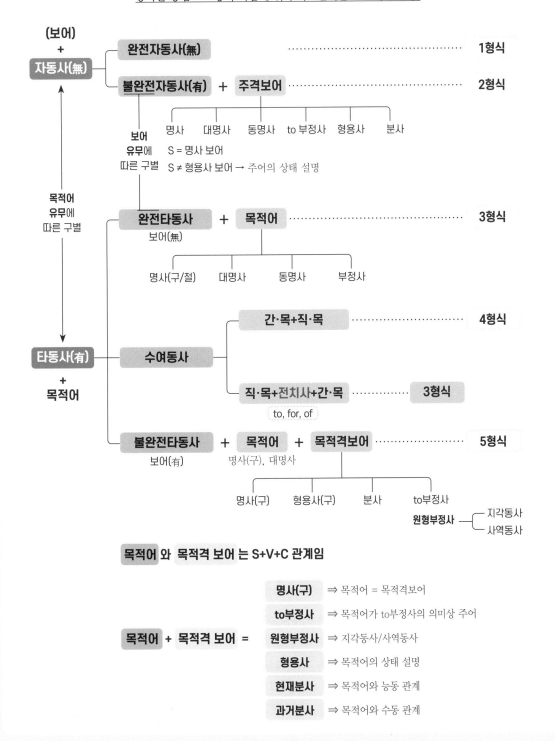

동사를 중심으로 동사 다음에 뭐가 나오는지를 보고 구분한 것

(보어)
+
자동사(無)

완전자동사(無) 1형식

불완전자동사(有) + 주격보어 2형식

보어
유무에   S = 명사 보어
따른 구별   S ≠ 형용사 보어 → 주어의 상태 설명

명사　대명사　동명사　to 부정사　형용사　분사

목적어
유무에
따른 구별

완전타동사 + 목적어 3형식
보어(無)

명사(구/절)　대명사　동명사　부정사

타동사(有)
+
목적어

수여동사

간·목+직·목 4형식

직·목+전치사+간·목 3형식
to, for, of

불완전타동사 + 목적어 + 목적격보어 5형식
보어(有)　　명사(구), 대명사

명사(구)　　형용사(구)　　분사　　to부정사
　　　　　　　　　　　　　　　　원형부정사 ┬ 지각동사
　　　　　　　　　　　　　　　　　　　　　　└ 사역동사

목적어 와 **목적격 보어** 는 S+V+C 관계임

목적어 + **목적격 보어** =	**명사(구)**	⇒ 목적어 = 목적격보어
	to부정사	⇒ 목적어가 to부정사의 의미상 주어
	원형부정사	⇒ 지각동사/사역동사
	형용사	⇒ 목적어의 상태 설명
	현재분사	⇒ 목적어와 능동 관계
	과거분사	⇒ 목적어와 수동 관계

사역동사·지각동사도

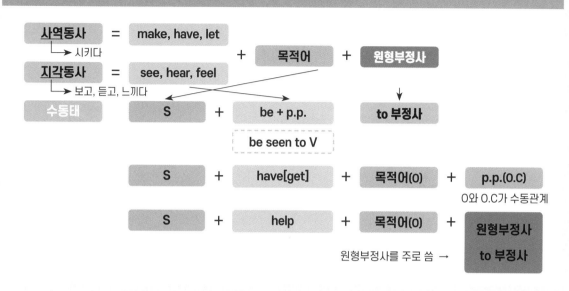

목적어와 목적격보어의 관계도

목적격보어		목적어와의 관계	주로 사용하는 동사			
(대)명사	⇒	목적어와 equal 관계	appoint	call	select	name
형용사	⇒	목적어의 상태·성질 설명	paint	leave	keep	find
to부정사	⇒	목적어가 to부정사의 의미상 주어	allow permit	cause urge	compel tell	forbid enable
현재분사	⇒	목적어와 능동 관계	catch	find	keep	smell
과거분사	⇒	목적어와 수동 관계	have	get	make	find

S+V+목적어(A)+ as +목적격보어(B) : A를 B로[라고] ~하다

regard A as B 간주하다
consider A as B 간주하다
describe A as B 말하다
look upon A as B 간주하다
refer to A as B 부르다, 일컫다

strike A as B 인상을 주다
rate A as B 평가하다
speak of A as B 말하다
think of A as B 생각하다
give up A as B 포기하다

treat A as B 다루다
reject A as B 거부하다
take A as B 받아들이다
define A as B 정의하다
B = 명사·형용사·분사

12시제 종합도

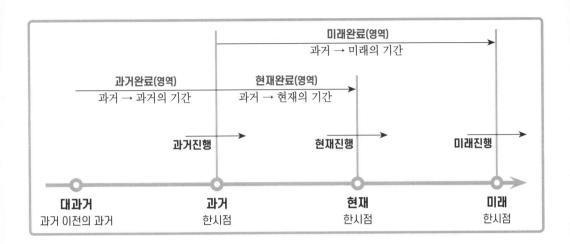

plus 위의 도표에 있는 9가지 시제(대과거 제외)에 "완료시제"와 "진행시제"가 합쳐진
"과거완료진행, 현재완료진행, 미래완료진행"을 합하여 12시제라고 함

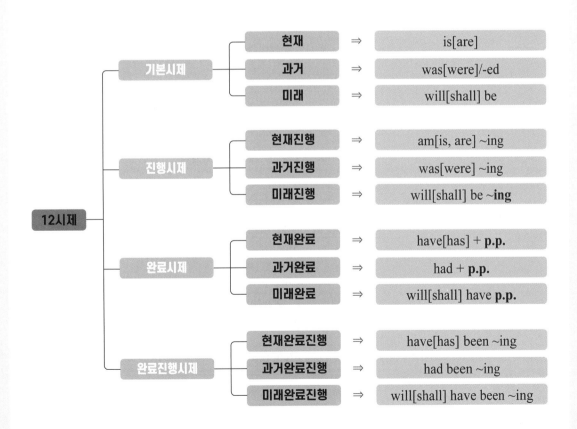

법(Mood) 종합도

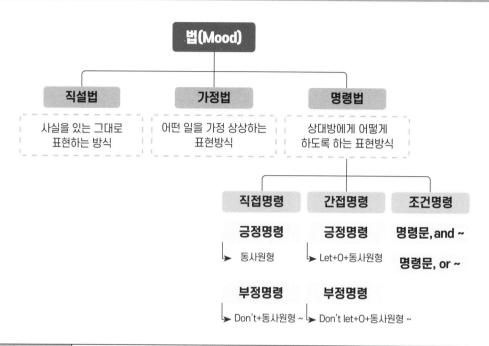

종류	형태	특징
가정법 현재	if + S + 동사의 **현재형**/동사원형 조건절 S + will[shall, can, may] 동사원형 주절	**현재형**을 주로 씀
가정법 과거	if + S + 동사의 **과거형** 조건절 S + would[should, could, might] 동사원형 주절	be동사의 경우 반드시 **were**
가정법 과거완료	if + S + **had p.p.** 조건절 S + would[should, could, might] have + p.p. 주절	시제는 과거완료 내용은 과거
가정법 미래	if + S + **should 동사원형** 조건절 S + should[would, were to] + 동사원형 S + will[shall, can, may] + 동사원형 주절	**should**가 원칙 would : 주어의 의지 were to : 순수가정
혼합가정법	if + S + **had p.p.** 조건절(가정법 과거완료) S + would[should, could, might] **동사원형** 주절(가정법 과거)	가정법 과거완료와 가정법 과거가 함께 쓰인 가정법

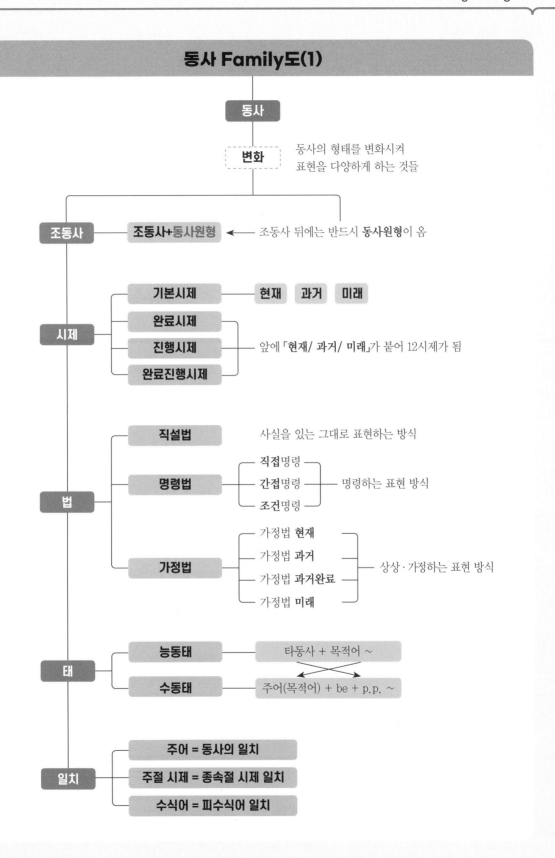

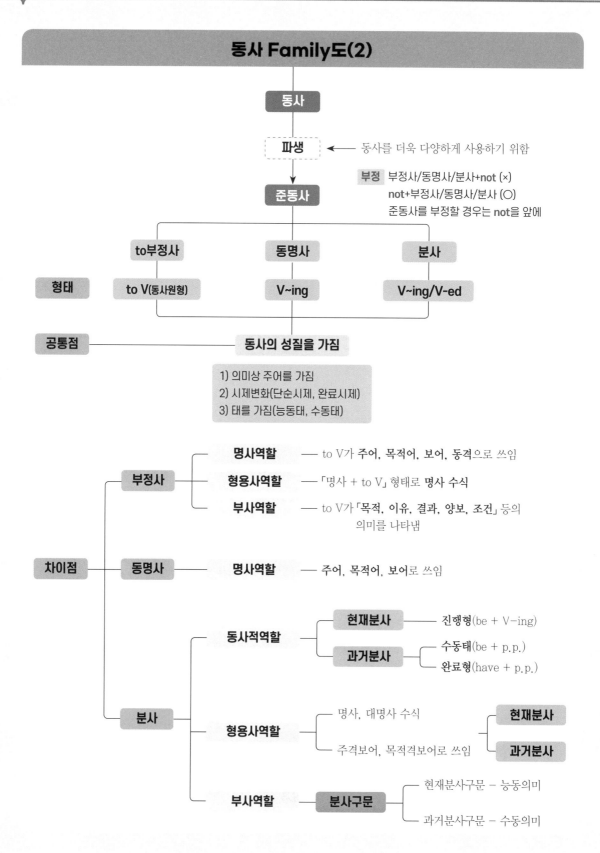

타동사의 목적어도

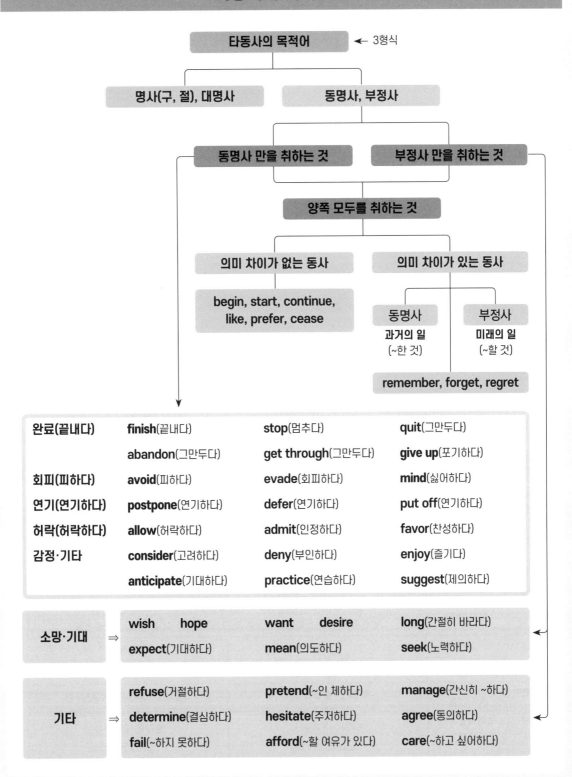

타동사의 목적어 ← 3형식

명사(구, 절), 대명사   동명사, 부정사

동명사 만을 취하는 것   부정사 만을 취하는 것

양쪽 모두를 취하는 것

의미 차이가 없는 동사   의미 차이가 있는 동사

begin, start, continue, like, prefer, cease

동명사
과거의 일
(~한 것)

부정사
미래의 일
(~할 것)

remember, forget, regret

완료(끝내다)	finish(끝내다)	stop(멈추다)	quit(그만두다)
	abandon(그만두다)	get through(그만두다)	give up(포기하다)
회피(피하다)	avoid(피하다)	evade(회피하다)	mind(싫어하다)
연기(연기하다)	postpone(연기하다)	defer(연기하다)	put off(연기하다)
허락(허락하다)	allow(허락하다)	admit(인정하다)	favor(찬성하다)
감정·기타	consider(고려하다)	deny(부인하다)	enjoy(즐기다)
	anticipate(기대하다)	practice(연습하다)	suggest(제의하다)

소망·기대 ⇒	wish hope	want desire	long(간절히 바라다)
	expect(기대하다)	mean(의도하다)	seek(노력하다)

기타 ⇒	refuse(거절하다)	pretend(~인 체하다)	manage(간신히 ~하다)
	determine(결심하다)	hesitate(주저하다)	agree(동의하다)
	fail(~하지 못하다)	afford(~할 여유가 있다)	care(~하고 싶어하다)

준동사 비교도

구분		동명사	to 부정사
공통점	동사의 성질	의미상의 주어를 가지고 자신도 목적어를 취함. 시제나 태를 가짐. 부사의 수식을 받을 수 있음	
	명사의 역할	둘 다 명사 역할을 하므로 주어, 목적어, 보어로 쓰일 수 있음	
	형태	동사원형~ing	to+동사원형
차이점	용법 쓰임	전치사의 목적어로 쓰임	**형용사 역할** : to부정사가 명사를 수식함 "~한", "~하기 위한" **부사 역할** : to부정사가 **목적, 결과, 원인, 조건, 양보, 판단의 근거**를 나타냄 전치사의 목적어로 쓰일 수 없음
	의미	과거적(~한 것)	미래적(~할 것)

구분		동명사	현재분사
공통점	동사의 성질	동사원형~ing → 동일함	
		의미상의 주어를 가지고 자신도 목적어를 취함. 시제나 태를 가짐. 부사의 수식을 받을 수 있음	
차이점	용법	동사의 성질+명사 역할	동사의 성질+형용사 역할
		동명사+명사 → 복합명사	현재분사+명사 → 명사 수식
	의미	목적, 용도의 의미 : '~하기 위한'	진행, 동작의 의미 : '~하고 있는'
		명사+**for**+V~ing	명사+(**관계대명사+be**)+V~ing
		a sleeping pill(수면제) = a pill **for** sleeping	a sleeping princess(잠자고 있는 공주) = a princess (**who is**) sleeping

구분		현재분사	과거분사
공통점	동사의 성질	의미상 주어를 가짐. 타동사의 분사는 자신이 **목적어**를 가질 수 있고, **부사의 수식**을 받을 수 있음 시제와 태를 가짐	
	형용사 역할	명사 앞이나 뒤에 위치하여 **명사**를 수식하거나 문장 내에서 **보어**로 쓰임	
	부사 역할	시간, 이유, 원인, 조건, 양보, 부대상황 등을 나타내는 분사구문으로 쓰임 명사 역할 「the+현재분사[과거분사]」의 형태로 단수[복수, 추상] 명사로 쓰임	
차이점	형태	V~ing	V~ed
	의미	진행, 능동적 의미	완료, 수동적 의미
	목적어와 목적격보어의 관계	~을 하는, ~을 하고 있는, ~를 하게 하는 S+V+O+현재분사 능동관계(하거나 시킴)	자동사의 과거분사 : ~하여진, ~한 타동사의 과거분사 : ~된, ~당한 S+V+O+과거분사 수동관계(받거나 당함)

분사구문도

순서		종속절(부사절)에서 바꿔야 할 것들			참고
①	접속사 ↓	없앰	분사구문의 뜻이 이유, 조건, 양보 등 어느 것으로 쓰였는지 혼동을 일으킬 수 있는 경우를 제외하고는 대부분 없앰		
②	주어 ↓	없앰	주절의 주어와 종속절[부사절]의 주어가 같은 경우		일반분사구문
			주절의 주어와 부사절의 주어가 다른 경우라도 일반인(we/you/they/people)이 부사절의 주어로 쓰인 경우		무인칭독립 분사구문
		의미상 주어를 표시해 주어야 하는 경우	**주절의 주어와 부사절의 주어가 다른 경우** 반드시 주어를 써 주어야 함		독립분사구문
③	동사	분사로 바꿔 줌	동사 뒤에 목적어가 있고 능동형이면 「현재분사」로 동사 뒤에 목적어가 없고 수동형이면 「과거분사」로		
④	시제	형식	주절 동사 시제	종속절 동사 시제	
	단순 분사	동사원형~ing(능동의미) 동사의 과거분사(수동의미)	현재	현재	동일한 시제
			과거	과거	
	완료 분사	having + 과거분사	현재	현재완료/과거	주절보다 (과거로) 한 시제 앞선 시제
			과거	과거완료	

plus
① 종속절이 **수동태**일 경우 being, having been은 생략 가능하며,
② 분사구문의 **부정** not, never를 분사(구문) **앞**에 둡니다.

감정표현 동사 분사 용법도

bore	지루하게 하다	excite	흥분시키다	annoy	성가시게 하다
satisfy	만족시키다	please	즐겁게 하다	iritate	짜증나게 하다
confuse	혼란스럽게 하다	surprise	놀라게 하다	worry	걱정시키다
astonish	놀라게 하다	disgust	정떨어지게 하다	amuse	즐겁게 하다
embarrass	당황하게 하다	bewilder	당황하게 하다	interest	흥미를 일으키다

사람 주어 + be동사 + 과거분사 → **사람 수식**

사물 주어 + be동사 + 현재분사 → **사물 수식**

27

명사 종류와 수식어도

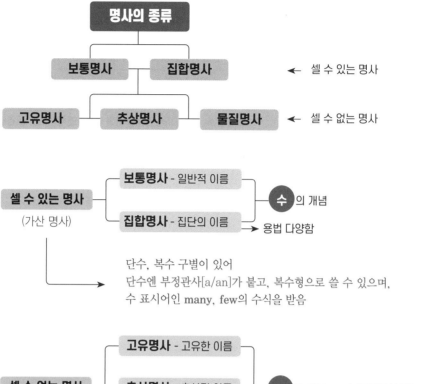

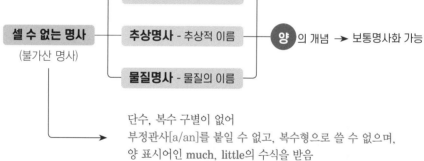

수 표시어 + 셀 수 있는 명사	양 표시어 + 셀 수 없는 명사
many <수가> 많은	**much** <양이> 많은
a few <수가> 조금 있는 <긍정 의미>	**a little** <양이> 조금 있는 <긍정 의미>
few <수가> 거의 없는 <부정 의미>	**little** <양이> 거의 없는 <부정 의미>
a (large) number of ┐ **a great number of** ┘ <수가> 많은 → 보통명사와 사용	**a (large) amount of** ┐ **a great[good] deal of** ┘ <양이> 많은 → 물질명사, 추상명사와 사용

관사와 명사 관계도

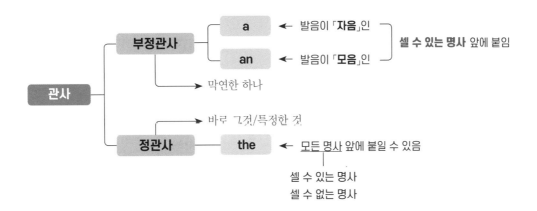

※ a/an을 붙이는 기준은 철자가 아니라 발음임

a	u가 모음이지만 [ju]로 y가 [ji]로 발음되는 경우	**a** university **a** unit, **a** uniform **a** use, **a** year **a** Europe
an	자음 h가 묵음이고 그 다음 음이 모음인 경우와 'ʌ' 발음인 경우	**an** hour **an** honor **an** heir **an** umpire[ʌmpaiar]

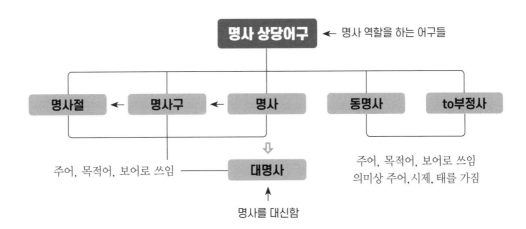

한정사 어순도

↳ 명사 앞에 붙어 범위를 제한해 주는 것들

전치한정사	→ 한정사 →	수량형용사	→ 성질형용사 → 명사
		서수 → 기수	
all	관사(a,an, the)	first → one	형상
both	소유격(my, your, his, her, its, their …)	second → two	대소·신구
double	지시형용사(this, that, these, …)	third → three	색깔
twice	부정형용사(some, any, other, …)	ninth → nine	국적·소속
half		tenth → ten	재료

↑
── 한정사 앞에 놓이는 것들

「성질형용사」의 일반적인 어순도 ◄───

| 성상·형상 | 대·소 | 신구 | 노·소 | 색깔 | 국적·유래 | 재료 | 동명사 | + 명사 |

성질·상태

예) a nice big new red Korean wooden table

관사 형상 대소 신구 색깔 국적 재료 명사
한정사

「기타 한정사」

· 관계형용사 – whose / which

· 의문형용사 – what / which / whose

· 복합관계형용사 – whatever / whichever

· 분수 – one (-) third / two (-) thirds, one hundredth, ~ ···

· 복합한정사 – a couple of, a number of, a lot of, a large amount of ~, ···

인칭대명사의 격 정리도

격

- **주격** (~은/는, ~이/가) — 주어역할
- **소유격** (~의, ~에 속하는) — 명사 앞에 쓰여 사물, 동물의 **소유관계를 표시**
- **목적격** (~을/를) — 동작이나 행위의 대상이 되는 목적어 역할

> **plus** 인칭대명사는 인칭, 수에 의한 격의 변화가 있으며, 3인칭 단수인 경우 성의 구별이 있고 복수형은 모두 they임

인칭	수와 성		주격	소유격	목적격	소유대명사	재귀대명사
1인칭	단수형		I	my	me	mine	myself
	복수형		we	our	us	ours	ourselves
2인칭	단수형		you	your	you	yours	yourself
	복수형		you	your	you	yours	yourselves
3인칭	단수형	남성	he	his	him	his	himself
		여성	she	her	her	hers	herself
		중성	it	its	it	-	itself
	복수형		they	their	them	theirs	themselves
문장에서의 사용자리			주어자리	명사 앞자리	타동사나 전치사의 목적어자리	주어, 목적어, 보어 자리에서 위치 **소유격+명사역할** '~의 것'으로 해석	타동사·전치사의 목적어 자리 (재귀용법) 주어/주격보어 /목적어 뒷 자리 (강조용법)
비인칭주어 + it			날씨, 요일, 계절, 거리, 막연한 상황 등에 사용하는 주어로 해석하지 않음.				

대명사의 종류

인칭대명사 : I, you, he, she, they, we … ↳ 사람을 가리킴

소유대명사 : mine, ours, yours, hers, theirs, … ↳ 누구의 것인지를 나타냄

재귀대명사 : myself, yourself, himself, herself, … ↳ 자신의 동작이 다시 자신에게 되돌아가는 관계를 나타냄

지시대명사 : this, that, these, those, … ↳ 뭔가를 가리킴

부정대명사 : one, other, some, any, … ↳ 딱 뭐라 정하지 않고 가리킴

의문대명사 : who, what, which, how, … ↳ 누가, 무엇을, 어떻게, 왜 등을 물음

31

형용사-분사 / 형용사-부사 비교도

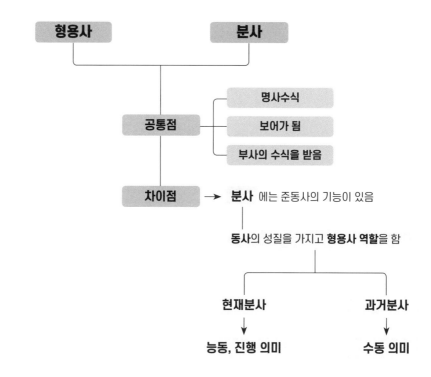

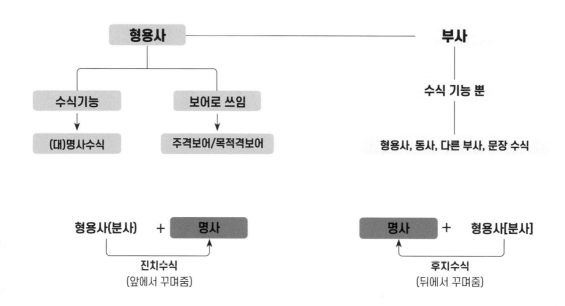

수사 종합도

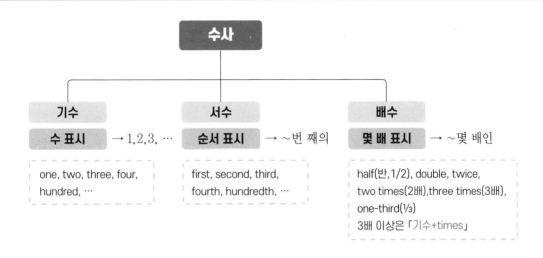

수사

기수	서수	배수
수 표시 → 1,2,3, ⋯	**순서 표시** → ~번 째의	**몇 배 표시** → ~몇 배인
one, two, three, four, hundred, ⋯	first, second, third, fourth, hundredth, ⋯	half(반,1/2), double, twice, two times(2배),three times(3배), one-third(⅓) 3배 이상은 「기수+times」

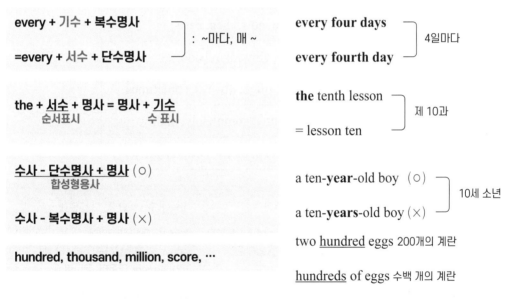

every + 기수 + 복수명사
=every + 서수 + 단수명사 : ~마다, 매 ~

every four days
every fourth day 4일마다

the + 서수 + 명사 = 명사 + 기수
　　　순서표시　　　　　　　수 표시

the tenth lesson
= lesson ten 제 10과

수사 - 단수명사 + 명사 (○)
　　　합성형용사

수사 - 복수명사 + 명사 (×)

a ten-**year**-old boy (○)
a ten-**years**-old boy (×) 10세 소년

two <u>hundred</u> eggs 200개의 계란

<u>hundreds</u> of eggs 수백 개의 계란

hundred, thousand, million, score, ⋯

「수사와 함께 구체적인 수」를 나타낼 경우　　　: 단수형 사용 → 형용사적 용법
「~s of 복수명사」 형태로 「막연한 수」를 나타낼 경우 : 복수형 사용 → 명사적 용법

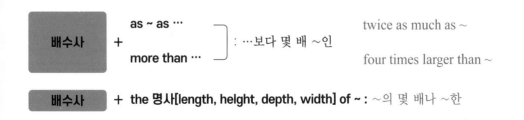

배수사	+	as ~ as ⋯ more than ⋯	: ⋯보다 몇 배 ~인

twice as much as ~

four times larger than ~

배수사 + **the 명사[length, helght, depth, width] of ~ :** ~의 몇 배나 ~한

부사 종류도

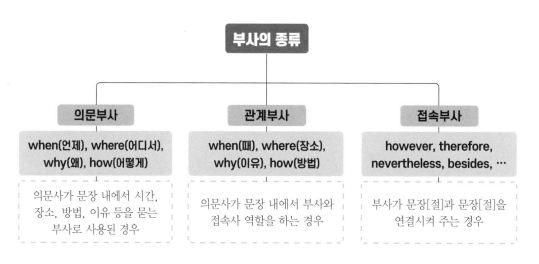

시간부사	ago, before, now, then, early, …
장소부사	here, there, abroad, outside, …
빈도부사	frequently, often, always, sometimes, …
정도부사	nearly, greatly, completely, highly, …
양태부사	carefully, well, badly, hard, happily, …

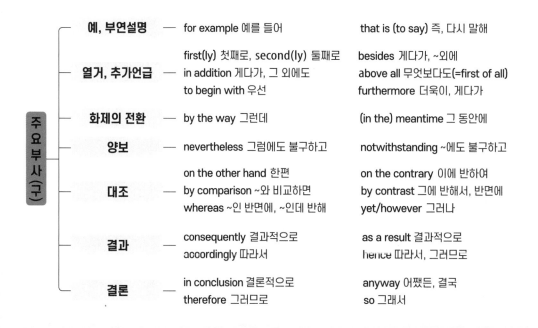

부사 어순·위치도

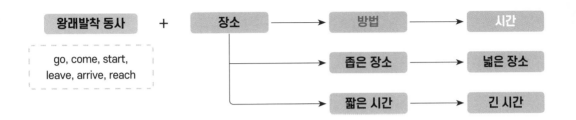

frequently	secarcely	rarely
regularly	usually	seldom
often	always	sometimes
ever	never	occasionally

almost	greatly	nearly
hardly	deeply	generally
wholly	fairly	completely
mostly	highly	exceedingly

빈도부사 ——————— 정도부사

일반동사 앞   be동사 뒤   조동사 + 본동사 be[have] + p.p. 사이

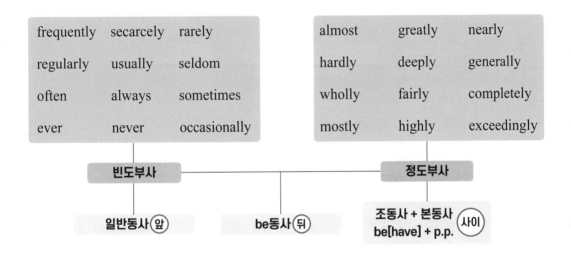

형용사[부사] + enough + (to V) → 반드시 후치수식

enough + 명사 / 명사 + enough → 전치수식 또는 후치수식

타동사 + 대명사 + 부사 ← 목적어가 **대명사**인 경우 반드시 타동사와 부사 사이

타동사 + 명사 + 부사
타동사 + 부사 + 명사
목적어가 **명사**인 경우 부사 앞·뒤 모두 가능

35

비교 구문 구조도

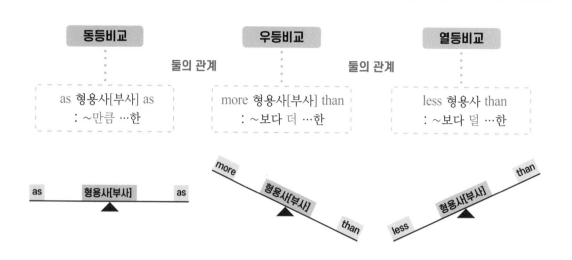

| | 동등비교 | 우등비교 | 열등비교 |
| 둘의 관계 | as 형용사[부사] as
: ~만큼 …한 | more 형용사[부사] than
: ~보다 더 …한 | less 형용사 than
: ~보다 덜 …한 |

최상급 표현도

→ 셋 이상의 관계

기 본 형 식	the + 최상급 + (명사) +	of all + 복수명사 <대상, 구성원> : ~중에서 가장 …한 in + 단수명사 <장소·집단> : ~에서 가장 …한 (that) S have[has] ever p.p. : 지금까지 가장 …한	
최 상 급 표 현 원 급	① 부정주어(S') is so ~ as + S ② S is as ~ as any 단수명사 ③ S is as ~ as ever + 동사	S가 가장 ~하다 ← 원급이 최상급 의미	
최 상 급 표 현 비 교 급	④ S is + 비교급 + than any other + 단수명사 ⑤ S is + 비교급 + than all the other + 복수명사 ⑥ S is + 비교급 + than anyone[anything] else ⑦ 부정주어(S') + is + 비교급 + than S	S가 가장 ~하다 ← 비교급이 최상급 의미	

CHAPTER 01

문장형식

Sentence Pattern

이 장은 영문 패턴의 중심이 되는 **동사**를 다루고 있는데, 시험에서도 **가장 출제가 많이 되는 부분**으로 동사의 이해 없이는 **독해, 영작, 회화** 등의 영어학습을 해 나가는데 있어 많은 어려움이 따를 수밖에 없으므로 이해가 되지 않는 부분은 **반복학습**으로 완전히 이해하도록 하세요.

바로 이것이 문장 5형식
여러 가지 문장을 5가지 유형으로 알기 쉽게 분류한 것이 바로 문장 5형식!

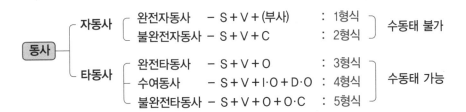

이것은 영어학습의 기본의 기본이므로 확실히 잘 이해해야 합니다.
사실 영어내공이 어느 정도 쌓이면 이런 구분은 필요 없겠지만
그때까진 모두 열공! 또 열공하세요.!!

시험대비「문장 형식」중점 학습 과제

1 문장 5형식 구성요소에 맞게 동사가 사용되었는가?를 확인하세요.

2형식 동사 – **주격보어** 필요   3형식 동사 – **목적어** 필요
4형식 동사 – **목적어 2개** 필요   5형식 동사 – **목적어 + 목적격보어** 필요

2 1형식에서는 There[Here] + V + S(주어) 구문의 주어와 동사의 수 일치에 유의하세요.
⇒ There[Here] + **단수동사** + 단수주어/ There[Here] + **복수동사** + 복수주어

3 2형식에 사용되는 **지각[감각] 동사**
– look, feel, taste, smell, sound –는 주격보어로 형용사를 취하는 점에 유의하세요.

4 3형식에서는 "**자동사로 착각하기 쉬운** 타동사 – 전치사 없이 사용"와
"**타동사로 착각하기 쉬운** 자동사 – 전치사와 함께 사용"에 특히 유의하세요.

1) **자동사로 착각하기 쉬운** 타동사 – **전치사 없이** 사용하는 동사

address	accompany	attack	attend	await	contact
discuss	mention	enter	marry	oppose	resemble

2) **타동사로 착각하기 쉬운** 자동사 – **전치사와 함께** 사용하는 동사

account for	agree to	arrive at	graduate from	start from

5 4형식에서는
1) **수여동사**가 목적어를 2개(간접목적어, 직접목적어) 취하고,
2) 간접목적어와 직접목적어는 위치를 서로 바꿀 수 있는데,
3) 이 때 간접목적어 앞에는 전치사가 필요하며,
   동사에 따라 사용하는 **전치사(to, for, of, on)가** 다름에 유의해야 합니다.

6 5형식에서는
1) **목적격보어의 형태**와 목적어와 목적격보어의 관계에
2) **지각동사와 사역동사**는 목적격보어로 원형부정사를 **취함**에
3) 사역의 뜻을 가지고 to부정사를 목적격보어로 취하는 동사에 유의하세요.

get	force	forbid	cause	permit	urge	enable	allow	compel

7 **의미상 혼동하기 쉬운 동사**와
형태상 혼동하기 쉬운 동사는 출제빈도가 높으므로 정확히 구별할 수 있어야 합니다.

1 문장 5형식의 이해

```
동 사 ─┬─ 자동사 ─┬─ 1형식 → S+V+(부사(구))     ⇒ S는 (~하게) V하다
       │          └─ 2형식 → S+V+C            ⇒ S는 C이다/ S는 C하다
       │
       └─ 타동사 ─┬─ 3형식 → S+V+O            ⇒ S는 O를 V한다
                  ├─ 4형식 → S+V+I·O+D·O      ⇒ S는 I·O에게 D·O를 V해 주다
                  └─ 5형식 → S+V+O+O·C        ⇒ S는 O가 O.C하도록 V하다
```

```
자동사    + 목적어 (×) ┐
                        ├ ⟨목적어 유 · 무에 따른 구별⟩
타동사    + 목적어 (○) ┘
완전동사   + 보어  (×) ┐
                        ├ ⟨보어 유 · 무에 따른 구별⟩
불완전동사 + 보어  (○) ┘
```

위 Diagram은 영어학습자라면 누구나 알고 있어야 할 기본 중의 기본이므로 잘 기억하세요.

1 1형식 → S+V(완전자동사)+(부사[구]) ← 부사(구)는 있어도 그만 없어도 그만

목적어나 보어 없이 "**주어**+**동사**"만으로 완전한 뜻을 전달하는 동사를 **완전자동사**라 하며,
문장이 아무리 길어도 S+V와 수식어뿐이면 1형식입니다.

1) The new singer **sang**/ to the piano accompaniment.
   그 신인가수는 노래 불렀습니다/ 피아노 반주에 맞추어.

2) A loaf of bread **is**/ better than the song of many birds. ⟨속담⟩ 금강산도 식후경
   한 조각 빵이다/ 많은 새들 노래보다 나은.

(1) There[Here]+be동사[완전자동사]+주어+(부사(구))

1) There[Here] + be동사 + **주어** + (부사(구))
2) There[Here] + **완전자동사**(come, go, remain, live, stand, etc.) + **주어** + (부사(구))

1) There **are** new rules/ to protect the socially weak. (○)
   There **are** new rule/ to protect the socially weak.   (×)
   새로운 규정들이 있습니다/ 사회적 약자를 보호할.

2) Here **come** the bus.　　　　　　　　　　　　　(×) [come → comes]

　　　이제 버스가 오네.

　　There **stands** many big trees/ on the top of the mountain. (×) [stands → stand]

　　큰 나무들이 많이　서 있습니다/ 그 산꼭대기에.

바로 이것이 포인트!

1. 주어가 동사 뒤에 오므로 뒤에 오는 주어에 앞 동사의 수를 일치시키세요.

2. Here + 동사 + **명사 주어**　→ Here comes **the bus.** 〈도치〉

　　Here + **대명사 주어** + 동사 → Here **he** comes.　　☞ 주어가 **대명사**인 경우는 도치되지 않음.

---

more tips　　다음은 정말 헷갈리니 잘 구별하자.

1. Here I am.　　1) (누군가 찾을 때) 네, 여기 있어요. 2) 다녀왔습니다.

2. Here it is.　　　(물건을 건네주며) 여기 있어요(=Here you[they] are.)

3. Here we are.　1) (목적지에 도착해서) 다 왔습니다.

　　　　　　　　　2) (찾던 것을 발견해서, 또는 물건을 건네주며) 여기 있어요.

---

1. **Here I am.**/ I heard you looked for me. 저 여기 있어요./ 절 찾으셨다면서요.

2. Let's see./ Ah! **Here it is**[**Here you**[**they**] **are**]. 어디 볼까요. 아! 여기 있네요.

3. **Here we are.** This is my office. 다 왔습니다. 여기가 제 사무실입니다.

(2) 아래 동사들은 1형식에서는 다음의 뜻으로 쓰임에 유의하세요.

---

1) **do** : (~하기에) 충분하다(=be sufficient)　2) **pay** : 이익이 되다, 수지 맞다(=be profitable)

3) **matter** : 중요하다(=be important)　4) **count** : 중요하다(=be important)

5) **tell** : 효과가 있다(–be effective)　6) **work** : 작동되다; 효과가 있다(=be effective)

---

1) This much/ will **do.** 이만큼이면/ 충분할 거예요.

2) Crime/ does not **pay.** 죄짓고는 못 사는 법이에요.

3) It does not **matter**/ if it's a week late. 상관없어요/ 일주일 늦는 거라면.

4) Money and fame/ don't **count** much to me. 돈과 명예는/ 내겐 별로 중요하지 않아요.

5) Money is bound to **tell**/ for love. 돈은 반드시 효과가 있어요/ 사랑에.

6) New laptop/ doesn't **work.** 새 노트북이/ 작동하지 않아요.

　　Your surprising idea/ will **work**/ in this situation.

　　당신의 놀라운 생각이/ 효과가 있을 거예요/ 이 상황에서.

2 2형식 → S＋V(불완전자동사)＋C(주격보어)

주어, 동사만으로는 완전한 뜻을 나타내지 못하여 주어의 성질, 상태, 신분 등을 보충해 주는 **주격보어**를 필요로 하는 동사를 **불완전자동사**라고 하고, 이 때 **명사**가 보어로 쓰였는가?, **형용사**가 보어로 쓰였는가?에 따라 아래와 같은 차이점이 있다는 사실에 주목하세요.

> 1) **명사 보어**인 경우는 "**주어 = 주격보어**"의 관계
> 2) **형용사 보어**인 경우는 '주어가 어떠하다'는 "**주어의 상태를 설명**"

1) The intelligent girl/ is a **curator**. 〈명사 주격보어〉
그 지적인 여자는/ 큐레이터입니다.　　　　[The intelligent girl = a curator]

2) Your question/ is too **hard** to answer. 〈형용사 주격보어〉
너의 질문은/ 답변하기 너무 어려워.　　　　[주어의 상태 설명]

(1) 2형식에 자주 쓰이는 동사

1) **become형 동사** :	become	grow	turn	go	run	fall	〈변화〉
2) **remain형 동사** :	remain	keep	lie	hold	continue		〈유지〉
3) **지각[감각] 동사** :	look	sound	smell	taste	feel	→	형용사 보어

1) The robust man can't **become** a flight attendant/ because he has a fear of heights.
그 건장한 남자는 비행기 승무원이 될 수 없어요/ 그에게는 고소공포증이 있기 때문에.

The spring/ in the deep mountain/ has **run** dry/ after all.
그 샘은/ 깊은 산 속에 있는/ 말라붙었습니다/ 결국.

2) The new employees **remained** faithful/ to their duties/ to the last.
그 신입사원들은 충실했습니다/ 자신의 업무에/ 끝까지.

The license agreement/ **holds** good/ for three years.
그 사용권 계약은/ 유효합니다/ 3년 동안.

3) This apple mango **tastes**/ **sweet** and **sour**.
이 애플망고는 맛이 납니다/ 새콤달콤한.

That doesn't **sound**/ **good**.
들리지 않는데요/ 좋게.

> **바로 이것이 포인트!**
>
> 보어가 "**히, ~하게**"로 부사처럼 해석된다고 해서 보어 자리에 부사를 사용하면 절대 안 됩니다.
> ☞ Don't make a noise; keep **quietly**. (×)
> Don't make a noise; keep **quiet**. (○)
> 떠들지 말고 조용히 해!

[주의] friendly, homely, lovely, timely, costly, lively, …가 부사?

-ly가 붙었다고 모두 부사는 아니구요.

「명사+ly」는 **형용사**임에 주의하세요.

☞ ┌ 형용사 + -ly = 부사
   └ 명   사 + -ly = 형용사

(2) 관용표현 → '~이 되다, ~로 되다'의 뜻

grow old 늙어가다	grow fat 살찌다	grow weary 피곤해지다
go bad 상하다	go blind 장님이 되다	go mad 미치다
fall asleep 잠들다	fall ill[sick] 병나다	run short 부족하다
come true 실현되다	turn pale 창백해지다	keep silent 침묵하다
get angry 화내다	remain unmarried 독신생활을 계속하다	

1) As the woman **grew older**, she became/ more and more attractive.
   그 여성은 나이가 들어감에 따라/ (그녀는) 되었습니다/ 더욱더 매력적이.

2) I'll **go mad**/ if I don't have a job.
   나는 미쳐 버릴 거야/ 일이 없다면.

   cf. Don't <u>be mad at</u> me. 나한테 화내지 마.

3) I will try my best/ to make my dream **come true**.
   난 최선을 다할 거예요/ 내 꿈을 이루기 위해.

4) She **turned pale**/ when she heard the news.
   그녀는 창백해졌어요/ 그 소식을 듣자.

   [참고] **The meeting is over.** [be over – 끝나다(=end)]
   모임이 끝났다.

   Is the water on or off? [be on[off] – 나오고 있다[잠겨 있다]
   수돗물을 틀었니 잠궜니?

3 3형식 → S＋V(완전타동사)＋O(목적어)＋(M(수식어))

하나의 목적어만을 필요로 하는 동사를 **완전타동사**라 하며,
목적어가 될 수 있는 어구는 아래의 **명사 상당어구**들입니다.

명사(구, 절)	대명사	동명사	부정사	의문사

Institutional investors buy/ **blue chip stocks**/ when the market is low. 〈명사〉
기관투자가들은 매입합니다/ 우량주를/시장이 안 좋을 때에

I have no idea/ **what you're talking about.**   〈명사절〉
나는 전혀 모르겠어/ 네가 무슨 말을 하는지.

What did you buy/ at the discount warehouse/ yesterday?   〈의문대명사〉
뭐 샀어?/ 그 창고형 할인매장에서/ 어제

(1) 자동사로 착각하기 쉬운 타동사 → 난 전치사가 정말 싫어! 혼자이고 싶어요.

resemble ～와 닮다	**marry** ～와 결혼하다	**attend** ～에 참석하다
resemble with (×)	**marry** with (×)	**attend** at (×)
reach ～에 도착하다	**address** ～에게 연설하다	**accompany** ～을 동반하다
mention ～을 언급하다	**leave** ～를 떠나다	**discuss** ～에 대해 토의하다
enter ～에 들어가다	**await** ～을 기다리다	**join** ～와 함께 하다
follow ～을 따르다	**survive** ～보다 오래 살다	**inhabit** ～에 거주하다
excel ～보다 뛰어나다	**approach** ～에 접근하다	**answer** ～에게 답장하다

1) Identical twins **resemble with**/ each other. (×)
   Identical twins **resemble**/ each other.   (○)
   일란성 쌍둥이들은 닮았습니다/ 서로.

2) She **married with** the magnate/ for money/ and a year later/ divorced him. (×)
   She **married** the magnate/ for money/ and a year later/ divorced him.   (○)
   그녀는 그 갑부와 결혼했지요/ 돈 때문에/ 그리고 일 년 후/ 그와 이혼했지요.

   cf. be married to 사람 (○) – 결혼한 상태
      get married to 사람 (○) ┐
      get married in 장소 (○) ┘ '～와[～에서] 결혼한다'는 동작

3) The management **discuss about/** the hostile mergers and acquisitions. (×)
The management **discuss/** the hostile mergers and acquisitions.   (○)
경영진들은 토의했습니다/ 그 적대적 인수합병에 관해.

4) Most of the directors **attended at/** the general meeting of stockholders. (×)
Most of the directors **attended/** the general meeting of stockholders.   (○)
이사들 대부분이 참석했습니다/ 주주총회에.

　　cf. attend **on**[**upon**] patients 환자를 시중들다
　　　　attend **to** the matter 그 문제에 유의[주의]하다

자동사로 착각하기 쉬운 타동사와 비교해서 함께 알아두어야 할 것으로 **동사＋전치사**로
반드시 전치사와 함께 써야 하는 동사가 있는데 이것들은 전치사와 함께 통째로 암기하세요.

(2) 타동사로 착각하기 쉬운 자동사 → 난 전치사 없인 못 살아요.

account for ～을 설명하다	**add to** ～에 더하다	**apologize to** ～에게 사과하다
account (×)	**add** (×)	**apologize** (×)
agree to[**with**] ～에 동의하다	**arrive at** ～에 도착하다	**look for** ～을 찾다
experiment on ～에 대해 실험하다	**listen to** ～의 말을 듣다	**reply to** ～에 응답하다
object to ～에 반대하다	**start from** ～를 출발하다	**wait for** ～을 기다리다
graduate from ～를 졸업하다	**interfere with** ～를 방해하다	**sympathize with** ～에 동정하다

1) Please **account/** your conduct.   (×)
Please **account for/** your conduct. (○)
설명해 보세요/ 당신의 행동을.

2) The professor **graduated/** Harvard with honors/ in 2010.   (×)
The professor **graduated from/** Harvard with honors/ in 2010. (○)
그 교수님은 졸업했지요/ 하버드 대학을 우등으로/ 2010년에.

　　cf. graduate cum laude[with honors] 우등으로 졸업하다　　☞ apologize to 사람 for ～
　　　　*summa cum laude 최우등으로, 수석으로　　　　　　　　　 ～에 대해 에게 사과하다

> **바로 이것이 포인트!**
>
> **자동사로 착각하기 쉬운 타동사**는 우리말 뜻만 보면 전치사가 붙을 것 같으나 전치사를 붙이면 절대
> 안 되고 반대로 **타동사로 착각하기 쉬운 자동사**는 전치사가 반드시 붙어야 한다는 사실에 주의하세요.

(3) 수여동사(4형식)로 착각하기 쉬운 완전타동사(3형식)

| 1) 형식 ⇒ | 1) S + V + O + (to 목적어) | [주의] S+V+I·O+D·O (×) |
| | 2) S + V + (to 목적어) + that ~ | S+V+O+that절 (×) |

2) 동사 ⇒ explain ~을 설명하다　　　　　announce ~을 알리다
　　　　　suggest ~을 제의하다　　　　　propose ~을 제안하다
　　　　　prove ~을 증명하다　　　　　describe ~을 묘사하다
　　　　　confess ~을 고백하다　　　　　introduce ~을 소개하다

1) The speaker **explained**/ the participants/ the gist of his speech.　(×)
   The speaker **explained**/ the gist of his speech/ **to the participants**.　(○)
   그 연사는 설명했습니다/ 참석자들에게/ 자기 연설의 요지를.

2) My family doctor/ **suggested** me **that** I should have nonfat milk.　(×)
   My family doctor/ **suggested** (to me)/ **that** I should have nonfat milk. (○)
   우리 집 주치의는/ 제안했습니다 (내게)/ 무지방 우유를 먹을 것을.

바로 이것이 포인트!

의미상으로는 목적어가 2개인 **수여동사로 착각하기 쉬우나** 완전타동사(3형식)이기 때문에
목적어를 2개 가질 수 없어, 간접목적어 앞에 **전치사 to**를 붙입니다.

(4) 타동사＋A(목적어)＋전치사＋B 형식으로 쓰는 동사

1) blame[criticize, scold] A for B : A를 나무라다[비난하다, 꾸짖다] B때문에[로]
   punish[praise, thank] A for B : A를 벌주다[칭찬하다, 감사하다] B때문에[로]
   *mistake A for B : A를 B로 착각하다[잘못 알다]
   name A for B : A를 B에 지명하다

① The opposition party **blamed**/ the long-term lawmaker/ **for** the slip of tongue.
   야당은 비난했습니다/ 그 중진의원이/ 말실수를 했기 때문에.

② The flirt often **mistakes**/ the blonde woman/ **for** his old girlfriend.
   그 바람둥이는 종종 착각합니다/ 그 금발 미인을/ 자기 옛 여자 친구로.

2) tell[distinguish, know, discern] A **from** B : A와 B를 구별하다
prevent[prohibit, hinder, deter, dissuade, restrain, keep, discourage] A **from** ~ing
: A가 ~하지 못하게 하다, A가 ~하는 것을 방해하다 → '방해, 금지' 의미 동사

① The player doesn't **tell**/ the blonde woman/ **from** his old flame.

그 바람둥이는 구별하지 못해요/ 그 금발 미인과 옛 애인을.

② The police have to **prevent**/ the violent protesters/ **from** approach**ing** public places.

경찰은 막아야만 합니다/ 그 폭력 시위대가/ 공공장소에 접근하지 못하도록.

3) impose A **on**[upon] B : A를 부과하다[강요하다] B에(게)
confer A **on**[upon] B : A를 주다[수여하다] B에(게)
bestow A **on**[upon] B : A를 주다[수여하다] B에(게)

① The government **imposed**/ heavy tariffs/ **on** the imported luxury items.

정부는 부과했습니다/ 무거운 관세를/ 그 호화수입품에 대해.

② The university **conferred**/ an honorary doctorate/ **on** the statesman.

그 대학은 수여했습니다/ 명예박사 학위를/ 그 정치인에게.

4) compare A **with** B : A를 B와 비교하다
endow A **with** B : A에게 B를 부여하다
⇒ be endowed **with** ~ : ~을 부여받다[타고나다]
confuse A **with** B : A와 B를 혼동하다
share A **with** B : B와 A를 공유하다[함께 하다]

① Don't **compare**/ yourself/ **with** others/ around you.

비교하지 마세요/ 자기 자신을/ 다른 사람들과/ 주변의.

cf. The counselor **compared**/ life **to** a voyage.

그 상담가는 비유했습니다/ 인생을 항해에.

② The cello player **was endowed with**/ a musical talent.

그 첼로 연주자는 타고났습니다/ 음악적 재능을.

5) attribute[ascribe, accredit, impute, refer] A **to** B : A를 B에게[탓으로] 돌리다

My physician **attributed**/ the cause of my illness/ **to** my heavy smoking.

담당 내과의사는 돌렸습니다/ 내 병의 원인을/ 지나친 흡연 탓으로.

각각의 동사와 **함께 사용하는 전치사**를 잘 기억하세요.

(5) 재귀목적어를 취하는 3형식 재귀동사들 – 하나의 숙어로 암기하세요.

absent oneself from ~에 결석하다	accustom oneself to ~에 익숙해지다
apply oneself to ~에 전념하다	avail oneself of ~을 이용하다
behave oneself 예의바르게 행동하다	devote oneself to ~에 일신을 바치다
dress oneself up 말숙하게 차려입다	enjoy oneself 유쾌하게 지내다
exert oneself to ~을 위해 노력하다	express oneself 자신의 생각을 표현하다
make oneself at home 편히 하다[쉬다]	make oneself understood
overdrink (oneself) 과음하다	남에게 이해시키다, 다른 사람이 알아듣게 하다
overeat (oneself) 과식하다	present oneself (at) (~에) 출석하다
help oneself to (~을 마음대로) 먹다[쓰다]	seat oneself (at, on) ~에 앉다(=be seated)
pride oneself on = take pride in = be proud of ~을 자랑하다	

1) Welcome to my home. **Make yourself at home**.

우리 집에 온 걸 환영해. 편히 쉬어.

2) **Make yourself understood**/ if you refuse my proposal of marriage.

니 뜻을 나에게 이해시켜(내가 알아듣게 말해)/ 내 청혼을 거절한다면.

3) **Help yourself to**/ whatever you want/ on the table.

마음대로 드세요/ 원하는 것은 뭐든지/ 테이블 위에 있는.

more tips   **재귀목적어란?, 동족목적어란?**

1. 주어 자신이 목적어로 사용될 경우는 **재귀대명사**가 목적어로 사용되는데,

   이를 **재귀목적어(Reflective Object)**라 하며, **재귀대명사를 취하는 동사를 재귀동사**라 합니다.

2. 자동사가 **어원이 같은 명사**나 **비슷한 뜻의 명사를 목적어**로 취하여 타동사 역할을 하는 경우가 있는데,

   여기에 사용된 목적어를 **동족목적어**라 합니다.

(6) 동족목적어를 취하는 동사

live	die	breathe	smile	dream	sigh	fight

1) The old couple/ **lived** a happy **life**/ all their lives.
  = The old couple/ **lived happily**/ all their lives.

   그 노부부는/ 행복하게 살았지요/ 평생토록.

2) The refugees/ **died** a miserable **death**/ in a foreign land.
  = The refugees/ **died miserably**/ in a foreign land.

   난민들은/ 비참하게 죽었습니다/ 이국 땅에서.

☞ **live[lead]** a dog's[a double, an idle] **life** 비참한[이중, 게으른] 생활을 하다
  breathe one's last (**breath**) 숨을 거두다, 죽다
  smile a cynical **smile** 빈정대는 웃음을 짓다
  fight a losing **battle** 승산 없는 싸움을 하다

4 4형식 → S+V(수여동사)+I·O(간목)+D·O(직목)

(1) 4형식을 3형식으로 바꿀 때 사용하는 전치사와 동사들

1) **to 사용** ⇒ give   offer   teach   lend   bring   send   tell
2) **for 사용** ⇒ make   buy   choose   find   build   get   cook
3) **of 사용** ⇒ ask   inquire   require   beg   demand
4) play a joke[hoax]+**on**+a person : ～에게 장난을 치다[～를 감쪽같이 속이다]
5) bear a grudge[grievance]+**against**+a person : ～에게 원한[불만]을 가지다

1) My girlfriend **gave** me a nice birthday present.   〈4형식〉
     S   V   I·O   D·O

  → My girlfriend/ **gave** a nice birthday present/ **to** me. 〈3형식〉
       S   V   O   부사구

   내 여자 친구는/ 멋진 생일 선물을 주었습니다/ 내게.

  ☞ My girlfriend/ **gave** a nice birthday present/ **for** me. (×)

2) My girlfriend **made** me a chichi bathing suit.　　〈4형식〉

　→ My girlfriend/ **made** a chichi bating suit/ **for** me. 〈3형식〉

　　내 여자 친구는/ 야한 수영복을 만들어 주었습니다/ 내게.

　☞ **for** : 목적어에게 이익이 될 때 사용

3) The troublemaker **asked** me a needless question tenaciously.　　〈4형식〉

　→ The troublemaker/ **asked** a needless question/ **of** me/ tenaciously. 〈3형식〉

　　그 말썽쟁이는/ 쓸데없는 질문을 했습니다/ 내게/ 집요하게.

　☞ **of** : "묻다, 요구하다"의미의 동사

4) The shameless fellow **played** me a dirty trick.　　〈4형식〉

　→ The shameless fellow/ **played** a dirty trick/ **on** me. 〈3형식〉

　　그 치사한 인간이 했지요/ 비열한 짓을/ 내게.

그럼 모든 4형식 동사를 3형식으로 바꿀 수 있을까요?

그럼 뭔 재미여 …

그냥 '4형식만으로만' 살겠다는 다음 동사에 주의하세요!

(2) 3형식으로 바꿔 쓰지 않는 동사들 → 4형식이 좋아요!

envy ～을 부러워하다	**save** ～을 덜어주다
cost ～을 잃게 하다. (돈, 시간을) 쓰게 하다	**forgive** ～을 용서하다
pardon ～을 용서하다	**grudge** ～을 시샘하다

1) I **envy**/ you/ your good luck.　　(○)

　　난 부러워/ 네게/ 네 행운이. → 네 행운이 부러워.

　→ I **envy**/ your good luck. 〈3형식〉 (○)

　→ I **envy** your good luck of you. (×)

2) The new project/ **costs** us/ lots of money and labor.

　　새 프로젝트는/ 우리에게 요합니다/ 많은 돈과 수고를.

　☞ 위의 뜻으로 쓰일 경우에 해당하고, 다른 뜻으로 사용될 경우는 다양한 용법이 있습니다.

(3) 4형식처럼 해석되지만 3형식인 동사들 ⇒ 「타동사 + A + 전치사 + B」형

> 1) provide[supply] + A(사람) + **with** + B(사물)   – A에게 B를 공급하다
> = provide[supply] + B(사물) + **for**[to] + A(사람)   ☞ 공급, 제공 동사

Aid organizations **provided** refugees **with** daily necessaries.
= Aid organizations **provided/** daily necessaries/ **for**[**to**] refugees.

　　구호단체들은 제공했습니다/ 생필품을/ 난민들에게.

> 2) furnish[serve, present, trust, entrust] + A(사람) + **with** + B(사물)
> = furnish[serve, present, trust, entrust]+ B(사물) + **to** + A(사람)
> – A에게 B를 제공하다[제공하다, 증정하다, 맡기다, 맡기다]

① We will **serve** our clients **with** second to none service.
　　= We will **serve/** second to none service/ **to** our clients.

　　　우린 제공할 것입니다/ 최고의 서비스를/ 저희 고객 분들께.

② He **entrusted** me **with** his pet dog during his vacation.
　　= He **entrusted/** his pet dog **to** me/ during his vacation.

　　　그는 맡겼어요/ 자기 애완견을 내게/ 휴가동안에.

> 3) rob[deprive, strip, ease, cure, break, clear, bereave] A **of** B   ☞ 탈취, 제거 동사
> A에(게)서 B를 강탈하다[빼앗다, 빼앗다, 덜어주다, 고치다, 고치다, 치우다, 앗아가다]

① A highwayman **robbed/** the traveler/ **of** his money and valuables.
　　한 노상강도가 강탈했습니다/ 그 여행자에게서/ 그의 돈과 귀중품을.

② A hiker **was stripped of/** all he had/ in his pockets. 〈수동태〉
　　한 도보 여행자는 빼앗겼습니다/ 가진 것을 몽땅/ 자기 주머니에.

③ The death of her husband/ **bereft/** her **of** all her hopes.
　　남편의 죽음은/ 앗아 갔습니다/ 그녀의 희망을 송두리째.

5 5형식 → S＋V(불완전타동사)＋O(목적어)＋O·C(목적격보어)

목적어의 성질이나 상태를 보충해주는 목적격보어를 필요로 하는 동사를 **불완전타동사**라 하며,
목적어와 목적격보어는 Nexus 관계(주어＋술어 관계)를 가진다는 사실을 반드시 이해해야 합니다.

(1) 목적격보어의 형태와 O와 O·C의 관계

목적격보어	특 징	주로 사용하는 동사			
(대)명사	목적어와 equal 관계	appoint	call	select	name
형용사	목적어의 상태·성질 설명	leave	paint	keep	find
현재분사	목적어와 능동 관계	catch	find	keep	smell
과거분사	목적어와 수동 관계	get	make	have	find
to부정사	목적어가 to부정사의 의미상의 주어	allow permit	cause urge	compel tell	forbid think
원형부정사	목적어가 <u>원형부정사</u>의 의미상의 주어 〈지각동사/사역동사〉	see make	hear have	feel let	watch

Committee members **appointed**/ him as **the spokesperson**.
위원들은 임명했습니다/ 그를 대변인으로.　　☞ He (was) spokesperson.

 I **found**/ all the windows wide **open**.
난 알았지요/ 창문이 모두 활짝 열려져 있는 것을.
　　☞ All the windows (were) wide open.
　　모든 창문이 열려져 있음.
　　〈형용사 목·보〉

The gorgeous girl **allowed**/ me **to kiss her**.
그 멋진 여자애는 허락했습니다/ 내게 키스를.
　　☞ I kissed her.
　　내가 그녀에게 키스함.
　　〈to부정사 목·보〉

I **found**/ the housekeeper **dozing**.
난 발견했지요/ 그 가정부가 졸고 있는 것을.
　　☞ The housekeeper (was) dozing.
　　그 가정부가 졸고 있음.
　　〈현재분사 목·보〉

I **got**/ my left arm **dislocated**.
난 당했어요/ 내 왼팔을 탈구.
　　☞ My left arm (was) dislocated.
　　내 왼팔이 탈구됨.
　　〈과거분사 목·보〉

(2) 목적격보어 앞에 as를 사용하는 경우

1) 형 식 ⇒	주어(S)+V(동사)+목적어(A)+as+목적격보어(B)
2) 의 미 ⇒	A를 B로[라고] ~하다

regard A as B	간주하다	rate A as B	여기다, 간주하다	treat A as B	다루다
consider A as B	간주하다	refer to A as B	부르다, 일컫다	reject A as B	거부하다
look upon A as B	간주하다	speak of A as B	말하다, 얘기하다	take A as B	받아들이다
describe A as B	묘사하다	think of A as B	생각하다	define A as B	정의하다
strike A as B	~한 인상을 주다	give up A as B	포기하다	view A as B	여기다

I **regarded**/ her smile/ **as** consent to marriage.

전 간주했습니다/ 그녀의 웃음을/ 결혼의 승낙으로.

I **look on** her/ **as** an extraordinary friend.

나는 그녀를 생각해/ 특별한 친구로.

His frugal wife **thinks of**/ childcare and homemaking/ **as** her greatest pleasure.

그의 알뜰한 아내는 여깁니다/ 육아와 가사를/ 그녀의 가장 큰 기쁨으로.

cf. What do you **think of** ~ ? : ~에 대해 어떻게 생각하세요?

위와 비교하여 목적격보어 앞에 to be를 사용하는 동사도 알아 두어야 합니다.

▶목적격보어 앞에 to be를 사용하는 동사 → to be는 흔히 생략됨.

believe	consider	declare	guess
know	find	suppose	think

People **think**/ the turtle (**to be**) honest and diligent.

사람들은 생각합니다/ 거북은 정직하고 근면하다고.

(3) S+V+가목적어〈it〉+목적격보어+진목적어〈to부정사〉 형식으로 쓰는 동사

1) 형 식 ⇒	S(주어)+V(동사)+it〈가목적어〉+O·C+to부정사〈진목적어〉				
2) 동 사 ⇒	believe	feel	find	make	think

I found/ it difficult/ **to talk** to her.

나는 알았어/ 어렵다는 걸/ 그녀와 얘기 나누는 게.

[주의] 1. make+**명사 목적어**+**형용사**[possible; impossible; easy; difficult] 〈5형식〉

International regulations and rules **made** international games **possibly**. (×)

International regulations and rules **made**/ international games **possible**. (○)

국제규정과 규칙은 만들었습니다/ 국제경기가 가능하도록.

2. make+**it**+**형용사**[possible; impossible; easy; difficult ···]+to부정사[that절]

　　　　가목적어　　　　　　　　　　　　　　　　　　　　　　진목적어

The Internet helped/ **make it** possible/ <u>for consumers to buy</u> goods/ by e-commerce.

인터넷은 도왔습니다/ 가능해지도록/ 고객들이 상품을 사는 것이/ 전자상거래로.

(4) that절을 목적어로 취할 수 없는 동사 → 꼭 5형식으로 사용하세요.

1) 형　식　⇒　S + V + that S + V ~ – 3형식 (×)

　　　　　　　S + V + O + O·C　　　 – 5형식 (○)

2) 동　사　⇒　want　　　　　like

I **want that** someone wait on me hand and foot. (×) 〈3형식〉

I **want**/ someone/ **to wait on** me/ hand and foot. (○) 〈5형식〉

난 원해요/ 누가 날 돌봐 주길/ 충실하게.

cf. want+**목적어**〈사물〉+(to be) p.p. ☞ **수동관계**

　I **want**/ it/ **done** at once/ by you. 난 원해요/ 그것이/ 곧 되어지길/ 너에 의해.

　= I **want** you **to do** it at once. 네가 곧 그걸 해 주길 바래[해줬으면 좋겠어].

위와 비교하여 5형식으로 쓸 수 없고 that절을 취하여 3형식으로 쓰는 동사도 알아 두세요.

1) 형　식　⇒　S + V + O + O·C　　　 – 5형식 (×)

　　　　　　　S + V + that S + V ~ – 3형식 (○)

2) 동　사　⇒　hope　　demand　　suggest　　say　　propose　　insist

I **hope** *you to get well soon.* (×)

I **hope**/ *you get well soon.*　 (○) 〈3형식〉

전 바랍니다/ 당신이 곧 낫길. → 쾌유를 빕니다.

(5) 5형식에서 기본적으로 이해해야 할 것들

1) 목적격보어가 인칭대명사인 경우 반드시 **목적격**을 사용하세요.

We know the generous donor to be **she**.　(×)

We know/ the generous donor/ to be **her**. (○)
　S　V　　　　　O　　　　　　　　O·C 〈목적격보어〉

우린 알지요/ 그 거액의 기부자가/ 그녀라는 걸.

cf. I know that the generous donor is **her**.　(×)

I know that/ the generous donor is **she**. (○) 〈3형식〉 ← 전체 문장
　S　V　　　　　S′　　　　　V′ C′　　　〈2형식〉 ← that절 〈주격보어〉
　　　　　　　　　　　O

2) 4형식과 5형식의 구별법

타동사+목적어+ **명사**에서　┌ **목적어** = **목적격보어**〈명사〉 → 5형식
　　　　　　　　　　　　　└ **목적어** ≠ **목적격보어**〈명사〉 → 4형식

The nuclear physicist **made**/ his **son**/ the most famous **astronaut**/ in the world.

그 핵물리학자는 만들었습니다/ 자신의 아들을/ 가장 유명한 우주인으로/ 세계에서.
　　　　　　　　　　　　　▶ son = astronaut 〈5형식〉

The woodcutter **made**/ his **son**/ a **top**. ▶ son ≠ top 〈4형식〉

그 나무꾼은 만들어 주었습니다/ 자기 아들에게/ 팽이를.

2 지각동사 & 사역동사

(보고, 듣고, 느끼다) (시키다)

지각동사 · 사역동사는 시험 출제 영순위이지만
용법만 제대로 이해하면 쉽게 맞힐 수 있습니다.

바로 이것이 포인트!

1. **사용법** : **지각동사[사역동사]** + 목적어 + 원형부정사
2. **지각동사[사역동사]의 수동태** : 원형부정사 → to 부정사로 바꿔주기만 하면 됩니다.

I **saw**/ her/ **enter** a hotel.　　　　　　　　　　　　　〈지각동사+목적어+**원형부정사**〉

나는 봤어/ 그녀가/ 호텔에 들어가는 것을.

I **had**/ the repairman/ **repair** the copier.　　　　　　〈사역동사+목적어+**원형부정사**〉
= I **got**/ the repairman/ **to repair** the copier.　　　　　〈get + 목적어 + **to 부정사**〉

　난 시켰어요/ 그 정비공에게/ 그 복사기를 수리하도록.

cf. I **had** the copier **repaired** by the repairman.
　　☞ have + (사물) 목적어 + **p.p.** + by 목적어

1 지각동사

종류와 용법

종류	보다형	see	watch	look at	observe
	듣다형	hear	listen to		
	기 타	feel(느끼다)	perceive(인식하다)		notice(깨닫다)
용법	① 지각동사+목적어+**원형부정사**		〈O와 O·C의 관계가 **능동**〉		
			☞ 완결된 동작[동작 전체]		
	② 지각동사+목적어+**현재분사**		〈**능동**+**진행**의 의미〉		
			☞ 진행 중인[계속되는] 동작		
	③ 지각동사+목적어+**과거분사**		〈O와 O·C의 관계가 **수동**〉 ☞ O는 주로 사물		

1) I **saw**/ a disabled person/ **cross** the crosswalk.

   난 보았지요/ 한 신체 장애인이/ 횡단보도를 건너는 것을.

   = A disabled person **crossed** the crosswalk and I **saw** it.

2) I **saw**/ a disabled person/ **crossing** the crosswalk.

   난 보았지요/ 한 신체 장애인이/ 횡단보도를 건너고 있는 것을.

   = A disabled person **was crossing** the crosswalk, and I **saw** him while he **was doing** this.

3) The cancer patient did not live/ to **see** the skyscraper **completed**.

   그 암환자는 살지 못했습니다/ 그 초고층빌딩이 완성되는 것을 보기까지.

   ☞ 그 암환자가 살아 있는 동안에는 그 초고층빌딩은 완성되지 않았습니다.

2 사역동사

(1) 종류와 용법

1) 종 류 ⇒	make(강요)		have(요청, 부탁)	let(방임, 허락)
2) 용 법 ⇒	주어 + 사역동사[make, have, let] + 목적어 + 원형부정사			

The field overseer **made**/ us/ **to do** the hard work. (×)
The field overseer **made**/ us/ **do** the hard work. (○)

그 현장감독은 시켰어요/ 우리에게/ 그 힘든 일을.

I **had**/ my wife/ **to wash** my car/ yesterday. (×)
I **had**/ my wife/ **wash** my car/ yesterday. (○)

나는 시켰어/ 아내에게/ 세차를/ 어제.

I will **let** you **know**/ about everything/ latcr on.

전 당신이 알게 할 겁니다/ 모든 것[자초지종]에 관해/ 나중에.

☞ 자초지종에 대해 차차 말씀 드리겠습니다.

---

more tips

bid는 사역동사로 쓰이기는 하나
양다리 걸치기를 좋아해 **원형부정사**/ **to부정사** 양쪽을 목적격보어로 취하며,
bid 대신 **tell**이나 **order**를 더 많이 사용합니다.

The naval officer **bade**/ the soldier ⟨**to**⟩ **go**.

그 해군 장교는 명령했습니다/ 그 병사에게 가라고.

Don't **tell** me/ **to do**/ or not **to do**.

나한테 명령하지 마/ 하라/ 하지 말라고. → 나한테 이래라 저래라 하지마.

(2) 사역동사의 주의용법

1) have + 목적어⟨주로 사람⟩ + 원형부정사　　　☞ O와 O·C의 관계가 능동

의　미 : ① ~에게 시키다　　　② ~을 당하다

I **had**/ the photographer/ **take** my picture.

난 시켰어요/ 그 사진사에게/ 내 사진을 찍게.

= I **had** my picture **taken** by the photographer.

The uxorious husband **had**/ his wife **die**/ last year.

그 애처가는 겪었습니다/ 아내가 죽는 (일을)/ 지난해에.

☞ 그 애처가는 지난해에 상처했어요.

2) have[get] + 목적어⟨주로 사물⟩ + P.P.[과거분사] ☞ O와 O·C의 관계가 수동

의　미 : ① (도난, 사고 등을) **당하다**(=experience)
　　　　② (남에게 시켜서) ~**하다**, ~**하여 받다**
용　법 : 옷을 맞추거나, 사진을 찍거나, 이발을 할 때처럼 남에게 무엇을 시켜서 할 때 쓰는 표현.

The pitcher/ **had** his wrist **sprained**. 그 투수는/ 손목을 삐었어요.
Where did you/ **have** this picture **taken**? 어디에서/ 이 사진을 찍었어?
The hippie/ **had** his hair **cut**/ short. 그 히피족은/ 머리를 짧게 잘랐습니다.

[참고] find + 목적어 + P.P. → 주어 + be found + P.P. ⟨수동태⟩

The guerrilla unit **found**/ the soldier/ **wounded**.

그 유격대는 발견했습니다/ 그 군인을/ 부상 당한.

☞ The soldier was **found**/ **wounded**/ by the guerrilla unit.

그 군인은 발견되었습니다/ 부상 당한 채로/ 그 유격대에 의해.

3) help + 목적어 + 원형부정사[to부정사]　　☞ 원형부정사를 주로 사용

Would you **help**/ me (**to**) **set up** a meeting date?

도와줄래요?/ 내가 회의 날짜 잡는 것을.

cf. The new investment will **help**/ (**to**) **build** the innovation center. 〈3형식〉

신규투자는 도울 것입니다/ 혁신센터 건립하는 것을. ☞ 양쪽 모두 사용

(3) 지각동사 · 사역동사의 수동태

바로 이것이 포인트!

목적격보어인 원형부정사 ⇒ to 부정사로 바뀜.

I **saw**/ a giant/ **enter** the cafeteria.　　　　　〈능동태〉

난 보았지요/ 한 거인이/ 그 간이식당으로 들어가는 것을.

→ A giant was seen **enter** the cafeteria (by me).　(×) 〈수동태〉

→ A giant was seen **to enter** the cafeteria (by me). (○)

My selfish wife **made**/ me/ **do** the dishes.

이기적인 내 아내는 시켰습니다/ 내게/ 설거지를.

→ I was made **do** the dishes by my selfish wife.　(×)

→ I was made **to do** the dishes by my selfish wife. (○)

more tips　　have와 let의 수동태

have와 let은 수동태로 쓸 수 없어

1. have → **be asked to V**
2. let → **be allowed to V**를 사용함

1. The hawker **was asked**/ **to leave** the office,/ but he refused/ to do so.

그 잡상인은 요구받았습니다/ 사무실에서 나가 달라고/ 그러나 그는 거절했지요/ 그러기를.

2. The supervisor **let**/ his subordinate/ **do** the task.

그 상사는 허락했습니다/ 자기 부하가/ 그 일을 하도록.

→ His subordinate **was allowed to do** the task. 〈수동태〉

(4) 준사역동사 ☞ 사역(시키다)의 뜻을 가지고 to 부정사를 목적격보어로 취하는 동사

1) 용법	⇒	주어 + 준사역동사 + 목적어 + **to 부정사**			
2) 동사	⇒	force	compel	forbid	cause	permit
		allow	get	urge	enable	advise
		oblige	impel	persuade	encourage	instruct

My team leader **forced**/ me/ **cut** corners.　　(×)
My team leader **forced**/ me/ **to cut** corners. (○)
팀장이 강요했어/ 내게 경비를 줄이라고.

The gynecologist **forbade**/ the pregnant woman/ **drink and smoke**.　　(×)
The gynecologist **forbade**/ the pregnant woman/ **to drink and smoke**. (○)
그 산부인과 의사는 금지시켰습니다/ 그 임산부가/ 술 마시고 담배 피는 것을.

cf. 1) be forced[compelled, forbidden] to V 〈수동태〉
　　 2) forbid A from ～ing (×)

　　　 The staff/ **were forbidden to smoke**/ in the office.
　　　 직원들은/ 흡연이 금지되었습니다/ 사무실에서.

forbid와 비슷하게 '**～하지 못하게 하다[막다, 금하다]**'라는 뜻을 갖는 다음 동사들은
"**타동사** + A(목적어) + from ～ing"로 쓴다는 사실을 꼭 기억하세요.

prevent, prohibit, inhibit, restrain, keep, discourage, dissuade, stop, deter, ban, hinder	] + A(목적어) + from ～ing

Nothing shall **prevent**/ me/ **to achieve** my goal.　　(×)
Nothing shall **prevent**/ me/ **from achieving** my goal. (○)
그 어떤 것도 막지 못할 겁니다/ 내가/ 목표 달성하는 것을.

Nothing can **deter**/ the sweet young girl/ **from marrying** the married man.
그 무엇도 단념시킬 수 없어요/ 그 꽃다운 처녀가/ 그 유부남과 결혼하는 것을.

3 혼동하기 쉬운 동사

다음은 의미와 쓰임새가 다르거나 생김새가 비슷해서
영어학습자들은 너무나도 헷갈려 하지만
반대로 출제자들은 이런 점을 노려 자주 출제하므로 주의해서 학습해야 합니다.

1 의미상 혼동하기 쉬운 동사

(1) say ↔ tell ↔ speak ↔ talk ☞ 말하다

1) **say** : 3형식 → S+say+**목적어**[that절, <u>wh-절</u>] [주의] 사람 목적어 (×)
　　　　　　　　　　　　　　　　　　☞ who, what, when, where, …

2) **tell** : 4형식 → S+tell+I·O+D·O
　　　　　　3형식 → S+tell+목적어+**전치사**+**목적어**

3) **speak** : 1형식 → S+speak+**전치사**+**목적어**
　　　　　　　3형식 → **언어, 연설**에 사용

4) **talk** : 1형식 → S+talk+**전치사**+**목적어**

1) The planner **said**/ that it'll hit the jackpot.

　　그 기획자는 말했어/ 대박이 날 거라고.

　　The weather forecast **says**/ it will be misty/ tomorrow morning.

　　일기예보는 (말)합니다/ 안개가 낄 거라고/ 내일 아침에.

2) Can you **tell** me/ which subway line I take/ to Seoul Station?

　　제게 말해 주시겠습니까?/ 몇 호선 지하철을 타야 하는지/ 서울역에 가려면

　　Tell me/ about your merits and demerits[faults].

　　제게 말하세요/ 당신의 장점과 단점에 대해.

　　☞ tell a lie[story, joke] 거짓말[이야기, 농담]하다
　　　　*tell tales 고자질하다
　　　　be told to V : V하라고 듣다
　　　　*be told to take Tamiflu 타미플루를 복용하라고 듣다

3) Many people are **speaking**/ about the new book.

많은 사람들은 얘기하고 있지요/ 그 새 책에.

The interviewer asked/ if I could **speak** Chinese[Japanese, Spanish] fluently.

그 면접관은 물었습니다/ 내가 중국어[일본어, 스페인어]를 할 수 있는지/ 유창하게.

The representatives of two countries/ **talked**/ about both the six-party **talks**/ and bilateral issues.

양국 대표들은/ 논의했습니다/ 6자회담과/ 양측의 쟁점들에 대해.

(2) take ↔ bring ↔ fetch

1) **take** : (물건을) 〈다른 곳으로〉 가지고 가다(=carry); (남을) 데려가다
2) **bring** : (물건을) 〈다른 곳에서〉 가지고 오다; (남을) 데려오다
3) **fetch** : 직접 (가서) 가져[데리고, 불러]오다(=go and get[bring])

1) **Take** your umbrella with you/ in case it rains.

우산 가지고 가/ 혹 비가 올지 모르니.

2) You don't need to **bring**/ anything/ when we go to the company picnic.

넌 가져오지 않아도 돼/ 어떤 것도/ 우리가 회사 야유회 갈 때.

3) Can you **fetch** me/ today's newspaper/ for me?

제게 가져다 줄 수 있나요?/ 오늘 신문을/ 저를 위해

(3) lend ↔ borrow

1) **lend** : (돈 · 물건을) 〈일정 기간〉 빌려주다(=loan)
2) **borrow** : (돌려 줄 것을 전제로) ~을 빌리다, 차용하다(=rent)
[참고] lend : 내가 남에게 빌려줌   borrow : 내가 남에게서 빌림

A : I need to **borrow** some money/ very badly.

난 빌려야 해요/ 돈을 좀/ 아주 급히.

B : Can you **lend** me/ some money?

제게 빌려 주실 수 있나요?/ 돈 좀

More tips

rent : 〈차·집을〉 (장기간) 빌리다, 빌려주다; 임대차하다 ☞ rental n. 사용료; 임대, 대여

loan : 〈돈을〉 (이자를 받고) 대출해 주다, 빌려주다(=lend) n. 대부, 융자

hire : (사람을) 고용하다, (물건을) 빌리다, 세내다 cf. let : (집·방을) 세놓다

lease : (토지, 건물, 기계 등을) 임대[임차]하다 n. 임대

(4) rob ↔ steal

1) rob : (강제로) 빼앗다   ☞ rob+목적어(주로 사람)+of+사물(돈, 물건)
2) steal : ~을 (몰래) 훔치다, 도용하다   ☞ steal+목적어(사물)+from+장소[사람]

1) A highwayman **robbed**/ a middle-aged woman **of** her gold bracelet.

한 노상강도는 빼앗았습니다/ 한 중년부인의 금팔찌를.

cf. A middle-aged woman **was robbed of** her gold bracelet by a highwayman.

〈수동태〉

2) The accounting supervisor **stole**/ a large amount of money/ **from** the safe.

그 경리부장은 훔쳤습니다/ 거액의 돈을/ 금고에서.

The manager of the hotel/ **had** his leather wallet **stolen**. ☞ have+목적어+p.p.

그 호텔의 지배인은/ 가죽 지갑을 도둑맞았습니다.

(5) born ↔ borne

bear－bore ┌ borne ('낳다'는 뜻이 아닐 때) → '품다, 떠맡다 …'
            └ born ('낳다'는 뜻일 때) → **be born**(태어나다)

The graduate assistant was **born**/ in Los Angeles/ on Christmas Eve, 1988.

그 대학원 조교는 태어났습니다/ 로스앤젤레스에서/ 1988년 크리스마스이브에.

cf. The sound of music was **borne**/ on the wind.

음악소리가 들려왔지요/ 바람에 실려. ☞ '낳다' 이외의 뜻에서는 언제나 **borne** 사용.

(6) thank ↔ appreciate

> 1) **thank**＋사람＋**for**＋행위·사물
> 2) **appreciate**＋(어떤) 행위·사물
> ⎤ : ～에 감사하다

1) **Thank** you so much/ **for** taking time/ out of your busy schedule.

정말 고맙습니다/ 시간을 내 주셔서/ 바쁘신 와중에도.

2) Thanks a lot./ We really **appreciate**/ your support of our company.

정말 고마워요./ 우린 정말 감사드립니다/ 당신이 저희 회사를 성원해 주신 점에.

---

more tips

1. **cost** : (비용, 경비 등이) **얼마가 들다**   ☞ 사람 주어 + cost   (×)

   cf. **charge** : (대금 등을) **청구하다**   ☞ 사람 주어 + charge (○)

2. **save** : ～을 하면 (시간, 경비, 노력 등을) **줄일 수 있다**

3. **carry** : (물건을) **취급하다**; (기사를) 싣다; (이자가) 붙다; 휴대하다, 나르다;

   (보험에) **들다**; (생각을) 품다

4. **show**[indicate, reveal, illustrate] ～ : ～**을 보면 …을 알 수 있다**

---

1. The construction work will probably **cost**/ fifty million dollars/ and take two years/ to complete.

   그 건설공사는 아마도 들 것입니다/ 5천만 달러가/ 그리고 2년이 걸릴 것입니다/ 완성하는 데에.

2. We can **save**/ a lot of costs/ if we decrease our production errors.

   우린 줄일 수 있어요/ 많은 경비를/ 생산과정에서의 실수만 줄이면.

3. The shopping mall **carries**/ a full line of synthetic detergents.

   그 쇼핑몰은 취급합니다/ 전 품목의 합성세제를.

   ☞ 그 쇼핑몰에는 모든 종류의 합성세제가 다 있습니다.

4. The study **shows**/ that having fun/ is effective in preventing strokes.

   그 연구는 보여줍니다/ 즐겁게 사는 것이/ 효과적이라는 것을/ 뇌졸중 예방에.

   ☞ live a carefree happy-go-lucky life 즐겁게 살다, 낙천적으로 살다

2 형태상 혼동하기 쉬운 동사

지금부터 다루는 동사들은 혼동하기 쉬우므로 다음 사항에 특히 주의하세요.

(1) 문제에서 타동사로 쓰였나? → 뒤에 목적어가 와야 함 〈수동태 제외〉

              자동사로 쓰였나? → 뒤에 목적어가 올 수 없음

(2) 문장 의미에 맞는 동사가 쓰였나? → 반드시 확인하세요.

> **바로 이것이 포인트!**
>
> 1) **목적어 유무**와
> 2) "**문장 의미에 맞는 동사**가 쓰였나?"를 반드시 확인한 후
> 3) 특히 **과거형**에 유의하세요

현재형	과거형	과거분사(p.p.)	의미(Meaning)
lay	laid	laid	타 ~을 놓다, (물건을) 두다, 눕히다
lie	lay	lain	자 (사람, 동물이) 눕다, 놓여 있다
lie	lied	lied	자 거짓말하다 타 거짓말하여 ~시키다
raise	raised	raised	타 ~을 올리다, 진급시키다, ~을 재배하다
rise	rose	risen	자 물가가 오르다, (해, 달이) 뜨다
arise	arose	arisen	자 (일이) 생기다, 발생하다, (폭풍이) 일다
set	set	set	타 ~을 놓다, 배치하다 자 (해·달이) 지다, 설치하다
sit	sat	sat	자 (개, 새가) 앉다, 위치하다 타 앉히다
seat	seated	seated	타 앉히다, (사람을) 수용하다, 착석시키다
hang	hung	hung	타 ~을 걸다, 매달다, (커튼을) 치다 자 매달리다
hang	hanged	hanged	타 교수형에 처하다, 목을 매달다 *hang+사람 목적어
saw	sawed	sawn[sawed]	타 톱으로 (나무를) 켜다
sow	sowed	sown[sowed]	타 씨를 뿌리다 자 파종하다
sew	sewed	sewn[sewed]	타 ~을 꿰매다, 바느질하다

shine	shone	shone	㉨ 빛나다, 반짝이다, 얼굴이 밝게 빛나다
shine	shined	shined	㉭ 닦다, 광내다(=polish)
find	found	found	㉭ ~을 발견하다, ~을 얻다(=gain)
found	founded	founded	㉭ (건물을) 설립하다, 기초를 세우다
wind	wound	wound	㉨ 굽이치다, 구부러지다 ㉭ 감다, 휘감다
wound	wounded	wounded	㉭ 상처를 입히다(=injure), (감정을) 해치다

The new housemaid **laid**/ bowls, spoons, and wooden chopsticks/ on the table.

새 가정부는 놓았습니다/ 그릇, 숟가락과 나무젓가락을/ 식탁 위에. 〈㉭ lay의 과거〉

Bowls, spoons, and wooden chopsticks **lay**/ on the table. 〈㉨ lie의 과거〉

그릇, 숟가락과 나무젓가락이 놓여 있었습니다/ 식탁 위에.

The congenital liar **lied**/ to me/ on purpose. 〈㉨ lie의 과거〉

그 타고난 거짓말쟁이는 거짓말을 했지요/ 내게/ 일부러.

It is necessary/ for us to **raise** our prices/ by 10 percent/ on this dairy product.

필요합니다/ 우리가 가격을 올리는 것이/ 10퍼센트만큼/ 이 유제품에 대해.

The temperature will **rise**/ to 75 degrees Fahrenheit/ this afternoon.

기온이 오를 것입니다/ 화씨 75까지/ 오늘 오후에.

The traffic accident **arose**/ from the driver's carelessness. 〈㉨ arise의 과거〉

그 교통사고는 일어났습니다/ 그 운전사의 부주의로 인해.

Several watercolors **hanged**/ on the wall. (×) 〈hanged → hung〉

수채화 여러 점이 걸려 있네요/ 벽에.

The actress **hung** herself/ in the bathroom. (×) 〈hung → hanged〉

그 여배우는 목을 매 자살했습니다/ 욕실에서.

more tips

1. **affect** : v. 영향을 미치다(=influence); ~인 체하다, 가장하다(=pretend)
2. **effect** : v. 달성하다, (결과를) 초래하다 n. 결과, 효과, 영향

1) Do you think/ the massive shake-up/ will **affect** your job?

　생각하세요?/ 대규모 인사이동이/ 당신 일에 영향을 미칠 거라

2) The multinational company has **effected**/ a change of production techniques.

　그 다국적 회사는 성공했습니다/ 생산기술의 전환에.

　　[주의] **have an effect on**[**upon**] ～ : ～에 영향을 미치다(=affect), 효과를 나타내다

　　　Lack of sleep and physical activity/ **had an effect**/ on the gambler's health.

　　　수면과 운동 부족이/ 영향을 끼쳤습니다/ 그 도박꾼의 건강에.

---

1) hurt　㉖ 다치게 하다 ㉘ 아프다　　　　3) accept　v. 받아들이다
2) injure　㉖ 상처입히다; 해치다, 손상시키다　4) except　p. ～을 제외하고

---

1) Unfortunately,/ many passengers were **hurt**/ because of the derailment.

　불행하게도,/ 많은 사람들이 다쳤습니다/ 그 탈선사고로.

2) More than 20 passengers were **injured**/ when a bus collided with a train.

　20명 이상의 승객이 부상당했습니다/ 버스와 기차의 충동사고로.

3) The unsuccessful candidate/ refused to **accept**/ the election result.

　그 낙선자는/ 받아들이지 않았습니다/ 선거결과를.

4) The workers work every day/ **except** Saturday and Sunday.

　근로자들은 매일 일합니다/ 토요일과 일요일을 제외하고는.

---

1) advise　v. 충고하다　　devise　v. 고안하다　　prophesy　v. 예언하다
　 advice　n. 충고　　　　device　n. 고안　　　　prophecy　n. 예언

2) deepen　v. 깊게 하다　　widen　v. 넓히다　　　lengthen　v. 길게 하다
　 depth　n. 깊이　　　　　width　n. 넓이, 폭　　　length　n. 길이

바로 이것이 포인트!　동사형과 명사형에 형태에 유의

　1. 동사형 − se[sy] → 명사형 − ce[cy]
　2. 동사형 − en　　→ 명사형 − th

[참고] 앉다 ⇒ sit = be seated = seat oneself

3 시험에 자주 출제되는 불규칙 동사

현 재	과 거	과거분사	현 재	과 거	과거분사
A-A-A 형					
cut	cut	cut	read	read	read
hit	hit	hit	spread	spread	spread
hurt	hurt	hurt	set	set	set
put	put	put	upset	upset	upset
A-B-B 형					
catch	caught	caught	send	sent	sent
dig	dug	dug	spend	spent	spent
feel	felt	felt	stand	stood	stood
lead	led	led	stink	stank/stunk	stunk
light	lit	lit	sweep	swept	swept
A-B-C 형					
begin	began	begun	go	went	gone
bite	bit	bitten	ride	rode	ridden
choose	chose	chosen	sing	sang	sung
do	did	done	shake	shook	shaken
drink	drank	drunk	steal	stole	stolen
eat	ate	eaten	throw	threw	thrown
fly(날다)	flew	flown	withdraw	withdrew	withdrawn
forget	forgot	forgotten	write	wrote	written
freeze	froze	frozen	take	took	taken
give	gave	given	tear	tore	torn
A-B-A 형					
come	came	come	become	became	become
overcome	overcame	overcome	run	ran	run

1) The hunter/ with a hunting dog/ **fired**/ and **hitted** a wild boar.　　(×)
   The hunter/ with a hunting dog/ **fired**/ and **hit** a wild boar.　　　(○)
   그 사냥꾼은/ 사냥개를 데리고 있는/ 총을 쏘아/ 명중시켰습니다/ 멧돼지 한 마리를.

2) Have you **ate**? Yes, I have **ate**.　　　　　　　　　　　　　　　(×)
   Have you **eaten**? Yes, I have **eaten**.　　　　　　　　　　　　　(○)
   뭐 좀 먹었나요? 예, 먹었어요.

3) The arrogant girl **teared**/ his torrid love letter/ to pieces[shreds, tatters]. (×)
   The arrogant girl **tore**/ his torrid love letter/ to pieces[shreds, tatters].　(○)
   그 콧대 높은 소녀는 찢어버렸습니다/ 그의 열렬한 연애편지를/ 갈기갈기.

4 「make, do, have, take」와 함께 쓰는 표현들

make	
make[place, put in] a call 전화 걸다	make a difference 차이가[영향이] 있다
make a choice 선택하다	make a discovery 발견하다
make a contribution 공헌하다	make a fortune 돈을 벌다
make a copy 복사하다	make a high mark 높은 점수를 얻다
make a decision 결정하다	make a killing 큰돈을 벌다
make a delivery 배달하다	make a loan 융자받다, 대출받다
make a demand 요구하다	make a noise 시끄럽게 하다
make a deposit 예금하다, 입금하다	make a plan 계획하다
make a withdrawal (예금을) 인출하다	make an investment 투자하다
make a point ～를 설득시키다	make an offer 신청하다
make a presentation 발표하다	make tea 차를 마련하다
make a profit 이익을 내다	make coffee 커피를 끓이다
make a reservation 예약을 하다	make money 돈을 벌다
make a speech 연설하다	make payment 지불하다
make a stop 정지하다	make progress 진보하다
make a suggestion 제안하다	make sense 이치에 맞다
make an announcement 알리다	make no sense 말이 안 되다, 엉터리다
make an effort 노력하다	make up one's mind 결심하다

do

do a mile run 1마일 달리기를 하다

do a movie 영화를 제작하다

do a paper 리포트를 작성하다

do a problem 문제를 풀다

do a puzzle 수수께끼를 풀다

do a sum 계산하다

do good[harm] to ~ ~에 이익[손해]이 되다

do lessons 학과를 배우다

do business with ~ ~와 거래하다

do one's best 최선을 다하다

do one's duty 의무를 다하다

do one's military service 병역에 복무하다

do one's exercise 운동을 하다

do one's face 화장을 하다

do one's hair 머리를 손질하다

do one's homework 숙제를 하다

do repairs 수리하다

do research 연구하다

do the cooking 요리하다

do the dishes 설거지하다

do the laundry[cleaning] 세탁하다

do the salad 샐러드를 만들다

do the sights 관광을 하다

do the shopping 쇼핑을 하다

have

have a ball 즐거운 시간을 보내다

have a cold 감기에 걸려 있다

have a good time 즐겁게 보내다

have a party 파티를 열다

have a quarrel 언쟁하다

have a rest 쉬다

have a sale 세일을 하다

have a walk 산책하다

have an argument 다투다, 논쟁하다

have an objection to ~ ~에 반대하다

have an operation 수술 받다

have experience in ~ ~에 경험[경력]이 있다

have had it 지긋지긋하다, 망가지다, 지치다

have one's hands full 무척 바쁘다

have a point 일리가 있다

have it in for ~ ~에 원한을 품다

take

take a chance 위험을 감수하다, 기회를 잡다

take a copy 사본을 만들다

take a joke 농담을 웃으며 받아들이다

take a poll 여론조사를 하다

take a rest 휴식하다

take a trip 여행가다

take an examination 시험을 치르다

take care 조심하다

take dictation 받아 적다

take medication 약을 복용하다

take exercise 운동하다

take pains 전력을 다하다, 수고하다

take part in ~ ~에 참가하다

take place 발생하다, 개최하다

take precautions against[to] ~
~을[~에] 조심하다

take the time to V V할 시간을 내다

take[run] a risk 위험을 무릅쓰다

take mass transit 대중교통을 이용하다

take[have] a lesson ~ ~을 배우다

기타	
bear fruits 열매를 맺다	keep to the right 우측통행하다
bear[have] a grudge against ~ ~에 대하여 원한을 품다	lay hold on ~ ~을 장악하다, 꽉 쥐다
catch on fire 불이 붙다(=take fire)	lose the case 패소하다
	cf. win the case 승소하다
catch[take] (a) cold 감기가 들다	pay a visit[call] 방문하다
check the schedule 스케줄을 확인하다	play a trick on ~ ~에게 장난을 치다
fill one's order 주문에 응하다	prepare for a party 파티를 준비하다
fit the case 그 경우에 알맞다	an exam 시험을 준비하다
get a promotion 승진하다	reach[come to, arrive at] a conclusion
(=get[be] promoted; move up)	결론에 도달하다
get a raise 급여가 인상되다	shed tears 눈물을 흘리다
hold one's breath 숨을 죽이고 있다	shift one's ground 입장[견해]를 바꾸다
hold one's tongue 잠자코 있다	turn a profit 이익을 내다
keep a diary 일기를 쓰다	find favor with ~ ~의 호의를 사다

1) Some audience **had a** strange **noise**/ during the concert. (×)
   Some audience **made a** strange **noise**/ during the concert. (○)
   몇몇 청중들이 이상한 소리를 냈어요/ 연주회 도중에.

2) We should **have** special **precautions**/ to prevent a forest fire/ in the winter. (×)
   We should **take** special **precautions**/ to prevent a forest fire/ in the winter. (○)
   우린 특히 조심해야 합니다/ 산불예방에/ 겨울에는.

바로 이것이 포인트!

명사와 함께 사용하는 **동사를 구별해서 하나의 숙어로 암기**하는 것이 최선의 방법

more tips   **"make+(관사)+명사"가 함께 쓰인 명사의 동사(형)과 같은 의미를 가지는 경우**

make (an) answer	= answer 대답하다	make progress	= progress 진행하다, 진보하다
make (a) reply	= reply 대답하다	make haste	= hasten 서두르다
make a pause	= pause 잠시 쉬다, 한숨 돌리다	make a bundle	= bundle 꾸러미로 만들다
make a remark	= remark 한마디 하다, 언급하다	make a prediction	= predict 예측하다

5 시험에 자주 출제되는 중요 동사구 정리

다음은 각종 시험에서 여러 번 출제된 것들이므로 꼭 '동의어'와 함께 암기하고,
전치사에 따라 뜻이 달라지므로 '전치사'에 특히 유의하세요.

break down 고장나다(=collapse)	bring up 교육하다(=educate)
break in 침입하다, 말참견하다	check up on ~의 진위를 확인하다
catch up with 따라잡다(=overtake)	drop by[in] 방문하다(=call on)
get ahead 성공하다(=succeed)	give in 항복하다(=surrender)
give up 포기하다(=abandon)	go off 폭발하다(=explode)
hand out 분배하다(=distribute)	lay off 해고하다(=dismiss)
let on 비밀을 누설하다(=reveal)	look after 돌보다(=take care of)
look for ~을 찾다(=search for)	major in ~을 전공하다(=specialize in)
make out ~을 이해하다(=comprehend)	make believe ~인 체하다(=pretend)
make up for ~ ~을 보상하다(=compensate)	make over ~을 양도하다(=hand over)
put off 연기하다(=postpone)	pass away 죽다(=die)
rule out ~을 제외하다(=exclude)	run into 우연히 만나다(=come across)
take in ~을 속이다(=deceive)	show up 나타나다(=appear)
take place 발생하다(=happen)	take off ~을 벗다(=remove)
tell apart 구별하다(=distinguish)	take up ~을 차지하다(=occupy)
try on ~을 입어[신어, 써] 보다	use up ~을 다 써버리다(=consume)

more tips

find fault with ~ ~의 흠을 잡다(=criticize)	put an end to ~ ~을 끝내다(=finish)
take part in ~ ~에 참석하다(=participate in)	lay emphasis on ~ ~을 강조하다(=emphasize)

take account of ~ ~을 고려하다(=consider)

fall back (up)on ~ ~에 의지하다(=depend on=turn to=resort to)

lay[build up] the foundation of ~ ~의 기초를 쌓다

consult[refer to] a dictionary 사전을 참조하다

look up a word in a dictionary 사전에서 단어를 찾아보다

make **a** difference 차이가 생기다; 차별을 두다; 영향을 미치다; 중요하다

make **no** difference 차이가 없다; 차별을 안두다; 영향을 미치지 않다; 중요하지 않다

4 물주구문(사물이 주어인 문장)으로 자주 쓰는 동사

1) **bring** : ～ 때문에[왜] (～에) 오게 되다
2) **take** : ～ 때문에[왜] (시간 등이) 걸리다
3) **make** : ～ 때문에[왜] ～하게 되다
4) **give** : ～ 때문에[왜] ～을 갖게 되다

What **brings** you here? 여긴 웬 일이야?

What's **taking** you so long? 왜 이렇게 오래 걸려?

What **makes** you so happy. 왜 그렇게 기분이 좋아?

What **gave** you such a strange thought? 왜 그런 이상한 생각을 하게 됐어?

[주의] 무생물주어(S) + keep[prevent, prohibit, stop, hinder, ban] + A(사람) + from + ～ing(B)
　　: S 때문에 A가 B하지 못하다

A severe stomachache/ **prevented** the representative director **from** attending/
the urgent conference/ to hear emergency report/ on the company's finance condition.

⇒ **Because** he had a severe stomachache,/ the representative director could not attend/
the urgent conference/ to hear emergency report/ on the company's finance condition.
　심한 복통 때문에/ 대표이사는 참석할 수 없었습니다/ 그 비상회의에/ 긴급보고를 듣기 위한/
　회사의 재정상태에 대해.

바로 이것이 포인트!

무생물주어를 "**이유, 원인, 조건, 시간, 양보 등의 부사(구, 절)**"로 해석하세요.

more tips　동사의 여러 형태

1. 조동사 + **동사원형**
2. to + **V**(부정사=동사원형)
3. have[has, had] + **p.p.**[과거분사] ⇐ **완료형**
4. 진지사 + **동명사**(목직어) (○)
   전치사 + **부정사**(목적어) (×)

부정사

Infinitive

이 장과 3, 4장에서 다룰 **준동사—부정사, 동명사, 분사**—는 영어학습에 있어 가장 중요한 부분 중의 하나여서 어떤 시험에서든 출제가 안 되는 경우가 없으므로 기본 개념과 각각의 용법에 촛점을 맞추어 정확히 이해해야 합니다.

왜 부정(不定)사라 할까요?
"인칭/ 단수, 복수/ 현재, 과거, …" 아무것도 정해지지 않았기 때문입니다.

동사 ⇒ **준동사** ⇒
만으로는   생겨남
부족하여

부정사 ⇒ (동)사 + (명)사, (형)용사, (부)사 역할
동명사 ⇒ (동)사 + (명)사 역할
분 사 ⇒ (동)사 + (형)용사 역할

차라리 이렇게 기억하세요.

(동)(명)사
(형)(부)사

(동)(명)사   (동)(형)사 ← 이런 역할을 하니까!

└→ 동사를 변형시켜 **명사**처럼 사용하려고 만든 것
     └→ 동사를 변형시켜 **형용사**처럼 사용하려고 만든 것

시험대비「부정사」중점 학습 과제

1	부정사가 무엇인지 개념파악부터 먼저 하세요. **부정사**(to+동사원형)는 1) **동사의 성질**을 가지고 → 목적어, 보어를 취하고, 시제를 가짐 2) **명사, 형용사, 부사** 역할을 합니다.
2	부정사가 문장에서 어떻게 사용되는지 그 용법을 이해하세요. 위 2)번에서와 같이 부정사는 문장에서 **명사, 형용사, 부사 역할**을 하므로, 당연히 **명사적 용법, 형용사적 용법, 부사적 용법**이 있게 되는 것입니다.

명사적 용법	1) **의문사 + to V**(동사원형) - 주어, 목적어, 보어로 쓰임. 2) **타동사 + 목적어 + to V**(동사원형) 〈5형식〉
형용사적 용법	1) 한정용법 = 명사 + to V : 후치수식 〈~할, ~한〉 2) 서술용법 = 자동사 + to V 〈보어〉 3) be to V - 예정, 의무, 가능, 운명, 의도
부사적 용법	1) to V(동사원형)이 부사처럼 형용사, 동사, 부사 수식. ⇒ 목적, 원인, 이유, 조건, 결과를 나타냄. 2) 목적 = to V; in order to V; so as to V : V하기 위하여

3	각 부정사의 종류와 형태를 정확히 기억하세요. 1) **단순부정사** : to V(동사원형) 2) **완료부정사** : to have+P.P.(과거분사) ⇒ to+have+been+P.P. 〈수동태〉 3) **대 부 정 사** : to V(동사원형)에서 **V가 생략**되고 to만 남은 형태 4) **원형부정사** : to V(동사원형)에서 **to가 생략**되고 V(동사원형)만 남은 형태
4	부정사의 의미상 주어와 시제에 유의하세요. 1) **부정사의 의미상 주어** 　① It is + 형용사 + for 의미상주어 + to V로 쓰는 형용사 　② It is + 형용사 + of 의미상수어 + to V로 쓰는 형용사 2) **부정사의 시제** 　① **단순부정사** : 술어동사와 　같은 시제 또는 **미래시제** 　② **완료부정사** : 술어동사보다 **하나 앞선 시제**
5	원형부정사를 취하는 관용용법과 부정사의 부정에 유의하세요. 1) had better V : V하는 편이 낫다 ↔ had better not V : V하지 않는 편이 낫다 　cannot (help) but V = cannot help ~ing : V[~ing]할 수밖에 없다 2) not[never] to V : 부정사를 부정할 경우는 부정어가 반드시 부정사 앞에 위치함 　to not[never] V (×)

1 준동사(Verbals)의 이해

준동사—**부정사 · 동명사 · 분사**—에는 공통적으로 적용되는 사항과 비교해서 학습해야 할 부분이 많으므로 이것들을 먼저 이해해야 합니다.

기본적으로 이해해야 할 것은 준동사는 동사에서 생겨나온 것이므로
1) 모두 **동사의 성질**을 가지고 있지만
2) **다른 역할**을 한다는 차이점을 알고서 학습하면 이해하기 쉽습니다.

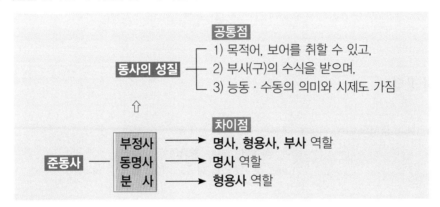

바로 이것이 포인트! 준동사의 역할 이해

1. **명사** 역할 → 주어, 목적어, 보어가 됨 ⇒ **부정사, 동명사**
2. **형용사** 역할 → 명사 수식, 보어가 됨 ⇒ **부정사, 분사**
3. **부사** 역할 → 동사, 형용사, 부사 수식 ⇒ **부정사**

준동사 주의사항

① **술어동사로 쓸 수 없음** → 술어동사 자리에는 반드시 **정형동사** 사용

Global warming is one of the most urgent problems that we all necessarily **to solve**. (×)

Global warming is/ one of the most urgent problems/ that we all necessarily **solve**. (○)

지구 온난화는 입니다/ 가장 시급한 문제들 중의 하나/ 우리 모두가 반드시 해결 해야 할.

→ 지구 온난화는 우리 모두가 반드시 해결해야 할 가장 시급한 문제들 중의 하나입니다.

☞ **정형동사** — 문장의 주어를 가지며 **술어동사[본동사]**가 될 수 있는 동사를 일컫는 말

② **의미상 주어를 가짐**

☞ 술어동사와 달리 문장의 주어는 가지지 못하고, 의미상 주어만 가짐

③ 시제 ┌ **단순시제(to V, ~ing)** : 술어동사와 **같은 시제**
        └ **완료시제(to+have+p.p., having+p.p.)** : 술어동사보다 (과거로) **하나 앞선 시제**

2 부정사의 용법

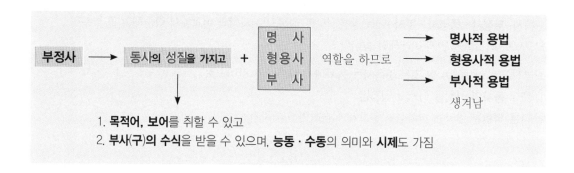

1 명사적 용법

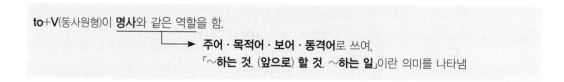

To get used to/ other cultures/ immediately/ is not easy. 〈주어〉

익숙해 지는 것은/ 다른 문화에/ 곧바로/ 쉽지 않아요.

It is natural/ for you **to be** mad at me. 〈It－가주어 / to V－진주어〉

당연해요/ 당신이 나에게 화내는 것이.

What do you want **to do**/ when you graduate from university?

너는 뭐 할 거야?/ 대학교 졸업하면 〈타동사의 목적어〉

My hobby is/ **to surf** Web sites/ and **chat** with others. 〈주격보어〉

제 취미는 입니다/ 웹 사이트를 서핑하는 것과/ 다른 사람들과 채팅하는 것.

The doctor advised/ the juvenile delinquent/ **not to smoke**. 〈목적격보어〉

그 의사는 조언했어요/ 그 비행소년에게/ 담배를 피지 말라고.

The pauper has one aim/ in life,/ **to make a lot of money**. 〈동격〉

그 가난뱅이는 한 가지 목표를 가지고 있는데요/ 인생에서/ (그것은) 돈을 많이 버는 것입니다.

위의 것은 기본적 명사적 용법이므로 이제 **주의해야 할 명사적 용법**을 소개하겠습니다.

(1) 의문사 + to부정사

1) 왜 쓸까? : 의문의 뜻을 분명히 나타내기 위해 의문사와 부정사를 함께 씀.
2) 문장에서의 역할은? : 명사구로 **주어**, **목적어**, **보어**로 쓰임.
3) 어떤 의문사와 쓸까? : 의문대명사[형용사, 부사]; whether

> when to V : 언제 V할지(를)　　　　how to V : 어떻게 V할지(를)
> where to V : 어디로[어디서] V할지(를)　　what to V : 무엇을 V할지(를)
> whether to V : V할지 말지(를)　　　　[주의] why to + V (×)
> ☞ whom to select : 누구를 선택할지(를)
> 　which way to choose : 어느 방법을 선택해야 할지(를)

4) 「의문사＋to V」를 목적어로 취하는 동사는?

| know | wonder | show | discover | find out |
| see | explain | understand | tell | learn |

How to live/ is an important question/ in life.　　　〈주어〉
어떻게 사느냐 하는 것은/ 중요한 문제입니다/ 인생에서.

I don't **know to kill** time/ to stay indoors/ at all times.　(×)〈목적어〉
I don't **know how to kill** time/ to stay indoors/ at all times. (○)
난 모르겠어요/ 시간을 어떻게 보내야 할지/ 집 안에 있다 보니/ 늘.

know와 달리 learn은 to부정사도 목적어로 받을 수 있습니다.

Many parents expect/ their children to **learn**/ **how to take care of** themselves.(○)
Many parents expect/ their children to **learn**/ **to take care of** themselves.　(○)
많은 부모들은 기대하지요/ 그들의 자식들이 배우길/ 자기 자신을 돌보는 법을[것을].

---

more tips　　의문사 + to 부정사의 문장전환

Show me **how to use** the smart device.
⇒ Show me/ **how I should use** the smart device. 〈의문사+주어+should V〉
　제게 가르쳐 주세요/ 어떻게 사용해야 하는지/ 그 스마트기기를.

(2) 타동사+목적어+to부정사로 쓰는 동사 → 5형식 문장

enable	allow	force	compel	oblige	order
cause	encourage	persuade	want	get	permit
require	expect	urge	believe	invite	tell

Money and power **enable**/ us to do everything/ **we** want to do.

돈과 권력은 할 수 있게 해 주지요/ 우리가 모든 것을 하도록/ 우리가 원하는.

→ 돈과 권력만 있으면 우린 원하는 뭐든 할 수 있어요. (그건 착각!)

The demonstration has **forced**/ us to make a detour/ of five miles.

그 시위는 하게 했지요/ 우리가 우회하도록/ 5마일을.

→ 우린 시위 때문에 (할 수 없이) 5마일을 우회해야 했어요.

The government **encourages**/ large companies to increase/ their research and development budget.

정부는 장려합니다/ 대기업들이 늘리도록/ 그들의 연구 개발비를.

☞ (사물) 주어(A) enable[allow] somebody(B) to V ~

: A 때문에 B가 V할 수 있다

(사물) 주어(A) force[compel, oblige] somebody(B) to V ~

: A 때문에 B는 V해야 한다[할 수밖에 없다]

---

more tips

1. have a tendency to V : V하는 경향이 있다, V하곤 하다
2. take the trouble to V : 수고를 아끼지 않고 V하다
   cf. have trouble to V : V하느라 애를 먹다

   have trouble (병 등을) 앓다

---

1. The buoy **has a tendency**/ to float on water.

   부표는 경향이 있습니다/ 물 위에 뜨는.

2. The authorities concerned/ must **take the trouble**/ to prevent influenza.

   관계당국은/ 최선을 다해야 합니다/ 독감 방지를 위해.

   cf. The company **has trouble** to employ new staff.

   그 회사는 신규직원 채용에 애를 먹고 있습니다.

(3) It(가주어) ~ to V(진주어) 구문 ☞ 가주어=형식주어=거짓주어/ 진주어=진짜주어

언제 사용할까? : 주어가 부정사이고 수식어가 붙어 길고 복잡할 때

왜 사용할까?   : 가주어(It)를 사용하여, to V(**부정사**) ~ 이하를 뒤로 돌려
             문장의 앞부분을 간단하게 처리함으로써 문장구조를 쉽게 파악하게 하기 위해

To keep early hours is good for physical and mental health.   〈전형적인 문어체〉
= **It** is good for physical and mental health/ to keep early hours.

육체적, 정신적 건강에 좋아요/ 일찍 자고 일찍 일어나는 것은.   〈현대영어 – 일반적〉

(4) It(가목적어) ~ to V(진목적어) 5형식 구문 ☞ 가목적어=형식목적어=거짓목적어

> 1) 용 법 : S + V + **it** + O·C(형·명) + (**for**+의미상 주어) + **to** V ~
>   가목적어   목·보   생략가능 진목적어=진짜목적어
>
> 2) 동 사 : make, find, think, believe, consider, …

The marathoner **makes it** a rule/ **to run**/ every morning.

그 마라토너는 규칙으로 합니다/ 달리는 것을/ 매일 아침.

Most people **find**/ **it** difficult/ **to keep up with** fashion.

대부분의 사람들은 알아요/ 어렵다는 것을/ 유행을 쫓아가는 것이.

(5) 부정사를 목적어로 취하는 전치사

대전제 : **전치사**는 명사, 동명사 등의 **명사 상당어구**를 목적어로 취하고,
        부정사는 전치사의 목적어가 되지 못함이 원칙.

예 외 : **부정사가 전치사의 목적어로 쓰이는 예외의 경우임.**

> except(~을 제외하고)   but(~이외는, ~을 제외하고)   save(~을 제외하고)
> besides(~외에도, ~을 제외하고) about(막 ~하려고 하여)

There was nothing/ for me to do/ **except to take a walk**/ at that time.

아무것도 없었죠/ 내가 하는 것은/ 산책하는 것을 제외하고는/ 그 당시에.

→ 그 당시 내가 하는 일이라곤 산책하는 것 말고는 아무것도 없었어요.

The event's organizers had no alternative/ **but to postpone** the marathon/ because of torrential rains.

대회 주최측은 대안이 없었습니다/ 마라톤 대회를 연기하는 것 외에는/ 폭우 때문에.

2 형용사적 용법

to＋V(동사원형)이 형용사와 같은 역할을 하는 경우로
1) **명사 · 대명사**를 (뒤에서) **수식**하고,　　　　　　　　　　　 – **한정용법**
2) (**불완전**)**자동사 to V**로 쓰이며　　　　　　　　　　　 – **서술용법**
3) **be to부정사** : 예정, 의무, 가능, 의도, 운명의 의미를 나타냄 – **서술용법**

(1) 한정용법

1) 형　태 : 명사＋to V(동사원형) – **후치**(뒤에서) **수식**
2) 의　미 : **～하는**〈현재〉, **～할**〈미래〉

I have no friend **to help me** cordially.
= I have no friend/ who **helps me**/ cordially. 〈friend가 의미상 주어〉

내겐 친구가 없어요/ 날 도와줄/ 진심으로.

I have no friend **to help** cordially.
= I have no friend/ (whom) I **help**/ cordially. 〈friend가 부정사의 목적어〉

내겐 친구가 없어요/ 내가 도와줄/ 진심으로.

I have no reason/ **to be startled**/ at the sight of the masked robber. 〈수동 부정사〉
= I have no reason/ **why I should be startled**/ at the sight of the masked robber.

난 이유가 없어요/ 놀래야 할/ 복면강도를 보고.

*startle　v. 깜짝 놀라게 하다(＝astonish; surprise; scare)
be startled at[by, to V] ～ ～에[V하고] 깜짝 놀라다

부정사 뒤에 전치사가 오는 경우

용　법 : 명사＋**to V**에서

　　　　1. 명사가 V의 **목적어인 경우**로

　　　　2. V가 **자동사인 경우**에는 뒤에 **반드시 전치사를 붙여야 함**

1. Give the children/ playing mothers and fathers/ toys and dolls **to play**.　　　(×)

   Give the children/ playing mothers and fathers/ toys and dolls/ **to play** with. (○)

   그 아이들에게 주세요/ 엄마아빠 놀이를 하고 노는/ 장난감과 인형을/ 가지고 놀.

   → 엄마아빠 놀이를 하고 노는 그 아이들에게 가지고 놀 장난감과 인형을 주세요.

2. I have no pen to **write**.　　　(×)　　　　　　∼ to write **with**.　(○) 〈가지고 쓸 **도구**가〉

   I have no paper to **write**.　　(×)　　　　　　∼ to write **on**.　(○) 〈위에 쓸 **종이**가〉

   I can't decide what to write **about**.　　　　　　　　　　　　〈∼에 관해 쓸 것이〉

   난 무엇에 대해 써야 할지 결정하지 못했어.

a chair to sit **on** 앉을 의자	money to live **on** 살아갈 돈
friends to talk **with** 대화할 친구들	partners to talk **with** 얘기할 상대
friends to play **with** 놀 친구들	nothing to complain **of** 불평할 것이 없는
the church to go **to** 다닐 교회	nothing to be afraid **of** 두려울 것이 전혀 없는

   cf. I have no <u>letters</u> <u>to write</u>. (○) 〈타동사〉 → write letters

   　　I have no <u>books</u> <u>to read</u>. (○) 〈타동사〉 → read books

   ☞ be nothing to write home about 특별한[내세울] 것이 없다

   　　be something to write home about 특별하다. 내세울 만하다

3. The homeless man has no house **to live in**.

   = The homeless man has no house **in which to live**.

   = The homeless man has no house **in which he can live**.

   = The homeless man has no house **which he can live in**.

   = The homeless man has no house **he can live in**. 〈관계대명사 생략〉

   　그 노숙자는 집이 없어요/ 그가 (들어가) 살.

   cf. The homeless man has **no money to buy** the house. (○)

   　　그 노숙자는 돈이 없어요/ 그 집을 살.

(2) 서술용법

> to V가 1) **(불완전)자동사** + to V
>   2) **be to V**(부정사)로 쓰임.

1) **(불완전)자동사** + to V → 하나의 숙어로 암기하세요.

> ① seem[appear] to V V처럼 생각되다[보이다]   ② prove to V V로 판명되다
> ③ happen[chance] to V 우연히 V하다   ④ grow to V 서서히 V하게 되다
> ⑤ get to V V하게 되다   ⑥ come to V V하게 되다
>   *cf.* become to V (×)

① The patient **seems to** be/ suffering from pneumonia.

그 환자는 처럼 보입니다/ 폐렴에 걸린 것.

③ Do you **happen to** remember/ the proverb/ "Look before you leap"?

혹시 기억하십니까?/ 그 속담을/ "돌다리도 두들겨 보고 건너라."는

cf. **타동사** + to V

> ① fail to V V 하지 못하다(=don't)   ② never fail to V 반드시[꼭] V하다
> ③ manage to V 간신히[겨우] V하다   ④ deserve to V V할 만하다
> ⑤ afford to V V할 여유가 있다

② No matter what happens,/ **never fail to** keep/ your promise.

어떤 일이 있어도/ 반드시 지키세요/ 당신 약속을.

③ The Holocaust survivor/ **is managing to** get over/ the trauma.

그 학살 생존자는/ 그럭저럭 극복해 가고 있습니다/ 그 정신적 충격을.

⑤ Do you think/ I can **afford to** buy/ the eco-friendly hybrid car.

생각하십니까?/ 내가 살 여유가 있다고/ 그 친환경 하이브리드카를.

---

more tips

have only to V : V하기만 하면 된다	**turn out to V** : V로 판명되다
= All you have to do is (to) V ~.	= prove to V

You **have only to** do/ as you were told.

너는 하기만 하면 된다/ 시키는 대로.

The rumor/ **turned out to** be true.

그 소문이/ 사실로 판명되었다.

2) be to V(부정사)의 특별용법

예정, 의무, 가능, 의도·소망, 운명(=be destined to) 의 뜻으로 쓰이므로,
(will) (must) (can) (wish, would) (shall)을 넣어 해석하세요.

① 예정 : We **are to meet**/ at the amusement park/ at 10:00 a.m.
　　　　　　(=are supposed to meet)

　　우리는 만나기로 되어 있어요/ 그 놀이공원에서/ 오전 10시에.

② 의무 : All cash and checks/ **are to be deposited**/ by the end of the month.
　　　　　　　　　　(=must[should] be deposited)

　　모든 현금과 수표는/ 입금되어야 합니다/ 월말까지.

③ 가능 : Not a soul **was to be seen** on the street. 〈주로 수동부정사〉
　　　　　　　(=could be seen)

　　= There was not a soul/ **to be seen**/ on the street.

　　　단 한 사람도 없었어요/ 보이는/ 거리에는.

　　　→ 거리엔 사람 그림자 하나 볼 수 없었어요.

④ 의도·소망 : Turn over a new leaf/ and study harder/ if you **are to get ahead**. 〈주로 if절〉
　　　　　　심기일전하고/ 더 열심히 공부하거라/ 성공하고 싶으면. (=wish[intend] to get ahead)

⑤ 운명 : The North Korean defectors/ **were never to see**/ one another again.

　　　그 탈북자들은/ 서로 만나지 못할 운명이었습니다/ 서로 다시.

　　　cf. The unfortunate man/ made every effort/ to succeed/ **only to fail**.

　　　그 불운한 사람은/ 온갖 노력을 다했지요/ 성공하기 위해/ (그러나) 결국 실패했습니다.

---

more tips　　be to V – 명사적 용법과 be to 부정사의 구별법

둘은 형태가 같아 혼동하기 쉽지만, 다음만 알면 아주 간단합니다.
▶ **명사적 용법** → S(주어) = to V관계이고 그 뜻은 "~**하는 것, 하기**" 〈to V가 주격보어〉
▶ **be to 부정사** → S(주어) ≠ to V관계이고 "**예정, 의무, 가능, 의도, 운명**"의 의미.

3 부사적 용법

to+V(동사원형)가 **부사와 같은 역할**을 하는 경우로
　　　1) **형용사 · 동사 · 다른 부사를 수식**하며,
　　　2) **목적 · 원인 · 판단의 근거 · 조건 · 결과 · 정도**를 나타냄.

(1) 목적 : V하기 위하여, V하려고(=in order to V; so as to V)

Many Korean students/ go abroad every year/ **to learn** English.
= Many Korean students/ go abroad every year/ **in order to learn** English. 〈단문〉
= Many Korean students/ go abroad every year/ **so as to learn** English. 〈단문〉
= Many Korean students/ go abroad every year/ **so that** they **may learn** English. 〈복문〉
= Many Korean students/ go abroad every year/ **in order that** they **may learn** English. 〈복문〉

많은 한국 학생들이/ 매년 해외로 갑니다/ 영어를 배우러.

> **바로 이것이 포인트!**
>
> 1. **사용법** : to V[in order to V; so as to V] 〈단문〉
>   → so that[in order that] S+V 〈복문〉
>   ☞ 목적의 뜻 「~하기 위해서」를 분명히 나타내기 위해 부정사 앞에 in order, so as를 덧붙이기도 하지만, 일상영어에서는 **to 부정사**를 쓰면 가장 간단명료합니다.
>
> 2. **부　정** : in order to V : V 하기 위해서 → in order not to V : V 하지 않기 위해서
>   so as to V : V 하기 위해서 → so as not to V : V 하지 않기 위해서

(2) 원인 : V해서

I'm really glad/ **to see** you again/ in a foreign land.

난 정말 기뻐요/ 당신을 다시 만나서/ 이국땅에서.

☞ 주로 **감정표시 형용사, 동사 뒤에 오는 부정사**가 원인을 나타냄.

(3) 판단의 근거 : V하다니

You must be a fool/ **to believe** such a cock-and-bull story.

넌 바보임에 틀림없어/ 그런 황당무계한[귀신 씨나락 까먹는] 얘기를 믿다니.

☞ must be(~임에 틀림없다) ~ to V / cannot be(~일 리가 없다) ~ to V / 감탄문 ~ to V
　　　　cannot fail to V(V하지 않을 리 없다)

(4) 조건 : V한다면

Sara would be so foolish/ **to marry** such a liar and philanderer.

사라는 정말 어리석어요/ 그런 거짓말쟁이 바람둥이와 결혼한다면.

(5) 결과 : ～해서 (그 결과) V했다[되었다], ～했으나 V하고 말다

The prodigy grew up elegantly/ **to be** a great scholar.

그 신동은 기품있게 자라/ (그 결과) 대학자가 되었습니다.

　☞ 무의지 동사 – live, succeed, grow, awake, find, … + to V는 대개 결과를 나타냄.

(6) 정도 : V할 수 있을 정도로

Sara is old/ enough **to marry** the wonderful guy/ without her parents' permission.

사라는 나이 들었어요/ 그 멋진 녀석과 결혼할 수 있을 정도로 충분히/ 부모님 허락 없이도.

---

4 be+형용사+to부정사　☞ 숙어처럼 통째로 암기하세요!

1) be able to V : V할 수 있다(=can)	2) be afraid to V : 두려워 V하지 못하다
3) be due to V : V할 예정이다	4) be glad[willing] to V : 기꺼이 V하다
5) be liable to V : V하기 쉽다	6) be likely[apt] to V : V할 것 같다, V하기 쉽다
7) be pleased to V : V하여 기쁘다	8) be quick to V : V하는 것이 빠르다
9) be ready to V : V할 준비가 되다	10) be reluctant to V : 마지못해 V하다
11) be sure[certain] to V : 반드시 V하다	12) be worthy to V : V할 만하다
13) be sorry to V : 유감스럽게도 V하다, V해서 미안하다	

1) It's a great pity/ I will not **be able to attend**/ the company picnic.

정말 유감입니다/ 참석할 수 없어서/ 회사 야유회에.

4) I **am** quite **willing to give**/ my life/ for you.

전 기꺼이 바칠 겁니다/ 내 목숨도/ 당신을 위해서라면.

5) The spinster/ **is liable to get angry**/ over a trifling thing.

그 독신 여성은/ 걸핏하면 화를 내지요/ 사소한 일에도.

10) The coward/ **is reluctant to go**/ to the dentist's.

그 겁쟁이는/ 가는 것을 꺼립니다/ 치과에.

13) I **am** really **sorry to trouble**/ you/ so often.

폐를 끼쳐서 정말 죄송해요/ 당신께/ 번번이.

5 부정사가 들어 있는 중요 구문 정리 ☞ 출제빈도가 높으므로 제대로 이해하세요.

(1) enough to V/ too … to V

> 1) **enough to V** : V하기에[해도 될 정도로] 충분히 ~한(=so … that S+can[should] ~)
> 2) **too … to V** : 너무 …해서 V할 수 없다(=so … that S+cannot) 〈**부정해석**〉
> 3) **too ~ not to V** : 워낙 ~해서 V할 수 있다 〈**긍정해석**〉 *cf.* **not too ~ to V**
>   = **so ~ as to V** V할 수 없을 정도로 ~하지는 않다
>   = **so ~ that S(주어) + can**

1) We are already old/ **enough to** take exercise/ for our health.
   = We are already **so** old/ **that** we should take exercise/ for our health.

   우리도 벌써 나이 들었군요/ 운동을 해야 할 정도로/ 우리 건강을 위해.

2) ① This bath water is **too** hot/ **to** enter.
   ② = This bath water is **so** hot/ **that** we **cannot** enter it.

   이 목욕물은 너무 뜨거워요/ 들어가기에. → 이 목욕물은 너무 뜨거워서 들어 갈 수가 없어요.

   > **바로 이것이 포인트!**

   > 위 문장 ①에서는 타동사 enter의 목적어가 주어와 동일하므로 it을 쓸 필요가 없으나,
   > ②의 so ~ that 접속사 구문에서는 that 이하가 **완전한 문장**이 되어야 하므로 it이 반드시 필요합니다.

3) The athlete is **too** robust **not to** run twenty miles every day.
   = The athlete is **so** robust **as to** run twenty miles every day. 〈단문〉
   = The athlete is **so** robust/ **that** he **can** run twenty miles/ every day. 〈복문〉

   그 육상선수는 아주 건장해서/ 20마일을 달릴 수 있습니다/ 매일.

(2) be+형용사+to V의 주의 구문

1) **It** is so **dangerous**/ **to swim** in the river/ moving at breakneck speed.

   매우 위험해요/ 그 강에서 수영하는 것은/ 매우 빠른 속도로 흐르는.

   → The river/ moving at breakneck speed/ is dangerous to swim in. (○)
   ☞ The river moving at breakneck speed is dangerous to swim in it. (×)

바로 이것이 포인트!

1. it = The river ☞ 따라서 in 뒤에 it을 또 쓰면 The river와 중복되므로 it을 쓸 수 없습니다.
2. 이 구문으로 쓰이는 형용사

easy	difficult	hard
dangerous	convenient	impossible

2) The ice of the reservoir is **too** thin **to** skate.　　(×)

　 The ice of the reservoir/ is **too** thin/ to skate **on**. (○)

　 그 저수지의 얼음은/ 너무 얇아/ (그 위에서) 스케이트를 탈 수 없어요.

　 ☞ on the ice(얼음 위)이므로 전치사 on이 필요합니다.

(3) be able to V/ enable + 목적어 + to V

1) **be able to V**　　　　　 : V할 수 있다
2) **enable + 목적어 + to V** : ～에게 V할 수 있게 하다

1) He **is able to** earn more than we expect.

　 그는 우리가 기대한 것보다 더 많이 벌 수 있을 거예요.

2) Most people believe/ money and power/ **enable** us **to do**/ whatever we want.

　 대부분의 사람들은 믿습니다/ 돈과 권력이/ 우리에게 할 수 있게 해 준다고/ 우리가 원하는 뭐든지를.

　 ☞ be capable to V　　(×)

　　 be capable of ～ing (○)

3 부정사의 종류

1 원형부정사(Bare[Root] Infinitive)

(1) 개념과 용법

1) 원형부정사란? : 부정사 – 「to V(동사원형)」에서 to가 떨어져 나가고 V만 쓰는 to 없는 부정사
2) 목적격보어로 원형부정사를 취하는 동사는? : **지각동사, 사역동사**

> ① **지각동사**＋목적어＋**원형부정사**(목·보)
>   ↳ see, watch, look at, hear, feel, listen to, notice, observe
>
> ② **사역동사**＋목적어＋**원형부정사**(목·보)
>   ↳ make, have, let

① The campers **saw**/ something **to move**/ in the dark. (×)
   The campers **saw**/ something **move**/ in the dark.   (○)
   야영객들은 보았어요/ 무엇인가 움직이는 것을/ 어둠 속에서.

② The CEO **made**/ me **to sign**/ the document/ on his behalf. (×)
   The CEO **made**/ me **sign**/ the document/ on his behalf. (○)
   대표 이사는 시켰습니다/ 내가 사인하라고/ 그 문서에/ 자기 대신.

   Let me **taking** the steering wheel by turns.   (×)
   Let me **to take** the steering wheel by turns. (×)
   Let me **take** the steering wheel/ by turns.   (○)
   제가 운전대를 잡게 해주세요/ 교대로. → 제가 교대로 운전할게요.

(2) 원형부정사를 취하는 관용어구

> 1) **had better V** : V하는 것이 낫다(=would rather V)
>   [부정] : **had better not V** : V하지 않는 것이 낫다(=would rather not V)
> 2) **may well V** : V하는 것도 당연하다(=have good[every] reason to V)
>   **may as well V** : V하는 것이 낫다(=had better V)
>   **might as well V(A) as V(B)** : B할 바에는 차라리 A하는 것이 낫다
> 3) **prefer to V(A) rather than (to) V(B)** : B하느니 A하는 것이 더 낫다[좋다]
>   = **would rather[sooner] V(A) than V(B)**
> 4) **do <u>nothing but</u> V** : 단지 V할 뿐이다
>   only

1) You **had better** to go there as soon as possible. (×)
   You **had better** go there/ as soon as possible.　(○)

   넌 그곳에 가는 게 나아/ 가능한 한 빨리.

   [부정] You **had better** **not** go there/ if you have other fish to fry. (○)

   넌 그곳에 안 가는 게 나아/ 다른 할 일이 있으면.

2) Viewers **may well** get extremely **angry**/ at such obscene language.

   시청자들이 엄청 화내는 건 당연해요/ 그런 외설적인 말에.

   You **may as well** go there today/ (as stay here/ quite a while).

   당신은 오늘 그곳에 가는 편이 나아요/ (이곳에 머무는 것보다/ 한참 동안).

3) The combatants **prefer to stay** here/ quite a while/ **rather than** (to) go right now.
   = The combatants **would rather stay** here/ quite a while/ **than** go right now.

   그 전투원들은 이곳에 머무는 게 낫습니다/ 한 동안/ 즉시 가느니 보다.

4) The drunkard **does nothing but** riot away/ his time and money.

   그 주정뱅이는 흥청망청 낭비할 뿐입니다/ 자기 시간과 돈을.

5) ～할 수밖에 없다, ～하지 않을 수 없다

   ① cannot but V(동사원형)
   ② = cannot help but V(동사원형)
   ③ = cannot help ～ing(동명사)
   ④ = have no choice[alternative] but to V(동사원형)

   ① I **could not but** accept the proposal because of financial restraints.
   ② = I **could not help**[**choose**] **but** accept the proposal because of financial restraints.
   ③ = I **could not help** accepting the proposal because of financial restraints.
   ④ = I **had no choice but to accept** the proposal/ because of financial restraints.
   　　　　　[**alternative**]

   전 그 제안을 받아들일 수밖에 없었어요/ 자금 압박 때문에.

   바로 이것이 포인트!

   출제 영순위의 매우 중요한 부분이므로 5)는 절대 그냥 암기하면 안 되고,
   V(동사원형), V～ing(동명사), to V(부정사)를 정확히 구별해서 암기해야 합니다.

2 독립부정사(Absolute Infinitive)

1) **독립부정사란?**

   to V가 문장 속에 포함되어 있지 않고, 콤마(,)에 의해 분리되어 독립적으로 쓰이는 부정사

2) **독립부정사의 역할은?** : 문장 전체를 수식하는 부사구

   　　　　　의미는? : **조건**이나 **양보**의 의미를 나타냄.

3) **독립부정사의 예**

1) strange to say 이상한 이야기지만	2) needless to say 말할 필요도 없이, 물론
3) so to speak[say] 말하자면	4) not to mention
5) to begin[start] with 우선, 먼저	to say nothing of ~은 말할 것도 없고
6) to speak strictly 엄격히 말하자면	not to speak of = let alone
7) to be brief 간단히 말하면	8) to conclude 결론적으로, 마지막으로
9) to be frank with you 솔직히 말하자면	10) to make matters worse 설상가상으로
11) to tell the truth 솔직히 말하자면	12) to make matters better 금상첨화로
13) to be sure 확실히	14) not to say ~라고는 말할 수 없지만
15) to come to the point 요컨대	16) to sum up 요약하자면, 요컨대
17) to do ~ justice ~을 공정히 평가하면	18) to put it in another way 바꿔 말하자면
19) to make a long story short 간단히 말하자면, 요점을 말하면	

3) Domestic animals/ such as dogs and cats/ are,/ **so to speak,**/ a member of the family.

   집짐승들은/ 개와 고양이 같은/ 입니다/ 말하자면,/ 가족의 일원.

4) Her boyfriend is handsome and gregarious,/ **not to mention** a brilliant career.

   　　　　　　　　　　　　　　　　　　　　　　to say nothing of

   　　　　　　　　　　　　　　　　　　　　　　not to speak of

   그녀의 남자 친구는 화려한 경력은 말할 것도 없고/ 미남에다가 사교적입니다.

10) **To makc matters worse,**/ I was running short of money/ at that time.

   설상가상으로/ 난 돈까지 떨어져 가고 있었어요/ 그때.

   ☞ to add insult to injury = to top[cap] it all = what's even worse 설상가상으로
   　↩ to make matters better = what is best of all 금상첨화로

11) **To tell the truth,**/ I'm going to marry the stewardess/ early next year.

   솔직히 말하면,/ 난 그 여승무원과 결혼할 예정이야/ 내년 초에.

18) I was a credulous fool,/ **to put it another way,**/ I had no head for business.

   난 잘 속는 바보였어요./ 달리 말하면,/ 난 사업적인 머리가 없었어요.

3 대부정사(Pro-Infinitive)

1) **대부정사란?**   : to V에서 V는 생략하고 **to만 쓰는** 부정사
2) **왜 사용하는가?** : 같은 동사를 반복해 쓰는 것을 피하기 위해
3) **자주 사용되는 대부정사의 예**

want to	wish to	hope to	like to	try to
have to	need to	used to	be able to	be going to

You need not fill the cavities/ unless you want **to**.

당신은 충치를 때울 필요가 없어요/ 만약 때우고 싶지 않으면.

☞ to 뒤에는 앞에 나온 **fill them**[the cavities] 생략

A : Do you want to see Sara again? 사라를 다시 만나고 싶지?
B : Yes, I want **to.** 그래, 만나고 싶어.

☞ to 뒤에는 앞에 나온 **see Sara again** 생략

---

more tips   **분리부정사**

1. **분리부정사란?** : 말 그대로 어떤 것에 의해 분리된 부정사로
   "**to + V**(동사원형)"사이에 "**부사**"가 끼어들어 분리된 부정사
2. **형태는?**   : **to + 부사 + V**(동사원형)
3. **어떤 때 사용하나?** : 표준영어에서는 잘 사용하지 않는 어법이므로 시험영어에서도 잘 출제 되지 않으나,
   구어에서는 리듬을 살리기 위해 사용됨.

The student failed **to understand** the problem entirely. 〈원칙〉

〈해석〉 1. entirely가 understand를 수식한다고 볼 경우

☞ 그 학생은 그 문제를 완전히 이해하지는 못했어요.

2. failed를 수식한다고 볼 경우

☞ 그 학생은 그 문제를 이해하는 데 완전히 실패했습니다.

이렇게 2가지 해석이 가능하므로 understand를 수식한다는 것을 분명히 하기 위한 경우에만 사용

The student failed **to entirely understand** the problem. 〈분리부정사〉

그 학생은 그 문제를 완전히 이해하지는 못했어요.

[참고] 분리부정사는 시험영어에서는 틀린 것으로 간주하고 있습니다.

4 부정사의 부정 – 정말 쉬워요!

준동사의 부정

문장을 부정할 경우 부정어 **not, never**를 사용하듯이

준동사(부정사, 동명사, 분사)를 부정할 경우에도 not, never를 앞에 붙이기만 하면 됩니다.

☞ **사용법** : 부정사[동명사, 분사(구문)] + **not[never]** (×) → 뒤 NO

　　　　　　 not[never] + 부정사[동명사, 분사(구문)] (○) → 앞 OK

Many teenagers/ preparing for the Collage Scholastic Aptitude Test/ made up their mind to smoke **not**.　(×)

Many teenagers/ preparing for the Collage Scholastic Aptitude Test/ made up their mind/ **not** to smoke. (○)

많은 십대들이/ 수능을 준비중인/ 결심했습니다/ 담배를 안 피기로.

5 부정사의 의미상 주어 – 행위의 주체

(1) 표시하지 않고 생략하는 경우 ☞ 생략해도 문장 내에서 알 수 있을 때

　1) **문장의 주어** 　= **의미상 주어**
　2) **문장의 목적어** = **의미상 주어**
　3) **일반인이 의미상 주어인 경우**

1) The actress hopes **to forget**/ her past.

　　그 여배우는 잊고 싶어 합니다/ 자신의 과거를.

　　☞ 주어 The actress와, 부정사 forget의 의미상 주어 for her가 동일함.

2) The transport authorities require/ motorcyclists **to wear** headgear.

　　교통 당국은 요구합니다/ 오토바이 운전자들이 헬멧을 쓸 것을.

　　☞ 목적어 motorcyclists와, 부정사 to wear의 의미상 주어 **for** motorcyclists가 동일함.

3) It is difficult/ **to master** English grammar/ in a short time.

　　어렵습니다/ 영문법을 정복하는 것은/ 단기간에.

　　☞ 일반인(**for us**[them, …]) 이 의미상 주어인 경우

(2) 표시해 주는 경우의 부정사의 의미상 주어 표시법

> 기본형   **for** 의미상 주어(**목적격**) + **to V**(부정사)
> 1) It is + 형용사 + **for** 의미상 주어 + to V(동사원형) 형식
> 2) It is + 형용사 + **of** 의미상 주어 + to V(동사원형) 형식

This package is too heavy **for** me **to lift**.
This package is **so** heavy **that** I **can't** lift **it**. 〈복문〉

이 소포는 무거워요/ 내가 들기에는. → 이 소포는 너무 무거워 내가 들 수 없어요.

1) 「for 의미상 주어」를 취하는 형용사 ☞ 판단형용사

easy	difficult	hard	possible	impossible
natural	necessary	convenient	important	tough

It's **easy**/ **for her** to persuade **her husband**/ to quit smoking.

쉬워요/ 그녀가 남편을 설득하는 것은/ 담배를 끊도록.

→ **Her husband** is easy **for her** to persuade to quit smoking. (○)

cf. **She** is easy to persuade **her husband** to quit smoking.   (×)

It's hard/ **for me to believe**/ she's gone.

그것은 어려워요/ 내가 믿는 것은/ 그녀가 떠나버린 것이. → 그녀가 떠나 버린 것이 믿기지 않아요.

바로 이것이 포인트!

'for 의미상 주어'를 취하는 형용사는 **부정사의 의미상 주어를 주어로 하는 구문으로는 쓸 수 없고,**
부정사의 목적어를 주어로 쓰는 구문만 가능함
☞ natural, necessary, convenient, important는 부정사의 목적어를 주어로는 쓰지 않는 것이 원칙

2) 「of 의미상 주어」를 취하는 형용사 ☞ 인성 · 태도 형용사

foolish	cruel	clever	(un)kind	good	nice	naive
stupid	smart	(im)polite	brave	right	rude	impudent
generous	wise	wrong	careless	silly	considerate	stand-offish

It is **naive**/ of you to believe in/ that nonsense.

참 순진하구나/ 너가 믿다니/ 그런 터무니없는 말을.

→ **You** are naive to believe in that nonsense.　(○)

cf. **That nonsense** is naive of you to believe in. (×)

바로 이것이 포인트!

「of 의미상 주어」를 취하는 형용사는
부정사의 의미상 주어를 주어로 쓰는 구문만 가능하고,
부정사의 목적어를 문장의 주어로 쓰는 구문으로는 쓸 수 없다는 점에 주의하세요.

---

more tips

1. Because it is already eleven o'clock, it's time **of me** to say farewell.　　(×)

   Because it is already eleven o'clock,/ it's time/ **for me** to say farewell.　　(○)

   벌써 11시이므로/ 시간이야/ 이제 내가 작별인사를 해야 할.

2. To rush to the construction site by car, **a detour** was made temporarily. (×)

   To rush to the construction site/ by car,/ **we** made/ a detour temporarily. (○)

   공사현장에 달려가기 위해/ 차로/ 우리는 우회로를 만들었습니다/ 임시로.

   → 차로 공사 현장에 가기 위해 우리는 임시로 우회로를 만들었어요.

바로 이것이 포인트!

1. It's time **for** 의미상 주어(S') + to V : S'가 V할 시간이다.
2. 위에 more tips 2번 문장은 문장의 주어와 부정사의 의미상 주어가 일치하지 않는 경우로
   부정사 to rush의 의미상 주어가 **사람**이므로 문장의 주어도 당연히 **사람**이어야 합니다.

6 부정사의 시제

술어동사가 시제를 갖듯 부정사도 시제를 가지며,
이때 부정사의 시제는 **술어동사의 시제**가 기준이 됩니다.

1) **단순부정사** to+V	① 술어동사와 같은 시제 ☞ 현재 – **현재**/ 과거 – **과거** ② 미래시제 → 미래의미의 동사
2) **완료부정사** to+have+p.p.	① 술어동사보다 (과거로) 하나 앞선 시제 ☞ 현재 – **과거**, **현재완료**/ 과거 – **과거완료** ② 과거의 소망, 기대, 의도가 실현되지 않은 경우 → 소망, 기대, 의도 동사

1 단순부정사

(1) 술어동사와 같은 시제인 경우

1) The single **seems**/ **to be** ill at ease.　　　　　　[단문]
　⇒ It **seems** that the single **is** ill at ease. 〈현재–현재〉[복문]
　　그 독신자는 보여요/ 마음이 편치 않은 것 같아.

2) The single **seemed**/ **to be** ill at ease.　　　　　　[단문]
　⇒ It **seemed** that the single **was** ill.　　〈과거–과거〉[복문]
　　그 독신자는 보였어요/ 마음이 편치 않은 것 같아.

(2) 술어동사보다 미래시제인 경우 → 미래의미 동사+to 부정사

미래의미 동사	hope	want	intend	expect
	promise	be likely[ready; certain; sure]		mean

1) I **hope**/ **to master** English conversation/ by the end of this year.
　⇒ I **hope**/ that I **will master** English conversation/ by the end of this year.
　　난 바라요/ 영어회화에 숙달하길/ 올 연말까지는.　　　　〈현재–미래〉

2) I **hoped**/ **to master** English conversation/ by the end of last year.
　⇒ I **hoped**/ that I **would master** English conversation/ by the end of last year.
　　난 바랐어요/ 영어회화에 숙달하길/ 작년 말까지는.　　　〈과거–과거에서 본 미래〉

② 완료부정사

(1) 술어동사보다 앞선 시제인 경우

1) The single **seems**/ **to have been** ill at ease.　　　　　　[단문]
　　　　　　현재　　　완료부정사

⇒ It **seems** that/ the single **was** ill at ease.　　〈현재 – 과거〉　[복문]

⇒ It **seems** that/ the single **has been** ill at ease.　〈현재 – 현재완료〉[복문]

그 독신자는 보여요/ 마음이 편치 않았던 것 같아.

2) The single **seemed**/ **to have been** ill at ease.　　　　　　[단문]
　　　　　　과거　　　완료부정사

⇒ It **seemed** that/ the single **had been** ill at ease. 〈과거 – 과거완료〉 [복문]

⇒ It **seemed** that the single **was** ill at ease. (×)　　〈과거 – 과거〉

그 독신자는 보였어요/ 마음이 편치 않았던 것 같아.

바로 이것이 포인트!

1. 부정사의 시제가 **술어동사보다 앞선 시제**이면 **완료부정사**를 사용해야 하며,

2. 술어동사의 시제가 **현재**인 경우 완료부정사는 **과거, 현재완료** 두 가지로 고쳐짐에 유의하세요.

(2) 소망, 기대, 의도 동사의 시제

1) 형　식	1) 소망[기대, 의도]동사의 **과거형**＋to have P.P.(완료부정사) 2) 소망[기대, 의도]동사의 **had p.p.**＋to 동사원형(단순부정사)
2) 동　사	hope　　　　　want　　　　　wish　　　　　expect mean　　　　　intend　　　　　be to V　　　　ought to
3) 의　미	과거의 소망, 기대, 의도가 실현되지 못함을 나타냄. → 하려고 했었지만 (～하지 못했다[않았다]) → (따라서) 긍정의 문장, but S ＋ not ～로 고쳐 쓸 수 있음.

1) I **hoped to have sent** and **received** text messages with the attractive girl.
 = I **had hoped to send** and **receive** text messages with the attractive girl.
 = I **hoped to send** and **receive** text messages/ with the attractive girl/
 but I couldn't[didn't].
　난 문자 메시지를 주고받고 싶었어요/ 그 매력적인 소녀와/
　그러나 난 할 수 없었어요[하지 못했어요].

2) The CEO/ really **wanted to have attended**/ the stockholders' general meeting.
　그 최고 경영자는/ 정말 참석하고 싶었는데/ 주주총회에.
 = The CEO/ really **wanted to attend** the stockholders' general meeting,
 but he couldn't[didn't].
　그 최고경영자는 정말 주주총회에 참석하고 싶어 했습니다만/
　참석하지 못했어요[않았어요].

3) The debtor/ **had expected** to be able to repay/ the debts quickly.
　그 채무자는/ 갚을 수 있을 거라 생각했었는데/ 그 빚을 금방.

4) The Korean government/ **had intented** to defuse/ the military tension between North and South Korea.
　한국정부는/ 완화시키려 했었는데/ 남북 간의 군사적 긴장을.

5) You/ **ought** to have seen/ it.
　네가/ 봤어야 했는데/ 그것을. (못 봐서 유감이야.)

③ 수동 부정사와 완료 수동부정사

1) **수동부정사** ⇒ to be p.p.   *cf.* to + 동사원형 : 부정사
2) **완료 수동부정사** ⇒ to have been p.p.   to have p.p. : 완료부정사

1) Nobody was **to be seen**/ in the lecture room.

어느 누구도 볼 수 없었어요/ 강의실에는.

2) There are many schools/ **to have been blamed** for/ having remained lukewarm /about school violence.

학교들이 많아요/ 비난 받아 온/ 미온적인 태도로/ 학교 폭력에 대해.

more tips

1. 능동 부정사가 수동의미를 나타내는 동사

blame	let

Either the pedestrian/ or the reckless driver is/ **to blame**(=to be blamed)/ for the car accident.

그 보행자나/ 난폭운전자 둘 중 하나가/ 책임이 있습니다/ 그 자동차 사고에 대해.

This furnished apartment/ is **to let**.

가구가 완비된 이 아파트는/ 세놓습니다.

2. 수동의 의미로 쓰이는 동사

sell(팔리다)	peel(벗겨지다)	change(바뀌다)
open(열리다)	close(닫히다)	suffer(당하다)

This low-fat milk **sells**/ like hot cakes.

이 저지방 우유는 팔려요/ 불티나게.

These potatoes/ I raised/ **peel** easily.

이들 감자들은/ 내가 재배한/ 껍질이 잘 벗겨져요.

Let's wait for/ the traffic lights/ to **change**.

기다리사/ 신호등이/ 바뀔 때까지.

4 준동사를 이용한 문장 전환

명사절 ⇌ 부정사구 ⇌ 동명사구

1) **That** the bilingual likes English/ is undoubtedly true. 〈명사절〉
   ⇒ **For** the bilingual **to like** English/ is undoubtedly true. 〈부정사구〉 ⇒ 잘 안씀
   ⇒ The bilingual's **liking** English/ is undoubtedly true. 〈동명사구〉

   그 2개 국어 사용자가 영어를 좋아하는 것은/ 틀림없는 사실입니다.

2) ① The anchorwoman is **too** snobbish **for** the co-anchor **to** love her.　(×)
   ② The anchorwoman is **too** snobbish **for** the co-anchor **to** love.　　(○)

   ③ The anchorwoman is **so** snobbish **that** the co-anchor can't love.　(×)
   ④ The anchorwoman is **so** snobbish/ **that** the co-anchor can't love her. (○)

   그 여성 앵커가 너무 속물적이어서/ 그 공동진행자는 그녀를 사랑할 수가 없어요.

> **바로 이것이 포인트!**
>
> ① 부정사의 목적어가 주어이므로 her를 제거해야 옳은 문장이 되고
> ③ 절(Clause)은 완전한 문장이어야 하므로 love 뒤에 her를 넣어야 옳은 문장이 됩니다.

more tips

1. **have got to V** : V해야 한다(=have to V; must V)
   don't have to V : V할 필요가 없다(=need not V)

2. **make it a rule[point; custom; habit; practice] to V**
   V하는 것을 규칙으로 삼다, 늘 V하기로 하고 있다

3. **be about to V** : 막 V하려고 하다

4. **feel free to V** : V를 마음 놓고 해도 괜찮다

5. **have something to do with ~** : ~와 뭔가 관련이 있다

---

1. The alpinists **have got** to bring/ the rope for climbing cliffs.
   고산 등반가들은 가져가야 합니다/ 암벽등반용 로프를.

   The mountain climbers **don't have** to bring/ the rope for climbing cliffs.
   등산객들은 가져갈 필요가 없습니다/ 암벽등반용 로프를.

2. The mountaineer **makes** it **a rule** to wear hiking boots/ whenever he goes hiking.
   그 등산가는 꼭 등산화를 신습니다/ 등산 갈 때마다.

3. I'm **about** to tell/ you a serious story.
   나는 말하려던 참이었어요/ 너에게 아주 심각한 이야기를.

4. Please **feel free** to contact/ me at any time regarding your order.
   언제든지 연락해주시기 바랍니다/ 저에게 주문에 관련된 문의가 있으면.

5. Innovation **has something** to do with/ the faculty to notice unusual phenomena.
   혁신이란 관계가 있습니다/ 이제까지와 다른 어떤 현상을 주목하는 능력과.

동명사

Gerund

이 장은 준동사의 하나로 **동사의 성질**을 가지고 **명사 역할**을 하는 동명사를 다루고 있는데,
기본개념만 익히면 그렇게 어려운 내용은 없는 과이지만 영어 학습을 해 나가는데 있어
정말 중요한 관용어구들이 많이 나오므로 이들은 모두 익혀야 하며,
타동사 중에는 동명사만을 목적어로 취하는 것과
부정사만을 목적어로 취하는 것이 있으므로 이들을 잘 구별해서 암기해야 합니다.

왜 동명(動名)사라 할까요?
　　동사 + 명사 역할을 하므로

그럼, 동사 + 형용사 역할을 하는 분사는
동형사라 해야지? 분사라고 하니 정말 어렵죠!

시험대비「동명사」중점 학습 과제

1 동명사가 무엇인지의 **개념파악**이 중요합니다.

1) 동명사는 **동사의 성질**을 가지고 **명사 역할**을 하며,

2) 동명사는 동사의 성질을 가지고는 있으나 **술어동사 자리에는 사용할 수 없음**

2 **동명사의 종류와 형태**는 기본적으로 알고 있어야 합니다.

1) **단순동명사**

능동형 : 동사원형+ing   **수동형** : being+p.p.(과거분사)

2) **완료동명사**

능동형 : having+P.P.(과거분사)   **수동형** : having+been+p.p.(과거분사)

3 **동명사의 의미상 주어 표시법**도 잘 기억하세요.

1) 주어, 목적어와 일치하는 경우나 **일반인이 주어인 경우**는 따로 표시하지 않음

2) 따로 표시해 주어야 하는 경우 인칭대명사는 **소유격이 원칙**이나 목적격도 사용함

4 **동명사의 시제**는 부정사의 시제와 마찬가지의 개념이므로 같이 이해하세요.

1) **단순동명사**(동사원형+ing) : 술어동사와 **동일시제** 또는 **미래시제**

2) **완료동명사**(having + p.p.) : 술어동사보다 **하나 앞선 시제**

5 다음 **동명사의 관용표현**은 중요하므로 모두 암기하세요.

1) There is no ~ing ~은 불가능하다   2) cannot help ~ing ~할 수밖에 없다

3) be busy ~ing ~하느라[~로] 바쁘다   4) be worth ~ing ~할 만한 가치가 있다

*5) go ~ing ~하러 가다   6) of one's own ~ing 자신이 직접 ~한

7) on[upon] ~ing ~하자마자(as soon as)   8) in ~ing ~할 때에는

9) have difficulty[trouble, a hard time] (in) ~ing ~하느라 고생하다

10) be on the point[verge, brink, edge] of ~ing ~할 뻔하다, 막 ~하려 하다

11) never … without ~ing …하면 반드시 ~한다(Whenever ~)

12) It goes without saying that S + V ~ ~은 말할 필요도 없다

6 **부정사만을 목적어로 취하는 동사**와
동명사만을 목적으로 취하는 동사는 반드시 구별해서 암기하세요.

1) 부정사만을 목적어로 취하는 동사

| wish | hope | decide | refuse | manage | pretend | offer |

2) 동명사만을 목적어로 취하는 동사

| finish | quit | avoid | enjoy | consider | anticipate | give up |

1 동명사의 용법

동명사(동사원형＋ing)는 동사의 성질을 가지고 명사 역할을 합니다.

1) **동사** 성질 — ① 목적어, 보어를 취할 수 있고,
② 부사(구)의 수식을 받을 수 있으며,
③ 시제와, 태를 가짐

2) **명사** 역할 — ① **주어**, (타동사 · 전치사의) **목적어**, **보어**로 쓰이며,
② 관사, 소유격의 수식을 받고 복수형도 가짐

1 동사 성질의 예

She's not good at/ **considering** other people's feeling. 〈목적어를 취함〉
그녀는 서툴어요/ 다른 사람의 감정을 배려하는 데.

All the members insist on/ your **being present**/ at the year-end party. 〈보어를 취함〉
모든 회원들이 요구합니다/ 당신이 참석할 것을/ 송년회에.
☞ 모든 회원들이 당신이 송년회에 꼭 참석하시길 바랍니다.

Drinking and smoking **heavily**/ was her downfall. 〈부사 수식을 받음〉
술 담배를 너무 해서/ 그녀는 신세를 망쳤습니다.

The street cleaner/ narrowly escaped **being killed**/ in the accident. 〈태를 가짐〉
그 거리 청소부는/ 가까스로 죽음을 모면했습니다/ 그 사고에서.

2 명사 역할의 예

Speaking and writing English well/ is not easy. 〈주어〉
영어를 잘 말하고 쓰기란/ 쉽지 않아요.

I like/ not only **swimming** but also **playing** golf. 〈타동사의 목적어〉
난 좋아하지요/ 수영뿐만 아니라 골프 치는 것도.

I am fond of/ **listening** to sad music/ on a rainy day. 〈전치사의 목적어〉
나는 좋아해요/ 슬픈 음악 듣는 것을/ 비오는 날에는.

My job is/ **teaching** English/ at a girls' middle school. 〈보어〉
제 직업은 입니다/ 영어를 가르치는 것/ 여자 중학교에서.

> **more tips** 　 동명사의 명사 역할 추가
>
> 1. **his stealing** of/ her personal and financial information
>
>   그가 훔친 것/ 그녀의 신상 정보와 금융 정보를
>
>   ☞ 관사, 한정사의 수식을 받을 수 있음
>
> 2. the **comings** and **goings** of young teenage boys and girls
>
>   젊은 십대 소년 소녀들의 왕래
>
>   ☞ 복수형도 가능함

3 동명사를 목적어로 취하는 형용사

원칙은 **전치사**나 **타동사**가 동명사를 목적어로 취하고,
형용사는 보어나 수식어로 쓰이고, 목적어를 취하지 못하지만
형용사가 동명사를 목적어로 취하는 예외적인 경우입니다.

worth	near	like	busy

This English newspaper/ **is** well **worth reading**.
= This English newspaper **is** well **worthy of being read**. ← 수동관계
= This English newspaper **is** well **worthy to be read**.
= It **is** well **worth while reading**[**to read**] this English newspaper.

　이 영자신문은/ 읽을 만한 가치가 충분히 있습니다.

cf. This English newspaper is/ well **worth being read**[**to read**]. (×)

> **바로 이것이 포인트!**
>
> worth 다음엔 **수동동명사**나 **부정사**는 쓸 수 없으며,
> worthy는 「be worthy of + **명사**」를 주로 쓰고, 「be worthy of + **동명사**」는 잘 사용하지 않습니다.

The upstart/ laid out his conditions/ for **to buy** the tall building. (×)
The upstart/ laid out his conditions/ for **buying** the tall building. (○)
그 졸부는/ 자기 조건들을 제시했어요/ 그 고층빌딩을 사기 위한.

☞ 부정사는 전치사의 목적어가 될 수 없습니다.

❹ '동명사+명사'와 '현재분사+명사'의 구별법

동명사+명사	현재분사+명사
① 용도 · 목적을 표시	① 상태나 진행의 의미
② 뒤에 주로 무생물 명사가 옴	② 뒤에 주로 생물 명사가 옴
③ 복합명사의 성격을 가짐	③ 수식받는 명사가 의미상 주어 역할

① a dáncing party 댄스파티
     명사   명사

a dancing gírl 춤추고 있는 소녀
     형용사 명사

② a sleeping pill[bag] 수면제[침낭]

  a smoking room 흡연실

a sleeping child 잠자고 있는 아이

a smoking chimney 연기나는 굴뚝

a smoking room(=a room **for** smoking) 흡연실
              용도〈동명사〉

a smoking chimney(=a chimney which **is smoking**) 연기나고 있는 굴뚝
                    진행〈현재분사〉

바로 이것이 포인트!   동명사가 명사의 기능만을 하는 경우

동명사가 **관사, 형용사, 소유격** 뒤에 와서 완전히 명사로 바뀐 경우는
의미상 주어, 목적어, 보어를 취할 수 없습니다.

The dictionary functions as a key tool for **the defining** the meaning of words. (×)
The dictionary functions/ as a key tool/ for **defining** the meanings of words.   (○)
사전은 기능을 합니다/ 핵심 도구로서의/ 단어의 의미를 정의하기 위한.

Our **the defining**/ the word "freedom"/ isn't easy. (×)
<u>Our</u> **defining**/ the word "freedom"/ isn't easy.   (○)
의미상 주어
우리가 정의하는 것은/ 자유라는 말을/ 쉽지 않습니다.

The architect is intent on/ **the** designing a new house.   (×)
The architect is intent on/ **the** designing <u>of a new house</u>. (○)
                        형용사구
그 건축가는 몰두하고 있어요/ 새로 지을 집 디자인에.

2 동명사의 시제

동명사도 동사의 성질을 가지므로 동사처럼 **시제**를 가지는데,
단순동명사와 완료동명사가 나타내는 시제가 **다름**에 주의하세요.

종 류	시 제	
단순동명사 (동사원형+ing) ⇨	술어동사와 **같은** 시제 또는 미래시제	술어동사 : 현재 → **현재, 미래** 과거 → **과거**
완료동명사 (having+p.p.) ⇨	술어동사 시제보다 한 시제 **앞선** 시제	술어동사 : 현재 → **과거ㆍ현재완료** 과거 → **과거완료**

1 단순동명사

The billionaire **is** proud of/ **being** rich.
= The billionaire **is** proud that/ he **is** rich.   〈현재−현재〉

　그 억만장자는 자랑해요/ 자신이 부자인 것을.

We **are** sure of/ his **living** over one hundred years.
= We **are** sure (that)/ he **will live** over one hundred years.   〈현재−미래〉

　우린 확신하죠/ 그가 100살 이상 살 것으로. ☞ 미래의미의 동사

2 완료동명사

We **are** sure of/ his **having been** upright/ all through his life.
= We **are** sure that/ he **was** upright/ all through his life.   〈현재 − 과거〉
= We **are** sure that/ he **has been** upright/ all through his life.   〈현재 − 현재완료〉

　우린 확신하지요/ 그가 청렴했다고/ 평생토록.

We **were** sure of/ his **having been** upright/ all through his life.
= We **were** sure that he **had been** upright/ all through his life.

　우린 확신했지요/ 그가 청렴했었다고/ 평생토록.   〈과거 − 과거완료〉

3 동명사의 의미상 주어

동명사의 의미상 주어는 「생략하는 경우」와 「표시해 주는 경우」가 있는데,
생략하는 경우는 문장의 주어·목적어와 동일하거나 일반인이 주어인 경우로
쉽게 알 수 있고 거의 출제되지 않으므로 여기서는 표시해 주는 경우만 다루기로 합니다.

[의미상 주어 표시법]

> 1) **인칭대명사** : **소유격**을 원칙적으로 사용하나 구어체에서는 복석격노 사용
> 2) **사람·생물** : **소유격**과 **목적격** 사용
> 3) **무생물 명사, 추상명사** : **명사**를 그대로 사용
> 4) **동명사구가 문장의 주어로 쓰일 때** : **소유격** 사용

1) My wife doesn't like/ **my drinking** and smoking too much. (ㅇ) 〈원칙 – 시험 영어〉
   My wife doesn't like/ **me drinking** and smoking too much. (ㅇ) 〈구어체〉
   제 아내는 안 좋아해요/ 내가 술 담배를 너무 많이 하는 것을.

2) The diplomat insists on/ **his daughter's[his daughter] representing** Korea.
   그 외교관은 주장합니다/ 자신의 딸이 한국을 대표해야 된다고. 〈사람. 생물〉

3) Many drivers object to/ **cars being parked**/ on both sides of the street. 〈무생물〉
   많은 운전자들이 반대하지요./ 차들이 주차되는 것을/ 그 거리 양쪽에.

4) **Me forgetting** her name and phone number/ was so embarrassing. (×)
   My forgetting her name and phone number/ was so embarrassing. (ㅇ)
   난 그녀의 이름과 전화번호를 잊어버려/ 정말 난처했어요.

4 동명사의 능동, 수동

동사가 능동. 수동으로 쓰이듯 **동명사도 능동, 수동의 의미를 나타낼 수 있습니다**.

The lawmaker objected to/ **treating** like that/ in the presence of people. (×)
The lawmaker objected to/ **being treated** like that/ in the presence of people. (ㅇ)
그 국회의원은 항의했습니다/ 그런 취급을 당한 것에/ 사람들 면전에서.

☞ 의미상 주어와 수동관계

Until now,/ I never heard of/ **his having done** such a thing. 〈능동 동명사〉
= Until now,/ I never heard that/ he **had done** such a thing.

지금까지, 난 들어본 적이 없어요/ 그가 그런 짓을 했다는 것을.

Until now,/ I never heard of/ such a thing **having been done**. 〈수동 동명사〉
= Until now,/ I never heard that/ such a thing **had been done**.

지금까지/ 난 들어본 적이 없어요/ 그런 짓이 행해졌다고.

바로 이것이 포인트! 능동, 수동에 주의해야 할 동사

동　사 : need
　　　　require ⎤ : ∼을 필요로 하다, ∼을 해야 한다

deserve : ∼할 만한 가치가 있다　　　　stand : ∼에 견디다

용　법 : 동사 + **능동형 동명사**(∼ing) = **수동형 부정사**(to + be p.p.) (○)

　　　　동사 + 수동형 동명사(being p.p.) (×) ← **절대 안 돼요.**

The working clothes **need washing**. 〈많이 쓰는 표현〉

그 작업복은 세탁이 필요합니다.

= The working clothes **need to be washed**.

그 작업복은 세탁되어질 필요가 있어요.

cf. The working clothes **need being washed**. (×)

☞ need ∼ing가 있는데, 굳이 수동 동명사로까지 쓸 필요가 없기 때문임

[주의] want는 "want ∼ing"로 쓰고, "want to be p.p." 형태로는 잘 쓰지 않습니다.

바로 이것이 포인트! 동명사의 부정

동명사를 부정할 경우 **부정어**(not, never)를 동명사 앞에 둡니다.
not[**never**] + 동명사 (○)
동명사 + not[never] (×)

There is a very slim chance of/ her **not coming**.

가능성은 아주 적어요/ 그녀가 오지 않을.

cf. There is a very slim chance of her **coming not**. (×)

5 동명사의 관용 표현(1)

1 There is no ~ing : ~할 수 없다, ~는 불가능하다

= It is impossible to 동사원형

= We cannot 동사원형

= No one can 동사원형

There is no denying the fact/ that driving carries responsibility with it.

= **It is impossible to deny** the fact/ that driving carries responsibility with it.

= We **cannot deny** the fact/ that driving carries responsibility with it.

= No one **can deny** the fact/ that driving carries responsibility with it.

그 사실을 부정할 수 없습니다/ 운전에는 책임이 따른다는.

2 It is no use[good] ~ing : ~해도 아무 소용없다

= It is of no use to 동사원형

= It is useless to 동사원형

= There is no use (in) ~ing

It is no use continuing/ this meaningless discussion.

= **It is of no use to continue**/ this meaningless discussion.

= **It is useless to continue**/ this meaningless discussion.

= **There is no use (in) continuing**/ this meaningless discussion.

계속해봤자 아무 소용이 없어요/ 이런 쓸데없는 논의를.

3 cannot help ~ing : ~하지 않을 수 없다, ~할 수밖에 없다

= cannot (help[choose]) but 동사원형

= have no choice[alternative] but to 동사원형

= cannot do anything but 동사원형

We **cannot help laughing at** the politician/ who asses along.

= We **cannot but laugh at** the politician/ who asses along.

= We **cannot help**[**choose**] **but laugh at** the politician/ who asses along.

= We **have no choice but to laugh at** the politician/ who asses along.

= We **have no alternative but to laugh at** the politician/ who asses along.

= We **cannot do anything but laugh at** the politician/ who asses along.

우린 그 정치인을 비웃지 않을 수가 없죠/ 바보짓을 하고 있는.

4 It goes without saying that S+V ~ : ~는 말할 필요도 없다

= It is needless to say that S+V ~

= It is a matter of course that S+V ~

It goes without saying that/ health is above fortune and fame.

= **It is needless to say that/** health is above fortune and fame.

= **It is a matter of course that/** health is above fortune and fame.

두말할 필요도 없죠/ 건강이 부와 명예보다 소중하다는 것은.

5 What do you say to ~ing? : ~하는 것이 어떨까요? 〈권유, 제안〉

= What do you think about ~ing? ~하지 않으시겠습니까?, ~하는 게 어때요?

= How about ~ing? = What about ~ing?

= Why don't you 동사원형? = Why not 동사원형?

What do you say to/ having dinner with us?

= **What do you think about/** having dinner with us?

= **How about/** having dinner with us?

= **What about/** having dinner with us?

= **Why don't you/** have dinner with us?

= **Why not/** have dinner with us?

어때?/ 우리랑 저녁 먹는 건

cf. **Let's** 동사원형. : ~하자, ~합시다

Let's have a talk over a drink. 술 한잔하면서 얘기하자.

6 feel like ~ing : ~하고 싶은 기분이다

= feel inclined to 동사원형 = would[should] like to 동사원형

= have a mind to 동사원형 = be in the mood to 동사원형

I really **feel like going out/** to meet her.

= I really **feel inclined to go out/** to meet her.

= I really **would like to go out/** to meet her.

= I really **have a mind to go out/** to meet her.

= I **am** really **in the mood to go out/** to meet her.

난 정말 나가고 싶은 기분이에요/ 그녈 만나러.

☞ 난 정말 그녈 만나러 나가고 싶어요.

7 be worth ~ing : ~할 만한 가치가 있다, ~해 볼만하다

= be worthy to be p.p.

= be worthy of ~ing[명사] ☞ 타동사와 수동관계인 경우는 「being + p.p.」, 명사를 주로 사용

= be worthwhile ~ing[to 동사원형]

= It is worthwhile ~ing[to 동사원형]

This complex and significant topic/ **is worth** reviewing.

= This complex and significant topic/ **is worthy** to be reviewed.

= This complex and significant topic/ **is worthy of** being reviewed.

= This complex and significant topic/ **is worthy of** review. [명사]

= This complex and significant topic/ **is worthwhile** reviewing[to review].

= **It is worthwhile** reviewing[to review]/ this complex and significant topic.

  이 복잡하고 중대한 사안은/ 재론해 볼 만한 가치가 있어요.

cf. This complex and significant topic **is worth** to review[being reviewed]. (×)

8 make a point of ~ing : 꼭 ~하다, ~하기로 정하다

= make it a point[rule] to 동사원형

= be in the habit of ~ing

The couple **make a point of** jogging/ for good health/ every morning.

= The couple **make it a rule**[point] **to jog**/ for good health/ every morning.

= The couple **are in the habit of** jogging/ for good health/ every morning.

  그 부부는 꼭 조깅을 하지요/ 건강을 위해/ 매일 아침.

9 have difficulty[trouble; a hard time] (in) ~ing : ~하는 데 어려움을 겪다

　　　　　　　　　　　　　　　　　　with+명사

I **had** a lot of **difficulty**/ (**in**) **finding** a job/ after graduation.

전 엄청 고생했어요/ 일자리를 구하느라/ 졸업 후.

cf. I'm having some difficulty/ **with** the night shift. ☞ with+명사

  난 어려움을 좀 겪고 있어요/ 야간근무에.

10 never … without ~ing : … 하면 반드시 ~한다

= S + never V + but S+V ~

= Whenever[Each time] S+V, S+V ~

= When S + V, S + always V ~

My vain wife/ **never** goes by the mall/ **without buying** many things.
= My vain wife **never** goes by the mall/ **but** she buys many things.
= **Whenever** my vain wife goes by the mall,/ she buys many things.
= **When** my vain wife goes by the mall,/ she **always** buys many things.

허영심 많은 내 아내는/ 그 쇼핑몰을 지나 갈 때마다/ 항상 많은 것을 삽니다.

바로 이것이 포인트! 문장전환에 특히 유의

위 구문은 시험에 자주 출제되므로 '**동명사, 부정사, 동사원형**'을 취하는 경우에 유의해서 반드시 기억하세요.

11 be on the point[verge; brink; edge; border] of ~ing : 막 ~**하려고 하다,**
= be about to 동사원형   ~**할 뻔하다**

The ferry **is on the point of sailing**/ with a following breeze.
= The ferry **is about to sail**/ with a following breeze.

그 여객선은 막 출항하려 합니다/ 순풍을 받고서.

I **was** just **about to ask** you/ the same thing.

너한테 막 물어보려던 참이었어/ 같은 걸.

12 be busy (in) ~ing : ~**하느라[~로] 바쁘다**
= be busy with+명사

Sara **is busy**/ (in) **preparing** for/ backpacking around Europe/ these days.
= Sara **is busy**/ **with preparations** for/ backpacking around Europe/ these days.

사라는 바빠요/ 준비하느라/ 유럽배낭여행을/ 요즈음.

13 on[upon] ~ing : ~**하자마자 곧**
= as soon as S+V(과거)

On arriving in Seoul,/ we were escorted/ to the audience chamber.
= **As soon as** we arrived in Seoul,/ we were escorted/ to the audience chamber.

서울에 도착하자마자/ 우린 안내되었어요/ 접견실로.

14 in ~ing : **~할 때에는, ~하는 데 있어서, ~하자마자**
= When[While, As soon as] S+V

In speaking English,/ you should not be screwed down/ by English grammar.
= **When** you speak English,/ you should not be screwed down/ by English
영어 회화할 때는/ 너무 얽매여서는 안 돼요/ 영문법에.   grammar.

☞ be screwed down by strict rules 엄격한 규칙에 얽매이다.

15 come[go, be] near ~ing : **거의 ~할 뻔하다; 간신히 ~을 모면하다**
= narrowly escaped ~ing[명사]
= have a narrow escape (from) ~ing[명사]

The passerby **came[went] near**/ **being** run over/ by a tow truck.
= The passerby **narrowly escaped**/ **being** run over/ by a tow truck.
그 행인은 간신히 모면했죠/ 치이는 것을/ 견인차에.

16 of one's own ~ing : **자신이 직접 ~한**
= 과거분사+by oneself

This is a watercolor/ **of my own painting**.
= This is a watercolor/ (which was) **painted by myself**.
이것은 수채화입니다/ 제가 직접 그린.

> **more tips**
>
> of one's own accord : 자발적으로, 자진해서(=voluntarily)

17 far from ~ing : 〈문두〉 **~는 커녕, ~는 고사하고**/ 〈문중〉 **결코 ~아닌**(=never)

Far from saving money,/ I really scrape a living/ on the small salary.
저축은커녕,/ 난 정말 빠듯하게 살아가요/ 쥐꼬리 만한 월급으로.

The hidebound moralist/ **is far from being** interested/ in sports and
entertainment.
그 완고한 도덕주의자는/ 전혀 관심이 없어요/ 스포츠와 오락에는.

18 for the ～ing : **～하기만 하면**
= if only S＋V

Anyone can get it/ for nothing/ **for the asking**.
= Anyone can get it/ for nothing/ **if only you ask**.

누구나 그걸 얻을 수 있어요/ 거저/ 요청만하면.

19 S＋prevent[keep, prohibit] A from ～ing : **S 때문에 A는 ～하지 못하다**
= As[Since, Because] S＋V ～/ Because of ～, S＋can't V ～

The heavy rain **prevented[kept, prohibited, hindered]**/ me **from going** on a business trip.
= As it rained heavily,/ I could not go on a business trip.

비가 엄청 와서/ 전 출장을 갈 수 없었습니다.

바로 이것이 포인트!

1. spend[waste] one's time ～ing : ～하는 데 시간을 소비하다

Sara **spent**/ her free time/ **doing** nothing but sunbathe/ on the beach/ at that time.

사라는 보냈죠/ 자기 여가시간을/ 오직 일광욕만 하면서/ 해변에서/ 그 당시에.

cf. spend ＋ 목적어(돈, 시간, …) ＋ on ＋ 명사[(in) ～ing]

The lazybones **spent**/ his money and energy/ **on** useless things.

그 게으름뱅이는 허비했어요/ 돈과 정력을/ 쓰잘 데 없는 데.

The gambler **spent**/ a large amount of money/ (in) **buying** the lottery.

그 도박꾼은 썼답니다/ 엄청난 돈을/ 복권 사는 데.

2. go ～ing : ～하러 가다

└ ～에는 climbing, fishing, shopping, hiking, swimming, skating, skiing, cycling, running, hunting(사냥), shooting(사격), sightseeing(관광)처럼 동작을 나타내는 동사의 ～ing가 오며, **go for (a) 명사**로 쓰기도 합니다. ☞ go for a swim[drive, bike]

How about **going shopping**/ at the new shopping mall/ tomorrow?

쇼핑가는 게 어때?/ 새로 생긴 그 쇼핑몰에/ 내일.

The alumni are going to/ **go fishing**/ in the sea/ next weekend.

그 대학동창생들은 갑니다/ 낚시하러/ 바다로/ 다음 주말에.

6 전치사[to] + 동명사 형태의 관용어구

1) **look forward to** ~ing : ~을 기대하다, (기대를 갖고) 기다리다
2) **When it comes to** ~ing : ~에 관해서 말하자면, ~하는 일이라면
3) **be accustomed[used] to** ~ing[명사] : ~에 익숙하다[익숙해 있다]
   cf. (사람주어) + **get used to** ~ing : ~하는 데(에) 익숙해지다
   　　(사물주어) + **be used to V** : V하는 데 이용[사용]되다
4) **object to** ~ing[명사] : ~을 반대하다
   (=be opposed to ~ing[명사]; have[make] an objection to ~ing[명사])
5) **fall to** ~ing : 갑자기 ~하기 시작하다
6) **be devoted to** ~ing[명사] : ~에 몰두하다, ~에 전념하다
   (= commit[devote, dedicate] oneself to ~ing[명사])
7) **see to** ~ing : 꼭 ~하다, ~에 유의하다(=see to it that ~)
8) **with a view to** ~ing : ~할 목적으로
9) **in addition to** ~ing : ~에 더하여, ~뿐만 아니라, 게다가(=besides ~ing)
10) **be addicted to** ~ing : ~에 빠지다, ~에 중독되다(=addict oneself to ~ing)

1) I'm **looking forward to**/ **fall** in love with you/ again.　　(×)
　I'm **looking forward to**/ **falling** in love with you/ again. (○)
　전 간절히 기대합니다/ 당신과 사랑에 빠지길/ 다시 한번.

2) **When it comes to**/ **dealing** with clients,/ anyone can't beat Sara.
　일에서는/ 고객을 다루는,/ 그 누구도 사라를 능가할 수 없어요.

3) The new employees **are** not **accustomed to**/ **speaking** in English/ yet.
　신입사원들은 아직 익숙하지 않아요/ 영어로 말하는데/ 아직.

4) All men **object to**/ **being** unduly oppressed/ by others.
　인간은 누구나 싫어하죠/ 부당하게 괴롭힘 당하는 것을/ 다른 사람들에게.

5) The refugees/ on the verge of starvation/ **fell to talking**/ about their future.
　그 난민들은/ 기아선상에 놓인/ 얘기하기 시작했습니다/ 자신들의 미래에 관해.

9) **In addition to discussing**/ security issues,/ the president argued/ with the ministers concerned/ about measures against rising unemployment problem.
　논의와 더불어/ 안보문제의,/ 대통령은 토론을 벌였습니다/ 관계부처 장관들과/ 늘어가는 실업문제 대책에 대해.

more tips

1. 주요 동명사 관용어구 정리

1) **the idea of** ~ing ~하는[~하자는] 생각
2) **the fact of** ~ing ~하다는 사실
3) **skill in** ~ing[명사] ~의 기술[수완]
4) **keep on** ~ing ~을 계속하다
5) **instead of** ~ing ~하는 대신에

The stock analyst has astonishing **skill**/ **in analyzing** market trends.

그 증권분석가는 놀라운 수완이 있어요/ 시장동향 분석에 있어.

The marathoner still has the energy left/ to **keep on** running.

그 마라토너는 아직도 힘이 남아 있어요/ 계속해서 달릴.

2. 「be + 형용사 + to V」형의 어구 정리

1) **be about to V** : 막 V하려고 하다
2) **be going to V** : V할 예정이다
3) **be expected to V** : V할 것으로 예상되다
4) **be required to V** : V가 요구되다. V가 필요하다
5) **be supposed to V** : V하기로 되어 있다. V할 예정이다

The subway union/ **is expected** to **walk off** the job/ at midnight tonight.

지하철 노조가/ 파업에 돌입할 것으로 예상됩니다/ 오늘 밤 자정을 기해.

☞ go on strike for higher wages 임금 인상을 위해 파업에 돌입하다

　　be now on strike 지금 파업 중이다

They/ **are supposed** to **meet**/ at the beach/ in bikini.

그들은/ 만나기로 돼 있어요/ 해변에서/ 비키니 차림으로.

바로 이것이 포인트! 전치사의 목적어로 쓰이는 동명사

전치사의 목적어는 **명사**나, **동명사** 등의 **명사 상당어구**가 쓰이는데,
그 목적어가 **다른 목적어를 동반할 경우**는 **동명사**가 쓰입니다.

Many religious leaders attended the rally for **eradication** corruption. (×)

Many religious leaders attended the rally/ for **eradicating** corruption. (○)

많은 종교지도자들이 그 집회에 참석했습니다/ 부정부패를 척결하기 위한.

7 타동사의 목적어

아래 동사들은 3형식 문장에서 **부정사만 취하는 것, 동명사만 취하는 것, 양 쪽 모두를 취하는 것**을 반드시 구별해서 암기해야 합니다. ☞ 물론 다른 타동사들처럼 **명사 상당어구**도 목적어로 취함.

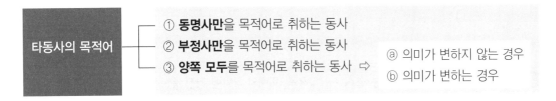

타동사의 목적어	① **동명사**만을 목적어로 취하는 동사
	② **부정사**만을 목적어로 취하는 동사
	③ **양쪽 모두**를 목적어로 취하는 동사 ⇨ ⓐ 의미가 변하지 않는 경우
	ⓑ 의미가 변하는 경우

1 동명사만을 목적어로 취하는 동사 → '과거로 부터 이어져 온 것을 ~하다'는 동사들

1. **완료**(끝내다)	finish(끝내다)	quit(그만두다)	abandon(포기하다)
	give up(포기하다)	get through with	have done with(끝내다)
2. **회피**(피하다)	avoid(피하다)	evade(회피하다)	miss(피하다, 놓치다)
	escape(모면하다)	mind(싫어하다)	elude(피하다)
3. **연기**(연기하다)	postpone(연기하다)	defer(연기하다)	put off(연기하다)
	delay(지연시키다)		
4. **허락**(허락하다)	allow　　permit	admit(인정하다)	favor(찬성하다)
5. **부인**(불허하다)	deny(부인하다)	resist(반항하다)	prohibit(금지하다)
6. **감정, 기타**	consider(고려하다)	enjoy(즐기다)	appreciate(감사하다)
	anticipate(기대하다)	practice(연습하다)	imagine(상상하다)
	stand(참다)	suggest(제안하다)	dislike(싫어하다)

The headmaster **finished**/ **to write** a recommendation letter. (×)
The headmaster **finished**/ **writing** a recommendation letter. (○)
그 교장 선생님은 끝냈습니다/ 추천서 쓰는 것을.

The liver cancer patient/ made a resolution/ to **give up to drink**. (×)
The liver cancer patient/ made a resolution/ to **give up drinking**. (○)
그 간암환자는/ 결심했답니다/ 술을 끊기로.

Porky children have to **avoid to eat** fatty foods. (×)
Porky children have to **avoid**/ **eating** fatty foods. (○)
비만아들은 피해야 합니다 / 기름기 많은 음식 먹는 것을.

We are **considering**/ **to make** changes/ to our sales strategies. (×)
We are **considering**/ **making** changes/ to our sales strategies. (○)
우린 고려 중입니다/ 바꿔볼까/ 판매전략을.

We really **appreciate**/ you **to offer** to help/ both materially and spiritually.　(×)
We really **appreciate**/ your **offering** to help/ both materially and spiritually. (○)
우린 진심으로 감사할 따름입니다/ 돕겠다는 당신의 제의에/ 물심양면으로.

② 부정사만을 목적어로 취하는 동사 → '앞으로, 미래의 의미'를 가진 동사들

1. **소망 · 기대**	wish (바라다)	hope (바라다)	want(원하다)
	desire(바라다)	expect(기대하다)	long(갈망하다)
2. **의도 · 시도**	offer(시도하다)	plan(계획하다)	mean(작정하다)
	seek(애쓰다)	hesitate(주저하다)	manage(간신히 ~하다)
	determine(결심하다)	decide(결정하다)	pretend(~인 체하다)
	refuse(거절하다)	promise(약속하다)	agree(동의하다)
3. **기　　타**	fail(~하지 못하다)	afford(~할 여유가 있다)	care(좋아하다)

The marketing director/ **refused taking**/ the black money/ resolutely. (×)
The marketing director/ **refused to take**/ the black money/ resolutely. (○)
그 마케팅 이사는/ 받길 거절했습니다/ 부정한 돈을/ 단호히.

The stubborn man/ **fails following**/ my heartfelt advice. (×)
The stubborn man/ **fails to follow**/ my heartfelt advice. (○)
그 고집불통은/ 따르지 않아요/ 내 진심 어린 충고를.

The bankrupt/ can't **afford investing**/ in real estate. (×)
The bankrupt/ can't **afford to invest**/ in real estate. (○)
그 파산자는/ 투자할 여유가 없어요/ 부동산에.

바로 이것이 포인트! 부정사와 동명사를 목적어를 취하는 타동사의 의미 차이

부정사를 목적어로 취하는 타동사는 부정사가 '~할 것, ~할 수 있을 것'이란 미래나, 가능성을 나타내기 때문에 **미래지향적 의미의 타동사**들인 반면, **동명사를 목적어로 취하는 타동사**는 동명사가 '~하는 것, ~한 것'이란 의미를 나타내기 때문에 **현재나 과거를 의미하는 타동사**들입니다.

3 동명사, 부정사 양쪽 모두를 목적어로 취하는 동사

(1) 의미 차이가 (별로) 없는 동사

begin	start	continue	cease	attempt
like	hate	love	prefer	intend

The defaulter **began to write**/ a letter of apology/ to the advertising agency.
= The defaulter **began writing**/ a letter of apology/ to the advertising agency.

그 계약 불이행자는 쓰기 시작했어요/ 사과편지를/ 그 광고회사에.

The bride **started to cry** suddenly/ during the wedding ceremony.
= The bride **started crying** suddenly/ during the wedding ceremony.

그 신부는 갑자기 울기 시작했죠/ 결혼식 도중에.

(2) 의미가 다른 경우

I **remember**/ **checking in** and **out**/ yesterday.

난 기억해요/ 체크인과 체크아웃한 것을/ 어제.

I **remember**/ **to check in** and **out**/ each day.

난 기억해요/ 체크인과 체크아웃해야 한다는 것을/ 날마다.

바로 이것이 포인트!

1. **의미** : 목적어가 **동명사** ⇒ 과거사실, 과거의 일 ← 한 것, 했던 것
   목적어가 **부정사** ⇒ 미래사실, 앞으로의 일 ← (해야) 할 것

2. **동사** : remember(기억하다)　　　forget(잊다)　　　regret(후회하다)

4 부정사, 동명사 사용에 주의해야 하는 동사들

(1) forbid ＋목적어(A)＋to 동사원형 (B)
     prohibit＋목적어(A)＋from ～ing(B)] : A가 B하는 것을 금지하다

A flu epidemic **forbade**/ me **to attend** her graduation ceremony.
A flu epidemic **prohibited**/ me **from attending** her graduation ceremony.
유행성 독감은 못하게 했지요/ 내가 그녀의 졸업식에 참석하는 것을.
→ 유행성 독감으로 난 그녀의 졸업식에 참석하지 못했어요.

☞ **be forbidden to V** : V하는 것이 금지되다

Convenience stores **are forbidden**/ **to sell** liquor to minors/ by laws.
편의점들은 금지되어 있습니다/ 미성년자들에게 술을 파는 것이/ 법으로.

(2) persuade＋목적어(A)＋to 동사원형(B) : A에게 B하도록 설득하다
     dissuade＋목적어(A)＋from ～ing(B) :] A가 B하지 않도록 설득하다
                                           A가 B하는 것을 단념시키다

My girlfriend **persuaded**/ me **to forgive**/ my close friend.
제 여자 친구는 설득했어요/ 내가 용서하라고/ 내 절친한 친구를.

My girlfriend **dissuaded**/ me **from forgiving**/ my close friend.
제 여자 친구는 설득했어요/ 내가 용서하지 말라고/ 내 절친한 친구를.
→ 제 여자 친구는 내 절친한 친구를 용서하지 말라고 날 설득했어요.

(3) **stop ～ing** : ～을 그만두다
     stop to V : V하기 위해 멈춰서다

The heavy smoker suddenly **stopped**/ **smoking**. 〈목적어 : 3형식〉
그 골초는 갑자기 끊었어요/ 담배를.

The heavy smoker suddenly **stopped**/ **to smoke**. 〈부정사의 부사적 용법 : 1형식〉
그 골초는 갑자기 멈춰섰습니다/ 담배 피우기 위해.

(4) try ~ing : 시험 삼아 ~해보다 ☞ 실제로 했음
     try to V : V하려고 노력하다 ☞ 실행 여부는 불확실

The appliant for the job/ **tried writing**/ his cover letter.

그 구직자는/ 시험 삼아 써 보았어요/ 자기소개서를.

The appliant for the job/ **tried to write**/ his cover letter.

그 구직자는/ 써 보려고 했어요/ 자기소개서를.

(5) be afraid of ~ing : ~을 두려워하다
     be afraid to V : 두려워 V하지 못하다

The debtor **is afraid of**/ **seeing** the creditor.

그 채무자는 두려워합니다/ 그 채권자 만나는 것을.

The debtor **is afraid**/ **to see** the creditor.

그 채무자는 두려워서/ 그 채권자를 만나지 못해요.

(6) go on ~ing : ~을 계속하다
     go on to V : (쉬었다가) 다시 계속하다

The chatterbox **went on talking**/ as though nothing had happened.

그 수다쟁이는 계속 이야기했습니다/ 아무 일도 없었다는 듯이.

The chatterbox **went on to talk**/ about the happenings there.

그 수다쟁이는 (이어서) 이야기를 계속했어요/ 그곳에서 있었던 일에 대해.

cf. go on to + 명사 : (다음 항목으로) 넘어가다

Let's **go on to the next item** on the agenda.

다음 안건으로 넘어가도록 합니다.

8 타동사 + that절 = 타동사 + 전치사 + 소유격 ~ing

1) insist that S + (should) V ⇒ insist on 소유격 ~ing : ~을 주장하다
2) object <u>that S + V</u> ⇒ object to <u>소유격 ~ing</u>
   : ~의 이유를 들어 반대하다   : ~을[에] 반대하다 ☜ 해석이 서로 다르므로 주의
   반대의 근거로 ~을 들다 ☞ 많이 쓰는 표현은 아님

I **insist that**/ you (should) **be** present/ at the dinner party.
⇒ I **insist on**/ your **being** present/ at the dinner party.

난 주장합니다/ 당신이 참석할 것을/ 그 만찬파티에. → 만찬파티에 꼭 참석해 주세요.

We **object that**/ scientists **experiment**/ on many fruits/ for GM.

우린 반대합니다/ 과학자들이 실험하기 때문에/ 많은 과일들을/ 유전자 변형을 목적으로.
→ 과학자들이 많은 과일들을 유전자 변형을 위해 실험한다는 것이 반대의 이유입니다.

⇒ We **object to**/ scientists' **experimenting**/ on many fruits/ for GM.

우린 반대합니다/ 과학자들이 실험하는 것을/ 많은 과일을 (대상으로)/ 유전자 변형을 위해.

☞ GM = Genetic Modification 유전자 변형
    GM food[flower] 유전자 변형 식품[꽃]

more tips 어떤 것이 옳을까요?

1. I **am knowing** what you did last summer.
2. I **know** what you did last summer.

"난 네가 지난 여름에 한 일을 알고 있다"라는 영화제목입니다.
1., 2. 둘다 옳을 것 같지만 영화제목은 2.입니다. 왜일까요?
그 이유는 know가 **진행형으로 쓸 수 없는 동사**이기 때문이죠.

① **존재** : be, exist, consist
② **지각** : feel, see, remember
③ **지식** : know, understand, believe
④ **감정** : love, hate, dislike, respect
⑤ **소유** : possess, belong, have, own
⑥ **유사** : resemble, differ, seem

☞ 진행형으로 쓸 수 없는 동사들

〈참고〉
진행형으로 쓸 수 있는 동사는 「**동작동사**」입니다.

분사

Participle

이 장은 준동사의 하나로 **동사의 성질**을 가지고 **형용사 역할**을 하는 분사를 다루고 있는데, 기본개념 이해가 중요합니다. 특히, 감정동사의 분사는 용법에 주의해야 하고, 분사구문은 출제빈도가 높을 뿐만 아니라 독해 등 영어 전반에 있어 중요하므로 확실히 잘 익혀야 합니다.

분사 이렇게 하면 쉽게 이해되겠네!

앞에서 동사 + 명사 역할을 한다고 해서 동명사라고 해 놓고선
동사 + 형용사 역할을 하는 것을 분사라고 하니 정말 어려운데요.
동형사로 이름지으면 얼마나 쉬울까요!

이 책으로 학습하는 우리는 바로 이해되는 동형사로 기억하자구요.

부대상황 – '∼에 덧붙여진 상황'을 말합니다.

시험대비 「분사(구문)」 중점 학습 과제

1	분사가 무엇인지의 **개념파악**이 중요합니다.

1) 분사는 **동사의 성질**을 가지고 **형용사 역할**을 하며,
2) 분사는 동사의 성질을 가지고는 있으나 술어동사 자리에는 사용할 수 없음

    현재분사 ⇒ 동사원형+~ing : 동명사와 동일 형태 ← **진행형**에 사용
    과거분사 ⇒ 동사원형+ed/동사의 p.p.   ← **완료형**과 **수동태**에 사용

2	**분사의 용법**에 유의하세요.

분사는 형용사 역할을 하므로 형용사처럼 **한정적 용법**과 **서술적 용법**이 있게 됩니다.

1) **한정적 용법** – 분사가 **명사 앞, 뒤**에서 **직접 수식**하는 경우

    ① **전치수식** : ~ing[p.p.] + 명사
    ② **후치수식** : 명사 + ~ing[p.p.] → 분사가 목적어, 보어, 수식어구를 동반한 경우

2) **서술적 용법** – 주격보어(2형식), 목적격보어(5형식)로 쓰이는 경우

    5형식에서 **목적어와 목적격보어의 관계**
    능동관계 ⇒ 현재분사 사용 ← 목적어에 사람이 주로 옴
    수동관계 ⇒ 과거분사 사용 ← 목적어에 사물이 주로 옴

3	**감정동사의 분사**는 동사와 그 용법에 특히 주의하세요.

동사	excite	bore	amuse	surprise	please	embarrass
	interest	annoy	bewilder	exhaust	satisfy	frighten

용법 : ① 사람 주어 문장에서 be동사와 함께 쓰이면 ⇒ **과거분사** 사용
        사물 주어 문장에서 be동사와 함께 쓰이면 ⇒ **현재분사** 사용

      ② 사람을 수식하는 경우 ⇒ **과거분사** 사용
        사물을 수식하는 경우 ⇒ **현재분사** 사용   ☞ 일반분사와 용법이 반대임

4	**분사구문**은 개념과 주의사항을 정확히 익히세요.

1) **개념** : '접속사 + 주어 + 동사'의 부사절을 **동사원형+~ing, 동사원형+ed/ 동사의 p.p.**
       를 사용하여 부사구로 고친 것으로 **시간, 조건, 이유, 양보, 부대상황[동시동작]**
       을 나타냅니다.

2) **분사구문의 주의사항**
    ① 분사구문의 시제 관계에 유의하세요. ⇒ 부정사, 동명사와 동일
    ② being[having been]의 생략에 대해서도 유의하세요. ⇒ 시제관계에 유의할 것
    ③ 분사구문의 의미상 주어에서 부사절의 주어와 주절의 주어가 다른 '**독립분사구문**'
       의 경우는 분사 앞에 의미상 주어를 반드시 표시해 주어야 합니다.
    ④ 분사구문의 **부정**은 다른 준동사와 마찬가지로 부정어구를 **분사구문** 앞에 둡니다.

1 분사의 용법

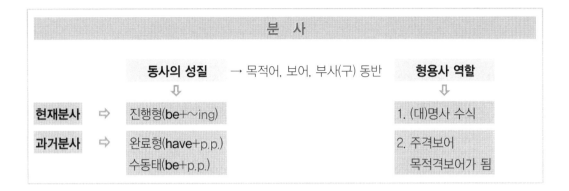

▶ 자동사의 **현재분사** – ~하고 있는, ~하는 → **진행** 의미
  타동사의 **현재분사** – ~하게 하는, ~시키는 → **능동** 의미

▶ 자동사의 **과거분사** – ~한, ~해 버린 → **완료**된 상태 ← 자동사는 수동이 없으므로
  타동사의 **과거분사** – ~가 된, ~를 당한 → **수동** 의미

Don't disturb **the sleeping baby**. 건드리지 마라/ 잠자는 아기를.
         = the baby who **is sleeping** 〈진행 의미〉

I miss/ **the departed friend**/ by the traffic accident.
         = the friend who **has departed** 〈완료 의미〉
난 그리워요/ 세상을 떠난 그 친구가/ 교통사고로.

Soccer is/ **an exciting game**. 축구는 입니다/ (관중을) 흥분시키는 경기.
         = **a game** which **excites** spectators 〈능동 의미〉

The excited spectators/ rushed to the ground. 흥분한 관중들이/ 경기장으로 돌진했어요.
= The spectators who **were excited** 〈수동 의미〉

an **escaped** convict[killer] 탈옥수[도주한 살인범] 〈자동사의 과거분사〉
a **broken** mirror[bus, arm] 깨진 거울[고장 난 버스, 부러진 팔] 〈타동사의 과거분사〉

a wrecked ship 난파선   a faded flower 시든 꽃   a rotten egg 썩은 계란
a collapsed building 붕괴된 건물   a decayed tooth 충치   a returned soldier 귀환병

1 한정적 용법과 서술적 용법

(1) 한정적 용법

분사가 명사 앞·뒤에서 **명사를 직접 수식**하는 경우

> 1) **전치**(앞에서)**수식** ⇒ **분사** + 명사 ← 분사가 단독으로 수식할 경우
> 2) **후치**(뒤에서)**수식** ⇒ 명사 + **분사** ← 분사가 다른 어구를 동반할 경우

Her ex-boss is/ a **retired** officer and politician.　　　　〈과거분사 – 전치수식〉

그녀의 전 사장님은 이십니다/ 퇴역장교이자 정치인.

Do you know the handsome guy **standing** in the lobby?　　　〈현재분사 – 후치수식〉
= Do you know/ the handsome guy/ (who is) **standing** in the lobby?

　　넌 아니?/ 저 멋진 녀석을/ 로비에 서 있는

the issues **mentioned above** 앞서 언급한 문제들　　　　　　〈과거분사 – 후치수식〉
= the **above-mentioned** issues

---

more tips

1. 분사가 **대명사**를 수식할 경우는 단독인 경우에도 후치수식합니다.

   Of those invited/ only a few/ came to the our Foundation Day.

   초대받은 사람들 중에서/ 불과 몇 사람만이/ 우리 회사 창립 기념일에 참석했습니다.

2. 전치수식의 과거분사는 형용사와 동일하게 취급하여 very로 수식합니다.

   The actress/ wore a very worried look/ when she was asked an abrupt question.

   그 여배우는/ 매우 난감한 표정을 지었습니다/ 갑작스런 질문을 받자.

   cf. **I'm much worried/ about nuclear issues/ of North Korea.**

   　난 매우 걱정돼요/ 핵문제가/ 북한의.

바로 이것이 포인트!　**후치수식 시「주격관계대명사+be동사」의 생략**

주격관계대명사 뒤에 진행형(be+ing)과 수동형(be+p.p.) 문장이 올 경우.
'주격관계대명사+be동사'가 생략되어 현재분사, 과거분사만 남는 경우가 많다는 사실에 유의하세요.

The man/ (who is) **speaking to** the participants/ is an exam supervisor.

그 남자는/ 응시자들에게 말하고 있는/ 시험 감독관입니다.

This paper shredder/ (which are) **made** in Korea/ deliver high performance.

이 파쇄기는/ 한국에서 만들어진[한국제의]/ 성능이 뛰어납니다.

(2) 서술적 용법

2형식 문장의 **주격보어**,
5형식 문장의 **목적격보어**로 쓰입니다.

1) 주격보어 : be동사, 불완전자동사 뒤 〈2형식〉

sit	stand	lie	come	run	keep	remain

A middle-aged man stood/ **staring** into space/ with a cigar/ in his mouth.

한 중년의 남자가 서 있어요/ 허공을 바라보며/ 담배를 문 채/ 그의 입에.　　〈현재분사 주격보어〉

The philosopher sat/ **surrounded** by his disciples.　　〈과거분사 주격보어〉

그 철학자는 앉아 있었습니다/ 제자들에 둘러싸여.

2) 목적격보어

5형식에서 목적어와 목적격보어는 **Nexus**(주어-동사) **관계**가 있는데,
이들이 능동관계인지, 수동관계인지 잘 살펴본 후 **현재분사**, **과거분사**를 결정해야 합니다.

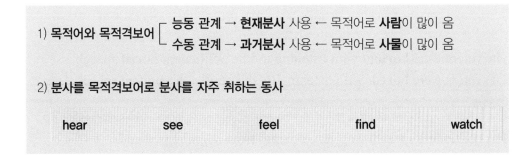

The audience heard/ the pianist **playing** the piano.　　〈현재분사 - 능동 관계〉

청중들은 들었습니다/ 그 피아니스트가 피아노 연주하는 소리를.

The audience heard/ the pianist's name **called**. 〈과거분사 – 수동관계〉

청중들은 들었습니다/ 그 피아니스트의 이름이 불려지는 소리를.

A large audience are watching/ the exciting show **being performed**.

많은 청중들은 지켜보고 있습니다/ 그 멋진 쇼가 펼쳐지는 것을. 〈being + p.p. – 수동관계〉

cf. The passers-by are **watching**/ the funeral procession **go by**.

행인들은 지켜보고 있네요/ 장례행렬이 지나가는 것을. 〈지각동사+목적어+원형부정사〉

2 감정동사의 분사

사람의 기쁨, 슬픔, 놀라움, 호기심 등의 감정을 나타내는 **감정동사**의 분사는
용법과 **감정동사**에 유의해야 합니다.

1) 감정동사의 분사 용법
① **사람**이 주어인 문장에서 be동사와 함께 쓰이면 → **과거분사** 사용

사물이 주어인 문장에서 be동사와 함께 쓰이면 → **현재분사** 사용

② **사람**을 수식하면 → **과거분사** 사용 ☞ 일반동사의 분사와는 용법이 반대 개념임

사물을 수식하면 → **현재분사** 사용

2) 감정동사

bore 지루하게 하다	excite 흥분시키다	exhaust 지치게 하다
amuse 즐겁게 하다	satisfy 만족시키다	irritate 짜증나게 하다
surprise 놀라게 하다	frighten 놀라게 하다	astonish 놀라게 하다
bewilder 당황하게 하다	confuse 당황하게 하다	embarrass 당황하게 하다
perplex 당황하게 하다	disappoint 실망시키다	annoy 성가시게 하다
interest 흥미를 일으키다	fascinate 매료시키다	shock 충격을 주다

The voters were **boring**/ with listening to/ the politician's **bored** speech. (×)
The voters were **bored**/ with listening to/ the politician's **boring** speech. (○)

유권자들은 지루했습니다/ 듣느라고/ 그 정치인의 지루한 연설을.

The politician's speech/ was very **boring**/ from beginning to end.

그 정치인의 연설은/ 매우 지루했어요/ 시종일관.

excited mobs 흥분한 폭도들 〈과거분사+사람〉
exciting watersports 흥분시키는[신나는] 수상 스포츠 〈현재분사+사물〉

바로 이것이 포인트! 시험대비 전략

1. '주어가 **사람**인지?, **사물**인지?',
   '**사람**을 수식하고 있는지?, **사물**을 수식하고 있는지?'를 먼저 확인한 후

2. **의미가 논리적인지**를 확인하세요.
   ☞ **~하게 하는** : 현재분사
      ~해진, ~되어진 : 과거분사

3 의사분사[유사분사]

명사 어미에 ed가 붙여진 과거분사 형태
즉, '**명사+ed**'를 **의사분사**라 하며, '**~을 가진**(=having, with)'이란 뜻이 됩니다.

a **red-haired** diva 갈색머리의 여가수
= a diva who **has** red hair
= a diva **having** red hair
= a diva **with** red hair

a **good-natured** partner 마음씨 좋은 파트너
= a partner who **has** good nature
= a partner **having** good nature
= a partner **with** good nature

a **red-colored** rose 빨간 장미
a **blue-eyed** blonde 푸른 눈의 금발 여인
a **hot-tempered** bully 다혈질의[성미 급한] 말썽꾸러기
a gorgeous **wavy-haired** girl 찰랑찰랑거리는 머리의 멋진 아가씨

cf. the **pain-killing** drug 통증을 가라앉히는 약 → 진통제
   = the drug which **kills** pain

the **sun-dried** pepper 태양에 말린 고추 → 태양초
   = the pepper which **is dried** by the sun

more tips   형용사처럼 쓰이는 합성분사

epoch–making 획기적인	good–looking 잘생긴
self–motivated 자기 동기부여가 된	well–adjusted[bred] 잘 적응한[훌륭하게 자란]
absent–minded 건망증이 심한, 얼빠진	anti–dumping 반덤핑의

4 분사의 명사 용법

(1) 분사나 형용사가 단독으로 쓰일 경우 – 명사 수식, 보어가 됨 – **형용사 용법**

(2) 분사나 형용사에 정관사 the가 붙으면
　　"**복수명사, 단수명사, 추상명사**"로 쓰여 주어, 목적어, 보어가 됨 – **명사 용법**

> **1) 복수 보통명사**
> 　the wounded[injured] 부상자들　　　　　the rich 부자들(=rich people)
> 　the handicapped 장애인들　　　　　　　the blind[young] 맹인들[젊은이들]
> 　the dying and the dead 죽어가는 사람들과 죽은 사람들
>
> **2) 단수 보통명사**
> 　the accused 피고　　　　　　　　　　　the deceased 고인(=the dead person)
> 　the insured[assured] 피보험자　　　　　the betrothed 약혼자
>
> **3) 추상명사**
> 　the unexpected 예상치 못한 일　　　　　the unknown 미지의 것
> 　the true[good] 진실[선(善)]　　　　　　the beautiful 아름다운 것, 미(美)

2 분사구문

1 분사구문이란?

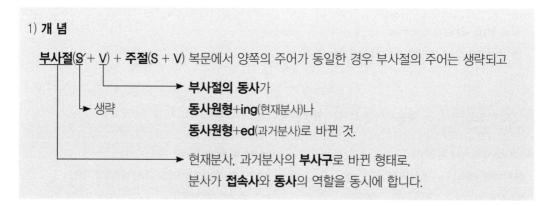

> **1) 개 념**
> 　**부사절**(Ś + V́) + **주절**(S + V) 복문에서 양쪽의 주어가 동일한 경우 부사절의 주어는 생략되고
> 　　　　　　　　　　　　　　　▶ **부사절의 동사가**
> 　　　　　　　　　　　　　　　　 **동사원형+ing**(현재분사)나
> 　　　　▶ 생략　　　　　　　　　　 **동사원형+ed**(과거분사)로 바뀐 것.
> 　　　　　　　　　　　　　　　▶ 현재분사, 과거분사의 **부사구**로 바뀐 형태로,
> 　　　　　　　　　　　　　　　　 분사가 **접속사**와 **동사**의 역할을 동시에 합니다.

2) 의 미

① **시간** : when, as[after, as soon as, …] S＋V ＝ ～ing : ～할 때[～한 후, ～하자마자, …]

② **이유** : as[because, since, …] S＋V ＝ ～ing : ～ 때문에

③ **조건** : if S＋V ＝ ～ing : ～한다면

④ **양보** : though[although; even if, …] S＋V ＝ ～ing : 비록 ～(한다) 할지라도

⑤ **부대상황**(Collateral Circumstances) － 어디에 덧붙여진 상황

   a. **동시동작** : as[while] S＋V ＝ ～ing : ～하면서, ～한 채 (～하다)

   b. **연속동작** : and (S)＋V ＝ ～ing : ～하고, ～한 다음 (하다)

~~As he~~ was poor,/ the self-supporting student/ couldn't go to collage.　　　〈이유〉
＝ **Being** poor,/ the self-supporting student/ couldn't go to collage.

가난했기 때문에/ 그 고학생은/ 대학에 갈 수가 없었습니다.

~~Though I~~ live next door,/ I don't know the florist.　　　〈양보〉
＝ **Living** next door,/ I don't know the florist.

비록 옆집에 살지만/ 난 그 플로리스트를 알지 못합니다.

~~As she~~ smiled brightly,/ a gorgeous girl gave me a gift.　　　〈동시동작〉
＝ **Smiling** brightly,/ a gorgeous girl gave me a gift.

환하게 웃으면서/ 한 멋진 소녀가 내게 선물을 주었죠.

The KTX train leaves Busan/ at seven,/ ~~and it~~ arrives at Seoul station/ at ten.　　〈연속동작〉
＝ The KTX train leaves Busan/ at seven,/ **arriving** at Seoul station/ at ten.

그 KTX 열차는 부산을 떠납니다/ 7시에/ 그리고 서울역에 도착합니다/ 10시에.

more tips

with ＋ 목적어 ＋ 분사[형용사, 부사구, 전치사구] "…을 ～한 채로, …을 ～하며, …가 ～하자"란 뜻의
부대상황을 나타내며, 이때 목적어는 의미상 주어, 분사는 보어 역할을 합니다.

☞ with ＋ 목적어 ＋ ┌ **현재분사 ← 능동, 진행 의미**
　　　　　　　　　└ **과거분사 ← 수동의미**

A siren sat there/ **with her eyes closed**.
＝ A siren sat there/ **as** her eyes were closed.

한 고혹적인 미인이 거기 앉아 있었죠/ 눈을 감고서.

With night coming on,/ the mountain climbers started on their way home.

어둠이 다가오자/ 그 등산객들은 집으로 출발했습니다.

cf. The journeyman is working/ in the workplace/ **with the window open.**

그 기능공은 일하고 있어요/ 작업장에서/ 창을 열어 놓은 채로. 〈with+목적어+형용사〉

☞ with many candles lit 촛불을 많이 켜 놓고 [light − lit − lit]

　cf. with the light **on** 전등을 켜 놓은 채 ☞　with + 목적어 + 부사

　with one's legs crossed 다리를 꼬고서

　with one's finger pointing at ~ ~을 가리키며

　with one eye bandaged 한쪽 눈을 붕대로 가린 채로

　with international oil prices soaring 국제유가가 상승함에 따라

　with a vaccum cleaner held over ~ ~위에 진공청소기가 유지된 채

　with realistic military solutions available 현실적으로 가능한 군사적 해결책으로

2 분사구문 만드는 법

분사구문에는 **접속사**+**주어**+**동사**가 포함되어 있고, 시간 · 이유 · 조건 · 양보 · 부대상황을 나타내는 부사절을 대신하므로, 분사구문은 "**접속사**+**주어**+**동사**"의 **절**로 다시 바꿔 쓸 수 있습니다.

1) **접속사** : '접속사+S+V'에서 일단 접속사를 없애라.

2) **주어** : **무조건 없앨까? – 아니야**

　　① 주절 S = 종속절 S → 그냥 없앰

　　② 주절 S ≠ 종속절 S → 없앨 수 없음 ⇒ 이 경우는 반드시 **주어를 살려야** 하는데

　　　　　　　　　　　　　　　　　　　이것을 **독립분사구문**이라 함

3) **동사** : **능동형** → **현재분사** 사용 〈능동형 분사구문〉 ⇐ 뒤에 **목적어가 있고** 능동관계[의미]임

　　　　수동형 → **과거분사** 사용 〈수동형 분사구문〉 ⇐ 뒤에 **목적어가 없고** 수동관계[의미]임

4) **시제** : 주절 = 부사절 : 같은 시제　　　　→ **단순(형) 분사** 사용

　　　　주절 < 부사절 : 종속절이 앞선 시제 → **완료(형) 분사** 사용

5) **부사절이 수동태일 경우** : being, having been은 **생략 가능**

　　① 부사절 동사가 주절 동사와 **같은 시제**일 경우　→ being 생략

　　② 부사절 동사가 주절 동사보다 **앞선 시제**일 경우 → having been 생략

6) **분사구문을 부정할 경우** : 부정어 not[never]를 분사(구문) 앞에 붙여 줍니다.

As he lives alone/ in a remote village,/ the recluse has few visitors.
= **Living** alone/ in a remote village,/ the recluse has few visitors.　　〈현재분사구문〉

　외딴 마을에 혼자 살기 때문에/ 그 은둔자는 방문객이 거의 없습니다.

As it is written in plain English,/ the new book is good for beginners.
= **(Being) written** in plain English,/ the new book is good for beginners. 〈과거분사구문〉

　쉬운 영어로 쓰어졌기 때문에/ 그 신간은 초급자에게 알맞습니다.

---

more tips	접속사는 무조건 생략할까?

분사구문에서는 접속사를 생략하는 것이 원칙이지만, **뜻을 분명히 하거나 강조하기 위해서** 접속사를 그대로
사용하는 경우도 있습니다.

Though he is left alone,/ the lone wolf doesn't feel tiresome.
= **Though** left alone,/ the lone wolf doesn't feel tiresome.

　혼자 남아 있더라도,/ 고독을 즐기는 그 사람은 지루하게 느끼지 않아요.

3 분사구문의 의미상 주어

1) **일반분사구문** : 부사절 주어와 주절 주어가 **일치**
　☞ **접속사** + S + V ~, S′ + V ~. 〈S = S′〉
　　(없앰) (없앰) 〈**동사원형**+ing/ p.p.〉, S′ + V ~. ⇒ 의미상 주어 생략

2) **독립분사구문** : 부사절 주어와 주절 주어가 **불일치**
　☞ **접속사** + S + V ~, S′ + V ~. 〈S ≠ S′〉
　　(없앰)　　 S 〈**동사원형**+ing/ p.p.〉, S′ + V ~ ⇒ **의미상 주어를 반드시 써 주어야 함**

1) As soon as he got off the bus,/ the uxorious husband called his wife.
　= **Getting off** the bus,/ the uxorious husband called his wife.

　　버스에서 내리자마자/ 그 애처가는 아내에게 전화를 했습니다.

　☞ 종속절주어 = 주절 주어 → 의미상 주어가 생략됨
　　he = the uxorious husband

2) Since **the day's work** had been done,/ **all the full-time staff** left their office.
= **The day's work** (having been) **done**,/ **all the full-time staff** left their office.

하루 업무가 끝났으므로/ 모든 정규직 직원들은 퇴근했습니다.

☞ 종속절 주어 ≠ 주절 주어 → **의미상 주어를 반드시 표시**해 주어야 합니다

the day's work ≠ all the full-time staff

As **night** came on,/ **we** came down from the mountain/ hurriedly.
= **Night** coming on,/ **we** came down from the mountain/ hurriedly.
= With **night** coming on,/ **we** came down from the mountain/ hurriedly.

어둠이 다가오자/ 우린 산에서 내려왔죠/ 서둘러.

바로 이것이 포인트! **분사구문의 의미상 주어에서 주의할 점**

1. **비인칭 주어** it, **유도부사** there[here]

(날씨, 상황 등에 사용되는) **비인칭주어 it**과 문두에서 문장을 이끄는 **유도부사 there[here]**로 시작되는 문장을 분사구문으로 고칠 경우 it, there[here]를 빠뜨리지 않도록 주의해야 합니다.

2. **현수분사(Dangling Participle) 구문** ☞ 정말 중요!!

분사구문의 의미상 주어와 주절의 주어가 논리적으로 일치하지 않아 의미가 비논리적인 분사구문으로 시험에서 틀린 것으로 간주하므로 분사구문 문제를 풀 때는 항상 확인하는 습관을 길러야 합니다.

---

1. As **it** was rainy yesterday,/ I didn't go to the gym/ for a workout.

⇒ Being rainy yesterday,/ I didn't go to the gym/ for a workout.   (×)

⇒ It being rainy yesterday,/ I didn't go to the gym/ for a workout. (○)

어젠 비가 왔으므로/ 난 체육관에 가지 않았어요/ 운동하러.

As **there** was no bus/ on the street,/ **the drunkard** had to go home/ on foot.

⇒ There being no bus/ on the street,/ **the drunkard** had to go home/ on foot.

버스가 끊겼으므로/ 거리에,/ 그 주정뱅이는 집에 가야만 했지요/ 걸어서.

2. 1) As he had prepared for the exam well,/ **the honor-student's mark** was good. (○)

2) **Having** prepared for the exam well,/ **the honor-student** got a good mark.   (○)

시험 준비를 잘했으므로/ 그 우등생은 좋은 점수를 받았습니다.

Having prepared for exam well, **the honor-student's mark** was good.   (×)

☞ 시험 준비를 하는 주체는 사람이지 점수가 아니므로 1), 2)처럼 써야 합니다. ⇒ 중요

4 비인칭[무인칭] 독립분사구문 → 문장 전체를 수식하는 관용적 분사구문

분사구문의 의미상 주어가 주절의 주어와 다르지만, 의미상 주어가 일반적인 사람(we, you, they, one)
인 경우여서 **의미상 주어를 생략**하고 **관용어구처럼 쓰는 분사구문**을 말합니다.
이것은 이것저것 생각할 필요 없이 숙어처럼 그냥 암기하세요.

1) strictly speaking 엄밀히 말한다면　　2) generally speaking 일반적으로 말해서
3) frankly speaking 솔직히 말한다면　　4) roughly speaking 대충 말한다면
5) considering that ~을 고려할 때　　6) granting[admitting] ~이라고 할지라도
7) providing[supposing] that 만약 ~이라면　　8) judging from[by] ~로 판단하건데
9) assuming that ~라 가정하면　　10) talking of ~에 대해서 말하자면
11) given your cooperation 당신의 협조만 있다면　12) putting it mildly 완곡한 표현을 쓰자면
13) barring bad weather 날씨가 나쁘지만 않다면　14) compared with ~ ~와 비교하면
15) taking everything[all things] into consideration[account] 모든 것을 고려해 볼 때

Strictly speaking,/ the juvenile delinquent/ was not a student representative.
= **If we speak strictly,**/ the juvenile delinquent/ was not a student representative.

엄격히 말해서/ 그 비행 청소년은/ 학생대표가 아니었어요.

Judging from his accent,/ the nice guy seems to be Australian.

그의 억양으로 판단하건데,/ 그 멋진 남자는 호주사람인 것 같아요.

= **If we judge from** his accent,/ the nice guy seems to be Australian.

5 분사구문의 시제

분사구문의 시제는 **주절 동사의 시제가 기준**이 되며, 단순분사와 완료분사가 나타내는 **시제가 다릅**니다.

종 류	시 제 관 계
단순분사 (동사원형+ing/ed)	주절 동사 시제와 **같음** 〈현재 = 현재〉〈과거 = 과거〉
완료분사 (having+p.p.)	주절 동사 시제보다 **앞선 시제** 〈현재 → **현재완료, 과거**〉 〈과거 → **과거완료**〉

Being versatile,/ Sam **is** envied/ by his friends.

= As he **is** versatile,/ Sam **is** envied/ by his friends. 〈현재 – 현재〉

다재다능하므로/ 샘은 부러움을 받아요/ 친구들로부터.

Having been versatile,/ Sam **is** envied/ by his friends.

= As he **was** versatile,/ Sam **is** envied/ by his friends. 〈과거 – 현재〉

= As he **has been** versatile,/ Sam **is** envied/ by his friends. 〈현재완료 – 현재〉

다재다능했으므로/ 샘은 부러움을 받아요/ 친구들로부터.

Having been versatile,/ Sam **was** envied/ by his friends.

= As he **had been** versatile,/ Sam **was** envied/ by his friends. 〈과거완료 – 과거〉

다재다능했었으므로/ 샘은 부러움을 받았어요/ 친구들로부터.

6 Being, Having been의 생략

1) 부사절이 **수동태 문장**이거나 **진행형 문장**일 때
2) 부사절에 **형용사[명사]가 주격보어로 사용된 문장**을 분사구문으로 고칠 경우
   Being, Having been은 생략할 수 있습니다.

1) (Being[Having been]) + **과거분사/~ing** → **수동태/진행형** 문장
2) (Being[Having been]) + **형용사[명사]**   → **주격보어**로 사용된 문장 ← 2형식

As he was injured in his leg,/ the soccer player could no longer play.

= (Being) **injured** in his leg,/ the soccer player could no longer play.

다리에 부상을 당했기 때문에,/ 그 축구선수는 더 이상 경기할 수 없었습니다.

As I had been deceived/ by her sweet words,/ I couldn't believe what she said.

= (Having been) **deceived**/ by her sweet words,/ I couldn't believe what she said.

난 속은 적이 있었기 때문에/ 그녀의 달콤한 말에,/ 난 믿을 수가 없었죠/ 그녀가 한 말을.

As he is wealthy,/ he can buy/ whatever he wants. 〈형용사 주격보어〉

= Being **wealthy**,/ he can buy/ whatever he wants.

그는 부자이므로,/ 그는 살 수가 있어요/ 그가 원하는 것은 무엇이나.

☞ 형용사가 단독으로 사용된 경우는 일반적으로 생략하지 않고 씁니다.

7 분사구문의 강조

☞ 분사구문의 강조 형태

1) ~ing[현재분사] as+S+do 동사 ⇒ 대동사 do 사용 ─┐
2) ~ed[과거분사] as+S+be 동사 ⇒ be 동사 사용 ├ : 이처럼[정말이지, 사실] ~이기 때문에
3) ~ing[현재분사] as+S+be 동사 〈진행형〉 ─┘
    ☞ 이유를 나타내는 분사구문을 강조함
    [중요] do, be는 주어와 **시제, 수**를 일치시켜야 합니다.

Living/ **as he does**/ in a remote area,/ the ginseng-digger has few visitors.
(이와 같이) 살고 있으므로/ 외딴 지역에,/ 그 심마니는 방문객이 거의 없습니다.

Published/ **as it was**/ in times of depression,/ the masterpiece didn't attract attention.
출판되었기 때문에/ (이처럼) / 불황기에/ 그 걸작은 주목을 끌지 못했습니다.　　　　　〈수동 문장〉

Since it stands/ at the top of the mountain,/ the observatory commands a fine view.
= **Standing** at the top of the mountain,/ the observatory commands a fine view.
= **Standing**/ **as it does**/ at the top of the mountain,/ the observatory commands a fine
  view. 세워져 있기 때문에/ 이처럼/ 산꼭대기에/ 그 전망대는 경치가 멋져요.　　　〈능동 문장〉

cf. Standing **as it is** at the top of the mountain, the observatory commands a fine view.
　　　　　　　　　　　　　　　　　　　　　　　　　　　　　　　　　　　　　(×)

Burning as it is in fierce flames,/ the logistics center is going to collapse/ in a few moments.
이렇게 맹렬한 화염속에 휩싸여 있으니/ 그 물류 센터는 무너지겠네/ 곧.

> **바로 이것이 포인트!**　분사구문의 부정
>
> 부정어 **not**[**never**]를 분사구문 앞에 붙여야 합니다.
> ☞ 뒤에 붙이지 않도록 주의하세요.

Knowing **not** what to do,/ I decided to ask/ a counselor's advice. (×)
Not knowing what to do,/ I decided to ask/ a counselor's advice. (○)
어찌할 바를 몰라,/ 난 구하기로 했죠/ 전문가의 조언을.

8 분사형 전치사(Participial Preposition) → 전치사 역할을 하는 분사

according to ~ ~에 따라[의하여]	owing to ~ ~ 때문에(=because of ~)
considering ~ ~을 고려할 때	depending on[upon] ~ ~에 따라서[좌우되어]
excepting ~ ~을 제외하고	following ~ ~ 다음에 계속되는
including ~ ~을 포함하여	notwithstanding ~ ~에도 불구하고
preceding ~ ~이전에	pending ~ ~동안에, ~중에; ~까지
concerning[regarding, touching] ~ : ~에 관하여	

cf. assuming[supposing] that ~ : 가령 ~이면(=supposing that)

    granting[granted, grant] that ~ : ~이라 하더라도, ~을 인정하더라도

    seeing that ~ : ~이므로(=since), ~을 보면

    given that ~ : ~을 고려하면, 감안하면, 만약 ~ 이라면(=if)

All men are fallible,/ not **excepting** the prelates.

사람은 누구나 다 잘못을 저지를 수 있지요./ 고위 성직자라해도 예외가 아닙니다.

The speculator bought/ the apartment/ **notwithstanding** the high price.

그 투기꾼은 샀습니다/ 그 아파트를/ 값이 비쌈에도 불구하고.

---

more tips   **부사절을 준동사구로 전환하기**

접속사 S + V ~, S + V ~
   부사절   주절

⇓

to V ~, ~ing, ~ed ~, S + V ~
   준동사구   주절

The cowardly man/ was very glad/ **when he saw** his old flame again.

The cowardly man/ was very glad/ **to see** his old flame again. 〈부정사구〉

그 소심한 남자는/ 매우 기뻤습니다/ 옛 애인을 다시 만나자.

As soon as he saw his wife,/ the gambler ran off/ with lightning speed.

⇒ **On seeing** his wife,/ the gambler ran off/ with lightning speed.

아내를 보자마자/ 그 도박꾼은 달아났어요/ 쏜살같이. 〈동명사구〉

조동사
Auxiliary Verb

이 장은 동사를 도와 **"가능, 허가, 추측, 의지, 습관, 의무, 목적"** 등의 뜻을 나타내는 조동사를 다루는데, 조동사는 각각의 조동사가 나타내는 의미를 아는 것이 가장 먼저이며, 각 조동사와 함께 쓰이는 관용표현은 중요하게 사용되므로 모두 암기해야 합니다.

조(助-돕는다(help))+동사(動詞-verb)

이름은 부르기 쉽고 기억하기 좋아하듯
이 책으로 학습하는 우린 어려운 Auxiliary Verb 대신
바로 이해되는 Help Verb로 기억하자고요.

시험대비「조동사」중점 학습 과제

---

1 동사 앞에 붙는 조동사 뒤에는 반드시 **동사원형**이 옵니다. ☞ 조동사 + 동사원형

His business partner may comes/ to meet him,/ or he may not. (×)
His business partner may come/ to meet him,/ or he may not. (○)
그의 사업 파트너는 올 수도 있고요/ 그를 만나러,/ 안 올 수도 있어요.

---

2 **be, do, have의 용법**은 기본적으로 알고 있어야 합니다.

1) be   – ① be + **~ing**(현재분사) = **진행형**
          ② be + **p.p.**(과거분사) = **수동태**
2) do   – ① 부정문, 의문문에 사용 ② 강조의 조동사 : 동사 앞에 붙임 ③ **대동사**
3) have – ① have[has, had] + **p.p.**(과거분사) – 완료형
          ② **'가지다'**는 뜻 외에 다른 뜻으로 쓰이는 경우에 유의

---

3 **조동사 + have + p.p.**형은 그 뜻을 정확히 구별하세요.

1) cannot have p.p.   : ~했을 리가 없다   〈단정적 부정〉
2) may have p.p.   : ~이었을 지도 모른다 〈가능성 있는 추측〉
3) must have p.p.   : ~했음에 틀림없다 〈단정적 추측, 강한 확신〉
4) should have p.p.   : ~했어야 했는데 (하지 않았다)
   ought to have p.p.   〈과거의 일에 대한 현재의 유감〉
5) need not have p.p. : ~할 필요가 없었는데 (했다)
   cf. didn't need to V : ~할 필요가 없었다   (보통 '안했다'는 의미)

---

4 조동사의 중요 용법들은 모두 이해해야 합니다.

1) can, could : **능력** – ~할 수 있다(=be able to V; be capable of ~ing)
                추측 – ~일 리가 없다 〈**부정**〉 – cannot be
2) may, might : **허가** – ~해도 좋다   **추측** – ~일지도 모른다
                목적 – so that[in order that] S may V : V하기 위하여
                관용표현 – may well V   : V하는 것은 당연하다
                              may as well V : V하는 것이 더 낫다(=had better V)
3) will, would : will – 주어의 강한 의지; 고집, 습성; 확실한 추측
                 would – 과거의 습관; 공손한 제안; 소망
                 would like to V : V하고 싶다(=wish)
4) should   : **의무**(=ought to; must)
               요구 제안, 주장 … 동사의 that절에 사용 → (should) 동사원형
5) must   : **의무** – ~해야 한다(=have to) **강한 추측** – ~임에 틀림없다
6) ought to : **의무** – ~해야 한다 *ought to V/ ought **not** to V로 사용
7) used to   : **과거의 습관적 동작** – ~하곤 했다 *cf.* be used to 명사 : ~에 익숙하다

---

1 조동사의 종류

can / could	may / might
will / would	shall / should
must / ought to	need / dare

바로 이것이 포인트!

1. **조동사 + 동사원형**

   위 조동사들 뒤에는 언제나 **동사원형**이 옵니다. ☞ **need**와 **dare**는 본동사로도 쓰임.

2. **수동태 ⇒ 조동사 + be + p.p.**(과거분사)

1. Nobody **can foretell**/ what **will happen**/ exactly a year later.
       조동사+동사원형   조동사+동사원형

   아무도 예언할 수 없습니다/ 무슨 일이 일어날지를/ 정확히 1년 뒤에.

2. This handouts/ **ought to be handed out**/ to passers-by. ☞ 조동사 + be + p.p.

   이 배포물들은/ 배포되어야 합니다/ 지나가는 행인들에게.

2 be 조동사, have 조동사, do 조동사

특별히 어려운 것은 없으므로, **be, have, do** 동사의 쓰임에 유의하고, **have**가 들어 있는 관용어구는 모두 암기하세요.

1) be 조동사	① be+현재분사(~ing) = **진행형**
	② be+과거분사(p.p.) = **수동태**
2) have 조동사	① have[has]+p.p.[과거분사] = **현재완료**
	② had+p.p.[과거분사] = **과거완료**
	☞ have 뒤에 동사가 올 경우는 **p.p.형**이 되어야 함.
3) do 조동사	① 일반동사의 **부정문, 의문문**을 만들 때 사용
	② **강조의 조동사** ☞ 술어동사 **앞**에 덧붙여 사용
	③ **대동사**로 쓰임. ☞ 동사의 반복 사용을 피하기 위해 사용

1) **be 조동사**

am[is, are]+현재분사　　 = **현재진행**
was[were]+현재분사　　 = **과거진행**
will[shall]+be+현재분사 = **미래진행**

be+p.p.[과거분사]　　　　　　　 = **수동태 기본형**
be+being+p.p.[과거분사]　　　　 = **진행형 수동태**
have[has, had]+been+p.p.[과거분사] = **완료형 수동태**

2) **have 조동사**

The newly-married couple/ **have purchased**/ two non-refundable round-trip tickets/ to New York.

그 신혼부부는/ 구입했습니다/ 환불이 불가능한 왕복표 2장을/ 뉴욕행.₩

〈have+명사 표현〉

Those present/ really **had a good**[**terrible**] **time**/ at the banquet.

참석한 사람들은/ 정말로 멋진[최악의] 시간을 보냈지요/ 그 연회에서.

The elderly with dementia/ **has a** really **short**[**poor**] **memory**.

그 치매 노인은/ 기억력이 정말 안 좋아요. → 건망증(amnesia)이 심해요.

The animal lover/ **has a** morbid **liking for** pets.

그 동물애호가는/ 애완동물을 병적으로 좋아합니다.

---

more tips　　1. **have**의 여러 가지 의미 – have는 "가지다" 이외에 다음 뜻으로 사용됨

eat(먹다)	enjoy(즐기다)	get, obtain(입수하다)
catch(병에 걸리다)	experience(경험하다)	receive(얻다, 받다)
pass(시간을 보내다)	invite(초대하다)	hold(개최하다)

have a drink[holiday, shock, fight]　　　　 have a spasm[cramp] 경련이 일어나다
한잔하다[휴가를 얻다, 충격을 받다, 일전을 벌이다]　 have (an attack of) hiccups 딸꾹질이 나다

have a party[conference, haircut]　　　　 have another try
파티를 열다[회의를 개최하다, 이발을 하다]　　　 다시 한 번 해보다

I hope/ you **have a safe flight**/ back to Korea.

바라겠습니다/ 안전한 비행이 되길/ 한국으로 돌아가는. → 한국으로 안전하게 돌아가시길 바랍니다.

2. 다음은 중요하므로 모두 암기하세요.

1) **don't have to V** : V할 필요가 없다(=need not V)

2) **have only to V** : V하기만 하면 된다(=All you[I, we, he, …] have[has] to V)

3) **have done with** ~ : ~와 관계를 끊다; ~에서 손을 떼다; ~을 끝내다

4) **have A to do with B** : B와 A의 관계가 있다

☞ A에는 something(약간), nothing(전혀), much(많이) 등의 단어가 들어갑니다.

1) You **don't have to**/ take the trouble to meet me.

당신은 필요가 없어요/ 일부러 날 만날.

☞ take the trouble to V : 수고스럽게도[수고를 아끼지 않고] V하다

2) Don't worry. You **have only to** follow me.

걱정 마. 넌 나만 믿고 따라오면 돼.

You **have only to** do/ as you **are** told.

넌 하기만 하면 돼/ 들은 대로[시키는 대로].

3) I **have done with** her/ because her personality is very cut and dry.

난 그녀와 헤어졌어요/ 성격이 넘 쌀쌀맞아서.

I **have done with**/ drinking and smoking/ because of bad health.

난 끊었어요/ 술 담배를/ 건강이 안 좋아.

4) The real estate broker/ **has** something[nothing] **to do with**/ the bribery scandal.

그 부동산 중개인은/ 어느 정도 연루되어 있어요[전혀 연루되지 않았어요]/ 그 뇌물 사건에.

3) do 조동사

① I **don't** like/ my new girlfriend. 난 안 좋아/ 내 새 여자 친구가.   〈부정문〉
   Don't you like/ your new girlfriend? 안 좋아해?/ 너의 새 여자 친구를 〈의문문〉

② I **do** think/ you are sexy and beautiful.   〈강조의 조동사〉
   난 정말 생각해/ 네가 섹시하고 아름답다고.   ☞ 동사가 중복됨

③ The ghostwriter **writes**/ better than/ the editor **does**.   〈대동사〉
   그 대필자는 글씨를 쓰지요/ 더 잘/ 그 편집자가 쓰는 것보다.

3 조동사의 용법

1 Can/Could

(1) 능력(=ability) : ~할 수 있다

능력 ⇒
- 과거 : could; was[were] able to V
- 미래 : will[shall] be able to V
- 완료 : have been able to V

We **can** keep healthy/ by avoiding/ salty and greasy food.

우린 건강을 유지할 수 있습니다/ 피함으로써/ 짜고 기름기 많은 음식을.

What **can** we do/ to cut air contamination/ by exhaust gases/ from automobiles?

우린 무엇을 할 수 있죠?/ 대기오염을 줄이기 위해/ 배기가스에 의한/ 자동차로부터.

☞ 자동차 배기가스에 의한 대기오염을 줄일 수 있는 방안이 뭐가 있죠?

바로 이것이 포인트! can의 뜻으로 쓰이는 숙어 정리

can = be able to V = be capable of ~ing = be equal to ~ing[명사]
☞ 1. be able to V는 **사람**이 주어로 오는 것이 원칙임.
   2. can은 다른 조동사와 함께 사용할 수 없고,
      can과 be able to는 함께 붙여 사용할 수 없음. ☞ can be able to V (×)

You **can** swim very well someday.   (○)
You **will be able to** swim/ very well/ someday. (○)
You **will can** swim very well someday.   (×)
You **can be able to** swim very well someday.   (×)

넌 수영할 수 있게 될 거야/ 엄청 잘/ 언젠가는.

(2) 추측 ⇒ 부정문 : ~일 리가 없다   〈현재의 추측〉
     의문문 : ~일[할] 리가 있을까?, 도대체 ~일까? 〈강한 의혹〉

The rumor/ about the movie star/ **cannot be** true. 〈부정문〉

그 소문은/ 그 영화배우에 관한/ 사실일 리 만무해요.

Can the mergers and acquisitions(M&A) be true? 〈의문문〉

도대체 그 인수합병이 사실일 수가 있는가?

[참고] cannot have p.p. : ~이었을[했을] 리 없다 〈단정적 부정〉

2 May/Might

(1) 허가, 추측

내 용	용 법	
의 미	**허가** + 의지 동사 ~해도 좋다	**추측** + 무의지 동사 ~일지도 모른다
부 정	may not 안 돼 〈불허가〉 must not 절대 안 돼 〈금지〉	may not ~이 아닐지도 모른다
과 거	was/were allowed to V	may have p.p. ~했을 지도 모른다

"**May** I use/ your laptop/ for a while?"

　사용해도 될까요?/ 당신 노트북을/ 잠시

〈허　가〉 - Yes, you **may**. 예, 그러세요. 〈무뚝뚝한 표현〉

　　　　☞ "Yes, certainly[please].", "Sure." '그럼요.'로 대답하는 것이 일반적임.

〈불허가〉 - No, you **may not**. 아니요, 안 됩니다. 〈가벼운 금지〉

〈금　지〉 - No, you **must not**. 아니요, 절대로 안 됩니다. 〈강한 금지〉

　　　　 - No, I'm **sorry**. 〈일반적〉

　　　　 - No, I'm afraid you **can't**. 미안하지만 안 됩니다.

We **may** meet/ each other/ someday. 〈현재의 불확실한 추측〉

우린 만나게 될런지도 모르죠/ 서로/ 언젠가.

= **It is possible that** we will meet each other someday.

One day/ we **may have met**/ each other. 〈과거의 불확실한 추측〉

어느 날/ 우린 만났을런지도 모르죠/ 서로.

= **It is possible that** we met each other one day.

☞ 부정 : may not have p.p.

(2) 목적

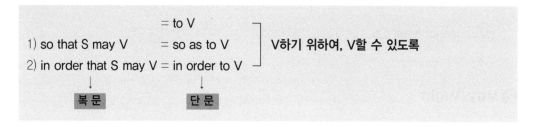

The engineer works hard **so[in order] that** he **may** be a leader in his field. 〈복문〉
= The engineer works hard/ **so as[in order]** to be a leader/ in his field. 〈단문〉
= The engineer works hard/ **to be** a leader/ in his field. 〈단문〉

그 엔지니어는 열심히 일하죠/ 최고가 되기 위해/ 자기 분야에서.

> **more tips**
>
> for the purpose of ～ing = with a view to ～ing
> with the view of ～ing = with the intention of ～ing도 같은 뜻임.

(3) may; might의 관용표현

1) **may well V** : V하는 것은 당연하다(=have good[every] reason to V)

The heroine **may well**/ **be** proud of her pretty daughter.
= The heroine **has good reason**/ **to be** proud of her pretty daughter.

그 여주인공에게는 당연하죠/ 자기 예쁜 딸을 자랑하는 것이.

2) **may as well V (as V)** : (～보다) V하는 것이 더 낫다(=had better V)

You **may as well**/ **have** a sound sleep/ (**as chat** with strangers/ on the Internet).

넌 더 나아/ 한 잠 푹 자는 것이/(모르는 사람들과 채팅하느니 보다/ 인터넷으로).

3) **might as well A (as B)** : (B할 바에야 차라리) A하는 것이 낫다[좋다]

You **might as well**/ **give up** smoking/ **as be** scolded harshly/ by your wife.

넌 나아/ 담배를 끊는 것이/ 심하게 잔소리 들을 바에야/ 집사람에게.

3 Will/Would

(1) will의 용법

1) 확실한 추측 : ～일 것이다

The groundwork **will** be finished/ at the end of next month.

그 기초공사는 끝날 것입니다/ 다음 달 말에.

2) 주어의 강한 의지 : ～하겠다, ～할 작정이다

I'**ll** be there for you/ always.

나는 네 곁에 있을 거야/ 항상.

3) 고집 · 습관 · 경향 : ～하려고 하다, ～하기 일쑤이다

This air-conditioner/ just **won't** start.   〈고집〉

이 에어컨은/ 전혀 작동되지 않아요.

Movie directors/ **will** often sit up all night.   〈습관〉

영화감독들은/ 곧잘 밤을 새우곤 합니다.

Everyone **will** encounter difficulties/ from the <u>womb</u> to the <u>tomb</u>. 〈경향〉

누구나 어려움에 부딪치게 마련입니다/ 일생동안에.   자궁   무덤

4) 상대방의 의지; 권유 표현

Will you be there/ all day long/ tomorrow? 〈상대방의 의지〉

거기 있을 거니?/ 하루 종일/ 내일

Will you have some coke? 콜라 좀 마실래?   〈권유〉
= **Won't**[**Wouldn't**] you have some coke? 〈친근한 어조〉
= **Have** you some coke, **won't you**?   〈구어적 표현 – 부가의문〉

5) 명사 will – 유언; 의지; 소원의 뜻

The donkey made a **will**/ that he would make over/ all his property/
to a common-law wife.

그 바보 멍청이는 유언을 했지요/ 물려준다는/ 자신의 전 재산을/ 내연의 처에게.

The astronaut/ has a strong **will**/ enough to overcome/ human limitations.

그 우주비행사는/ 의지가 굳셉니다/ 극복할 정도로 충분히/ 인간의 한계를.

more tips	단순미래와 의지미래를 구별할 필요가 있을까요?

현재 영어권에서는 **shall** 대신 대부분 will을 사용하므로
단순미래와 의지미래는 구별할 필요가 점점 더 없어지고 있습니다.

(2) would의 용법

1) 과거의 습관 : ∼하곤 했다, 흔히 하였다 – 과거에 자주 있었던 일에 대해 씀

After lunch/ the workers **would** take a nap/ for an hour or so/ in summer.

점심식사 후/ 노동자들은 낮잠을 자곤 했습니다/ 한 시간 정도/ 여름에.

☞ used to : 과거의 습관적인 행동

My wife **used to** nag me/ at every opportunity.

내 아내는 나한테 바가지를 긁곤 했지요/ 틈만 나면.

2) 과거의 의지 · 고집 : 기어이 ∼하려 하였다

We told/ the obstinate fellow/ not to do it,/ but he insisted that he **would** do it.

우린 말했죠/ 그 고집쟁이에게/ 그러지 말라고./ 그러나 그는 기어이 그러겠다고 우겼습니다.

3) 공손한 제안 : ∼해 주시겠습니까? 〈will보다 공손함〉

Would you care for one more drink?

한 잔 더 하시겠어요?

4) 소망 : ∼이기를 바라다(=wish to)

If you **would** succeed/ in life,/ make more efforts.

성공하실 바란다면/ 인생에서,/ 더욱 노력하세요.

5) 관용적 표현

① Would you like to V? : ∼할래요?, ∼하시겠습니까? 〈정중한 권유〉

Would you like to go out to eat/ today? 외식하러 갈래요?/ 오늘
– Certainly[Yes]./ Of course./ Sure. 그럼요.　　　　　　　　　〈긍정〉
– No, thanks./ I'm afraid I can't. 아뇨, 아무래도 못 갈 것 같아요. 〈부정〉

② **would like to V** : V하고 싶다 〈바람 · 소망(=wish)〉

   I **would like to apply for**/ the position of system analyst/ in the company.

   난 지원하고 싶어요/ 시스템 분석가직에/ 그 회사의.

③ **would rather A than B** : B하느니 A하는 것이 더 낫다 ☞ A, B에는 동사원형

   I **would rather** rest at home/ **than spend** time/ with the spendthrift girl.
   = I would **prefer to rest** at home/ **rather than (to) spend** time/ with the
     spendthrift girl.

   난 차라리 집에서 쉬겠어요/ 시간을 허비하느니/ 그 낭비벽 심한 여자애랑.

④ **Would that** ~ ! : ~이기를 바라다(=I wish ~) 〈간절한 소망〉

   Would that I fell in love/ with such a lovely girl! 〈가정법 과거〉

   사랑에 빠져 봤으면!/ 그런 멋진 여자와 → 그런 멋진 여자와 사랑에 빠져 봤으면!

---

more tips

1. **I'd rather** you **get out of**/ here now. (×)
   I'd rather you **got out of**/ here now. (○)

   네가 꺼져주면 좋겠어/ 여기서 당장.

   ☞ would rather 뒤에 절이 오면 **과거동사**를 써야 함 〈가정법〉

2. **How would you like to** pay/ for the groceries?

   어떻게 지불하시겠습니까?/ 식료품을

3. **Would you like me to**/ bring some coffee?

   제가 해 드릴까요?/ 커피를 좀 가져다 → 커피 좀 가져다 드릴까요?

바로 이것이 포인트! Would[Do] you mind ~ing[if S + V ~]?의 대답법

Would[Do] you mind ~ing/if S + V ~? : ~해도 괜찮겠습니까?, ~해 주시겠어요?

☞ **대답**

   허락 : No, I don't; No, not at all; Certainly not; Of course not. 그럼요.

   거절 : Yes, I do. 아뇨, 안 돼요. → 이런 대답은 별로 안 나옴.

☞ mind(꺼리다)는 dislike(싫어하다), object to(반대하다)의 뜻이므로, 허락 대답 "그럼요"가 **부정 형태**임에 유의

(Do you) **mind** if I leave early today? 오늘 일찍 퇴근해도 될까요?

- No, I don't (mind). 그럼.

- Not at all, go right ahead. 그럼. 어서 가.

cf. Would you **mind backing up**, please? 차를 뒤로 좀 빼 주시겠습니까?

   Would you **mind not smoking**, please? 담배 좀 안 피울 수 없나요? 〈mind +동명사〉

4 Shall/Should의 용법

(1) shall

의문문에서 **상대방의 의향, 의지**를 물어볼 때 사용합니다.

Shall I reserve a table/ for lunch/ at 12:00?

제가 예약해 둘까요?/ 점심을/ 12시로

What time/ **shall** we make it?

몇 시에/ 우리 만날까요?

Shall we go dancing/ in the club? 춤추러 갈래?/ 그 클럽에
- Yes, let's. 그래. 가자.
- No, let's not. 아니. 싫어.

cf. **Shall** your secretary come here? 당신 비서를 이리 오라고 할까요?
   = Do you want me to make your secretary come here?

(2) should

1) (도덕적) **의무 · 당연** : ～해야 한다(=ought to)

The patients **should** take/ these tablets/ after breakfast, lunch, and dinner.

그 환자들은 복용해야 합니다/ 이들 알약을/ 아침, 점심, 저녁 식사 후에.

2) **추측 · 가능성** : (아마) 〈당연히〉 ～일 것이다, ～하게 될 것이다

It **should** heal in about ten days.

약 10일 정도면 완치될 겁니다.

3) **목적** – lest[for fear (that)] S+(should) V(동사원형) ~ : ~하지 않도록; ~하면 안 되니까

I am anxious/ **lest** it **(should) hurt** her pride.

나는 걱정이야/ 그 일로 그녀가 자존심이 상하면 안 되니까. (자존심이 상할까 봐)

4) **유감, 놀람 등을 나타내는 주절에 이어지는 that절**

> **I am surprised/ I regret** 등에 이어지는 **that**절 : ~하다니, ~이라니

I am surprised/ that your girlfriend/ **should** bust up with you/ for another man.

난 놀라울 따름이야/ 네 여자 친구가/ 너와 절교를 선언하다니/ 다른 남자 때문에.

5) **주장, 제안, 명령, 요구 동사 + that 절/ It is + 형용사 + that절**

> ① **주장, 제안, 명령, 요구 동사 + that S + (should) V(동사원형) ~ : V할 것을[하도록] ~하다**
>   ☞ insist, suggest, order, demand, recommend, require, …
>
> ② It is 형용사+that S+(should) V(동사원형) ~. : V한 (것은) 형용사하다
>   ☞ natural, important, imperative, strange, necessary, urgent, …

The driver **insisted**/ that the careless pedestrian/ **(should) bear** the responsibility/ for the car accident.

그 운전자는 주장했습니다/ 그 부주의한 보행자가/ 책임을 져야 한다고/ 그 교통사고에 대해.

It is **natural**/ that the full-time housewife **(should)** not **understand**/ the fast-paced international situation.

당연합니다/ 그 전업주부가 이해하지 못하는 것은/ 급변하는 국제정세를.

---

more tips   **should have p.p.**

> should have p.p. : ~**했어야 했다** (그런데 하지 않아[못해] 유감이다)
> ☞ 「과거의 일에 대하여 실현하지 못한 (현재의) 유감, 후회」를 나타냅니다.

The party was magnificent,/ and the fireworks were impressive;/ you **should have been** there.

그 파티는 정말 멋졌고/ 불꽃놀이는 인상적이었어/ (그래서) 넌 거기 갔어야 했는데.

The party was dull,/ and the food was unpalatable;/ I **shouldn't have gone** there.

그 파티는 정말 지겨웠고/ 음식은 맛이 없었어/ (그래서) 난 거기 가지 말았어야 했는데.

5 Must

(1) (필연적) 의무, 필요 : ~해야 한다(=have to)

We **must** stamp out/ corruption and social evils.
우린 반드시 척결해야 합니다/ 부정부패와 사회악을.

Pedestrians **must not**/ walk on the grass. 〈must not : 금지 – ~해서는 안 된다〉
보행자들은 안 됩니다/ 잔디를 밟아서는.

(2) 강한 추측 : ~임에 틀림없다

Your car/ illegally parked/ **must be** towed away.
네 차는/ 불법주차된/ 견인될 것이 틀림없어.

My coworker/ **must have stolen**/ my laptop computer.
내 회사 동료가/ 훔쳐갔음에 틀림없습니다/ 내 노트북 컴퓨터를.
= **It is certain that** my coworker **stole** my laptop computer.

☞ My coworker/ **cannot have stolen**/ my laptop computer.
내 회사 동료가/ 훔쳐 갔을 리 없습니다/ 내 노트북 컴퓨터를.
= **It is impossible that** my coworker **stole** my laptop computer.

바로 이것이 포인트! must의 주의할 점

1. **의무의 부정** : need not V; don't have to V ~할 필요가 없다
2. **추측의 부정** : cannot be ~일 리가 없다
3. **과거의 추측** : must have p.p. ~임에 틀림없다 〈난성석 주측, 강한 확신〉
   cf. cannot have p.p. ~이었을 리가 없다

---

(3) must의 시제 표시법

must는 과거형과 미래형이 없으므로 다음으로 대신합니다.

1) 현　재 : must; have to	2) 과　거 : had to
3) 미　래 : will[shall] have to	4) 현재완료 : have had to

The applicants **must**[**have to**] come again/ for the job interview.

지원자들은 다시 와야 합니다/ 취업면접 보러.

The applicants **had to** come again/ for the job interview/ last Monday.

지원자들은 다시 와야만 했습니다/ 취업면접 보러/ 지난 월요일에.

The applicants **will have to** come again/ for the job interview/ next Monday.

지원자들은 다시 와야만 할 것입니다/ 취업면접 보러/ 월요일에.

---

more tips   must → have to로 바꾸기

1. **의무, 필요의 뜻** → 바꿀 수 있음
2. **추측의 뜻**   → 바꿀 수 없음

---

1) The authorities concerned/ **must** crack down on/ piracy of intellectual property.

= The authorities concerned/ **have to** crack down on/ piracy of intellectual property.

관계당국은/ 단속해야만 합니다/ 지적재산권 침해를.

The tourists **must** walk ten miles/ yesterday/ because the tour bus broke down. (×)
The tourists **had to** walk ten miles/ yesterday/ because the tour bus broke down. (○)

관광객들은 10마일이나 걸어야 했습니다/ 어제/ 관광버스가 고장 나서.

☞ must가 의무, 필요의 과거시제인 경우 had to 사용

2) The sleek guy/ **have to be** rich. (×)
The sleek guy/ **must be** rich. (○) 〈추측〉

그 부티 나는 녀석은/ 부자임에 틀림없어요.

6 Ought to

ought는 전치사 to와 함께 **ought to** V(동사원형)로 씁니다.

(1) 의무, 당연 : ~해야 한다, ~하는 것은 당연하다(=should)

The government **ought to do** something/ about unauthorized copying. 〈능동〉

정부는 어떤 조치를 취해야 합니다/ 불법복제에 대해.

= Something **ought to be done**/ about unauthorized copying/ by the government.

어떤 조치가 취해져야 해요/ 불법복제에 대해/ 정부에 의해서. 〈수동〉

Sex offenders/ **ought to** be severely **punished**. 〈수동〉

성범죄자들은/ 엄중히 처벌 받아야 마땅합니다.

(2) ought to의 부정, 과거

> 1) **부정** : ought not to V : ~해서는 안 된다
> 2) **과거** : ought to have p.p. = should have p.p. : ~했어야 했는데 (하지 않음)

1) The use of firearms/ **ought not** to be allowed. 〈부정〉

총기 사용은 허용되어서는 안 됩니다.

2) If the delegations started/ without delay,/ they **ought to have arrived**/ at their destination/ by now. 〈과거〉

만약 대표단들이 출발했다면/ 지체 없이,/ 그들은 도착했어야만 했는데/ 그들의 목적지에/ 지금쯤은.

→ 도착하지 않음

You **ought to have consulted**/ your physician/ about your health. 〈과거〉

넌 상담했어야 했어/ 담당의사와/ 네 건강에 대해.

---

more tips | had better V : V하는 편이 낫다

1. **부정** : had better not V   : V하지 않는 편이 낫다
2. **과거** : had better have + p.p. : ~하는 게 더 나았었는데
3. **수동** : had better be + p.p. : ~되는 편이 더 낫다

---

1) You **had better** not **hold** your tongue/ at the unfair discrimination. 〈부정〉

넌 잠자코 있지 않는 게 좋아/ 부당한 차별에는.

☞ 부당한 차별에는 할 말을 해야 해요.

2) The couple **had better**/ **have parted** with dry lips. 〈과거〉

그 커플은 더 나았어/ 키스하지 않고 헤어지는 게.

3) Photographers without press credentials/ **had better** not be allowed/ access to the press conference.

기자증이 없는 사진기자들은/ 허락되지 않는 것이 더 나아요/ 기자회견장 접근이. 〈수동〉

7 Used to

(1) 과거의 습관적인 동작 : (늘) V하곤 했다

The woman/ who lives next door/ **used to** take a stroll/ with her puppy.

그 여자는/ 옆집에 사는/ 산책하곤 했었지요/ 자기 강아지와.

= The woman/ who lives next door/ **no longer** takes a stroll/ with her puppy.

그 여자는/ 옆집에 사는/ 더 이상 산책하지 않아요/ 자기 강아지와.

cf. **would** : 과거의 불규칙적인 습관

After lunch/ she **would** take a nap/ in her armchair.

점심 식사 후/ 그녀는 낮잠을 자곤 했죠/ 자기의 안락의자에서.

(2) 과거의 상태 : 이전에는 ～였다 (그러나 현재는 ～이 아니다)

현재와 대조적인 이전의 사실 · 상태를 나타냄. ☞ would에는 이 용법이 없음

There **used to** be a small neighborhood shop/ on the corner.

(전에는) 작은 구멍가게가 있었죠/ 그 모퉁이에.

(3) be used to+명사[동명사]　　　　　: ～에[～하는 데] 익숙하다
be[get] accustomed to+명사[동명사] : ～에[～하는 데] 익숙하다[익숙해지다]

Global young talent/ must **be used to** international relation.

국제적인 젊은 인재들은/ 국제관계를 꿰뚫고 있어야 합니다.

The female driver/ **is used to** driving/ the airport limousine.

그 여성운전자는/ 운전하는데 익숙해져 있어요/ 공항리무진 버스를.

The architect/ **is accustomed to** working/ in dangerous environments.

그 건축기사는/ 일하는 데 익숙합니다/ 위험한 상황에서.

☞ use의 수동태 → be used to V : V하기 위해[V에] 사용되다

Evaluation records/ will **be used to calculate**/ semi-annual performance reviews.

업무평가 기록은/ 산출하는데 사용될 것입니다/ 연 2회 인사고과를.

8 Need/Dare

(1) 기본용법

> 1) **부정문, 의문문, 부정어 문장** : 조동사 역할 → 뒤에 **동사원형**이 옴.
>   ↳ hardly, scarcely, few, only, …
> 2) **긍정문** : 본동사 역할 → 뒤에 **to부정사**가 옴.

(2) need : ～할 필요가 있다, ～해야 한다

You **needn't** cry/ at such a trifle.   〈부정문 – 조동사〉

넌 울 필요 없어/ 그따위 일로.

= You **don't need to** cry at such a trifle.

= You **don' have to** cry at such a trifle.   〈일반적〉

Need I go to hot springs/ for relaxation?   〈의문문 – 조동사〉

제가 온천에 가야 하나요?/ 휴양하러

– No, you **needn't**. 아니, 그럴 필요 없어.

– Yes, you **must**. 그래, 가야 해.

cf. "I'm planning/ to go abroad/ to study accounting."

　　전 계획하고 있어요/ 외국에 가려고/ 회계학을 공부하러.

　– "Do I **need to get** a visa?" [Do[Does, Did]] S + <u>need to V</u>
　　비자를 받아야 하나요?　　　　　　　　　　　본동사　　　　　〈의문문 – 본동사〉

The small business/ **needs to cut**/ transportation costs.   〈긍정문 – 본동사〉

그 중소기업은/ 줄일 필요가 있어요/ 운송비를.

The fragile articles/ like glass and chinaware/ **need to be handled** carefully.

깨지기 쉬운 물품들은/ 유리나 도자기 같은/ 조심해서 다뤄야 해요.   〈수동태〉

(3) dare : 감히 ~하다, 건방지게도 ~하다

How **dare**/ you put it across me? 〈의문문 - 조동사〉

어떻게 감히?/ 네가 날 속여

The pompous man/ **dares to insult** me. 〈긍정문 - 본동사 - 현재시제〉

그 오만한 인간이/ 감히 날 모욕해요.

☞ dare는 3인칭 단수 현재시제인 경우 어미에 **s**를 붙임

The pompous man/ **dared to insult** me. 〈긍정문 - 본동사 - 과거시제〉

그 오만한 인간이/ 감히 날 모욕했어요.

cf. The abject coward/ **does not dare to** insult me. 〈부정문〉

그 비열한 겁쟁이는/ 감히 그럴 용기가 없어요.

9 조동사+have+p.p. 총정리

조동사+have+p.p.는 출제빈도가 높으므로 의미 차이에 유의해서 정확히 이해하세요.

---

1) cannot have p.p. : ~이었을 리 없다 〈단정적 부정〉
2) may have p.p. : ~이었을런지도 모른다 〈가능성 있는 추측〉
3) must have p.p. : ~이었음에 틀림없을 것이다 〈단정적 추측, 강한 확신〉

---

1) The swindler/ **cannot have been** honest. ☞ must have p.p.의 반대

그 사기꾼은/ 정직했을 리가 없어요.

= **It is impossible that** the swindler **was** honest.

2) The adventurer/ **may have been** hurt/ during the ascent of Mt. Everest.

그 모험가는/ 부상을 당했을런지도 모릅니다/ 에베레스트산 등반 중에.

= **It is probable[possible] that** the adventurer **was** hurt during the ascent of
Mt. Everest.

3) The philanthropist **must have been** generous and kind.

그 자선가는 관대하고 친절했음에 틀림없어요.

= **I am sure[certain] that** the philanthropist **was** generous and kind.

4) should have p.p.   : ~했어야 했는데 (하지 않았다.)
   ought to have p.p.   ☞ 과거에 하지 않은[못한] 어떤 것에 대한 현재의 유감
5) need not have p.p. : ~할 필요가 없었는데 했다

4) The job seeker **should[ought to] have studied**/ English harder.
　 그 구직자는 공부했어야 했는데/ 영어를 더 열심히.
   = **It is regrettable that** the job seeker **did not study** English harder.

A : This is my puny birthday present/ for you.
　　 이것은 제 작은 생일선물입니다/ 당신께 드리는.

B : Thanks a lot,/ but you **shouldn't have done** this.
　　 정말 고맙습니다,/ (하지만) 이럴 필요가 없었는데요. → 뭐 이렇게 까지.

The gatecrasher **need not have gone**/ to the party.
그 불청객은 갈 필요가 없었어요/ 그 파티에.

= The gatecrasher **didn't need to go** to the party, but he **went**.

cf. didn't need to V : V할 필요가 없었다 (그래서 '안했다'는 의미를 내포함)

　　 The gatecrasher **didn't need to go** to the party.
　　 그 불청객은 그 파티에 갈 필요가 없었어요.
　　 = **It was not necessary** for the gatecrasher to go to the party, so he **didn't go**.

시제

Tense

영어는 어떤 일이 **과거**에 일어난 일인가?

현재 일어나고 있는 일인가?

미래에 일어날 일인가?에 따라 동사의 형태를 바꾸어 쓰는데,

이처럼 **시간의 변화를 나타내기 위해, 동사의 형태를 변화시키는 것을 시제**라 합니다.

이 시제는 동사만이 가지는 특권이며, 준동사도 동사의 일종이므로 당연히 시제를 갖게 됩니다.

영어에서는 "동사가 나타내는 동작, 상태의 시간적 위치"를 아무렇게나 나타내지 않고
'일정한 제약'을 두고 있는데 바로 이게 시제입니다.

예를 들면
현재시제는 '아직 결정되지 않는 일[사건]'에 대해서 말하는 것이고,   ☞ 해, 하고 있어
과거시제는 '이미 결정된 일[사건]'에 대해서 말하는 것이고,   ☞ 했어
미래시제는 '앞으로의 일[사건]의 발생가능성을 현재시점'에서 말하는 것   ☞ 할 거야

이제 이해되셨죠?

시험대비 「시제」 중점 학습 과제

1 시제는 **시간[때]을 나타내는 부사**와 아주 밀접한 관계가 있으므로, 함께 사용된 **부사**부터 먼저 확인해야 합니다.

1) 다음 명확한 과거를 나타내는 부사(구)가 있는 경우는 반드시 **과거시제**를 사용하세요.

ago	yesterday	last year	at that time
just now	then	when ~?	in those days

The new singer/ **has made** his debut/ two months ago. (×)
The new singer/ **made** his debut/ two months **ago**.　　(○)
그 신인가수는/ 데뷔했습니다/ 2달 전에.

2) just, already, lately, once, twice, ever는 **현재완료시제**와 많이 쓰입니다.

2 **시제의 기본 개념**을 정확히 이해하세요.

1) **기본시제**(현재, 과거, 미래)　　－ **한 시점**의 관계
2) **완료시제**(현재, 과거, 미래완료) － 어디에서 어디까지의 **기간의 개념**
3) **진행시제**(현재, 과거, 미래 (완료) 진행) － 진행 중인 동작
　　　　　　　*완료 진행 － 언제부터 언제까지의 진행 중인 동작

3 **시간, 조건의 부사절**에서는 **현재시제가 미래시제를 대신**함에 유의하세요.

1) **시간 부사절** : after, till, until, when, while, as soon as, by the time, …
2) **조건 부사절** : if, if only, in case, on condition that, provided, supposing, …
3) **용　　법** : 현재시제 (○)　미래시제 (×)
　　　　[주의] 부사절이 아닌 경우 : 미래시제(○), 현재시제(×)

4 다음 「미래 대용어구」는 정말 많이 사용되므로 모두 암기하세요.

1) be going to V　　 : V할 예정이다, V할 것이다 ☞ going to = gonna
2) be about to V　　 : (지금) 막 V하려고 하다
3) be supposed to V : V하기로 되어 있다, V해야 한다

5 다음 표현은 혼동하기 쉬우므로 확실히 구별해야 합니다.

1) It is a long time **since** ~　　 : ~한지 오래 되었다
2) It will be long **before** ~　　 : 오래 있어야 ~할 것이다, ~하려면 아직 멀다
3) It will **not** be long **before** ~ : 머지않아[곧] ~할 것이다

6 「~하자마자 …했다」구문은 정말 중요합니다.

☞ 「시제, 연결어구, 도치」에 특히 주의하세요.

1 12시제 Diagram

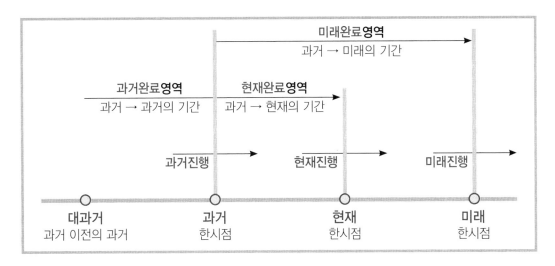

위의 도표에 있는 9가지 시제(대과거 제외)에 '**완료시제**'와 '**진행시제**'가 합쳐진
"**과거완료진행, 현재완료진행, 미래완료진행**"을 합하여 **12시제**라고 합니다.

2 기본시제

바로 이것이 포인트! 기본시제 문장

인간은 <u>태어나서</u> <u>살다가</u> (언젠가는) <u>죽는다</u>.
　　　과거　　현재　　　　　미래

☞ Man <u>was</u> born, <u>lives</u>, and <u>will die</u> someday.
　　　과거　　　현재　　　미래

어떤 경우에 어떤 시제를 쓰는 지의 문법사항을 잘 이해해야 합니다.

1 현재시제(Present Tense)의 용법

(1) 현재의 행위, 상태, 사실, 습관, 반복적 동작에 사용

The athlete **goes**/ to the gym/ for practice.　　　〈현재의 행위〉

그 운동선수는 갑니다/ 체육관에/ 운동하러.

All the hotels **are** full/ because of the international convention/ this evening.

모든 호텔이 만원입니다/ 그 국제회의 때문에/ 오늘 저녁.　　　　　　　　　〈현재의 상태〉

The state scholarship student **gets up**/ at four every morning.　〈현재의 일상적인 습관〉

그 국비장학생은 일어납니다/ 4시에/ 매일 아침.

(2) 불변의 진리, 일반적인 사실, 속담에 사용

The earth **rotates**/ from west to east.　　　〈사실〉

지구는 돕니다/ 서에서 동으로.

Four times seven/ **is**[**equals**] twenty eight. 〈진리〉

4곱하기 7은/ 28입니다.

As the twig **is** bent, so **grows** the tree.　　〈속담〉

가지가 휘어지면, 그 휘어진 쪽으로 나무가 자란다.

→ 될성부른 나무는 떡잎부터 알아본다.

(3) 미래시제 대신사용 → 현재시제로 미래를 나타냄.

1) 시간 · 조건의 부사절에서는 현재시제가 미래시제를 대신하므로 반드시 현재시제를 사용하세요.

> **용법** : 시간 · 조건의 부사절 + **현재시제**　　(○)　미래시제　　　(×)
>
> 　　　시간 · 조건의 부사절 + **현재완료시제** (○)　미래완료시제 (×)
>
> **[주의] 부사절이 아닌 경우** : 미래시제 (○)　현재시제　　(×)

Let's wait/ **until** the talkshow host **will come**. (×)　　　　　　〈시간 부사절〉
Let's wait/ **until** the talkshow host **comes**.　　(○)

기다립시다/ 토크쇼 진행자가 올 때까지.

Wait/ over a cup of coffee here/ **till** I **shall have done** something urgent. (×)
Wait/ over a cup of coffee here/ **till** I **have done** something urgent.　　(○)

기다려 주세요/ 여기서 커피 마시면서/ 제가 끝낼 때까지/ 급한 일을.　　〈시간 부사절 – 완료시제〉

I will stay at home/ all day long/ **if** it **will rain**/ cats and dogs/ tomorrow. (×)
I will stay at home/ all day long/ **if** it **rains**/ cats and dogs/ tomorrow.　　(○)

난 집에 있을 거야/ 하루 중일/ 만약 비가 온다면/ 억수같이/ 내일.　　　〈조건 부사절〉

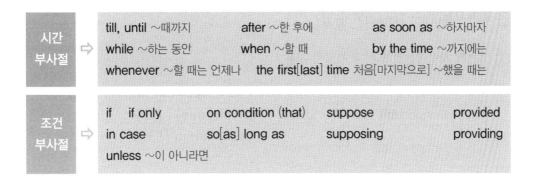

시간 부사절 ⇒	till, until ~때까지	after ~한 후에	as soon as ~하자마자
	while ~하는 동안	when ~할 때	by the time ~까지에는
	whenever ~할 때는 언제나	the first[last] time 처음[마지막으로] ~했을 때는	

조건 부사절 ⇒	if if only	on condition (that) suppose	provided
	in case	so[as] long as supposing	providing
	unless ~이 아니라면		

그럼 when, if가 이끄는 절에서는 모두 「현재시제」를 사용할까요?

부사절인 경우에만 해당되고, 부사절이 아닌
명사절이나 형용사절로 사용된 경우와 상대방의 의지를 기대하는 경우는 미래시제를 사용함

Please tell us/ **when** the new CEO **arrives** at the airport.   (×)
Please tell us/ **when** the new CEO **will arrive**/ at the airport. (○)   〈명사절〉
저희에게 알려 주세요/ 언제 새 최고경영자가 도착하는지를/ 공항에.

☞ CEO = Chief Executive Officer 최고 경영자

Do you know the exact time/ **when** the new CEO **arrives**?   (×)
Do you know the exact time/ **when** the new CEO **will arrive**? (○)   〈형용사절〉
정확한 시간을 아시나요?/ 새 최고경영자가 도착하는.

Many economists doubt/ **if** such a change/ **is** of any practical use.   (×)
Many economists doubt/ **if** such a change/ **will be** of any practical use. (○)
많은 경제학자들은 의심하고 있습니다/ 그러한 변화가/ 실익이 있을지를.   〈명사절〉

I will be happy **if** you **will accompany** me. 〈상대방의 의지를 기대〉
나는 행복할 거예요/ 당신이 나와 동행해 준다면.

2) **왕래발착동사 현재형 + 미래표시부사구**(tomorrow, next week, …) → **가까운 미래**
   ↳ go, come, arrive, start, leave, depart, reach, begin, …

The newly-married couple/ **come** back from their honeymoon/ **tomorrow**.
그 신혼부부는/ 신혼여행에서 돌아옵니다/ 내일.

The immigrant **leaves**/ his homeland/ **next month**.
그 이민자는 떠납니다/ 자신의 고국을/ 다음 달에.

2 과거시제(Past Tense)의 용법

(1) 역사적 사실에는 반드시 과거시제 사용

		had broken out in 1939. (×)
The historian **said** that/	World War II/	**breaks out** in 1939. (×)
		broke out in 1939. (○)

그 역사학자는 말했습니다/ 제2차 세계대전은/ 1939년에 발발했다고.

(2) 과거의 사실 · 동작 · 습관 · 상태 · 경험에 사용

I **had** butterflies in my stomach/ when I **had** a job interview. 〈과거〉

난 긴장돼 죽는 줄 알았어/ 취업면접 볼 때.

The sleepyhead **got up** late/ this morning,/ so he **had to hurry**/ to catch a bus.

그 잠꾸러기는 늦게 일어났어요/ 오늘 아침,/ 그래서 서둘러야 했습니다/ 버스를 타기 위해. 〈과거 동작〉

The lazybones/ **would** often **get up** early/ in the morning. 〈과거 습관〉

그 게으름뱅이는/ 어쩌다가 일찍 일어나곤 했습니다/ 아침에.

(3) 다음 과거를 나타내는 단어나 부사구가 있는 경우에는 반드시 과거시제 사용

yesterday	ago	at that time	past	just now(방금)
those days	When ～?	last ～	then	the other day(일전에)

The accountant **has met**/ his old friend/ on his way to work/ **yesterday**. (×)
The accountant **had met**/ his old friend/ on his way to work/ **yesterday**. (×)
The accountant **met**/ his old friend/ on his way to work/ **yesterday**. (○)

그 회계사는 만났어요/ 옛 친구를/ 출근길에/ 어제.

Have you ever work **as**/ a temporary worker/ **when** you **were in your twenties**? (×)
Did you ever work **as**/ a temporary worker/ **when** you **were in your twenties**? (○)

일해보신 적이 있나요?/ 임시직으로/ 20대 때에

When have you find out/ what the problem was? (×)
When did you find out/ what the problem was? (○)

언제 알았죠?/ 문제가 뭔지를

(4) 현재완료 · 과거완료 대신 사용

Throughout your life,/ **did** you ever **visit** the Middle East?   〈현재완료 대신 사용〉
= Throughout your life,/ **have** you ever **visited** the Middle East?

살아오면서/ 중동에 가 보신 적이 있나요?

The KTX train **started**/ before we **reached** the platform.   〈과거완료 대신 사용〉

그 고속열차는 출발했습니다/ 우리가 플랫폼에 도착하기 전에.

☞ after, before, till, when, as soon as 절이 쓰인 복문이나 and가 사용된 중문에서는 시간의
전후 관계가 분명하기 때문입니다. *had started 대신 started가 쓰임

(5) 「현재완료」와 「과거」의 개념차이

1) **현재완료** : 과거에서 현재까지 이어지는 기간의 개념
2) **과   거** : 과거에 한정되고 현재와는 관련이 없으며, 현재 이전은 모두 과거

My daughter **has been** very ill/ with a horrid cough/ since Easter.

제 딸이 많이 아파요/ 심한 기침과 함께/ 부활절 때부터. ☞ 현재도 아픔

My daughter **was** very ill/ with a horrid cough/ at that time.

제 딸은 많이 아팠어요/ 심한 기침과 함께/ 그 당시.   ☞ 과거에 한정됨

| 시제와 전치사의 관계표 |

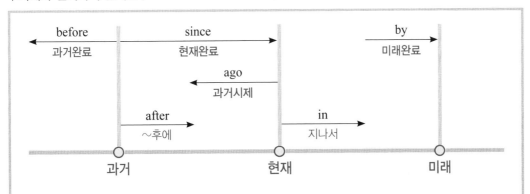

☞ since, for + 시간[기간] 명사   : 주로 **완료시제**
   during, within + 시간[기간] 명사 : 주로 **단순시제**
   by + 시간[기간] 명사   : 주로 **미래나 미래완료**
☞ 시제 순서 : **과거완료 → 과거 → 현재완료 → 현재 → 미래완료 → 미래**

3 미래시제(Future Tense)의 용법

미래시제에는 조동사 will과 shall을 사용합니다.

(1) 예정, 가능, 기대 등과 같은 단순한 미래 상황을 나타냄

I **will** miss you/ so much/ when you leave.

난 네가 그리울 거야/ 몹시/ 네가 떠나고 나면.

The fortuneteller can't foretell/ what **will** happen/ in three months.

점쟁이도 예언하지 못해요/ 무슨 일이 일어날 것인지를/ 석 달 뒤에.

(2) 주어의 의지, 주장, 고집을 나타낼 때는 인칭에 관계없이 will을 씀

Let the guy do/ what he **will** do/ this one time.

그 녀석에게 하게 하세요/ 그가 하고 싶어 하는 대로/ 이번만은.

(3) 말하는 사람(Speaker)의 의지를 나타내는 경우 〈평서문〉

> 1) **You**   shall   난 네게 ~하도록 하겠다
> 2) **He[She]**   shall   난 그에게[그녀에게] ~하도록 하겠다
>   ☞ 2, 3인칭의 경우는 I가 「you, he[she]에게 ~를 시키는 의미」인데
>   현대영어에서는 잘 사용하지 않는 표현입니다.

You **shall** have/ this luxury shoulder bag/ someday.

(난) 네가 이 명품 숄드백을 갖게 할 거야/ 언젠가. ☞ 잘 사용하지 않는 표현

= I **will let** you **have**/ this luxury shoulder bag/ someday.

= I **will give** you/ this luxury shoulder bag/ someday.

☞ You **will** have/ this luxury shoulder bag/ someday.

넌 갖게 될 거야/ 이 명품 숄드백을/ 언젠가는. ☞ 일반적인 표현

(4) 듣는 사람(Hearer)의 의지를 묻는 경우 〈의문문〉

> 1) **Shall I** ~?   제가 ~할까요?, 제가 ~해드릴까요?   〈제안〉
> 2) **Shall we** ~?   우리 ~할까요?   〈권유 · 제안〉
>   **대답** – **Yes, please[let's].** 예, 그래요.   〈긍정〉
>   – **No, let's not.**   아뇨, 아닙니다. 〈부정〉
> 3) **Will you** ~?   (당신이) ~하시겠습니까?   〈의향 · 권유〉
> 4) **Shall he** ~?   그에게 ~하게 할까요?   〈제안〉

Shall I drive you home?

제가 차로 댁까지 모셔다 드릴까요?

= **Will** you **let** me drive you home?

= **Do you want** me **to** drive you home?

Shall we go for a drive/ to the lake/ for the weekend ?

우리 드라이브나 할까요?/ 호숫가로/ 주말에

Will you come to my house/ for dinner/ on Sunday next?

우리 집에 오시겠어요?/ 저녁 식사하러/ 다음 일요일에

Shall he go to travel/ for relaxation?

그를 여행 보낼까요?/ 기분전환을 위해

= **Will** you **let** him go to travel for relaxation?

= **Do you want** me **to** let him go to travel for relaxation?

(5) 왕래발착 동사의 현재(진행)형+미래표시 부사구 → 가까운 미래를 나타냄

The commuter **is leaving**/ an hour earlier/ than usual/ **tomorrow**.

그 통근자는 떠날 예정입니다/ 한 시간 더 일찍/ 평소보다/ 내일.

(6) 미래를 나타내는 준조동사들

1) be going to V　　　 : V할 예정이다, V하려고 하다
2) be about to V　　　 : 막 V하려고 하다
3) be supposed to V : V하기로 되어 있다, V할 예정이다
　 ↳ be not supposed to V : V하지 않기로 되어 있다, V해서는 안 되다 〈금지〉
4) be expected to V　 : V할 것으로 예상되다
5) be scheduled to V : V할 예정이다, V하기로 되어 있다
6) be to V(부정사)　　 : 곧 V할 것이다, V할 예정이다 〈예정〉

1) Tomorrow night,/ we**'re going to shake a leg**/ at the ballroom.

　 내일 밤/ 우린 춤추러 갈 거예요/ 그 무도장에.

　 ☞ shake a leg 서두르다(=hurry up); 춤추다

2) Customers **are about to get on**/ the elevator.

　 고객들이 막 타려고 합니다/ 그 엘리베이터를.

3) My boyfriend/ **is supposed to pick** me **up**/ at ten.

　 제 남자 친구가/ 날 데리러 올 거예요/ 10시에.

4) Oil prices/ **are expected to increase** sharply/ next year.

유가가/ 급등할 것으로 예상됩니다/ 내년에.

5) The U.S. Secretary of State/ **is scheduled to arrive** in Korea/ sooner or later.

미 국무장관이/ 방한할 예정입니다/ 조만간.

☞ the Secretary of State for Defence 국방장관

6) The assembly of student unions/ **is to be held**/ in the auditorium/ tomorrow.

학생총회가/ 열릴 예정입니다/ 강당에서/ 내일.

> **more tips**
>
> Everyone **is going to** know the bribery scandal in a few days. (△)
>
> Everyone **will** know/ the bribery scandal/ in a few days.　　　(○)
>
> 모든 사람이 알게 될 거예요/ 그 뇌물 사건을/ 며칠 지나면.
>
> ☞ be going to는 주로 동작동사와 함께 사용하나 know와 같은 상태동사와도 종종 사용됩니다.

(7) 「be + 형용사 + to V」 형식으로 미래를 나타내는 형용사

bound 반드시 ~하다	**liable** ~할 것 같다	**due** ~할 예정이다
certain 반드시 ~하다	**likely** ~할 것 같다	**willing** 기꺼이 ~하다
sure 반드시 ~하다	**ready** ~할 준비가 되다	**reluctant** 마지못해 ~하다

Stagnant water **is bound to corrupt**. 고인 물은 썩게 마련이다.

The financial institution annual meeting/ **is due to** be held/ on the tenth of October.

금융협회 연례회의는/ 개최될 예정입니다/ 10월 10일에.

cf. The traffic accident **was due to the driver's carelessness**. 〈be due to + 명사〉

그 교통사고는 운전자의 부주의 때문이었습니다.　　　　　　　　　　~ 때문이다

We have to **be willing to learn**/ from failures.

우리는 기꺼이 배우려고 해야 합니다/ 실패에서.

(8) 의미 차이에 주의해야 할 구문

It is a long time **since** ~	: ~한 지 오래 되었다
It will be long **before** ~	: 오래 있어야 ~할 것이다 〈긍정문〉
It will **not** be long **before** ~	: 곧[머지않아] ~할 것이다 〈부정문〉

It is[has been] a long time/ since I saw you last.

오랜 시간이 지났지/ 마지막으로 널 만난 지.　☞ 오래간만이야.

It will be long/ before we meet again.

오래 걸리겠지/ 우리가 다시 만나기에 앞서.　☞ 한참 지나야 우리가 다시 만나게 될 거야.

It will not be long/ before we meet again.

오래 걸리지 않아/ 우리가 다시 만나기에 앞서.　☞ 머지않아 우린 만나게 될 거야.

3 완료형시제

완료형시제는 한 시점의 개념(단순시제)이 아니고
기간의 개념을 갖는다는 기본개념의 이해가 중요합니다.

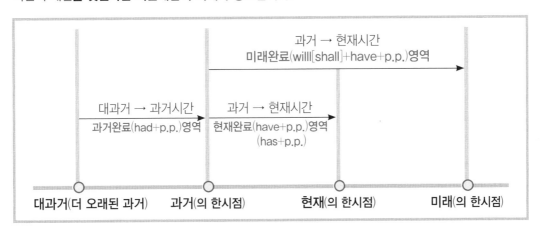

현재완료(have[has]+p.p.)　: 과거 → 현재의「계속, 경험, 완료, 결과」
과거완료(had+p.p.)　　　: 대과거(과거 이전의 과거) → 과거의「계속, 경험, 완료, 결과」
미래완료(will[shall]+have+p.p.): 과거 → 미래의「계속, 경험, 완료, 결과」▶막 ▶적 ▶죽 ▶그 결과

☞ **완료+진행 = 완료진행 → 현재[과거, 미래] 완료 진행**

The graduate student/ **has studied** English grammar/ for ten years.　　〈현재완료〉

그 대학원생은/ 영문법을 공부해 왔습니다/ 10년 동안.　☞ 과거 10년 전부터 → 현재까지

cf. The graduate student/ **has been studying** English grammar/ for ten years.

　그 대학원생은/ 영문법을 계속 공부해 오고 있는 중입니다/ 10년 동안.　〈현재완료진행〉

　☞ 현재도 하고 있다는 사실에 중점을 두고, 동작의 계속성을 강조

The graduate student/ **had studied** English grammar/ for ten years/ until last year.

그 대학원생은/ 영문법을 공부해왔습니다/ 10년 동안/ 작년까지.　　☞ 과거 언제부터 → 과거 어느 시점까지

〈과거완료〉

The graduate student/ **will have studied** English grammar/ for ten years/ next year.

그 대학원생은/ 영문법을 공부해 오게 될 것입니다/ 10년 동안/ 내년이면. ☞ 과거 언제부터 → 미래 어느 시점까지

☞ 내년이면 그 대학원생은/ 영문법을 공부한 지가/ 10년이 될 것입니다.　　　　　〈미래완료〉

---

more tips

Sara **has lost**/ the fabulous pearl earrings/ I gave her for her birthday.

사라는 잃어 버렸죠/ 그 멋진 진주 귀걸이를/ 내가 그녀에게 생일선물로 준. ☞ 그래서 현재 그 진주 귀걸이가 없다.

바로 이것이 포인트! 완료형 시제의 주의할 점

1. 완료형에는 기간의 개념이 있으므로 문제를 읽고 **기간의 개념**이 있으면 **완료형시제**를 선택하세요.
2. 현재완료시제와 미래완료시제는 함께 쓰이는 **부사**에 유의하세요.

1 현재완료시제 주의사항

현재완료는 과거 어느 시점에서부터 현재까지의 동작, 상태의 "계속, 경험, 완료, 결과"를 나타냅니다.

현재완료는 과거를 나타내는 다음 어구들과는 절대 함께 사용하지 못함.

yesterday	last night[week, month, year, …]	then
ago	a few days[a month, many years, …] ago	When ∼?
just now	in those days 그 당시에는, 그 무렵에는	What time ∼?

The representatives of two countries **have arrived** here **yesterday**. (×)
The representatives of two countries **arrived**/ here **yesterday**.　　　(○)

두 나라 대표들은/ 도착했습니다/ 이곳에 어제.

The female singer **has made** her debut ten years **ago**.　　　　　(×)
The female singer **made** her debut ten years **ago**.　　　　　　(○)

그 여가수는 데뷔했습니다/ 10년 전에.

바로 이것이 포인트!

1. 위의 **과거 표시 부사(구)가 들어 있는 문장**에는 반드시 **과거시제** 사용
2. 시간 + **ago**   : **과거시제**에만 사용

   ☞ ago는 단독으로 사용하지 않습니다.

   시간 + before : **과거완료**에 사용

   ☞ before가 단독으로 사용될 때는 '**현재완료, 과거완료, 과거**'에 다 쓸 수 있습니다.

   just now   : **과거시제**에만 사용

   [주의] just, now로 따로 쓸 때는 **현재완료와 사용 가능**

The runaway girl **has returned**/ **just now**. (×)

The runaway girl **returned**/ **just now**.   (○) 〈과거〉

그 가출소녀는 돌아왔어요/ 방금.

The runaway girl **has just returned**.   (○)

The runaway girl **has returned** now.   (○) 〈현재완료〉

② 완료시제와 부사

1) **현재완료 시제와 함께 쓰이는 부사**

① **계속** : so far, How long ~?, for a time, always, …   : (죽) ~해 오고 있다
② **경험** : once, twice, ever, never, before, several[many] times, … : ~한 적이 있다
③ **완료** : just, already, yet, lately, recently, this week, … : ~하였다, ~해 버렸다

How long have you/ **gone out with** the wonderful girl?   〈계속〉

얼마나 됐어?/ 그 멋진 애랑 사귄지가

cf. **Will** you **go out with** me tonight?

오늘 밤 나와 데이트할래?

How many times have you **seen**/ touching movies/ this year?   〈경험〉

몇 번이나 보셨나요?/ 감동적인 영화들을/ 올해에

The airliner has just taken off/ from Incheon International Airport. 〈완료〉

그 여객기는 방금 이륙했습니다/ 인천국제공항에서.

2) 미래완료시제와 함께 쓰는 부사

> by+미래표시어구 → by next week[month, year, October, Wednesday], …
> by 2100, by the time ~ (~때까지는), …
> If S + V ~ (once more, again) ((한 번 더) ~하게 되면)

The decorator **will have finished** the interior/ **by next weekend**.

그 장식가는 실내장식을 마무리할 겁니다/ 다음 주말까지는.

3) have been to와 have gone to의 차이점

> ① **have been to + 장소** : ~에 갔다 왔다 〈완료〉
> ~에 가본 적이 있다 〈경험〉
> ② **have gone to + 장소** : ~으로[~에] 가 버렸다 (그래서 이곳에 없다) 〈결과〉

The sales manager/ **has** just **been to** the airport/ to see the buyer off. 〈완료〉

그 영업부장은/ 방금 공항에 갔다 왔습니다/ 구매자를 전송하러.

The sales manager/ **has** never **gone to** America/ on business. (×)
The sales manager/ **has** never **been to** America/ on business. (○) 〈경험〉

그 영업부장은/ 한 번도 미국에 가본 적이 없습니다/ 업무상.

I[You]/ **have gone to** America/ on the sly. (×)
The bankrupt/ **has gone to** America/ on the sly. (○) 〈결과〉

그 파산자는/ 미국으로 가 버렸습니다/ 몰래. → 미국에 있음

☞ 그래서 He is **not** here **now**. 그는 이곳에 없어요.

☞ has gone 결과 용법은 '가버리고 없는 사람(들)'이므로
 1, 2인칭 주어에는 사용할 수 없고, 3인칭 주어에 한하여 사용가능합니다.

바로 이것이 포인트!

1. **경험** : have gone to (×) have been to (○)
2. **결과** : have gone to – 1, 2인칭 주어(I, You)에는 논리상 사용 불가, **3인칭 주어에만** 사용

4) 현재완료에 사용되는 전치사 for와 since의 차이점

현재완료 +
- for + **기간** 〈~ 동안〉
- since + **과거 어느 때, 년도** 〈~ 이래로〉 ☞ 접속사로도 사용됨

My immediate neighbor/ **has lived** here/ **for** ten years.
우리 바로 옆집 사람은/ 이곳에 살고 있습니다/ 10년 동안.

My immediate neighbor/ **has lived** here/ **since** the beginning of last summer.
우리 바로 옆집 사람은/ 이곳에 살고 있습니다/ 작년 여름 초부터.

5) 「~한 지 …가 되다[지나다]」를 나타내는 구문 정리

1) It is 시간 + since S + V(과거동사)
2) 시간 + have passed since S + V(과거동사)
3) S(주어) + have p.p. + 시간
4) S(주어) + 과거동사 + 시간 + ago

1) It **is** five years/ **since** he lost his wife.
5년이 되었습니다/ 그가 부인을 잃은 지가[사별한 지가].
= It **has been** five years/ **since** he lost his wife. (○)

2) = Five years **have passed** **since** he lost his wife. (○)
cf. Five years **has passed** **since** he lost his wife. (×) → **복수**로 받아야 함

3) = His wife **has been dead** **for** five years.

4) = His wife **died** five years **ago**.

6) be+(자동사의) p.p.

현재완료 대용 → 완료된 동작의 상태 표시

All my money **is** gone. 난 돈 다 떨어졌어.
The date of tax payment **is** come. 세금 납부기일이 되었어요.

more tips

have been knowing (×) **have known** (○)

We **have been knowing**/ the valedictorian/ since our school days. (×)

We **have known**/ the valedictorian/ since our school days. (○)

우린 알고 있죠/ 그 수석졸업생을/ 학창시절부터.

☞ know는 **진행형 불가**

3 과거완료시제 주의사항

과거완료는 **대과거**(과거보다 더 오래된 과거)부터 과거 어느 때까지의 동작, 상태의 "**계속, 경험, 완료, 결과**"를 나타냅니다.

(1) 대과거 : 과거의 어느 시점보다 앞선 동작이나 상태를 나타냄. ☞ 기준시점 → 과거

The bride **lost**/ the pearl necklace/ her bridegroom **had given** her/ as a gift. 〈복문〉
　　　　　과거　　　　　　　　　　　　　　　　　　　대과거〈과거 이전의 과거〉

그 신부는 잃어버렸어요/ 그 진주목걸이를/ 신랑이 주었던/ 선물로.

cf. The bridegroom **gave** a pearl necklace to his bride/ and she **lost** it/ just now.〈중문〉
　　　　　　　　과거　　　　　　　　　　　　　　　　　　　과거

신랑은 신부에게 진주목걸이를 선물했고/ 그리고 신부는 그것을 잃어 버렸어요/ 방금.

The heavy smoker/ **died** two years **ago**,/ and his wife/ **had died** two years **before**.
　　　　　　　과거　　　　　　　　　　　　　　　　　과거완료

그 골초는/ 2년 전에 죽었고/ 그리고 그의 아내는/ (그보다) 2년 전에 죽었어요.

(2) 「~하자마자 …했다」 구문 정리

1) S(주어) + **had** + **no sooner** + **p.p.** than + 과거동사　　　　　〈정치〉
2) **No sooner** + **had** + S(주어) + **p.p.** than + 과거동사　　　　　〈도치〉
3) Hardly[Scarcely] + **had** + S(주어) + **p.p.** before[when] + 과거동사 〈도치〉
4) As soon as 과거, S + 과거동사
5) On ~ing, S + 과거동사

The robber **had no sooner seen** the detective **than**/ he **began** to run away. 〈정치〉

= **No sooner had** the robber **seen** the detective **than**/ he **began** to run away. 〈도치〉

= **Scarcely[hardly] had** the robber **seen** the detective **when[before]**/ he **began** to run away. 〈도치〉

= **As soon as** the robber saw the detective,/ he **began** to run away.

= **On seeing** the detective,/ the robber began to run away.

형사를 보자마자,/ 도둑은 도망치기 시작했습니다.

바로 이것이 포인트!

1. **시　제** : 1) ~ 5)에 사용된 '**과거완료, 과거**'를 바꿔 쓰지 않도록 주의
2. **연결어구** : 연결어구 than, when[before]도 절대 바꿔 쓰지 않도록 주의
3. **어　순** : no sooner와 hardly[scarcely]가 문두로 나오면 **도치어순**이 됩니다.

(3) 과거완료 부정구문＋before[when] S ＋ 과거동사 … : 미처 ~하기도 전에 …했다

The marathoner **had not passed** the turning point/ **before[when]** he got tired/ because of a lack of training.

그 마라톤 선수는 반환점을 돌지도 못했습니다/ 지치기 전에/ 훈련부족으로.

☞ 그 마라톤 선수는 훈련부족으로 반환점도 못가 지쳤습니다.

3 미래완료 시제 주의사항

미래완료는 과거나 현재의 어느 시점부터 미래 특정 시점까지의 동작, 상태의 "**계속, 경험, 완료, 결과**"를 나타냅니다.

☞ will[shall] have p.p. : ~하게 될 것이다, ~하였을 것이다

바로 이것이 포인트! 문장에 다음 미래표시어구가 있으면 미래완료로 생각하세요.

1. by＋**미래표시어구** = next year[September ; Christmas], the time, that time, this time next year, tomorrow, …
2. if S ＋ V ~ (once more, again) : 만약 (한 번 더) ~하게 되면

If Sera goes to Europe **again**,/ she **shall have been** there/ **five times**. 〈경험〉

만약 세라가 다시 유럽에 간다면,/ 그녀는 그곳에 가게 되는 거예요/ 다섯 번째.

The armed guard/ **will have finished** his duty/ **by this time tomorrow**. 〈완료〉

그 무장 경호원은/ 자신의 임무를 끝마치게 될 것입니다/ 내일 이맘때까지는.

The grocer **will have bought**/ the retail outlet/ **by the end of next year**. 〈결과〉

그 식료품상은 사 가지고 있을 것입니다/ 그 소매점을/ 내년 말 까지는.

4 진행형시제

1) **현재진행** [am[is, are] ~ing] ⇒ 현재시점의 진행적 동작
☞ 현재 진행 중임

2) **과거진행** [was[were] ~ing] ⇒ 과거시점의 진행적 동작
☞ 과거에 진행되고 있었음

3) **미래진행** [will[shall] be ~ing) ⇒ 미래시점의 진행적 동작
☞ 앞으로 진행될 것임

4) **현재완료진행** [have[has] been ~ing] ⇒ 과거부터 현재까지의 진행적 동작
5) **과거완료진행** [had been ~ing] ⇒ 대과거부터 과거까지의 진행적 동작
6) **미래<u>완료</u>진행** [will[shall] have been ~ing] ⇒ 미래를 기점으로 한 진행적 동작
└ 완료시제 + 진행시제

바로 이것이 포인트!

1. **진행형의 개념**부터 먼저 이해한 후,
2. **완료진행형**은 **기간을 나타내는 부사구**를 확인하세요.

What **are** you **doing** now? 지금 뭐 하고 있어? 〈현재진행〉

☞ now, right now, at the moment 등의 부사(구)가 자주 사용됨.

What **was** you **doing** then? 그때 뭐 하고 있었어? 〈과거진행〉

What **will you be doing** first/ when you get there? 〈미래진행〉

뭘 제일 먼저 할 거야?/ 그곳에 도착하면

The student/ **has been cramming**/ for his finals/ since last night.　　〈현재완료진행〉

그 학생은/ 벼락공부를 해 오는 중입니다/ 기말고사 때문에/ 지난밤부터.

☞ 과거(last night) 부터 현재까지의 동작의 계속

At that time,/ the student **was cramming**/ for his finals/ since ten o'clock.　　(×)

At that time,/ the student **had been cramming**/ for his finals/ since ten o'clock. (○)

그때,/ 그 학생은 벼락공부를 해 오는 중이었습니다/ 기말고사 때문에/ 10시부터.　　〈과거완료 진행〉

모든 동사를 진행형으로 쓸 수 있을까요?

그럼, 막 써도 되니까 정말 좋겠죠!

진행형으로 쓸 수 있는 동사는 **동작동사**이며 다음 동사는 원칙적으로 진행형으로 쓰지 않습니다.

1) **감정동사**	love	hate	like	dislike	prefer
2) **지속동사**	exist	consist	appear	lack	resemble
3) **인식동사**	agree	know	believe	remember	forget
4) **지각동사**	see	hear	taste	feel	smell
5) **소유동사**	belong	own	possess	have	include

The two sisters/ **are resembling** each other/ in a lot of ways. (×)

The two sisters/ **resemble** each other/ in a lot of ways.　　(○)

그 두 자매는/ 서로 닮았어요/ 여러모로.

All of you/ **are belonging to** one family.　　(×)

All of you/ **belong to** one family.　　(○)

여러분 모두는/ 한가족입니다.

The golfer/ **is having** an indoor swimming pool.　　(×)

The golfer/ **has** an indoor swimming pool.　　(○)

그 골프 선수는/ 실내수영장을 가지고 있어요 .

위 동사들은 무조건 진행형으로 쓸 수 없을까요?

당연 아니겠죠? **진행형으로 쓰지 않는 동사라도**

본래의 뜻이 아닌 다른 뜻의 동작동사로 쓰이면 진행형으로 쓸 수 있습니다.

Several people **are having** lunch/ in a diner.　　〈먹다(eat)〉

여러 명이 점심 식사 중입니다/ 식당차에서.

They **were having** a nice time/ at the club /at that time. 〈시간을 보내다〉

그들은 멋진 시간을 보내는 중이었어요/ 클럽에서/ 그때.

Many foreign tourists/ **are seeing** the sights of/ tourist attractions/ in Seoul.

많은 외국 관광객들이/ 관광 중입니다/ 관광명소를/ 서울의.　　　　　　　　〈구경하다〉

The reporters **are seeing** you/ to cover the scandal.　　　〈방문하다(visit)〉

리포터들이 널 찾아갈 거야/ 그 추문을 취재하러.

A lot of pretty girls/ **are hearing**/ the professor's lecture. 〈의지동사〉

많은 예쁜 여자애들이/ 듣고 있습니다/ 그 교수님의 강의를.

5 시제 일치(Agreement of Tense)

주절과 종속절이 있는 복문에서 종속절 동사의 시제는 주절 동사의 시제에 따라 변하게 되는데,
주절동사의 시제에 종속절 동사의 시제를 맞추는 것을 시제 일치라 합니다.

1 시제 일치의 원칙

주절의 시제	종속절의 시제
1) 현재, 미래, 현재완료	→ 모든 시제 사용
2) 과거	→ 과거, 과거완료

1) Sera **says** that/ she **goes** there/ to meet her boyfriend.
　　will say that/ she **is**[**was**] **going** there/ to meet her boyfriend.
　　has said that/ she **will go** there/ to meet her boyfriend.
　　　　　　　　she **went** there/ to meet her boyfriend.

　세라는 말해요[말할 겁니다, 말했습니다]/
　그곳에 간다고[가고 있다고, 가고 있었다고, 갈 거라고, 갔다고]/ 남자 친구를 만나러.

2) Sera **thinks** that her boyfriend **will** succeed.　　　　　　　〈현재 – 미래〉
　⇒ Sera **thought** that/ her boyfriend **would** succeed.　　　　　〈과거 – 과거〉

　　세라는 생각했죠/ 자기 남자 친구가 성공할 거라고.

　Sera **thinks** that/ her boyfriend **did** the dishes.　　　　　　〈현재 – 과거〉
　⇒ Sera **thought** that/ her boyfriend **had done** the dishes.　　〈과거 – 과거완료〉

　　세라는 생각했죠/ 남자 친구가 설거지를 했었다고.

2 시제 일치의 예외

주절 동사가 **과거**인 경우에도 **종속절의 시제가 변하지 않는 경우**입니다.

(1) 불변의 진리; 보편적 사실; 격언; 현재의 습관 ☞ 현재시제 사용

The teacher **taught** us/ that the earth **goes** round the sun.　　　　〈불변의 진리〉

그 선생님은 우리에게 가르쳐 주셨습니다/ 지구가 태양의 둘레를 돈다고.

The student **learned**/ that light **travels** faster than sound.　　　　〈불변의 진리〉

그 학생은 배웠습니다/ 빛이 소리보다 빨리 이동한다고.

The scientist **said**/ that acid rain **hurts** wild animals and plants.　　　　〈보편적 사실〉

그 과학자는 말했습니다/ 산성비는 야생동물과 식물을 해친다고.

The historian **told** us that/ the Odyssey **is** about Odysseus' return/
from the Trojan War to his kingdom.　　　　〈보편적 사실〉

그 역사학자는 우리에게 말했습니다/ 오디세이는 오디세우스 왕이 돌아오는 이야기라고/
트로이 전쟁에서 자신의 왕국으로.

(2) 역사적 사실 ☞ 과거시제 사용

The war veteran **told** the crowd/ that student soldiers **fights**[**had fought**]
North Korea/ in the Korean War. (×)

The war veteran **told** the crowd/ that student soldiers **fought** North Korea/
in the Korean War.　　　　(○)

그 참전용사는 군중들에게 말했습니다/ 학도병들이 북한과 싸웠다고/ 한국전쟁에서.

(3) 가정법 과거, 과거완료 ☞ 주절 시제에 영향 받지 않음

The interviewer **said**/ that if applicants **had had** the ability/ to make a big plan,/
he **would have hired** them.

그 면접관은 말했습니다/ 지원자들이 능력을 가지고 있었다면/ 큰 계획을 세울/ 그들을 채용했을 거라고.

(4) 조동사 − must(추측), ought to, had better ☞ 변하지 않음

Mom said that/ dad **must be** under a lot of stress/ these days.　　〈추측〉

어머니는 말하셨어요/ 아버지가 많이 힘들 거라고/ 요새.

☞　The boss **says**/ that we **must look** dispassionately at/ the realities. 〈의무 − must〉

⇒　The boss **said**/ that we **had to look** dispassionately at/ the realities. 〈과거 − had to〉

그 사장님은 말했습니다/ 우리가 냉정하게 직시해야 한다고/ 현실을.

> **more tips**　　as ∼ as can be
>
> 현재시제 + as ∼ as can be
> 과거시제 + as ∼ as could be ┘: 몹시 ∼한

The newly-married couple/ <u>**are**</u> as happy as <u>**can be**</u>.

The newly-married couple/ <u>**were**</u> as happy as <u>**could be**</u>.

그 신혼부부는/ 더할 나위 없이 행복합니다[했습니다].

(5) 비교구문 : 비교하는 내용에 따라 현재, 과거 등 알맞은 시제를 사용하면 됩니다.

My husband **loved** me better/ than he **does** now. 〈does = loves me〉

내 남편은 (과거에) 날 더 사랑했죠/ 지금보다.

My husband **loves** me better/ than he **did** then.　 〈did = loved me〉

내 남편은 (지금) 날 더 사랑하죠/ 그때보다.

법
Mood

말하는 사람의 의도를 나타내기 위한 동사의 표현방식을 **법**이라 하며, 법에는 사실을 있는 그대로 나타내는 **직설법**, 말하는 사람의 의지를 상대방이 실행케 하는 **명령법**, 어떤 일을 가정하거나 상상해서 표현하는 **가정법**이 있습니다.

여기서의 법은 Law가 아니라 문법 Mood로
'말하는 사람의 의도나 분위기를 나타내는 방법'을 말하며,

이 책으로 학습하는 우리는
직설법, 명령법, 가정법 3가지를 통째로 묶어 딱 한글자로 부르기 쉽게
법이라 이름 지었다는 사실을 알아야 합니다.

시험대비「가정법」중점 학습 과제

1 법은 동사의 표현방식을 달리하여 나타내므로 **동사에 중점을 두고 학습해야 합니다.**

She didn't **speak** a word. 〈직설법 – 과거〉

Speak louder so that other students can all hear you. 〈명령법 – 동사원형 사용〉

She **spoke** as if everything **were** well settled. 〈가정법 과거 – be동사는 were〉

2 다음 동사, 명사형, 형용사 쓰인 that절에는 '(should) **동사원형**'을 사용해야 합니다.
생략되는 경우가 많음

> 1) **동 사** : suggest, advise. request, recommend, move, order, urge, insist, …
>   **명사형** : suggestion, advice, request, recommendation, …
> 2) **형용사** : essential, imperative, important, strange, necessary, natural, …

It is **imperative** that/ the government **provides** commodities/ to the sufferers. (×)

It is **imperative** that/ the government **provide** commodities/ to the sufferers. (○)

시급합니다/ 정부가 생필품을 제공하는 것이/ 이재민들에게.

3 **가정법 형식의 이해**는 영어학습의 기본입니다.

	조건절	주절
1) **과거**	If + S + **동사의 과거형,** were	S + $\begin{bmatrix} \text{would, should,} \\ \text{could, might} \end{bmatrix}$ + 동사원형
2) **과거완료**	If + S + <u>had p.p.</u> [과거완료]	S + $\begin{bmatrix} \text{would, should,} \\ \text{could, might} \end{bmatrix}$ + have p.p.
3) **혼합가정법**	If + S + had p.p. [가정법 과거완료]	S + $\begin{bmatrix} \text{would, should,} \\ \text{could, might} \end{bmatrix}$ + 동사원형 [가정법 과거]

more tips

1. 가정법 미래 조건절에는 should+V(동사원형)를 쓰는 것이 원칙입니다.
2. It's (high, about) time + S + **동사의 과거형,** were ← 가정법 과거
3. 가정법 조건절을 유도하는 접속사 if가 생략되면 주어, 조동사가 **도치됩니다.**

4 다음 가정법 형태는 반드시 익혀 두세요.

1) if it were not for **명사** : ~이 없다면 ⇒ 가정법 과거

   if it had not been for **명사** : ~이 없었다면 ⇒ 가정법 과거완료

2) 직설법 **현재[과거],** **otherwise** 가정법 **과거[과거완료]** ⎤
   가정법 **과거[과거완료],** but[except], 직설법 **현재[과거]** ⎦ 가정법이 **한 시제 앞섬**

1 법의 종류

1) **직설법**(Indicative Mood)
   ☞ 사실을 있는 그대로 진술하는 동사의 형식 – 평서문, 의문문, 감탄문
2) **명령법**(Imperative Mood)
   ☞ Speaker의 의지를 상대방에게 실행케 하는 동사의 형식 – 명령 · 의뢰 · 충고 · 금지
3) **가정법**(Subjunctive Mood)
   ☞ 어떤 일을 가정 · 상상하여 말하는 동사의 형식 – 현재, 과거, 과거완료, 미래

The elementary student/ **speaks** English fluently. 〈직설법 – 평서문〉

그 초등학생은/ 영어를 유창하게 합니다.

Can you **speak** English/ like a native speaker? 〈직설법 – 의문문〉

영어를 말할 수 있으세요?/ 원어민처럼

Don't **lose** your temper so quickly/ about such a trifling thing. 〈명령법〉

그렇게 화내지 마/ 그런 하찮은 일로.

Look carefully/ in both directions/ before crossing the crosswalk.

잘 살피세요/ 양방향을/ 횡단보도를 건너기 전에. → 횡단보도를 건널 때는 양쪽을 잘 살펴라.

If you **were** smart, you **would** not **ask** such silly questions. 〈가정법 과거〉

만약 네가 똑똑하다면/ 그런 바보 같은 질문들을 하지 않을 텐데.

If I **had** not **studied** hard/ in my school days,/ I **would** not **have succeeded**.

만약 내가 열심히 공부하지 않았다면/ 학창시절에,/ 난 성공하지 못했을 텐데. 〈가정법 과거완료〉

2 명령법

(1) 직접명령 : 2인칭(you)에 대한 명령

1) **동사원형 사용** ☞ 부가의문 : **will you**?
2) **부정명령문** : Don't, Never를 **동사원형 앞**에 붙임

Have a nice trip! 여행 잘 다녀와!

Be quiet, **will you**? 조용히 해 줄래.　　　　　　　　　　〈부가의문〉

Don't measure my corn/ by your own bushel. 〈부정명령〉

날 판단하지 마/ 네 기준으로.

Never do that again. 다신 그런 짓 하지 마라.　　　　　〈부정명령〉

(2) 간접명령 : 1, 3인칭에 대한 명령

> 1) 형　　　태 : Let＋O(목적어)＋동사원형 ∼
> 2) Let's로 시작되는 문장의 부가의문 ☞ shall we?

Let me **treat** you this time. 이번엔 내가 낼게.

부정 : **Don't** let me treat you this time.
　　　Let me **not** treat you this time. 이번엔 내가 안 낼래.

Let's go out for dinner tonight, **shall we**? 우리 오늘 저녁 외식하자?
┗→ 제안 명령 - "∼합시다"　　　　　부가의문

(3) 조건명령

> 1) **명령문** ∼, **and** S＋V … : ∼하라, 그러면 …할[일] 것이다
> 　= If S＋V ∼　　　　　　　　　　☞ and 뒤가 긍정적 내용
> 　= With 명사

Work very hard,/ **and** you will succeed in your field.
= **If** you work very hard,/ you will succeed in your field.
= **With** very hard work,/ you will succeed in your field.

정말 열심히 일해라,/ 그럼 넌 성공할 거야/ 네 분야에서.

> 2) **명령문** ∼, **or** S＋V … : ∼하라, 그렇지 않으면 …할[일] 것이다
> 　= Unless S＋V ∼; If S not V ∼　　☞ or 뒤가 부정적 내용
> 　= Without 명사

Work very hard,/ **or** you will fail/ in your field.
= **Unless** you work very hard,/ you will fail/ in your field.
= **If** you do **not** work very hard,/ you will fail/ in your field.
= **Without** very hard work,/ you will fail/ in your field.

정말 열심히 일해라,/ 그렇지 않으면 넌 실패할 거야/ 네 분야에서.

Start at once,/ **otherwise**/ you will be late/ for the emergency meeting.

즉시 떠나라,/ 그렇지 않으면/ 넌 늦어/ 그 긴급회의에.

(4) 양보명령 : 아무리 ~일지라도

> 1) 동사원형+as+주어+may[will], S+V ~
> = However+형용사[부사] S+may V, S+V ~

Try **as you may**,/ you cannot do/ so much work/ in a day or two.
= **However hard you may try**,/ you cannot do/ so much work/ in a day or two.

아무리 네가 노력한다 할지라도/ 넌 할 수 없어/ 그렇게 많은 일을/ 하루 이틀에.

cf. **Whatever** results follow,/ I will do my best. ⟨whatever+명사⟩

어떤 결과가 따르든/ 난 최선을 다할 거야.

> 2) 동사원형+what[where, …], S+may, S+V ~
> = Whatever[Wherever, …], S+may V, S+V ~

Say **what you may**,/ no one will believe you.
= **Whatever you may say**,/ no one will believe you.

네가 무슨 말을 한다 할지라도/ 아무도 널 안 믿을 거야.

> 3) 동사원형[Be]+S+ever so+형용사, S+V ~
> = However+형용사[부사]+주어+may V, S+V ~

Be **it ever so humble and worthless**,/ there is nothing like home.
= **However humble and worthless it may be**,/ there is nothing like home.

아무리 누추하고 초라해도,/ 제 집보다 나은 것은 없지요.

4) Be+주어+A or B : A든지 B든지 간에

Be it good or bad,/ all the candidates must receive the election result.
= **Whether it is good or bad**,/ all candidates must receive the election result.

좋든 나쁘든 간에,/ 모든 후보자는 선거 결과를 받아들여야 합니다.

3 가정법

1 가정법 현재

(1) 형식 · 용법

	조건절[If절]	주 절
1) 형 식	If+S+현재형[동사원형] ~,	S+will[shall, can, may] + 동사원형
2) 해 석	(확실치 않지만) **만일 ~한다면**	**…할 것이다[할 텐데]**.
3) 용 법	현재 또는 미래의 일에 대한 단순한 미래 가정, 상상, 소망	
	☞ 요즘은 조건절에 **동사원형**을 쓰며, 조건의 부사절 정도로 여겨지고 있습니다.	

If the political scandal **is**[**be**] true,/ dark clouds **will hang over**/ the political world.

그 정치 스캔들이 사실이라면/ 암운이 드리울 것입니다/ 정계에.

If it **rains**[**rain**],/ I **will** not **go** out for a walk/ as usual.

비가 온다면/ 난 산책 나가지 않을 거예요/ 평소처럼.

(2) (제안 · 충고 · 주장 · 요구 · 명령 · 결정) 동사+that절 ~
It is+(이성적, 감성적 판단 · 필요 · 당위) 형용사+that절 ~

1) 형 식	S+동사+that+S+(should) 동사원형		
	It is+형용사+that+S+(should) 동사원형		
2) 동 사	제안(suggest; propose)	충고(advise; recommend)	명령(order)
	주장(insist; urge)	요구(demand; require; request)	결정(decide)
3) 명 사 형	suggestion proposal	advice recommendation	request
	decision a pity	make a suggestion that	
	make a request that	give an order that give the command that	

4) 형 용 사	essential	imperative	important	advisable	desirous
	required	urgent	necessary	natural	strange

We **suggest**/ that your company seriously **consider**/ cutting the unnecessary budget.

우린 제안합니다/ 당신 회사가 신중하게 고려해 줄 것을/ 불필요한 예산 삭감을.

Amnesty International/ **made a request that**/ the rebels **set free**/ the hostages.

국제사면위원회는/ 요청했습니다/ 반군들에게 석방하라고/ 인질들을. ☞ 제안 · 충고 동사의 **명사형**

It is **important**/ that writers **remember**/ that their duty/ is to serve their readers.

중요합니다/ 작가가 기억하는 것이/ 자신들의 임무가/ 자신의 독자들에게 봉사하는 것이라는 것을.

바로 이것이 포인트!

1. 위 **동사**나 **형용사**가 들어 있는 **that**절에는 인칭이나 시제에 관계없이 (should) **동사원형**을 씁니다.
2. (should) **동사원형**에서 should는 생략되는 경우가 대부분이므로 **동사원형**이 정답이 되는 경우가 많다는 사실을 잘 기억하세요.

It is keenly **necessary**/ that the sales representative/ **follows** the company policy. (×)
It is keenly **necessary**/ that the sales representative/ **follow** the company policy. (○)

꼭 필요합니다/ 그 영업담당자가/ 회사방침을 따르는 것이.

☞ 영업담당자는 회사 방침을 꼭 따라야 합니다.

2 가정법 과거

(1) 형식 · 용법

		조건절[If절]	주 절
1) 형 식		If+S+ 동사 과거형 ∼, were	S + [would, should / could, might] + 동사원형
2) 해 석		(사실은 그렇지 않지만) ∼**한다면**, …**할[일] 텐데**. ☞ **현재로 해석함**	
3) 용 법		현재 사실을 반대로 가정하는 **완전 가정** (이루어 질 수 없는 비현실성을 나타냄)	
4) 기준시점		**현재** ☞ 형태는 과거이나 내용은 **현재**	

If I **knew** your E-mail address,/ I often **could send** E-mail/ to you.　　　〈가정법 과거〉

만약 네 이메일 주소를 안다면/ 난 종종 이메일을 보낼 텐데/ 너한테.

⇒ As I **don't know** your E-mail address,/ I **cannot** often **send** E-mail/ to you.

네 이메일 주소를 알지 못하므로,/ 난 종종 이메일을 보낼 수 없어/ 너한테.　　〈직설법 현재〉

If I **were born** in America,/ I **could speak** English fluently.　　　〈가정법 과거 – 긍정〉

미국에서 태어났다면,/ 난 영어를 유창하게 말할 수 있을 텐데.

⇒ As I **am not born** in America, I **can't speak** English fluently.　〈직설법 현재 – 부정〉

미국에서 태어나지 않았으므로, 난 영어를 유창하게 말하지 못해요.

(2) It is (about, high) time S + 가정법과거

> It is (about, high) time S + 동사의 과거형 : 지금 ~할 시간이다
>
> 　　　　　　　　　　　　were ☞ be동사는 무조건 were
>
> = It is (about, high) time for S(주어)+to V
>
> = It is (about, high) time S(주어)+should V(동사원형)

It is (about) time/ we **studied**/ ardently/ every day.　　　(ㅇ)

= It is (about) time/ **for** us **to study**/ ardently/ every day.　(ㅇ)

= It is (about) time/ we **should study** ardently/ every day. (ㅇ)

이제 때입니다./ 우리가 공부할/ 열심히/ 매일매일 → 열공 할 때입니다.

cf. It is (about) time we **study** ardently every day.　　　(×)

4 가정법 과거완료

		조건절[If절]	귀결절[주절]
1) 형　식		If+S+had p.p. ~, 과거완료	S + [would, should / could, might] + have + p.p. ~
2) 해　석		(사실은 그렇지 않았지만) **~했다면[이었다면]**	**~했을[였을] 텐데.** ☞ **과거로 해석함**
3) 용　법		과거사실의 **반대**를 가정·상상하는 표현. (이루어 질 수 없는 **비현실성**)	
4) 기준시점		**과거** ☞ 형태는 과거완료이나 내용은 **과거**	

If the job seeker **had been** enterprising,/ we **would have employed** him.

그 구직자가 진취적이었다면,/ 우린 그를 고용했을 텐데. 〈**가정법 과거완료 – 긍정**〉

⇒ As the job seeker **was not** enterprising, we **didn't employ** him. 〈**직설법 과거 – 부정**〉

그가 진취적이지 않았으므로,/ 우린 그를 고용하지 않았어요.

If I **had** not **gripped** your hand,/ you **might have fallen** over the precipice.

내가 네 손을 꽉 붙잡지 않았다면,/ 넌 낭떠러지로 굴러 떨어졌을 텐데.

⇒ As I **gripped** your hand, you **didn't fall** over the precipice.

내가 네 손을 꽉 잡았으므로,/ 넌 낭떠러지로 굴러 떨어지지 않았어.

4 가정법 미래

		조건절[If절]	주 절
1) **형 식**		If+S+should+동사원형 ~	S + [would, should, could, might / will, shall, can, may] +동사원형
2) **해 석**		(그럴 리는 없지만 혹시) ~**한다면, …할 것이다** ☞ 현재나 미래의 **강한 의심**을 나타냄	
3) **용 법**		조건절은 「should + 동사원형」을 쓰는 것이 원칙 예외 [would(~하고 싶으면) : 주어의 강한 의지 / were to : [있을 수] 없는 순수가정 ☞ 절대 그럴리 없겠지만 만일 ~] ☞ were to의 경우 주절에는 「**조동사과거형 + 동사원형**」 사용 [참고] 가정법 미래의 if절은 실현 가능성이 아주 적은 조건절로 생각하셔도 됩니다.	

① If you **should fail** to keep your word,/ I **would**[will] **stay away from** you.

혹시라도 네가 약속을 지키지 않으면,/ 난 널 멀리할 거야.

② If you **would succeed**,/ you **would have to** do your best/ in everything.

성공하고 싶으면,/ 넌 최선을 다해야 해/ 매사에. ⇒ 주어의 의지

③ If I **were to** be born again,/ I **wouldn't marry** my wife/ for all the world.

내가 다시 태어난다면,/ 난 지금 아내와 결혼하지 않을 거야/ 어떤 일이 있어도.

☞ (절대 그럴리 없겠지만) 만일 내가 다시 태어난다면,/난 지금 아내와 결혼하지 않을 거야/ 어떤 일이 있어도.

⇒ 있을 수 없는 순수가정

5 혼합가정법

	조건절[If절]	주 절
1) 형 식	If+S+<u>had p.p.</u> ~, 가정법 과거완료	S+<u>would, should, could, might</u>+동사원형 가정법 과거
2) 해 석	(사실은 그렇지 않지만) ~**이었더라면**, …**일 텐데** ☞ 과거사실에 반대되는 가정 · 원망	☞ 현재의 결론
3) 용 법	① 조건절은 과거의 내용[조건] → 가정법 과거완료 ⇒ **과거 사건의 결과가** ② 주절은 현재의 내용[결론] → 가정법 과거 ⇒ **현재에 미치는 경우에 사용** ☞ 가정법 과거완료와 가정법 과거가 **혼합된 가정법**	
4) 특 징	주절에 현재를 나타내는 now, today가 자주 사용됨.	

If you **had not helped** me,/ I **would be** in a big trouble now.
　　　　　　가정법 과거완료　　　　가정법 과거

네가 날 돕지 않았다면,/ 난 지금 큰 어려움에 처해 있을 거야.

⇒ As you **helped** me,/ I **am not** in a big trouble now.
　　　　　　과거　　　　　　현재

　네가 날 도와주었으므로,/ 난 지금 큰 어려움에 처하지 않은 거야.

6 I wish+가정법 과거[과거완료] → 이룰 수 없는 소망

1) I wish+that+**가정법 과거** ~. 　　〈현재사실과 반대〉
　　　　　　[S +동사의 과거형이나 were]
　[해석] ~**라면**[~**한다면**] 좋을 텐데 　☞ 현재 이룰 수 없는 소망

2) I wish+that+**가정법 과거완료** ~. 　〈과거사실과 반대〉
　　　　　　[S + had p.p.]
　[해석] ~**였다면**[~**했다면**] 좋았을 텐데 ☞ 과거에 이루지 못한 소망

I **wish**/ I **were** a billionaire. 좋겠는데/ 내가 억만장자라면.
⇒ I **am sorry**/ I **am not** a billionaire. 유감스럽게도/ 난 억만장자가 아니잖아.

I **wish**/ I **had gone** abroad/ to get a job/ last year.
좋았을 텐데/ 내가 해외로 갔으면/ 직장을 구하러/ 작년에.
⇒ I **am sorry**/ I **didn't go** abroad/ to get a job/ last year.
　유감스럽게도/ 난 외국에 가지 않았어요/ 직장을 구하러/ 작년에.

法

7 as if + 가정법 과거[과거완료]

1) as if[though]+**가정법 과거**	: 주절 시제 = 종속절 시제
[S + 동사의 **과거형**]	
be동사는 were	[해석] **마치 ~인 것처럼**
2) as if[though]+**가정법 과거완료**	: 주절시제 < 종속절 시제
[S + had p.p.]	
	[해석] **마치 ~였던 것처럼**

The landlady **acts**/ **as if** she **didn't know** me.

집주인 여자는 행동해요/ 마치 날 모르는 것처럼.

= In fact,/ she **knows** me. 사실,/ 그녀는 날 알지요.

The landlady **acted**/ **as if** she **didn't know** me.

집주인 여자는 행동했어요/ 마치 날 모르는 것처럼.

= In fact,/ she **knew** me. 사실,/ 그녀는 날 알고 있었지요.

The landlady **acts**/ **as if** she **had not known** me.

집주인 여자는 행동해요/ 마치 날 몰랐던 것처럼.

= In fact,/ she **has known** me. 사실,/ 그녀는 날 알고 있지요. 〈현재완료〉
= In fact,/ she **knew** me.   사실,/ 그녀는 날 알고 있었지요.〈과거〉

The landlady **acted**/ **as if** she **had not known** me.

집주인 여자는 행동했어요/ 마치 날 몰랐던 것처럼.

= In fact,/ she **had known** me. 사실,/ 그녀는 날 알고 있었었지요.

8 가정법 + but[except; save] that + 직설법

| 1) 가정법 **과거** | | 직설법 **현재** : ~만 않다면 |
| 2) 가정법 **과거완료** | + but (that) + | 직설법 **과거** : ~만 않았다면 |

I **would go** abroad to study/ **but (that)** I **am** poor.
= I **would go** abroad to study/ <u>if I **were** not poor</u>.

난 유학을 갈 텐데/ 내가 가난하지만 않다면. 가정법 과거 조건절

I **would have fallen**/ **but (that)** the professional mountain climber/ **caught** me.
= I **would have fallen**/ <u>if the professional mountain climber/ **had not caught** me</u>.

난 굴러 떨어졌을 텐데/ 그 전문 산악인이/ 날 잡지 않았다면. 가정법 과거완료 조건절

바로 이것이 포인트! 「가정법 + but[except; save] that + 직설법」의 주의할 점

1. **가정법 + but**[except, save] **that + 직설법** ☞ that 이하는 직설법

    = if ∼ not + 가정법

2. 가정법이 직설법보다 **한 시제 빠름.**

    가정법 **과거** = 직설법 **현재**

    가정법 **과거완료** = 직설법 **과거**

9 직설법 + otherwise + 가정법

1) S+V 직설법 **현재,** — otherwise — 가정법 **과거** : 그렇지 않다면
2) S+V 직설법 **과거,** + otherwise + 가정법 **과거완료** : 그렇지 않았다면

☞ if ∼ not으로 고쳐 쓸 수 있음.

I **have** money with me;/ **otherwise**/ I **would be**/ put to shame.
= I **have** money with me;/ **if** I **didn't have** money with me,/ I **would be** put to shame.

    내겐 돈이 있어요./ 만약 그렇지 않다면/ 난 창피당할 거예요.

    ☞ 내게 돈이 있어 망정이지 안 그러면 난 창피당한다니까요.

I **had** money with me;/ **otherwise**/ I **would have been put** to shame.
= I **had** money with me;/ **if** I **had not had** money with me,/ I **would have been put**
to shame.

    내겐 돈이 있었어요./ 만약 그렇지 않았다면/ 난 창피당했을 겁니다.

    ☞ 내게 돈이 있어서 망정이지 안 그랬으면 창피당할 뻔했어요.

바로 이것이 포인트! 「직설법 + otherwise+ 가정법」의 수의할 점

1. 직설법, + **otherwise** + 가정법 ☞ otherwise 이하가 가정법

    = if ∼ not + 가정법   **but** (that) **직설법과는 반대**

2. 가정법이 직설법보다 **한 시제 빠름.**

    직설법 **현재** = 가정법 **과거**

    직설법 **과거** = 가정법 **과거완료**

10 가정법의 부정형

1) **If it were not for** 명사
   = **Were it not for** 명사   ⇒ If 생략 : 도치   ~이 없다면
   = **If there were no** 명사   ☞ 주절이 **가정법 과거**
   = **But for** 명사   = **조동사 과거형＋동사원형**
   = **Without** 명사

2) **If it had not been for** 명사
   = **Had it not been for** 명사   ⇒ If 생략 : 도치   ~이 없었다면
   = **If there had been no** 명사   ☞ 주절이 **가정법 과거완료**
   = **But for** 명사   = **조동사 과거형＋have＋p.p.**
   = **Without** 명사

If it were not for my utmost endeavors, I **would not be** standing here.
= **Were it not for** my utmost endeavors, I **would not be** standing here. ⟨If 생략⟩
= **If there were no** my utmost endeavors, I **would not** be standing here. ↳도치
= **But for** my utmost endeavors, I **would not be** standing here.
= **Without** my utmost endeavors, I **would not be** standing here.

   나의 전력을 다한 노력이 없다면, 난 이 자리에 있지 못할 테죠.

If it had not been for my utmost endeavors, I **would have not been** standing here.
= **Had it not been for** my utmost endeavors, I **would have not been** standing here.
= **If there had been no** my utmost endeavors, I **would have not been** standing here.
= **But for** my utmost endeavors, I **would have not been** standing here.
= **Without** my utmost endeavors, I **would have not been** standing here.

   나의 전력을 다한 노력이 없었다면, 난 이 자리에 있지 못했을 테죠.

바로 이것이 포인트!   **가정법 부정형의 핵심**

주절의 형태를 보고 **가정법 과거**냐? **가정법 과거완료**냐?를 결정하세요.

☞ 주절이 **가정법 과거**이면   ⇒ if it were not for

     주절이 **가정법 과거완료**이면 ⇒ if it had not been for

     특히, But for[Without] ~는 **가정법 과거**와 **과거완료**의 형태가 같으므로 특히 유의해야 합니다.

11 If의 생략

> 가정법 조건절을 이끄는 **if가 생략되면**
> 1) Were, Would, Should, Could, Might, Did, Had가 문두로 나가고
> 2) **주어와 (조)동사가 도치됨.**

Were I you,/ I **wouldn't let**/ him talk to you/ in such wise. 〈가정법 과거〉
= **If I were** you,/ I **wouldn't let**/ him talk to you/ in such wise.

내가 너라면,/ 난 내버려 두지 않을 텐데/ 그 녀석이 너한테 말하도록/ 그런 식으로.

Had I had a million dollars,/ I **could have bought** the intelligent building.
= **If I had had** a million dollars,/ I **could have bought** the intelligent building.

내게 100만 달러가 있었다면,/ 난 그 인텔리전트 빌딩을 살 수 있었을 텐데. 〈가정법 과거완료〉

☞ 인텔리전트 빌딩 : 건물의 자동제어, 근거리 통신망, 사무자동화 등 최첨단 스마트 시설로 관리 · 운영되는 빌딩

Should the encyclopedia be published,/ we **would put** an ad/ in the newspaper.
= **If the encyclopedia should be** published,/ we **would put** an ad/ in the newspaper.

그 백과사전이 혹시나 출판된다면,/ 우린 광고를 낼 겁니다/ 그 신문에. 〈가정법 미래〉

Would she **pass** the civil service exam/ she **would be** happy. (×)
Should she **pass** the civil service exam/ she **would be** happy. (○) 〈가정법 미래〉

혹시나 그녀가 공무원 시험에 합격한다면/ 그녀는 행복해 할 텐데.

Was it not for water, carbon dioxide, and sunlight,/ all plants **would be** dying. (×)
Were it not for water, carbon dioxide, and sunlight,/ all plants **would be** dying. (○)
If it were not for water, carbon dioxide, and sunlight,/ all plants **would be** dying. (○)

만약 물, 이산화탄소, 햇빛이 없다면,/ 모든 식물이 죽어 갈 텐데. ⇒ 가정법에서 was는 쓸 수 없음.

바로 이것이 포인트! 「if 생략」 의 핵심

가정법 조건절을 이끄는 if가 **생략되면**
1. Were, Would, Should, Could, Might, Did, Had가 **문두**로 나가고, 주어와 동사가 **도치되는데.**
2. **주절[귀결절]이 가정법 형태**이고, 앞에 **도치 문장**이 나와 있으면 가정법에서 **if가 생략**되었다는 것을 바로 알 수 있어야 합니다.

12 가정법 관용어구

1) **would that**+**가정법** : ~라면 좋겠는데

2) **would rather** (that)+**과거동사** : ~라면 좋겠는데
   cf. **would rather[sooner] V(A) than V(B)** : B하느니보다 A하는 편이 낫다

3) **what if**+**직설법[가정법]** : ~하면 어떡하지? ☞ 직설법을 주로 씀.
   ~한들 무슨 상관이냐?, 알게 뭐야?

4) **as it were** : 말하자면, 이를테면(=so to speak)

5) **if ever,** + **동사** : 설사 한다 해도 (극히 드물다)
   if any, + **명사** : 만일 있어도, 있다고 하더라도 (극히 적다)
   if at all : 이왕 하려거든

1) **Would that** I **were** young again/ with a muscular body.
   다시 한 번 젊어지면 좋으련만/ 근육질의 몸매로.

2) I **would rather** (that)/ she **did** something for me.
   좋겠는데/ 그녀가 날 위해 뭔가 해줬으면.

   cf. I would rather **die**/ than **surrender**.
   난 차라리 죽을 거야/ 항복하느니.

3) **What** (will[would] happen)/ **if** I have to operate on the tumor?
   어쩌지?/ 혹시 내가 종양을 수술이라도 해야 한다면

   What (shall I do)/ **if** I lose you? 어떡하지?/ 내가 널 잃어버리면

   What (does it matter)/ **if** I fail in the entrance exam?
   어때?/ 내가 입학시험에 떨어진들 (괜찮지 않은가?)

4) I am,/ **as it were[so to speak]**,/ a fish out of water/ now.
   난,/ 말하자면,/ 물 떠난 물고기 같은 처지예요/ 지금.

   *a fish out of water 낯선 환경이 어색한, 썰렁한

5) The philanthropist seldom,/ **if ever,**/ speaks ill of others.
   그 박애주의자는,/ 설사 한다 해도,/ 좀처럼 남을 나쁘게 말하지 않아요.

   We have little hope,/ **if any**.
   우린 희망이 거의 없어요/ 설사 있다 해도.

   cf. Do your best, **if at all**. 이왕 하려면 최선을 다하라.

13 조건절을 대신하는 어구

1) **if only** ~ : ~이면 좋을 텐데[~였다면 좋았을 텐데] 〈소망〉
2) **provided[providing] (that)** ~ : 만일 ~만 해 준다면, 만일 ~이기만 하다면
3) **grant[granted, granting] (that)** ~ : 가령 ~라 할지라도
4) **suppose[supposing] (that)** ~ : 만약 ~라 가정하고, ~라 할지라도
5) **in case** ~ : 만일 ~한다면, ~할 경우에는 *cf.* **in that case** : 그렇다면
6) **so long as** ~ : ~하는 한은; ~하는 동안은(=**as long as**)
  ☞ 2) ~ 6)은 직설법, 가정법이 함께 쓰임.

1) **If only** I **could show** you/ how much I love you/ just once.

　당신께 보여 줄 수 있으면 좋으련만/ 내가 당신을 얼마나 사랑하는지를/ 한번만이라도.

2) **Provided that** you give me a discount,/ I'll buy them.

　할인만 해 준다면/ 난 그것들을 살 거야.

3) **Granted that** your excuse is true,/ you cannot be forgiven.

　네 변명이 사실이라 해도/ 넌 용서받을 수 없어.

4) **Supposing** you **were** a native speaker,/ please answer the questions.

　당신이 원어민이라 가정하고/ 그 질문들에 답하세요.

5) **In case** I forget,/ please remind me/ of the tenth anniversary of the founding.

　혹시 내가 잊거든/ 제게 상기시켜 주세요/ 10주년 창립기념일을.

6) **So long as** I live,/ I can't approve of the marriage.

　내가 살아있는 한/ 난 그 결혼을 허락할 수 없어.

　☞ 내 눈에 흙이 들어가기 전에는/ 난 그 결혼을 허락할 수 없어.

14 품사가 조건절을 대신하는 경우

(1) 부사가 조건절을 대신하는 경우

There,/ you **could have lived** happily/ with her.
= **If you had stayed there**,/ you **could have lived** happily/ with her.

만약 그곳에 머물렀었다면,/ 넌 행복하게 살 수 있었을 텐데/ 그녀와.

(2) 부사구가 조건절을 대신하는 경우

In your place,/ I **would not tolerate** his impudence.
= **If I were in your place**,/ I **would not tolerate** his impudence.

내가 네 입장이라면,/ 난 그의 무례함을 용서치 않을 텐데.

(3) 명사(구)가 조건절을 대신하는 경우

A man of sense/ **would not do** such a thing/ like giving a dog a bad name.

양식이 있는 사람이라면/ 그런 짓은 하지 않을 겁니다/ 남을 중상모략하는 따위의.

= **If he were a man of sense**,/ he **would not** do such a thing/ like giving a dog a bad name.

(4) 부정사가 조건절을 대신하는 경우

To hear her speak English,/ you **would mistake** her for a native speaker.
= **If you should hear her speak English**,/ you **would mistake** her for a native speaker.

그녀가 영어하는 것을 들으면,/ 넌 그녀를 원어민으로 착각할 거야.

| more tips | 접속사 when이 if의 의미 – "만약 ~이라면"으로 쓰이는 경우 |

1) We will give the added incentive to you/ **when** you improve your performances.

   우린 그 특별장려금을 너한테 줄 거야/ 네 업무실적을 향상시킨다면.

2) Give my love to Sara/ **when** you see her.

   사라에게 안부 전해 줘/ 그녀를 만나면.

수동태

Passive Voice

주어·목적어에 대한 타동사와의 관계를 **태**라 하고, 주어가 스스로 어떤 행위를 능동적으로 하는 동사의 형태를 **능동태**, 주어가 다른 것에 의하여 동작을 받거나 당하는 동사의 형태를 **수동태**라 합니다.

능동, 수동이란 능동적, 수동적이라고 할 때의 바로 그 능동, 수동!
태는 동사의 표현 방식!

"난 지금 생태탕을 끓여." 이렇게 하면 능동태,
"생태탕이 지금 끓여지고 있어." 이렇게 하면 수동태.

시험대비「수동태」중점 학습 과제

1 수동태를 만들려면 반드시 **목적어**가 필요합니다.

따라서 목적어가 없는 **1,2 형식**(자동사) 문장은 **수동태를 만들 수 없고**,

3,4,5 형식(타동사) 문장에서만 가능

☞ 만약 타동사가 목적어를 취하고 있지 않다면? → **수동태** 문장이 되어야 함.

2 모든 타동사를 수동태로 쓸 수 있는 것이 아니고, 다음 타동사는 수동태로 쓸 수 없습니다.

1) **소유동사** : have   possess   cost(비용이 들다)   *have는 예외 많음.

2) **상태동사** : resemble   become   lack   hold(수용하다)   equal(~와 같다)

3 능동태를 수동태로 바꿀 때도 전치사는 **by만 사용하는 것이 아님에 주의하세요.**

be covered **with** ~ (~로 덮이다)   be filled **with** ~   (~로 가득 차다)

be satisfied **with** ~ (~에 만족하다)   be exposed **to** ~   (~에 노출되다)

be surprised **at** ~ (~에 놀라다)   be derived **from** ~ (~에서 유래하다)

be interested **in** ~ (~에 흥미가 있다)   be burnt **to death** (불타 죽다)

4 수동태의 시제 변화는 기본적으로 이해해야 합니다.

1) 단순시제 : **be + p.p.** 〈기본형〉

2) 진행시제 : **be + being + p.p.** (과거분사)   ☞ ought to

3) 완료시제 : **have + been + p.p.**   → ought to be p.p.

5 다음 수동태는 특히 주의해야 합니다.

1) **지각[사역]동사**는 수동태로 바뀔 경우 목적격보어인 **원형부정사**가 to부정사로 바뀝니다.

I saw/ his **fiancée select** her earrings.

난 봤어요/ 그의 약혼녀가 귀걸이 고르는 것을.

⇒ His **fiancée** was seen **to select** her earrings (by me). (○)

cf. His **fiancée** was seen **select** her earrings (by me).   (×)

2) **동사구의 수동태**는 동사구 전체를 한 단어로 보고 수동태를 바꾼 후,

뒤에 또 전치사 by를 붙여 주어야 합니다.

She **laughed at me**/ in front of hundreds of people.

그녀는 날 비웃었어요/ 수 많은 사람들 앞에서.

⇒ I was **laughed at** by her in front of hundreds of people.

3) **목적어가** that절**인 경우**는 2가지 수동태가 가능합니다.

They[People, …] say[believe, think, …] **that** S + V ~ (3형식)

⇒ It + is said[believed, thought, …] + that S + V ~.

⇒ S(명사절의 주어) + is said[believed, thought, …] + to V[to have p.p.] ~.

본동사의 시제보다 that절의 시제가 앞선 경우 ◀┛

1 수동태의 기본개념 이해와 문제풀이 Know-how

1. 수동태는 **목적어**가 있어야 가능하므로, 목적어를 취할 수 없는 **자동사는 수동태로 쓸 수 없습니다.**

appear	disappear	occur	come	rise	lie	fall	belong

2. 수동태의 동사 형태는 **be+p.p.**(과거분사)이므로 각 동사의 과거분사를 정확히 알아야 합니다.

3. 문제에서 문장 끝에 <u>by+사람</u>이 나온 경우나, 문장의 <u>의미</u>가 수동인 경우는
   동사의 형태가 **be+p.p.**(수동형)으로 되어 있는지 확인해 보세요.

4. 문제에서 타동사가 나오면 뒤에 **목적어**가 있는지,
   목적어가 없으면 수동태로 되어 있는지를 확인하세요.
   특히, **사물이 주어인 경우** 수동태가 되는 경우가 많음에 유의하세요.

2 능동태 수동태 만드는 법

능동태		수동태
1. 목적어	⇒	**주어** ☞ 능동태 문장의 목적어를 주어로
2. 타동사	⇒	be + p.p. ☞ 능동태 문장의 동사를 p.p.형으로 바꾸고 시제도 일치시킴
3. 주 어	⇒	by + (인칭대명사의) **목적격**
		☞ (능동태 문장의 주어를 by+목적격) 형태로 문장 끝에 둠
4. 나머지	⇒	나머지 부분은 뒤에 그대로 이어 쓰면 됨.

예) <u>Sera</u> <u>loved</u> <u>me</u>.

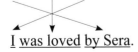

<u>I</u> <u>was loved</u> <u>by Sera</u>.
목적어 be+p.p. by+주어의 목적격

〈능동태 – 3형식〉 세라는 날 사랑**했어요.**
해석 : 주어가 ~ 을 …하다

〈수동태 – 1형식〉 난 세라에게 사랑**받았어요.**
해석 : 주어가 ~에 의해 …되어 지다

---

more tips	수동태의 시제

현　재 : is[are] + p.p.
과　거 : was[were] + p.p.
미　래 : will[shall] be + p.p.
진행형 : be + being + p.p.　→ is[was, were]+ being + p.p.
완료형 : have + been + p.p. → has[have, had]+ been + p.p.
조동사 : ought to V　　　　→ ought to be p.p.
　　　　ought to have p.p.　→ ought to have been + p.p.

---

3 문장 형식에 따른 수동태

1 3형식 문장의 수동태 → 1형식

The mechanic **fixed**/ my car's brakes last week.

그 정비공은 고쳤습니다/ 내 차의 브레이크를/ 지난주에.

→ My car's brakes **were fixed**/ by the mechanic/ last week. 〈바뀐 주어에 수일치시킴〉

내 차의 브레이크는 고쳐졌습니다/ 그 정비공에 의해/ 지난주에.

(1) 목적어가 「that절」인 경우의 수동태

기본문형 : They[People, …] + say[believe, think, …] + that S+V ~. 〈3형식〉
　　　　　　　　　　　　+ said[believed, thought, …]　　　→ 〈명사절〉

제 1방법 : 가주어 It을 사용하는 경우
　　　　　→ It+　is said[believed, thought, …] + that+S+V ~.
　　　　　→ It+was said[believed, thought, …] + that+S+V ~.

제 2방법 : 명사절 주어를 수동태 주어로 사용하는 경우
　　　　　→ S(that절 주어) + is said[believed, thought] to V[to have p.p.] ~.
　　　　　　　　　　　　was said[believed, thought] to V[to have p.p.] ~.

Some people **say**/ that laughter **is** the best medicine.

어떤 사람들은 말하죠/ 웃음이 최고의 약이라고.

⇒ **It is said** by some people that laughter **is** the best medicine.
⇒ **Laughter is said**/ **to be** the best medicine/ by some people.

웃음은 말하여집니다/ 최고의 약이라고/ 어떤 사람들에게서.

They **said**/ that economic problems **had been** their biggest worry.

그들은 말했죠/ 경제문제들이 자신들의 가장 큰 고민거리였다고.

⇒ **It was said** by them that economic problems **had been** their biggest worry.

⇒ **Economic problems were said**/ **to have been** their biggest worry/ by them.

⇒ **Economic problems were said**/ **to be** their biggest worry/ by them. (×)

　　경제문제들은 말하여 졌습니다/ 가장 큰 고민거리였다고/ 그들에게서.

바로 이것이 포인트! that절이 목적어인 경우의 주의해야 할 시제 관계

제 2방법으로 수동태 전환 시 that절의 동사가 **부정사**로 바뀌는데, 이때
1. 본동사의 시제와 that절의 시제가 **같을 경우** ⇒ 단순부정사(to + V)
2. 본동사의 시제보다 that절의 시제가 **앞선 경우** ⇒ 완료부정사(to + have p.p.)를 사용합니다.

more tips

It <u>is seemed</u> that S+V ~. (×) → It <u>is thought</u> that S+V ~. (○)
　자동사　　　　　　　　　　　　타동사

It is **seemed** that the SNS will play a key role over the next two decades. (×)

It is **thought**/ that the SNS will play a key role/ over the next two decades. (○)

생각됩니다/ 소셜네트워크서비스가 중추적인 역할을 할 것으로/ 향후 20년에 걸쳐.

(2) 수동태로 쓰지 않는 타동사 ☞ 주로 '소유 동사'와 '상태 동사'들

have(가지다)	**possess**(소유하다)	**own**(소유하다)	**cost**(비용이 들다)
resemble(닮다)	**become**(어울리다)	**equal**(~와 같다)	**double**(두 배로 하다)
hold(수용하다)	**look like**(닮다)	***belong to**(~에 속하다)	

His eldest sister **resembles**/ his mother/ very much.

그의 큰 누나는 닮았어요/ 자기 엄마를/ 많이.

⇒ His mother is very much **resembled** by his eldest sister. (×) 〈비논리적〉

cf. His eldest sister is a **carbon copy** of his mother.

　그의 큰 누나는 자기 엄마를 꼭 빼 닮았어요. *carbon copy 꼭 닮은 것. 판박이

> **more tips**
>
> 1. have는 '가지다'는 뜻 이외의 뜻으로 쓰일 때는 **수동태가 가능**합니다.
>
>   먹다(=eat), 즐기다(=enjoy), (병에) 걸리다, (모임을) 개최하다, …
>
> 2. lack(부족하다), escape(도망치다)도 수동태로 사용하지 않는 것이 원칙입니다.
>
>   ☞ be lucky to **escape** being killed in ∼ 운좋게도 ∼에서 죽음을 모면하다
>
> 3. 상호대명사 each other, one another는 **수동태 주어로 쓸 수 없고**, **목적어로만** 사용할 수 있습니다.

2 4형식 문장의 수동태 → 1형식, 3형식

4형식은 목적어가 2개 있으므로 기본적으로 **2가지 수동태**가 나오지만,
1가지로만 쓰는 동사가 있다는 사실에 유의하세요.

(1) 기본형

His secretary **gave**/ me the classified papers.

그의 비서는 주었어요/ 내게 기밀문서를.

⇒ I <u>was given</u> the classified papers by his secretary.　　　〈간·목이 주어〉

⇒ **The classified papers** <u>were given</u> (to) me by his secretary. 〈직·목이 주어〉

(2) 직접목적어를 (주로) 주어로 쓰는 동사

형식 : 직접목적어＋**be p.p.**＋(전치사)＋<u>간접목적어</u>＋**by** 목적어(능동태 주어)
보류목적어(주어로 나가지 않고 남아 있는 목적어)

동사 :	buy	make	write	read	get	sell	send	hand

She **bought** me **the newest smartphone**.

그녀는 사주었어요/ 내게 최신 스마트폰을.

⇒ **The newest smartphone** was bought (for) me by her. (○)

☞ I was bought **the newest smartphone** by her. 〈어색함〉

(3) 간접목적어를 (주로) 주어로 쓰는 동사

형식 : 간접목적어＋be p.p.＋<u>직접목적어</u>＋**by** 목적어(능동태 주어 〈목적격〉)
보류목적어

동사 :	kiss	call	envy	save	spare	refuse	deny

She/ **kissed** me good-bye/ within four walls.

그녀는/ 내게 작별의 키스를 날려 주었죠/ 살짝[몰래].

→ **I was kissed** good-bye by her within four walls. (○)

→ **Good-bye was kissed** me by her within four walls. 〈어색함〉

---

more tips

teach + 사람 + **that절** ∼   〈4형식〉⇒ 사람 + **be taught** + **that절** ∼

사람 + **tell** + 목적어(간·목) + **that절** ∼ 〈4형식〉⇒ 간·목 + **is told** (by 사람) + **that절** ∼

---

❸ 5형식 문장의 수동태 → 2형식

(1) 기본형

The participants **elected**/ him chairman of the committee/ by a majority vote. 〈5형식〉

참석자들은 선출했습니다/ 그를 그 위원회의 위원장으로/ 다수결에 의해.

⇒ He **was elected**/ chairman of the committee/ by a majority vote/ by the participants.

그는 선출되었습니다/ 그 위원회의 위원장으로/ 다수결로/ 참석자들에 의해.

☞ **Chairman of the committee** was elected him/ by a majority vote/ by the participants. (×)

바로 이것이 포인트! 목적격보어의 수동태 주어 여부

목적격보어는 수동태의 주어가 될 수 없습니다.
이런 점을 노려 출제자들은 목적격보어를 수동태의 주어로 사용하여 혼동시키고 있으므로 주의하세요.

(2) 지각동사 · 사역동사의 수동태

└──▶ make
└──▶ see, hear, watch

1) 기본문형

S + V + O + O·C(**원형부정사** = **동사원형**) 〈5형식〉
⇒ O + be + **p.p.** + to부정사 + (by 목적격)

The woodcutter **saw**/ the fairy **bathe**/ in the pond. 〈지각동사〉

나무꾼은 보았어요/ 선녀가 목욕하는 걸/ 연못에서.

⇒ The fairy **was seen to bathe** in the pond by the woodcutter. (○)

⇒ The fairy **was seen bathe** in the pond by the woodcutter.　(×)

The president **made**/ the special envoy/ **sign** the treaty. 〈사역동사〉

대통령은 하게 했습니다/ 그 특사가/ 그 조약에 사인을.

⇒ The special envoy **was made to sign** the treaty.　(○)

☞ The special envoy **was made sign** the treaty.　(×)

바로 이것이 포인트! **지각동사, 사역동사 수동태의 핵심 포인트**

지각동사, 사역동사가 수동태로 쓰이면,

목적격보어인 원형부정사 → to부정사로 바뀝니다.

---

2) **사역동사 make, have, let의 또 다른 수동태**

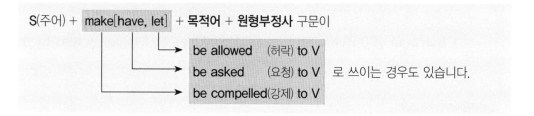

S(주어) + make[have, let] + 목적어 + 원형부정사 구문이

→ be allowed　(허락) to V

→ be asked　　(요청) to V　로 쓰이는 경우도 있습니다.

→ be compelled(강제) to V

The management **had**/ the managing director/ **mediate in** the labor dispute.

경영진은 시켰습니다/ 상무이사에게/ 조정하라고/ 노사 분규를.

→ The managing director **was asked**/ **to mediate in** the labor dispute/ by the management.

상무이사는 요청을 받았습니다/ 조정해 달라는/ 노사 분규를/ 경영진에게서.

My wife **let**/ me **treat** my friends/ this time.

나의 아내는 허락했죠/ 내가 친구들에 한턱 쏘는 걸/ 이번에.

→ I **was allowed to treat** my friends this time.　☞ be allowed to V 사용 (○)

→ My wife **let** my friends **be treated** by me this time. ☞ let+**목적어**+be p.p. (○)

to be p.p. (×)

3) **사역동사** + **목적어**⟨사물⟩ + **p.p.**[과거분사]

The hotel guest **had**/ the bellboy **carry** his luggage. ⟨have+목적어+원형부정사⟩

그 호텔 투숙객은 시켰어요/ 그 벨보이에게 자기 짐을 옮기도록.

The hotel guest **had**/ his luggage **carried**/ by the bellboy. (○)

그 호텔 투숙객은 시켰어요/ 그의 짐이 옮겨지도록/ 그 벨보이에 의해.

☞ The bellboy **was had to carry** his luggage. (×)

---

4 주의해야 할 수동태

1 동사구의 수동태

> **바로 이것이 포인트!** 동사구는 전체를 하나의 동사로 보세요.
>
> 동사구는 **전체를 하나의 동사**로 보아 **덩어리 전체를 수동태로 바꾸며,**
> ☞ **또 by 법칙** – 전치사 by는 반드시 뒤에 또 써 주어야 합니다. → **동사구의 전치사와 by가 겹치게 됨**

(1) 자동사+전치사 = 타동사구

All the classmates/ **laughed at** me.

반 친구들 모두가/ 날 비웃었습니다.

⇒ I **was laughed at by** all the classmates. (○)
☞ I **was laughed at** all the classmates.　(×)

account for ~ ~을 설명하다	deal with ~ ~을 다루다, 처리하다
attend to ~ ~에 주의하다	depend on ~ ~을 믿다, 신뢰하다
impose on[upon] ~ (남의 ~을) 이용하다	speak to ~ ~에게 말을 걸다
laugh at ~ ~을 비웃다	run over ~ (차가) ~을 치다
look at ~ ~을 바라보다	listen to ~ ~에 귀를 기울이다
look into ~ ~을 조사하다	rely on ~ ~을 믿다, 의지하다
cf. grow up(자라다, 성장하다)는 '**자동사+부사**' → 당연 수동태 불가	

(2) 타동사+명사+전치사 = 타동사구

The young widow/ **took good care of**/ her two daughters/ by herself.

그 젊은 미망인은/ 잘 돌보았습니다/ 자기 두 딸을/ 혼자서.

→ Her two daughters **were taken good care of by** the young widow by herself. (ㅇ)

→ Good **care** <u>was taken of</u> her two daughters **by** the young widow by herself. (ㅇ)

바로 이것이 포인트!

타동사의 목적어가 수동태 문장에서 주어가 되려면 good care처럼 앞에는 **수식어구**가 붙어야 합니다.

find fault with ~ ~을 비난하다	get access to ~ ~에 접근하다
lay emphasis on ~ ~에 중점을 두다	make use of ~ ~을 이용하다
pay attention to ~ ~에 유의하다	take care of ~ ~을 돌보다
take notice of ~ ~을 주목하다	catch sight of ~ ~을 보다, ~이 눈에 띄다

(3) 자동사+부사+전치사

Many a needy person/ **looks up to** the physician.

많은 가난한 사람들은/ 그 내과의사를 존경합니다.

⇒ The physician **is looked up to by** many a needy person.

The church members/ **speak well of** the pastor.

교회 신도들은/ 그 목사님을 좋게 말합니다.

⇒ The pastor **is well spoken of by** the church members.

more tips

speak ill[well, highly] of ~ : ~을 나쁘게[좋게] 말하다

be ill[well, highly] spoken of by ~ : ~에 의해 나쁘게[좋게] 말해지다 〈be+**부사**+p.p.〉

come down with ~ ~의 병에 걸리다	do away with ~ ~을 없애다, 폐지하다
go away with ~ ~을 가지고 도망치다	keep up with ~ ~에 뒤떨어지지 않다; 유지하다
look down on ~ ~을 내려다보다, 깔보다	look up to ~ ~을 존경하다

② 부정주어인 경우의 수동태

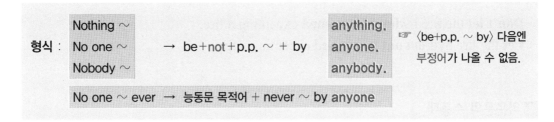

No one likes/ the stubborn overweight **guy**.

아무도 안 좋아해요/ 그 고집 센 뚱보 녀석을.

→ The stubborn overweight **guy**/ is **not** liked by **anyone**. (○)

☞ The stubborn overweight **guy** is liked by **no one**.　　(×)

☞ At this moment,/ **nobody can** solve/ the presidential impeachment issue.　　(○)

　　At this moment, **anybody cannot** solve the presidential impeachment issue. (×)

　　이 시점에서/ 풀 수 있는 사람은 아무도 없지요/ 대통령 탄핵문제를.

바로 이것이 포인트!

부정어인 nothing, no one, …이 주어로 쓰인 문장이 수동태가 되면,

　　not ~ by anything[anyone]이 되는데,

　　출제자들은 nothing, no one을 그대로 사용하여 혼동시키므로 주의하세요.

③ 명령문의 수동태

긍정명령 : **동사원형**으로 시작 : ~해라, ~하세요.

　　　　　수동태 ⇒ Let＋O(목적어)＋be p.p. ~.

부정명령 : Don't[Never] ＋ **동사원형**으로 시작 : (절대) ~하지 마라, ~하지 마세요.

　　　　　수동태 ⇒ Don't[Never] let＋목적어＋be p.p. ~.

　　　　　　　　　　Let＋목적어＋**not**＋be p.p. ~.

Keep these guidelines in mind/ during outdoor work. 〈긍정명령〉

이들 지침사항들을 명심하세요/ 옥외작업 시에.

⇒ **Let** these guidelines **be kept** in mind during outdoor work.

Don't[Never] open the fire hydrant/ excepting a fire. 〈부정명령〉

소화전을 [절대] 열지 마세요/ 화재 시 외에는.

⇒ **Don't let** the fire hydrant **be opened** excepting a fire.
⇒ **Let** the fire hydrant **not be** opened excepting a fire.

4 의문문의 수동태

(1) 의문사가 주어일 때

> 형식 : Who + 동사 + 목적어?
>   ⇒ By whom + be + 목적어 + p.p.?

Who broke/ this rare porcelain jar?　　　*skin like white porcelain 백옥 같은 피부

누가 깼니?/ 이 희귀 자기 항아리를

⇒ **By whom was** this rare porcelain jar **broken**?

(2) 의문사가 목적어일 때 → 의문사 + be + p.p. by ~

What did she do/ at the downtown store/ yesterday?

그녀는 뭘 했니?/ 시내 매장에서/ 어제

⇒ What **was done** by her at the downtown store yesterday?

5 by 이외의 전치사를 쓰는 수동태

▶be known
- **as** ~로[로서] 알려지다 〈자격〉
- **for** ~로 알려지다 〈유명한 이유〉
- **by** ~로 알 수 있다 〈판단기준〉
- **to** ~에게 알려지다 〈행위의 대상〉

▶be ashamed **of** ~을 부끄러워하다
▶be composed **of** ~로 구성되다
▶be convinced **of** ~을 확신하다
▶be tired **of** ~에 싫증나다, 진저리 나다

▶be acquainted **with** ~을 알고 있다
▶be concerned **with** ~와 관계가 있다
▶be delighted **with** ~를 기뻐하다
▶be filled **with** ~로 가득 채워져 있다

▶be bored **with** ~에 싫증나다, ~이 지루하다
▶be fed up **with** ~에 질리다, ~에 싫증나다
▶be covered **with** ~로 덮여 있다
▶be pleased **with** ~로 기뻐하다

▶ be satisfied **with** ~에 만족하다

▶ be absorbed **in** ~에 몰두하다

▶ be engaged **in** ~에 종사하고 있다

   cf. be engaged **to** 〈사람〉 ~와 약혼 중이다

▶ be devoted **to** ~에 전념하다

▶ be expected **to** ~가 기대되다

▶ be exposed **to** ~에 노출되다

▶ be thrilled **at** ~에 전율을 느끼다, 감격하다

▶ be worried **about**
▶ be concerned **about** ⌉ ~을 걱정하다

▶ be struck **with** ~로 충격 받다

▶ be indulged **in** (쾌락 등에) 빠지다

▶ be interested **in** ~에 관심이 있다

▶ be surprised **at**
▶ be astonished **at** ⌉ ~에 놀라다 〈놀람〉
▶ be frightened **at**

▶ be located **in**[**at**] ~ ~에 위치하다

▶ be derived **from** ~에서 유래하다

▶ be caught **in** ~ (소나기 등을) 만나다

▶ be

| burnt 타서 |
| stabbed 칼에 찔려 |
| frozen 얼어 |
| choked 질식해 |
| starved 굶어 |
| shot 총 맞아 |

to death 죽다

▶ be sentenced to death 사형선고를 받다

▶ be bored to death 지루해 죽을 지경이다

▶ be drowned 익사하다

  be born 태어나다

  be destroyed 파괴되다

  get married 결혼하다

be affected 영향을 받다

be elected 당선되다

be derailed 탈선하다

The senator **is known as**/ a leading figure/ in politics.

그 상원의원은 알려져 있어요/ 거물로/ 정계의.

This restaurant/ **is** widely **known for**/ its excellent cuisine.

이 레스토랑은/ 널리 알려져 있어요[유명해요]/ 맛있는 요리로.

A man **is known by**/ the company he keeps.

사람은 알 수 있어요/ 친구를 보면/ 그가 사귀는.

This grammar book/ **is known to** everyone/ who studys English.

이 문법책은/ 알려져 있어요/ 모든 사람에게/ 영어를 공부하는.

High blood pressure **is known**/ **to influence** the occurrence of strokes.

고혈압은 알려져 있지요/ 뇌졸중 발작에 영향을 미치는 것으로. *be known to V

The outdoor performance hall/ **is filled by**/ the K-pop singer's fans.　(×)

The outdoor performance hall/ **is filled with**/ the K-pop singer's fans. (○)

그 야외공연장은/ 가득 찼어요/ 그 한국 팝가수의 팬들로.

Her husband **is** very **devoted to**/ his family/ in every affair.

그녀 남편은 매우 헌신적이에요/ 자기 가족에게/ 매사에 있어.

Many people **were surprised at**/ the news of the athlete's early retirement.

많은 사람들은 놀랐지요/ 그 운동선수의 조기은퇴 소식에[소식을 듣고].

바로 이것이 포인트!

by 이외의 전치사를 사용하는 경우의 수동태는,

전치사(with, to, in, of, about, …)에 유의하여 **하나의 숙어처럼** 외우세요.

more tips　　into the bargain 덤으로

1. **be** + **p.p.** + **with** 도구 → ~**으로**　: with a ball[stick, spear(창), sickle(낫), paper towel]

　　　　by 행위자 → ~**에 의해** : by the man[company, police, criminal gang]

　　　　　　　　　　　　　 by the war[earthquake, typhoon, terrorism, flooding]

2. **I was stuck**[**caught, tied up**] **in** traffic jam/ on the way to my office/ today.

　 난 교통체증에 걸렸어요/ 회사로 가는 도중에/ 오늘.

6 「타동사＋수동부정사」 형식을 취하는 동사

형식 : need[…] + <u>**to be p.p.**</u> = need[…] + <u>~**ing**</u>

　　　　　　 수동부정사　　　　　 능동동명사

동사 : need = require = want (필요로 하다)　 deserve(~할 만하다)

The jerry-built house/ **needs** to be rebuilt.

날림으로 지은 그 집은/ 다시 지어야 합니다.

= The jerry-built house **needs** rebuilding.

[주의] want to be p.p.는 오늘날 잘 쓰지 않는 표현입니다.

능동문장이 수동의미를 나타내는 예

1. **blame** : It's I/ that am to **blame**.
   바로 나야/ 비난받아야 할 사람은. → 나쁜 사람은 나야.

2. **let** : This villa is to **let**. *cf.* Apartments **for rent**. 아파트 세놓음.
   이 별장 세놓아요. 세놓아진 별장.

3. **peel** : The skin/ of my hands and arms/ **peeled** off/ with exposure to the sun.
   피부가/ 내 손과 팔의/ 다 벗겨졌어요/ 햇볕에 노출되어.

4. **read** : Juvenile books/ **read** well/ nowadays.
   아동용 도서들은/ 많이 읽혀요/ 요즘.

5. **sell** : The comic book **sells**/ like hot cakes/ on the Internet.
   그 만화책은 팔려요/ 날개 돋친 듯이/ 인터넷상에서.

7 주의해야 할 동사의 수동태

(1) make의 수동태

▶ 제품 + ┌ be made of ┐ + 원료[재료] ┌ 〈물리적 변화 → 원료[재료]가 변하지 않음〉
             └ be made from ┘   └ 〈화학적 변화 → 원료[재료]의 성질이 변함〉
▶ 원료 + be made into + 제품   〈원료, 재료 (가공되어) → 제품이 됨〉

The magnificent mansion **was made of**/ dirt, concrete, and stone.

이 우람한 저택은 지어졌습니다/ 흙, 콘크리트, 돌로. ☞ 재료가 그대로 있음

Cake **is made from**/ flour, milk and eggs.

케이크는 밀가루, 우유, 계란으로 만듭니다. ☞ 재료의 성질이 변함

Flour, milk and eggs/ **are made into** cake.

밀가루, 우유, 계란으로/ 케이크를 만들어요. ☞ 재료가 제품이 됨

바로 이것이 포인트! make 수동태 필수 확인사항

첫째, **제품**이 주어인가? **재료**가 주어인가?

둘째, 재료[원료]가 **변하는가**? **변하지 않는가**?를 확인 후 답을 고르세요.

▶ of ⇔ from ⇔ into
       └→ 재료, 제품 중 어느 것이 주어인가?
 └→ 재료가 변하는가? 변하지 않는가?

(2) rob/steal의 수동태

> rob + **사람** + of + 사물[장소]　　⇒ **사람** + be robbed of + 사물 : ～에게서 …을 강탈하다
> steal + **돈 · 물건** + from + 장소[사람] ⇒ **돈 · 물건** + be stolen from + 장소[사람] : ～을 훔치다
> ☞ 동사 rob의 목적어는 "**피해자**"이고, steal의 목적어는 "**훔치는 대상**"입니다.

A highwayman **robbed**/ the traveler **of** his valuables.

한 노상강도가 빼앗았습니다/ 그 여행객의 귀중품을.

⇒ **The traveler was robbed of** his valuables by a highwayman.　(○)
☞ **His valuables were robbed of** the traveler by a highwayman. (×)

The secretary to the president/ **stole** much money/ **from** the safe.

그 사장 비서는/ 많은 돈을 훔쳤습니다/ 금고에서.

⇒ **Much money was stolen from** the safe by the secretary to the president.　(○)
☞ **The safe was stolen from** much money by the secretary to the president. (×)

I/ **had** a large sum of public money **stolen**/ on the street.　(○) 〈have+목적어+p.p.〉

전/ 거액의 공금을 도둑맞았어요/ 길거리에서.

☞ **I was stolen** a large sum of public money on the street. (×)

*stolen goods 장물

(3) marry의 수동태

The cool guy **is married to**/ a beautiful young actress.

그 멋진 훈남은 결혼했지요/ 미모의 한 젊은 여배우와. → 결혼해서 살고 있음 〈기혼 상태〉

cf. The beautiful young actress **got married to**/ a cool guy.

미모의 그 젊은 여배우는/ 결혼했습니다/ 한 멋진 청년과.

→ 결혼식을 올렸다는 동작 강조, 현재 같이 살고 있는지(이혼, 사별, 별거)는 모름.

The beautiful young actress **got married by**/ a cool guy. (×)
The beautiful young actress **married with**/ a cool guy.　 (×)
The beautiful young actress **married**/ a cool guy.　　　(○)

cf. One day I'm going to **marry** you.

언젠가 나는 꼭 너와 결혼할 거야.

바로 이것이 포인트! marry + 목적어 〈3형식〉 ⇒ 매우 중요

marry with + 목적어 (×)

8 동작 수동태/상태 수동태

> **동작 수동태** : get[become, grow] + p.p. : ~하게 되다 → 〈동작 · 변화 · 과정〉
> **상태 수동태** : be[remain, stay, lie] + p.p. : ~되어 있다 → 〈어떠한 상태〉

The outsized complex **gets painted**/ every five years. 〈동작 수동태〉

그 초대형 복합건물은 도색됩니다/ 5년마다.

= We **paint** the outsized complex/ every five years.

　우린 도색하지요/ 그 초대형 복합건물을/ 5년마다

The outsized complex **is painted**/ light pink.　　　　〈상태 수동태〉

그 초대형 복합건물은 도색되어 있습니다/ 연분홍색으로.

= We **have painted**/ the outsized complex/ light pink.

　우린 도색했습니다/ 그 초대형 복합건물을/ 연분홍색으로.

In 2019/ the beautiful young actress/ **was not married**;/ she **got married** in 2020.
　　　　　　　　　　　　　　　　　　　상태 수동태　　　　　　　　동작 수동태

2019년에는/ 미모의 그 젊은 여배우는/ 미혼이었어요,/ 그녀는 2020년에 결혼했거든요.

cf. The doors/ to the department store/ **are closed** now. 〈상태 수동태〉

문들은/ 그 백화점의/ 지금 닫혀 있습니다.

The refrigerator/ **is opened**.

냉장고가/ 열려 있어요.

일치

Agreement

일치란 문장 내에서 주어의 **인칭(person), 수(number), 성(gender)**에 따라
1) 동사 2) 대명사 3) 수식어와 피수식어를 서로 맞게 연결시키는 것으로 일치는 영어의 기본의
기본이어서 출제자들이 단골로 출제하므로 일치의 원칙을 잘 이해해야 합니다.

Agreement라고 하니 괜히 어렵게 느껴질 수 있으나,
우리가 흔히 말하는 일치라는 말과 별로 다른 게 없다는 사실!

단지 영어에서의 일치란?
주　어 = 동사를 일치시키는 것
주　어 = 인칭, 성, 대명사를 일치시키는 것
수식어 = 피수식어를 일치시키는 것

이렇게 하니 쉽게 이해되시죠!

시험대비 「일치」 중점 학습 과제

1 주어 – 동사 일치의 기본은 아래와 같습니다.

단수주어 = 단수동사 (○) 복수주어 = 복수동사 (○)
단수주어 = 복수동사 (×) 복수주어 = 단수동사 (×)

2 동사와 관계된 문제일 경우 제일 먼저 동사의 수 일치 여부를 확인하세요.

Love and reason **doesn't go** together. (×)
Love and reason **don't go** together. (○)
사랑과 이성은/ 서로 합치하지 않아요. → 사랑엔 이유가 없어요.

more tips and로 연결된 경우는 **복수취급**이 원칙이나 다음은 단수취급합니다.

trial and error 시행착오 a needle and thread 실 꿰인 바늘
slow and steady 느리지만 착실함 the sum and substance 요점, 요지, 대의
all work and no play 공부[일]만 하고 놀지 않는 것 *Slow and steady **wins** the race.
  더디더라도 착실히 하는 편이 이깁니다.
  → 일을 급히 서두르면 망쳐요.

3 주어가 수식어구로 분리된 경우 수식어구는 일치와 관계가 없으므로 **앞에 있는 주어에 수를 일치시켜야** 합니다.

The **stories**/ in the book/ **is** very boring. (×)
The **stories**/ in the book/ **are** very boring. (○)
그 이야기들은/ 그 책 속의/ 정말 따분해요.

4 상관접속사로 연결된 어구가 주어로 쓰인 경우 수일치에 특히 유의하세요.

either A or **B** not A but **B** ⇒ 동사에 가까운 주어 B에 일치시킴.
neither A nor **B** not only A but also **B**

5 다음 수일치는 출제빈도가 매우 높으므로 정확히 기억하세요.

1) **주어에 every[each]가 붙어 있는 경우** 전체 문장을 3인칭 단수로 일치시키세요.
2) **of 뒤에 오는 명사의 수에 맞춰** 동사의 수를 일치시키는 경우에 주의하세요.
   형식 : ~ of + 복수명사 + 복수동사 (○) ~ of + 복수명사 + 단수동사 (×)
   ~ of + 단수명사 + 단수동사 (○) ~ of + 단수명사 + 복수동사 (×)
   분수[most, half, part, the rest, the bulk, the majority] of ~
3) many + 복수명사 + 복수동사 a number of + 복수명사 + 복수동사
   many a + 단수명사 + 단수동사 the number of + 복수명사 + 단수동사
4) **'시간, 거리, 가격, 무게'의 복수명사가 하나의 단위를 나타낼 때는** 단수취급합니다.
5) **one of the + 복수명사 + 단수동사** : ~한 사람[것]들 중의 하나
6) **동명사, 부정사, 명사절, 의문사가 주어인 경우** : 단수동사로 받음.

1 일치의 기본원칙

1) 일치의 기본
단수주어 ↔ 단수동사 (○)   단수주어 ↔ 복수동사 (×)
복수주어 ↔ 복수동사 (○)   복수주어 ↔ 단수동사 (×)

2) 수일치
① **주어 = 동사**의 수일치
② 앞에[뒤에] 나온 **명사 = 대명사**의 수일치
③ **수식어 = 피수식어**의 수일치

3) 성일치
앞에 나온 명사와 그 명사를 받는 **인칭대명사의 성일치**

4) 격일치
주어 → 주격보어/ 목적어 → 목적격보어의 격일치

바로 이것이 포인트! 일치의 기본 유의사항

동사와 관련이 있는 문제인 경우와 **동사에 밑줄이 쳐진 경우**에는
1. 주어와 동사의 **수일치 여부**를 제일 먼저 확인하고
2. 그 다음으로 **시제일치 여부**를 확인하세요.

---

2 주어 – 동사의 수일치

(1) B에 동사를 일치시키는 경우 – 동사를 가까운 주어 B에 일치시킴

1) **Either A or B** : A 또는 B인
2) **Neither A nor B** : A도 B도 둘 다 아닌
3) **Not A but B** : A가 아니라 B인
4) **Not only[merely, simply] A but (also) B** : A뿐만 아니라 B도 ~
   = B as well as A ☞ B에 일치

1) **Either** you **or** your account/ **are** at fault. (×) [are → is]

　　당신 아니면 당신 거래처에/ 잘못이 있어요.

2) **Neither** you **nor** the top negotiator/ **are** satisfied with the agreement. (×)

　　당신도 그 최고 협상대표자도/ 그 합의에 만족하지 않습니다. [are → is]

3) **Not** I **but** they/ **was** badly injured/ in the landmine blasts. (×) [was → were]

　　내가 아니고 그들이/ 중상을 입었어요/ 지뢰폭발로.

　　cf. I, not you, **are**/ to blame for that. (×) ☞ 긍정에 일치 [are → am]

　　　　당신이 아니고 접니다/ 그것에 대해 잘못한 것은.

4) **Not only** you **but also** she/ **are** responsible for the scandal. (×) [are → is]

　　= She **as well as** you/ **are** responsible for the scandal.　　(×) [are → is]

　　　　당신뿐만 아니라 그녀도[당신도 그녀도]/ 그 추문에 책임이 있습니다.

바로 이것이 포인트! 　주어가 상관접속사로 연결된 경우의 일치

1. 동사에 가까운 주어(B)에 일치시킴　☞ B as well as A는 먼 주어 B에 일치
2. 함께 사용하는 **상관어구**[or, nor, but (also)]와 **병렬관계**에 유의하세요.

---

more tips　　A, together with B는 A에 일치시킴

Iran and North Korea/ together with Iraq/ **is** the countries/ President Bush has labeled/ the "axis of evil." (×) [is → are]

이란, 북한은/ 이라크와 더불어/ 나라들입니다/ 부시 대통령이 이름 붙인/ 악의 축이라.

---

(2) 「every[each]」의 수일치

Every[Each] 단수명사 + 단수동사
Every[Each] 단수명사 and 단수명사 + 단수동사

Every clouds/ **have** a silver lining. (×)　　　　[clouds → cloud, have → has]

모든 구름은/ 은빛으로 빛나는 곳이 있어요.　　　　*silver lining 밝은 희망, (먹)구름의 흰 가장자리

☞ 쥐구멍에도 볕 들 날 있다.(=Every dog has his day.)

☞ In every bad situation,/ there is always something positive.

　　아무리 어려운 상황에서도,/ 희망은 있디[언제나 긍정적인 면을 찾을 수 있나].

Every management and employee/ **were** invited to the banquet. (×)   [were → was]

전 경영진과 사원이/ 그 축하연에 초대되었습니다.

바로 이것이 포인트! **주어에 every[each]가 붙은 경우**

1. **전체 문장을 3인칭 단수로 일치**시키고,
2. **단수대명사, 단수소유격**으로 받으며,
3. **every–, some–, no–, any–[body, one, thing]**도 같은 원칙이 적용됩니다.

everybody	nobody	somebody	anybody		
everyone	no one	someone	anyone	+	단수동사
everything	nothing	something	anything		

Everybody are/ equal before the law. (×)

Everybody is/ equal before the law. (○)

만인은 평등합니다/ 법 앞에.

Somebody seem to be pulling the wires/ behind the protesters. (×)

Somebody seems to be pulling the wires/ behind the protesters. (○)

누군가 조종하고 있는 것 같습니다/ 시위대 뒤에서[시위대를].

cf. **Both A and B**＋복수동사 : A와 B 둘 다 ∼이다

　Both fish **and** shellfish/ **is** favorite foods of flamingos.　(×)

　Both fish **and** shellfish/ **are** favorite foods of flamingos. (○)

　물고기와 조개 둘 다/ 홍학이 좋아하는 먹이입니다.

(3) 「many」의 수일치

many	복수명사＋복수동사
many a	단수명사＋단수동사

Many workers/ **is** on strike/ for better wages.　　(×)　　　　　　　　[is → are]

Many a **workers**/ **are** on strike/ for better wages. (×)　[workers → worker/ are → is]

많은 노동자들이/ 파업 중입니다/ 임금인상을 요구하며.

위 둘은 뜻이 **"많은 ∼"**로 같으나 관사 **a**가 있고 없음에 따라 일치에 큰 차이가 있는데,
many a는 뒤에 **단수명사**가 오고 **단수동사**로 일치시킴에 주의하세요.

(4) 「number」의 수일치

> a number of　+복수**명사**+복수**동사**　　　☞　　a−막연한 개체
> the number of+복수**명사**+단수**동사**　　　　　the−구체적인 수

A number of prestigious **persons**/ **is** filing into/ the religious gathering.
많은 명망가들이/ 줄지어 들어오고 있어요/ 그 종교행사장으로.　　　　　　　(×) [is → are]

The number of memberships/ **are** increasing/ by geometric progression/
these days. 회원 수가/ 증가하고 있습니다/ 기하급수적으로/ 요즘.　　　　　(×) [are → is]

> **바로 이것이 포인트!**　**a** number of ~, **the** number of ~ 일치의 차이
>
> a number of+복수명사　　: 많은 ~　☞ **복수명사**가 주어이므로 **복수동사**로 받음.
> the number of+복수명사 : ~의 수　☞ **number**가 주어이므로 **단수동사**로 받음.

(5) 「부분을 나타내는 명사」의 수일치

> 1) **용법** : 분수[the rest, most, …] of+단수**명사**+단수**동사**
> 　　　　　분수[the rest, most, …] of+복수**명사**+복수**동사**
> 2) **종류** : 분수 of ~　　the rest of ~　　the majority of ~　　　the bulk of ~　　half of ~
> 　　　　　most of ~　　some of ~　　a lot of ~/lots of ~　　percent of ~

Three-fourths of teens/ **sends** text messages/ more than E-mail. (×)
Three-fourths of teens/ **send** text messages/ more than E-mail.　(○)
10대들의 3/4이/ 문자메시지를 보냅니다/ 이메일보다.

Most of the play/ **don't** fit in/ with the musical interludes.　　　(×)
Most of the play/ **doesn't** fit in/ with the musical interludes.　　(○)
그 연극의 대부분이/ 어울리지 않아요/ 뮤지컬 간주곡과.

Half of our earnings goes/ for paying taxes and insurance fees.　(×)
Half of our earnings go/ for paying taxes and insurance fees.　　(○)
우리 수입의 반이 쓰입니다/ 세금과 보험료 내는 데에.

(6) 「기간, 거리, 가격, 무게 단위」의 수일치

기간, 거리, 가격, 무게 단위의 **복수명사**+**복수동사** (×)
기간, 거리, 가격, 무게 단위의 **복수명사**+**단수동사** (○)

Two years/ are a long time/ for your girlfriend to wait for you. (×) 〈기간〉
Two years/ is a long time/ for your girlfriend to wait for you.   (○)
2년이란 기간은/ 긴 시간이야/ 여자 친구가 널 기다리기엔.

Ten miles are a long distance/ for kids to walk.   (×) 〈거리〉
Ten miles is a long distance/ for kids to walk.   (○)
10마일은 먼거리입니다/ 아이들이 걷기에는.

A million dollars are all I have. (×) [are → is]   〈금액〉
백만 달러가 내가 가진 돈 전부야.

바로 이것이 포인트!

1. 기간, 거리, 가격, 무게를 나타내는 「**복수명사가 하나의 단위를 나타낼 경우**」는 단수동사로 받습니다.
   ☞ two weeks; a hundred miles; a thousand dollars, …
2. 기간표시 복수명사가 **현재완료의 주어**로 쓰일 때는 have+p.p.를 씁니다.

1. **A thousand dollars**/ are a large sum/ for undergraduates. (×)
   A thousand dollars/ is a large sum/ for undergraduates.   (○)
   천 달러는/ 큰 금액입니다/ 대학생들에게는.

2. **Ten years** has passed/ since the TV personality committed suicide.   (×)
   Ten years have passed/ since the TV personality committed suicide. (○)
   10년이 지났군요/ 그 텔레비전 탤런트가 자살한 지가.

(7) 「병명, 학문명, 국가명, 서적명, 운동경기명, news」의 수일치

병명, 학문명, 국가명, 서적명, 운동경기명, news + 단수동사
(자체가 복수형인 명사)

Diabetes are dreadful because **they** cause complications. (×) 〈병명〉
Diabetes is dreadful because **it** causes complications. (○)
당뇨병은 무섭습니다/ 합병증을 일으키기 때문에.

☞ mumps(볼거리), measles(홍역), strokes(뇌졸중), appendicitis(충수염, 맹장염),
ascites(복수 腹水), the blues(우울증), …

Economics play a key role/ in shaping/ a macro view of the economy. (×) 〈학문명〉
Economics plays a key role/ in shaping/ a macro view of the economy. (○)
경제학은 핵심역할을 합니다/ 확립하는 데 있어/ 거시적 경제관을.

☞ statistics(통계학), politics(정치학), mathematics(수학), linguistics(언어학), physics(물리학),
ethics(윤리학, 도덕), phonetics(음성학), stylistics(문체론), …

> **more tips**   **학문명이 아닌 경우는 복수취급합니다.**
>
> statistics(통계 수치), politics(정견), ethics(윤리의식, 도의), mathematics(수학적 재능)

Police statistics shows/ juvenile crime has continued to increase/ this year. (×)
           delinquency
경찰 통계수치를 보면 알 수 있습니다/ 청소년 범죄가 계속 증가해 왔다는 것을/ 올해. [shows → show]

The United Nations have warned/ that virus/ are spreading rapidly/ around the
globe. (×)
유엔은 경고했습니다/ 바이러스가/ 빠르게 확산되고 있다고/ 전 세계적으로.
☞ The United States (of America), the Netherlands, the Philippines, …   [have → has]

The news of the military shakeup/ **are** being flashed/ over Korea. (×)
The news of the military shakeup/ **is** being flashed/ over Korea. (○)
군부개편 소식이/ 빠르게 퍼져 나가고 있습니다/ 한국 전역으로.
☞ biliards(당구), marbles(구슬치기), cards(카드놀이)도 단수취급하는 것이 일반적입니다.

(8) 「복수명사에 다음 수식어가 붙은 경우」의 수일치

1) a series of, a group of, a catalogue of
   a flock of, a sample of, a team of   ⎤ + **복수명사** + **단수동사**
   a box of, a bunch of   ⎦

   ☞ 이들은 하나의 단위로 간주하여 **단수취급**하고,
      a group of 복수명사는 하나의 집단이 아니라 집단 구성원을 가리키면 **복수취급**합니다.

2) a couple of + **복수명사** + **복수동사[단수동사]** : 두 개의 ~, 두서너 개의

3) a variety[range] of + **복수명사[단수명사]** + **복수동사[단수동사]** : 다양한 ~

   ☞ a variety of + **복수명사** = various + **복수명사** : 다양한 ~

1) **A flock of** birds **are** hovering/ over the water. (×)
   A flock of birds **is** hovering/ over the water.   (○)

   세 떼가 빙빙돌고 있어요/ 물 위를.

   A group of people **is** being photographed.

   한 무리의 사람들이 (단체)사진을 찍고 있어요.

   cf. **A group of** dogs/ **were** running/ through the woods.

      개 떼가/ 달리고 있었어요/ 숲 속을 헤치며.

2) **A couple of** errors **were[was]** made/ in the business report/ for this month.

   두어 군데 잘못이 있었습니다/ 실적보고서에/ 이번 달. → 주로 복수동사로 받음

   cf. The newly-married **couple**/ still **lives[live]** very happily.

      그 신혼부부는 지금도 아주 행복하게 삽니다[깨가 쏟아집니다].

3) There **are[is]** **a wide variety of** political views/ on the issues.

   아주 다양한 정치적 견해가 있습니다/ 그 문제에 대해.

☞ 'a couple[variety, range] of + **복수명사** '두서너 개의[다양한 ~]'는 의미상으로 보면 당연히 **복수동사**로 받아야 하지만 주로 **단수동사**로 받아 오다 현재는 **복수동사**로 많이 받고 있으며, 「a total of 복수명사 + 단수동사」도 현재는 사람 등의 **셀 수 있는 명사의 복수**인 경우는 「**복수동사**」로 받는 것이 일반적입니다. 단, 「a total of twenty dollars(금액의 복수명사–단수취급)」는 「**단수동사**」로 받고 있으므로 이부분이 출제된다면 논란의 소지가 있으리라 예상됩니다.

(9) 「대칭형 복수명사」의 수일치 ☞ 복수동사로 받음.

glasses 안경	scissors 가위	binoculars 쌍안경	pants 바지
tweezers 족집게	tongs 부젓가락	pliers 펜치, 집게	shoes 구두

Binoculars is used/ to see distant objects.   (×)
Binoculars are used/ to see distant objects. (○)
쌍안경은 사용됩니다/ 멀리 있는 물체를 보는 데.

Her **shoes is** worn down/ at the heel.   (×)
Her **shoes are** worn down/ at the heel. (○)
그녀의 구두는 다 닳았어요/ 뒤축이.

more tips   위 명사가 this[the] pair of ~, a pair of ~의 수식을 받는 경우

a[this] pair of glasses[scissors, binoculars, …] + **복수동사** (×)
a[this] pair of glasses[scissors, binoculars, …] + **단수동사** (○)

This pair of vintage **shoes**/ **are** pinching my feet. (×)
This pair of vintage **shoes**/ **is** pinching my feet.   (○)
이 빈티지 구두는/ 꽉 끼어 발이 아파요.

(10) 「one of the 복수명사」의 수일치

1) one of the 복수명사 + 단수동사
    ↳ ~한 사람[것] 들 중의 한 사람[하나]

2) more than one of the 복수명사 + 복수동사 : ~중 1명 이상이
    more than one + 단수명사 + 단수동사 : 하나 이상의 ~, 많은 ~ 〈원칙〉
    ☞ 'more than one' 뒤에는 「단수명사 + 단수동사」가 원칙이었으나
    현재는 「복수명사 + 복수동사」도 쓰이고 있습니다.

1) **One of the colleagues**/ in our team/ **park**/ in the underground parking lot. (×)
    One of the colleagues/ in our team/ **parks**/ in the underground parking lot. (○)
    동료 한 명은/ 우리 팀의/ 차를 주차해요/ 지하주차장에.

2) **More than one** fourth of office workers/ **are** concerned/ about layoffs.

직장인의 1/4 이상이/ 걱정하고 있습니다/ 정리해고에 대해.

More than one workman/ **is** taking a break. 〈원칙〉

한 명 이상의 일꾼이/ 휴식을 취하고 있습니다.

More than one workmen/ **are** taking a break. 〈예외〉

한 명 이상의 일꾼들이/ 휴식을 취하고 있습니다.

(11) 「집합명사」의 수일치

1) **종 류** : family, audience, committee, attendance, class, crew, army, …
2) **용 법** : 집합명사로 쓰인 경우 〈전체적 개념 – 한 덩어리〉 → **단수취급**
   군집명사로 쓰인 경우 〈개별적 개념 – 구성원 각자〉 → **복수취급**
3) **포인트** : 똑같은 단어가 집합명사, 군집명사 양쪽으로 쓰이므로 어떤 명사로 쓰였는지
   반드시 확인하세요.

My family is a large one/ in which three generations live together. 〈집합명사〉

우리 가족은 대가족입니다/ 3대가 함께 사는.

My family are all very well/ thanks to avoidance of alcohol and cigarettes.

우리 가족 각자는 모두 아주 건강합니다/ 술 담배를 멀리한 덕분에. 〈군집명사〉

(12) 「주어와 동사 사이에 수식어가 끼인 경우」의 수일치

1) **형 태** : 주어 + (수식어구) + 동사
2) **용 법** : 수식어구는 일치에 영향을 미치지 않으므로 **앞의 주어에 동사를 일치시킴**

Sara,/ accompanied by her friends/ **are** coming/ to attend the meeting. (×)
Sara,/ accompanied by her friends/ **is** coming/ to attend the meeting. (○)

사라는,/ 친구들을 데리고/ 이리로 오고 있습니다/ 미팅에 참석하기 위해.

The foreign **car**/ which he bought two years ago/ **are** comfortable/ to ride in. (×)
The foreign **car**/ which he bought two years ago/ **is** comfortable/ to ride in. (○)

그 외제차는/ 2년 전에 그가 산/ 편안합니다/ 타기에. ☞ 승차감이 좋아요.

(13) 「유도부사가 이끄는 문장」의 수일치

1) **용 법** : There[Here] is + 단수주어
There[Here] are + 복수주어
2) **포인트** : There[Here]는 유도부사로, <u>주어가 아니므로</u> 동사를 뒤에 있는 주어에 일치시킴

There **is** very little **probability**/ that the film will succeed.　　　　[S = probability]

가능성이 정말 적어요/ 그 영화가 성공할.

There **are peaks** and **valleys**/ in life.　　　　[S = peaks and valleys]

절정도 있고 고난의 시기도 있습니다/ 인생에는.

(14) 「관사 + 명사 and (관사) + 명사」의 수일치

1) **용 법** : **관사**+명사 and 명사　　　☞ 관사가 **한쪽** – **단수취급** : 1명[마리]
　　　　　　 관사+명사 and **관사**+명사　☞ 관사가 **양쪽** – **복수취급** : 2명[마리]
2) **포인트** : 관사가 **한쪽**만 있으면　　　　양쪽에 다 있으면
　　　　　　 한 사람[같은 것, 1마리 동물]　두 사람[각각의 것, 2마리 동물]
　　　　　　 ⇒ **단수취급**　　　　　　　　　⇒ **복수취급**

The professor and doctor/ **is** my stepfather.

그 교수 겸 의사는/ 제 의붓아버지입니다.　　　　　　　　　　　　　　〈같은 한 사람〉

The professor and **the** doctor/ **were** invited to a luncheon/ with local bigwigs.

그 교수와 그 의사는/ 오찬에 초대받았습니다/ 지역유지들과의.　　　　　〈다른 사람–2명〉

A black and white dog/ **is** running after the cat/ with all its force.

검고 흰 얼룩 개 한 마리가/ 그 고양이를 뒤쫓고 있어요/ 전력을 다해.

A black and **a** white dog/ **are** running after the cat/ with all their force.

검은 개 한 마리와 흰 개 한 마리(개 두 마리가)/ 그 고양이를 뒤쫓고 있어요/ 전력을 다해.

(15) 「공동소유, 개별소유」의 수일치

> 명사 and 명사's + 명사 ☞ 소유격이 **한쪽** : 하나 – **단수취급** 〈공동소유〉
> 명사's and 명사's + 명사 ☞ 소유격이 **양쪽** : 둘 – **복수취급** 〈개별소유〉

This **is**/ **Peter and Sara's** apartment.　　〈한 채〉

이것은 입니다/ 피터와 사라 (공동의) 아파트.

These **are**/ **Peter's and Sara's** apartments. 〈두 채〉

이것들은 입니다/ 피터의 아파트와 사라의 아파트.

(16) 「주어가 2개인 경우」의 수일치

> 1) 주어가 A and B 형식으로 **별개의 사람·사물이면 복수취급**
> 2) 아래와 같이 **불가분의 관계를 나타내면 단수취급**
>
> | | |
> |---|---|
> | trial and error 시행착오 | a needle and thread 실 꿰인 바늘 |
> | sum and substance 요점 | a watch and chain 줄이 달린 시계 |
> | brandy and water 물 탄 브랜디 | slow and steady 느리지만 착실함 |
> | all work and no play 공부만 하고 놀지 않는 것 | |
>
> cf. bread and butter 버터 바른 빵 〈단수취급〉　　time and tide 세월 〈단수, 복수 양쪽으로 취급〉
> 　　　　　　빵과 버터　　〈복수취급〉

1) The **violin** and the **harp**/ **differs** in timbre. (×)
　 The **violin** and the **harp**/ **differ** in timbre. (○)

바이올린과 하프는/ 음색이 달라요.

2) **Curry and rice**/ **is** one of my favorite foods.

카레라이스는/ 내가 가장 좋아하는 음식들 중의 하나입니다.

All work and no play/ **makes** Jack a dull boy.

공부만 하고 놀지 않으면/ 잭을 멍청이로 만들어요. → 바보가 돼요, 애가 못쓰게 돼요.

☞ 일만 하고 놀지 않으면 사람은 우둔해집니다.

cf. **Time and tide wait(s) for** no man. → 주로 복수로 받음.

세월은 사람을 기다리지 않는다. 〈속담〉

(17) 「No + 명사」의 수일치

> No + **단수명사**〈단수취급〉 + **단수동사**
> No + **복수명사**〈복수취급〉 + **복수동사**

No book is/ more instructive than this book.
No books are/ more instructive than this book.

책들은 없어요/ 이 책보다 더 유익한.

No fuel is left/ for the boiler.

연료가 없어요/ 보일러를 땔.

---

more tips   none의 수일치 → no + one

1. none (사람) – **수**의 개념 : 복수취급   ☞ no one + 단수동사
2. none of the 복수명사 + 복수동사[단수동사]   ☞ 현대는 복수명사에 촛점을 두어
     none of the 단수명사 + 단수동사   복수동사로 많이 받습니다.

None are completely happy.

완전히 행복한 사람은 그 어느 누구도 없어요.

None of the workers are[**is**]/ in the workplace.

근로자들 중에서 그 누구도 없어요/ 작업장에.

None of the money goes/ into the land reclamation project.

그 돈 중에서 한 푼도 들어가지 않아요/ 그 간척사업에는.

(18) 「all」의 수일치

> 1) **수**의 개념 : 사람 → 복수취급
>   **양**의 개념 : 사물 → 단수취급
>
> 2) all[all the, all of the] + 복수명사 + 복수동사
>   all[all the, all of the] + 단수명사 + 단수동사

1) **All are** contented with/ **their** present life. 〈사람〉
   = **Everybody is** contented with/ **his** present life.

   모두가 만족하고 있습니다/ 자신들의 현재 생활에.

   All is fair/ in love and war. 〈사물〉

   모든 것이 정당해요/ 사랑과 전쟁에서는.

   ☞ 사랑과 전쟁에서는 수단과 방법을 가리지 않아요.

2) **All the villagers were killed**/ in cold blood/ and **their** bodies were mutilated.

   마을 주민 모두가 살해됐습니다/ 무참히/ 그리고 그늘의 몸은 설난되었습니다.

   All the furniture glistens/ because **it** has been rubbed.

   모든 가구가 반짝반짝 빛나요/ 잘 닦아서.

(19) 「동명사(구), 부정사(구), 명사절, 의문사(절)가 주어인 경우」의 수일치

모두 **단수취급**하여 **단수동사**로 받습니다.

Driving a car/ **on the icy road**/ **are** dangerous. (×) 〈are → is〉 〈동명사구〉

운전하는 것은/ 빙판길 위를/ 위험해요.

To speak English fluently/ **is** no easy job. 〈부정사구〉
= **It** is no easy job/ **to** speak English fluently.

쉬운 일이 아니지요/ 영어를 유창하게 하는 것은.

That they are getting married/ at no distant date/ **is** true. 〈명사절〉

그들이 결혼할 것이란 것은/ 머지않아/ 사실이에요.

Who wears the pants/ in your house? 〈의문사〉

누가 주도권을 쥐고 있니?/ 너희 집에서

☞ wear the pants 남편을 깔고 뭉개다

Why she did it/ **are** still a mystery. (×) 〈are → is〉 〈의문사절〉

그녀가 왜 그랬는지는/ 아직도 수수께끼야.

3 인칭대명사의 일치

(1) 「명사와 대명사」의 일치

명사를 받는 **대명사**는 그 명사와 **수. 성, 격**이 일치해야 합니다.

> 1) 단수명사 → **단수대명사[소유격]** ☞ child, adult, individual, … → he or she
> 복수명사 → **복수대명사[소유격]** ☞ people; those who, ~ … → they
> 2) 여성명사(actress, princess, manageress, forewoman) → she[her, her]
> 남성명사(actor, prince, manager, foreman) → he[his, him]
> 집합명사(family, committee, …); the job[company, …]; dog[cat] → it[its, it]

1) **A guide dog** bit the hoodlum/ who was trying to kick at **them**. (×)

　안내견 한 마리가 그 불량배를 물었어요/ 차려고 하는. [them → **it** = a guide dog]

2) **She** is an international **stewardess**/ with Delta Airlines.

　그녀는 국제선 스튜디어스입니다/ 델타 항공사의.　　[She = an stewardess]

(2) 「one, you로 시작된 문장」의 일치

one, you, … 등의 인칭대명사가 주어로 쓰인 문장은 **소유격, 목적격, 재귀대명사**를 각 인칭에 맞게 **사용**해야 하며 임의로 인칭을 바꾸면 안 됩니다.

주격	소유격	목적격	재귀대명사	
1) one	one's	one	oneself 〈원칙〉	
he	his	him	himself 〈구어-미국영어〉	– 남성인 경우
she	her	her	herself	여성인 경우
2) you	your	you	yourself	

1) **One** must take care of/ **your** parents with devotion. 　　　(×)
   One must take care of/ **one's**[his, her] parents/ with devotion. (○)

　사람은 모셔야 합니다/ 자기 부모님을/ 헌신적으로. ☞ 효도해야 해요.

2) If **you** have the interview/ without intensive preparation,/ **he** is sure to fail. (×)
   If **you** have the interview/ without intensive preparation,/ **you** are sure to fail. (○)

　만약 당신이 면접을 보면/ 철저한 준비 없이,/ 떨어질 게 분명해요.

(3) 「주격 관계대명사의 선행사와 동사」의 일치

주격 관계대명사가 이끄는 절 속의 **동사**는 **선행사와 수, 인칭**이 일치해야 합니다.

He wants to become **an astronaut**/ who **travel** in a spacecraft. (×)
He wants to become **an astronaut**/ who **travels** in a spacecraft. (○)
그는 우주비행사가 되고 싶어합니다/ 우주선을 타고 여행하는.

There **is** thousands of **webstations**/ which **is** run by individuals/ in Korea.　(×)
There **are** thousands of **webstations**/ which **are** run by individuals/ in Korea. (○)
수천 개의 웹스테이션이 있습니다/ 개인들에 의해서 운영되는/ 한국에는.

more tips　　**주격관계대명사 what의 수일치**

관계대명사 what절의 동사와 what이 이끄는 절이 주어로 쓰인 경우 「**단수**」로 받는 것이 원칙이지만,
the thing(s) which로 바꿔 쓸 수 있으므로 문맥과 상황에 따라 단·복수를 결정해야 합니다.

Those are/ **what make** them remarkable figures/ who they are today.
그것들은 입니다/ 그들을 주목받는 인물로 만들어 준 것들/ 그들이 오늘날의.
☞ 그것들로 인해 그들은 주목받는 인물이 되었습니다.

What is the most important thing/ in developing an online game/ **is** market potential.
가장 중요한 것은/ 온라인 게임을 개발하는 데 있어/ 시장잠재력입니다.

cf. What **are** friends for?
　　친구 좋다는 게 뭐야?

That's what friends **are** for?
친구 좋다는 게 이런 거지 뭐.

4 수식어 – 피수식어의 일치

명사를 수식하는 어구가
1) 단수개념을 지니고 있을 땐 → **단수명사**
2) 복수개념을 지니고 있을 땐 → **복수명사**로 피수식어를 일치시켜야 합니다.
   ① this[that, each, a single, much, another, either, neither] + **단수명사**
   ② these[those, both]+ **복수명사**
   ③ various[manifold, several, numerous, many, both, two, three, …] + **복수명사**[불가산명사]

We should take/ **this** immortal **saying**/ to heart.

우린 간직해야 해요/ 이 만고의 명언을/ 마음속에.

We should take/ **these** immortal **sayings**/ to heart.

우린 간직해야 해요/ 이 만고의 명언들을/ 마음속에.

The United States/ has applied **various sanctions**/ against North Korea.

미국은/ 다양한 제재를 가해 오고 있습니다/ 북한에 대해.

Most students/ have tutors and go to various academies.

대부분의 학생들이/ 과외를 받고, 여러 군데의 학원에 다녀요.

I have **numerous things** to do/ in the company/ this week.

난 할 일이 태산 같아요/ 회사에서/ 이번 주에.

☞ manifold problems[cultural differences, reasons, abuse]
   다양한 문제들[문화적 차이, 여러 가지 이유들/ 온갖 욕설]

문체론
Stylistics

같은 내용의 글이라도 더 훌륭한 글이 있듯, 영어에도 더 좋은 문장이 있습니다. 이 장은 효과적인 영어 문장을 쓰기 위한 법칙인 **문체론 – 일관성, 간결성, 논리성, 병렬구조** –를 다루고 있는데, 기본원칙과 예들을 익히고 나면 별로 어려움이 없으므로 부담 없이 학습하면 됩니다.

우리말에도 문어체, 구어체, 간결한 문체, 장황한 문체, 화려한 문체, 조잡한 문체 등이 있듯 영어에도 효과적인 문장을 쓰기 위한 법칙이 있는데요.

바로 일관성
       간결성
       논리성
       병렬구조입니다.

시험대비 「문체론」 중점 학습 과제

1 영문에서 **인칭, 수, 시제, 법, 태**는 일관성을 유지해야 하므로, 임의로 **인칭, 수, 시제, 법, 태**를 바꾸면 안 되고, 문장 성립상 꼭 필요한 어구는 생략해서는 안 됩니다. 〈일관성〉

We seldom do **your** best till he is forced to.   (×)
We seldom do **our** best/ till we are forced to. (○)
사람은 좀처럼 최선을 다하지 않는다/ 다급해질 때까지. → 사람은 다급해져야만 최선을 다한다.

2 문장은 문법상 옳은 문장일지라도 짧게 쓴 것이 더 좋은 문장입니다.   〈간결성〉

1) 불필요한 수식어를 쓰지 마세요.
2) 비슷한 의미의 단어를 겹쳐 쓰지 마세요.

rise and go up	shed and discard	have and possess
return back	advance forward	same and identical

The firm **was close to the point of being at bankruptcy** and workers were
fired.   (×)
The firm **was almost bankrupt**/ and workers were fired.   (○)
그 회사는 거의 파산직전이었어요/ 그리고 근로자들은 해고되었습니다.

3 병렬구조의 형식과 병렬구조를 취하는 구문은 반드시 익혀야 합니다.

1) **형 식**   **A, B, and[or] C**   **A and B**   **A or B**

  [주의] A, B, C는 문법상 같은 역할을 하는 품사로 연결시키세요.

2) **상관접속사 구문**   : both A **and** B/ neither A **nor** B/ not A **but** B/
                   either A **or** B/ not only A **but** (also) B/ B **as well as** A

  비교구문의 비교대상 : A **as** ~ **as** B/ A **more**[less, -er] **than** B/
                   the 비교급 A, **the** 비교급 B

The drunken guy looks/ very **intelligent, handsome, and coolness.** (×)
The drunken guy looks/ very **intelligent, handsome, and cool.**   (○)
그 술 취한 남자는 보이네요/ 매우 지적이고, 잘생겼으며, 멋져.

4 **분사구(문), 부정사구, 동명사구, 생략절**이 나오면 의미상 주어와 주절의 주어가 일치하는지를 반드시 확인하세요. ☞ 일치하지 않으면 의미상 주어를 표시해 주어야 합니다.

Discouraged by his failure in the exam,/ **crying** was inevitable.   (×)
= (As **he** was) discouraged by his failure in the exam,/ **crying** was inevitable. (×)
Discouraged by the failure in the exam,/ he felt **like** crying.   (○)
= (As **he** was) discouraged/ by the failure in the exam,/ he felt **like** crying. (○)
  시험 실패로 낙심이 되어/ 그는 울고 싶었습니다. ☞ 의미상 주어와 주어가 사람으로 일치함

1 일관성(Coherence)

전체 문장을 통하여
주어 · 인칭 · 수 · 시제 · 태 등은 **일관성 있는 관점**(Point of View)을 유지해야 하며,
문장 구성상 꼭 필요한 어구는 생략하면 안 됩니다.

1 인칭의 일관성

문맥에 맞는 인칭을 사용해야 하며, **임의로 인칭을 변경해서는 안 됩니다.**

If **anyone** insures against death,/ **you** have to read the insurance clauses first.　(×)
If **anyone** insures against death,/ **he**[she] has to read the insurance clauses first.　(○)
누군가가 생명보험에 든다면, 그는[그녀는] 먼저 보험약관을 읽어 봐야 합니다.

☞ anyone은 3인칭 단수이므로 he나 she로 받아야지 1인칭 I, 2인칭 you, 복수 they로 받을 수 없음

2 수의 일관성

선행 인칭에 맞게 단수, 복수를 일치시켜야 하며, **임의로 수를 변경해서는 안 됩니다.**

If **he** wants to get a raise/ **he** has to increase **his** sales figures/ by up to 20 percent.
월급 인상을 바란다면,/ 그는 판매실적을 향상시켜야 해요/ 20퍼센트까지.　　　　[he – he – his]

If **we** want to get a raise,/ **we** have to increase **our** sales figures/ by up to 20 percent.
월급 인상을 바란다면,/ 우린 판매실적을 향상시켜야 해요/ 20퍼센트까지.　　　　[we – we – our]

Every women have the right/ to make the decision/ for **yourself** and **your** family. (×)
Every woman has the right/ to make the decision/ for **herself** and **her** family.　(○)
모든 여성은 권리를 가집니다/ 결정을 할/ 자신과 그녀 가족을 위한.

☞ every+단수명사+단수동사로 사용하고, woman은 여성이므로 **herself, her**로 일치시켜야 함

The son of the CEO is disrespectful/ to **their** superiors, and **he** dislikes it.　(×)
The son of the CEO is disrespectful/ to **his** superiors, and **they** dislike it.　(○)
그 사장 아들은 무례합니다/ 자기 상사들에게,/ 그리고 그들[상사들]은 그것을 좋아하지 않습니다.

☞ son = his이고, dislike하는 사람은 superiors = they임

3 시제의 일관성

시제는 논리에 맞게 일관성이 있어야 하며, **임의로 시제를 변경해서는 안 됩니다.**

Because the serious traffic accident/ **had occurred** on highway 15 **yesterday,**/
the road traffic **still showed** no sign of getting better. (×)

Because the serious traffic accident/ **occurred** on highway 15 **yesterday,**/
the road traffic **still shows** no sign of getting better.　(○)

그 대형교통사고 때문에/ 어제 15번 고속도로에서 발생한/ 교통정체가 아직도 풀릴 기미를 보이지 않고 있습니다.

☞ 종속절은 yesterday로 보아 과거시제, 주절은 still로 보아 현재시제가 되어야 함

4 태의 일관성

능동, 수동은 논리에 맞게 일관성이 있어야 하며, **임의로 능동, 수동을 바꾸면 안 됩니다.**

I **am moving** to a bigger apartment,/ but **it is not liked by me**. (×) [능동태 → 수동태]
I **am moving** to a bigger apartment,/ but **I do not like it**.　　(○) [능동태 → 능동태]

더 큰 아파트로 이사를 가게 되었어요./ 하지만 난 그걸 좋아하지 않아요.

☞ 등위접속사 but으로 연결된 두 문장이 '능동태 → 능동태'로 이어지는 것이 더 일관성 있음

5 필요어구의 생략금지

완전한 문장을 이루는데 꼭 필요한 어구는 생략해서는 안 됩니다.

Her performance was **as** tremendous,/ or possibly even **better than,**/ Sara's.　(×)
Her performance was **as** tremendous **as,**/ or possibly even **better than,**/ Sara's. (○)

그녀의 연기는 (사라) 만큼은 훌륭했어요/ 아마도 훨씬 더 훌륭했던가/ 사라보다.

☞ 비교의 형태는 'as+형용사+as'로 완전해야 함

The gatecrasher never **has**/ and **never will be given** a warm welcome.　　(×)
The gatecrasher never **has been**/ and **never will be given**/ a warm welcome. (○)

그 불청객은 받은 적도 없고/ 앞으로도 받지 못할 것입니다/ 따뜻한 환영을.

☞ has (given)이 아니라 has been (given)〈완료 수동〉이므로 been이 반드시 필요함

more tips

1. **관사**를 빠뜨린 경우 → by hour (×) → by the hour(시간당) (○)
2. **전치사**를 빠뜨린 경우 → in spite (×) → in spite of(∼에도 불구하고) (○)

2 간결성(Terseness)

문장은 문법에 어긋나지 않는 한 짧을수록 좋으므로 비슷한 의미의 단어를 **중복 사용**하여 복잡하게 되거나, 에둘러 표현한 간접적인 문장보다는 **간결하고 직접적으로 표현한 문장**이 더 좋은 문장입니다.

1 불필요한 (수식)어구를 사용한 경우

아래 예문에서 △표 문장도 문법적으로는 틀린 문장은 아니지만, 가능한 짧게 표현한 문장이 더 좋은 문장입니다.

The multinational company/ **is close to the point of being at bankruptcy**. (△)
The multinational company/ **is almost bankrupt**. (○)
그 다국적기업은/ 거의 파산 직전입니다.

The sprinter walked down the stairs/ **in a quick manner**. (△)
The sprinter walked down the stairs/ **quickly**. (○)
그 단거리 육상선수는 계단을 내려갔습니다/ 빠르게.

☞ in a responsible manner → responsibly 책임지고, 책임감 있게
   in a lordly manner → lordly, haughtily 거만하게

The most important element/ in children's lives/ **that** is to grow up healthily. (×)
The most important element/ in children's lives/ is to grow up healthily. (○)
가장 중요한 요소는/ 아이들의 생활에서/ 튼튼하게 자라는 것입니다.

☞ that은 불필요한 어구임.

The players/ are all flushed **at** with nervousness and tension. (×)
The players/ are all flushed with nervousness and tension. (○)
그 선수들은/ (모두 얼굴에) 초조와 긴장의 빛이 역력합니다.

☞ at은 불필요한 어구임.

2 동의어 중복의 경우

같은 의미의 단어를 겹쳐 쓴 경우로 시험 영어에서는 잘못된 문장으로 간주합니다.

Youth unemployment/ is **generally normally** regarded as/ an important policy issue. (×)
Youth unemployment/ is **generally** regarded as/ an important policy issue.　　　(○)
Youth unemployment/ is **normally** regarded as/ an important policy issue.　　　(○)
청년 실업은/ 일반적으로 간주됩니다/ 중요 정책문제로.

(1) 동의어 중복의 예

1) 동사 동의어 중복

have and possess	extinguish and put out	compile and put together
rise and go up	emit and give out	enlarge and make bigger

2) 형용사 동의어 중복

free and gratis	same and identical	last and final
common and usual	sufficient and enough	varied and diverse
basic and fundamental	true and accurate	established and founded
buying and purchasing	original and first	synthetic and man-made

3) 명사 동의어 중복

a youngster child	questions and problems	part and portion
use and utilization	the position and location	

4) 부사 동의어 중복

very highly	quite and fairly	generally and normally
very specially	extremely and greatly	as a rule and usually
easily and readily	perfectly without mistake	nearly and approximately

위 1), 2), 3), 4)는 두 단어가 비슷한 의미이므로 **둘 중 하나만 써야 효율적**이며,
만약 문제에서 위처럼 단어들이 겹쳐 나오면 **동의어 중복**으로 이것이 답이 됩니다.

5) 명사와 그 명사를 받는 대명사의 중복

Human feces/ **they** are discharged through the anus. (×)
Human feces/ are discharged/ through the anus.　　(○)
사람의 대변은/ 배설됩니다/ 항문을 통해.

☞ 주어인 Human feces만으로도 이미 완전한 문장이므로 they를 또 쓰면 **주어의 중복**임.

[참고] take a shit; have a bowel movement 대변보다
　　　 have a call of nature 대변이 마렵다; want to go to the bathroom[toilet] 용변을 보고싶다

6) 한 단어가 다른 단어의 뜻을 포함하고 있는 경우

advance forward	proceed forward	progress forward
return back	revert back	compete together
repeat again	important essentials	wordy redundancy
new innovation	during in time of	audible to ear
final completion	habitual custom	surrounding circumstances

파란색 볼드체 단어 속에 이미 옆 단어의 뜻이 포함되어 있으므로 **파란색 볼드체 단어만 사용하는 것이 좋습니다.**

7) 기타의 경우

① The reason is because ~ (×) → The reason is that ~ (○)
　　　　　　　　　　　　　　　　　That is because ~ 　(○)
② the way how → the way나 how 둘 중 하나만 사용합니다.

> **more tips** 간결성을 어긴 경우의 예
>
> 1. 이중비교
>
> > 두 개의 비교급을 **겹쳐 쓰지 마세요.**
>
> Sam is **more kinder**/ to others/ **than** Sara. (×)
> Sam is **kinder**/ to others/ **than** Sara.　　(○)
> 샘이 더 친절해요/ 다른 사람에게/ 사라보다.
>
> 2. 접속사의 중복
>
> > 아래 예문의 **but은 불필요한 어구**입니다.
>
> Although Sam is young,/ **but** he is an effective lecturer. (×)
> Although Sam is young,/ he is an effective lecturer.　　(○)
> 비록 젊지만[경험은 적지만]/ 샘은 유능한 강사입니다.

3 논리성(Logicalness)

영문은 구조나 의미에 있어 논리적이어야 하는데, 1) **현수수식어** 2) **수식관계가 분명치 않은 수식어** 3) **시제 · 태의 흐름이 논리적이지 못한 경우** 등이 논리적 관계를 애매하게 합니다.

1 현수수식어(Dangling Modifier)

> **분사구(문), 부정사구, 동명사구, 생략절의 의미상 주어**와 **주절의 주어**를 잘못 사용해 문장이 논리가 맞지 않는 경우입니다.

1) Discouraged/ by failing the exam,/ **crying** bitterly is inevitable.　　(×)
　= (As **he** was) Discouraged by failing the exam,/ **crying** bitterly is inevitable.

　Discouraged/ by failing the exam,/ **he** feels like crying bitterly.　　(○)
　= (As **he** was) Discouraged by failing the exam,/ **he** feels like crying bitterly.

〈분사구문〉

낙심이 되어/ 시험 실패에/ 그는 엉엉 울고 싶은 기분이에요.

☞ **Discouraged**한 것은 사람이지 **crying**이 아니므로 주절의 주어는 사람(I, he, she, we, they, ···)이 되어야 논리적임

2) To succeed in the business,/ **a lot of work** must be done harder/ to gain the market's confidence. (×)   〈부정사구〉

To succeed in the business,/ **we**[**I, you,** ···] will have to work harder/ to gain the market's confidence. (○)

그 사업에 성공하기 위해서,/ 우리는[나는, 너는] 더 많이 노력해야 해요/ 시장의 신뢰를 얻기 위해.

☞ 사업에 성공하는 것은 사람이지 일이 아니므로 주절의 주어도 사람이 되어야 함

바로 이것이 포인트!

문제풀이에서 준동사구가 나오면 **의미상 주어와 주절 주어의 일치 여부**를 반드시 확인하세요.

---

2 부사의 수식관계 논리성

부사 almost, only, just, hardly 등은 그 위치가 잘못 놓이는 경우 뜻이 바뀌거나 어색하거나 비논리적인 문장이 되며, 이들은 **대체로 수식하는 어구 앞**에 놓입니다.

Everyone **almost**/ wants to take **his** vacation/ during the holiday season. (×)
Almost everyone/ wants to take **his** vacation/ during the holiday season. (○)

거의 모든 사람이/ 휴가를 가고 싶어합니다/ 휴가철에는.

☞ almost는 everyone앞에 위치해야 함

The principle of relativity/ is a structured **nicely** scientific theory. (×)
The principle of relativity/ is a **nicely** structured scientific theory. (○)

상대성원리는/ 하나의 잘 짜여진 과학 이론입니다.

☞ 부사는 형용사를 수식하고, 형용사는 명사를 수식하므로 "관사＋부사＋형용사[분사]＋명사" 어순이 되어야 함

---

3 이중부정과 논리성

The leader of the expedition/ had **hardly no** energy left/ for the descent. (×)
The leader of the expedition/ had **hardly any** energy left/ for the descent. (○)

탐험대장은/ 에너지가 거의 남아 있지 않았습니다/ 하산할.

☞ 위와 같이 이중부정을 사용하면 틀린 문장이 됨

4 병렬구조=대구법(Parallelism)

등위접속사, 상관접속사에 의하여 **두 개 이상의 단어 · 구 · 절이 연결되는 경우**와
비교구문에서 **비교대상은 동일한 역할을 하는 문법구조**로 연결되어야 합니다.

1 병렬구조의 적용대상과 형식

1) **병렬구조의 적용대상**

   ① **등위접속사, 상관접속사가 쓰인 문장**
   ② **비교구문의 비교대상**

2) **병렬구조의 형식**

① A, B, and[or] C	② A and B	③ A or B

   ☞ 명사, 명사(,) and[or] 명사　　 = (○)
   　 명사, 명사(,) and[or] 다른 품사 = (×)

   [주의] 위 형식에서 **명사 대신 다른 품사가 들어가면 안 되고, 같은 품사끼리 연결되어야 함**

명사-명사 (○)	**부정사-부정사** (○)	**명사절-명사절** (○)
명사-형용사[부사] (×)	부정사-동명사 (×)	명사절-형용사절 (×)

Her husband/ is **cool, handsome,**/ and **women like him**.　　(×)
　　　　　　　형용사　　형용사　　　　　　　　문장

Her husband/ is **cool, handsome,**/ and **popular** with women. (○)
　　　　　　　형용사　　형용사　　　　　　형용사

그녀의 남편은/ 멋지고, 잘생겼으며/ 게다가 여자들에게 인기도 있습니다.

I want to know the way/ **to overcome** the difficulties/ and **getting** on in life.　　(×)
　　　　　　　　　　　　부정사　　　　　　　　　　　동명사

I want to know the way/ **to overcome** the difficulties/ and **to get on** in life.　　(○)
　　　　　　　　　　　　부정사　　　　　　　　　　　부정사

난 방법을 알고 싶어요/ 역경을 극복하고/ 인생에서 성공하는.

2 등위접속사 · 상관접속사 · 비교구문의 병렬구조

(1) 등위접속사로 연결된 병렬구조

| and(그리고) | but(그러나) | or(또는) | comma | semicolon |

The student/ who was late for class/ entered the classroom/ **furtively** and **silent**. (×)
　　　　　　　　　　　　　　　　　　　　　　　　　　　　　　　　부사　　　　　형용사

The student/ who was late for class/ entered the classroom/ **furtively** and **silently**.　(○)
　　　　　　　　　　　　　　　　　　　　　　　　　　　　　　　　부사　　　　　부사

그 학생은/ 수업에 늦은/ 교실로 들어갔습니다/ 몰래 살그머니.

(2) 상관접속사로 연결된 병렬구조

1) both A and B　　　　　　: A도 B도 둘 다 ~인
2) not A but B　　　　　　　: A가 아니라 B인
3) not only A but (also) B : A뿐만 아니라 B도 ~인
　 =B as well as A
4) either A or B　　　　　　: A이든 또는 B이든 둘 중 하나가 ~인
5) neither A nor B　　　　　: A도 B도 둘 다 ~아닌
6) whether A or B　　　　　: A인지 (아니면) B인지, A이든 (아니면) B이든

The sailors/ in the wrecked ship/ were **both tired**/ **and hunger**.　　(×)
　　　　　　　　　　　　　　　　　　　　　　형용사[분사]　명사

The sailors/ in the wrecked ship/ were **both tired**/ **and to hunger**. (×)
　　　　　　　　　　　　　　　　　　　　　　형용사[분사]　to 부정사

The sailors/ in the wrecked ship/ were **both tired**/ **and hungry**.　　(○)
　　　　　　　　　　　　　　　　　　　　　　형용사[분사]　형용사

선원들은/ 난파선에 있는/ 지치기도 했고/ 배도 고팠습니다.

Sam's fiancée/ is **not only intelligent but also attraction**.　　　　(×)
　　　　　　　　　　　　형용사　　　　　　　　명사

Sam's fiancée/ is **not only intelligent but also attractive**.　　　　(○)
　　　　　　　　　　　　형용사　　　　　　　　형용사

샘의 약혼녀는/ 지적일 뿐만 아니라, 매력적입니다.

(3) 비교구문의 병렬구조 – 비교대상

> 1) **동등비교** ⇒ A as ～ as B   : A는 B만큼 ～하다
> 2) **우등비교** ⇒ A more[-er] than B : A는 B보다 더 ～하다
> 3) **열등비교** ⇒ A less than B   : A는 B보다 덜 ～하다
> 4) the + 비교급 A, the + 비교급 B : A하면 할수록 그만큼 더 B하다

Boxing is even **more** strenuous exercise/ **than to jog.** (×)
　　명사　　　　　　　　　　　　　　　　　　　　부정사

Boxing is even **more** strenuous exercise/ **than jogging.** (○)
　　명사　　　　　　　　　　　　　　　　　　　　명사

권투는 훨씬 더 힘든 운동입니다/ 조깅보다.

His project is much **more** detailed/ **than my.** (×)
His project is much **more** detailed/ **than mine.** (○)

그의 기획안이 훨씬 더 자세해요/ 내 것보다.

☞ His project를 받는 비교대상은 소유격 my가 아니라 소유대명사 <u>mine</u>(내 것)이 되어야 함
　　　　　　　　　　　　　　　　　　　　　　　　　　　my project

The way of life of Asians/ differs widely from/ **Westerners.**   (×)
The way of life of Asians/ differs widely from/ **that of Westerners.** (○)

아시아인의 생활방식은/ 크게 다릅니다/ 서양인의 생활방식과.

☞ The way of life of Asians와 병렬구조를 이루기 위해서는 The way of life를 받는 비교대상
　 that과 전치사 of가 들어가 that of ～가 되어야 함

명사

Noun

이 장은 **사람**(person), **사물**(thing), **장소**(place), **생각**(idea) 등을 나타내는 말인 **명사**를 다루는데, 각 명사의 기본 용법을 이해하는 것이 중요합니다. 중요 부분은 모두 이해해야 하며 명사와 관사는 뗄 수 없는 불가분의 관계가 있으므로 서로 연결해서 학습하는 습관을 들이는 것이 중요합니다.

명사(名詞) 이렇게 이해하세요!

너도, 나도, 그도, 그녀도 이름이 있듯
개도, 소도, 돼지도, 닭도 이름이 있듯
강도, 바다도, 산도, 들도 이름이 있듯

영어에서도
온갖 사람, 사물의 이름을 나타내는 말 즉, 세상만물에 붙은 이름이 바로 명사입니다!

시험대비「명사」중점 학습 과제

1 문제에서 명사에 관계된 문제가 나오면 이 명사가 **셀 수 있는 명사**인지, **셀 수 없는 명사**인지부터 확인하세요.

1) **셀 수 있는 명사(가산명사)** – **보통명사; 집합명사** – 예외 많음
   ① **관사나 한정사가 붙거나**   ② **복수형이 되어야 함**

2) **셀 수 없는 명사(불가산명사)** – **물질명사, 추상명사, 고유명사**
   ① **부정관사를 붙일 수 없고**   ② **복수형으로 쓸 수도 없음이 원칙.**

Expert did the task.   (×)
An[The] expert did the task. (○)
Experts did the task.   (○)

2 **명사의 역할**을 잘 이해하세요.

1) 문장에서 **주어**, (타동사, 전치사의) **목적어**, (주격, 목적격) **보어**, **동격**으로 쓰이는데, 이들 자리에는 **명사나 명사 상당어구**가 와야 합니다.

2) **한정사(관사, 소유격, 형용사, …)의 수식을 받으면** 뒤에 **명사**가 와야 합니다.
   In today's age of globalization,/ national interests/ are the name of the game.
   오늘날의 세계화시대에서는/ 국익이/ 가장 중요합니다.

3 **수표시어와 양표시어**는 반드시 구별해서 사용해야 합니다.

1) **용   법**   **수표시어** + 가산명사   **양표시어** + 불가산명사
2) **수표시어**   few   a few   many   a large[great] number of
   양표시어   little   a little   much   a large amount of   a great deal of

4 아래의 명사들은 **셀 수 없는 명사**이므로 **부정관사를 붙일 수 없고, 복수형으로도 쓸 수 없습니다.**

furniture(가구)	baggage(수하물)	money(돈)	clothing(의류)
machinery(기계류)	weaponry(무기류)	stationery(문구류)	jewelry(보석류)
scenery(경치, 풍경)	poetry(시작품)	foliage(나뭇잎)	produce(농산물)
information(정보)	advice(충고)	equipment(장비)	behavior(행동)
weather(날씨)	merchandise(상품)	conduct(행실)	influenza(유행성 감기)

5 무생물의 소유격은 <u>전치사 of를 사용</u>하지만, **'시간, 거리, 무게, 가격의 단위'**에는 무생물일지라도 Apostrophe S['s]를 붙임에 주의하세요.

today's schedule 오늘의 일정   a month's vacation 1개월의 휴가
ten minutes' walk 걸어서 10분   (at[within]) a stone's throw 아주 가까운 거리에
the pound's fall 파운드의 하락   the dollar's weakness 달러의 약세
Singapore's population 싱가포르의 인구 at one's wit's[wits'] end 어찌할 바를 몰라
by a hair's[finger's] breadth 아슬아슬하게, 간신히, 가까스로

1 명사의 종류

보통명사	집합명사

고유명사	추상명사	물질명사

Countable Noun
셀 수 있는 명사=가산명사

Uncountable Noun
셀 수 없는 명사=불가산명사

수를 나타내므로
1) 단수, 복수의 구별이 **있으며**
2) 단수에는 **부정관사(a, an)가 붙고**,
   복수형으로 쓸 수도 있음
3) 수표시어 **many, few**로 수식받음

양, 정도를 나타내므로
1) 단수, 복수의 구별이 **없으며**
2) **부정관사(a, an)를 붙일 수 없고**,
   복수형으로도 쓸 수 없음
3) 양표시어 **much, little**로 수식받음

☞ 집합명사와 고유명사는 이 원칙이 모두 적용되지는 않고 예외가 많습니다.

2 명사의 역할

1 명사의 역할 이해

문장에서 1) **주어** 2) **타동사의 목적어** 3) **전치사의 목적어** 4) **보어** 5) **동격**으로 사용됩니다.

1) The **interviewer** said/ that one <u>of</u> the major required **abilities**/ for getting a **job**/ is

주어 / 전치사의 목적어 / 타동사의 목적어
   to speak **English** fluently.

타동사의 목적어
   그 면접관은 말했습니다/ 가장 요구되는 능력 중의 하나는/ 취업을 위해/ 영어를 유창하게 하는 것이라고.

2) My favorite **music** is **jazz**,/ so I want to become the world's best jazz **pianist**.

주어 보어 / 보어
   제가 가장 좋아하는 음악은 재즈입니다/ 그래서 전 세계 최고의 재즈 피아니스트가 되고 싶습니다.

3) My **girlfriend, Sara,**/ is always kind/ to **people** around her.

동격 / 전치사의 목적어
   내 여자 친구 사라는/ 언제나 친절합니다/ 주위 사람들에게.
   ☞ 동격은 그 명사가 누구인지[뭔지], 뭘하는 사람[물건]인지를 덧붙여 설명할 때 사용하며,
   동격절[구], 접속사 that이 주로 사용됩니다.

2 반드시 명사가 쓰여야 하는 경우

1) 관사, 형용사, 관사+형용사, 한정사[소유격]의 전치수식을 받고 있는 경우 ☞ **그 뒤**
2) 형용사(구)의 후치수식을 받고 있는 경우 ☞ **그 앞**

1) Her family lives/ in a large old **farmhouse**.

관사+형용사+형용사+명사

그녀의 가족은 살고 있습니다/ 크고 오래된 농가에서.

2) Sara is a **teenager**/ sweet, kind and very pretty.

명사 + 형용사, 형용사, (부사) 형용사 ← 후치수식

사라는 10대 소녀입니다/ 상냥하고, 친절하고, 매우 예쁜.

Sara has **makeup tools**/ useful for students.

사라는 미용도구가 있어요/ 학생들에게 유용한.

☞ 여러 개의 형용사가 수식하거나 형용사가 다른 요소와 결합하여 길어진 경우는 뒤에서 수식하며,
그 **앞에는 명사**가 옵니다.

---

more tips   something[anything]+형용사

We have to study/ **useful** something/ like English and economics. (×)
We have to study/ **something useful**/ like English and economics. (○)
우린 공부해야만 합니다/ 유용한 것을/ 영어나 경제학 같은.

바로 이것이 포인트!

시험에서는 **명사**가 올 자리에 형용사, 동사 등의 **다른 품사**를 사용하여 혼동시키므로 주의하세요.
위의 1), 2)의 경우 컬러 부분에는 **명사**
　　　　　　명사 앞에는 **형용사**
　　　　　　문장구성이 완전한 경우와
　　　　　　형용사, 동사의 수식어구가 필요한 경우는 **부사(구, 절)**이 정답이 됩니다.

The amusement park is **convenient** located/ near tourist attractions.　(×)

The amusement park is **conveniently** located/ near tourist attractions. (○)

그 놀이공원은 편리한 곳에 위치하고 있습니다/ 관광명소들에서 가까운.

3 명사의 용법

1 셀 수 있는 명사의 용법

보통명사에는 1) **관사** – a, an, the나 (소유격 등의) **한정사**가 붙거나
2) **복수형**(–s, –es)이 되어야 합니다.

Researcher is racking his brains/ over how to create more jobs.   (×)
A[The] researcher is racking his brains/ over how to create more jobs. (○)
Researchers are racking their brains/ over how to create more jobs.   (○)

한[그] 연구원이[연구원들이] 머리를 짜내고 있습니다/ 어떻게 더 많은 일자리를 창출할 지에 대해.

☞ 집합명사도 셀 수 있는 명사이지만 종류에 따라 용법이 다양합니다.

2 셀 수 없는 명사의 용법

(1) 종류와 용법

1) **종류** : **고유**명사 : Julia, Paris, the Han River, the Pacific Ocean 등에 붙은 고유한 이름
추상명사 : information, behavior, progress 등과 같은 추상적인 이름
물질명사 : water, sugar, salt, oil, wine, soap 등과 같은 물질 이름
☞ **고 · 추 · 물**로 암기하세요.

2) **용법** : ① 부정관사 **a, an을 붙일 수 없고**,   ☞ the는 붙일 수 있음.
복수형(s[–es])으로도 쓸 수도 없음이 원칙 ⇒ 보통명사화 되면 예외
② 수표시어인 many, few, a few를 수식어로 사용할 수 없고,
양표시어인 **much, little, a little을 수식어로 사용해야 함**.
some, any, no, a lot of, lots of, plenty of도 가능
③ **단수취급**하여 **단수동사**로 받음.

(2) 반드시 알아야 할 시험출제 최우선 순위 셀 수 없는 명사들

information 정보	advice 충고	equipment 장비	business 사무, 사업
behavior 행동	news 보도, 소식	money 돈, 화폐	time 시간
influenza 독감	weather 날씨	progress 진전, 진보	fun 재미

patience 인내	homework 숙제	health 건강	evidence 증거
exercise 운동	violence 폭력	sunshine 햇빛	attention 주의
pollution 오염, 공해	efficiency 능률	driving 운전	traveling 여행
knowledge 지식	significance 중요성	wealth 부	confidence 신뢰
smoke 연기	stone 바위, 석재	iron 철	oxygen 산소
water 물	oil 기름, 석유	air 공기	garlic 마늘
food 음식	fruit 과일	cash 현금	ginger 생강
vinegar 식초	yeast 효모	flour 밀가루	salt 소금
rice 쌀, 밥	soup 수프	game 사냥감	hegemony 주도권

How **many money** do I need/ to open a sushi restaurant? (×)
How **much money** do I need/ to open a sushi restaurant? (○)
얼마 만큼의 돈이/ 필요할까요?/ 횟집을 개업하는 데에

The auto company has **few informations**/ on the new technology. (×)
The auto company has **little information**/ on the new technology. (○)
그 자동차 회사는 정보가 거의 없습니다/ 그 신기술에 관한.

Many time was wasted/ because of slight arguments/ among employees. (×)
Much time was wasted/ because of slight arguments/ among employees. (○)
많은 시간이 허비되었어요/ 하찮은 논쟁 때문에/ 직원들 간에.

Industrial **hegemony**/ is shifting/ in the automobile industry.
산업주도권이/ 바뀌고 있습니다/ 자동차업계에서.

cf. Most people/ in Korea/ eat three **time** a day. (×)
Most people/ in Korea/ eat three **times** a day. (○) ☞ times 몇 번[회, 곱]
대부분의 사람들은/ 한국의/ 하루 3끼 식사를 합니다.

The news/ of the accident/ struck me speechless/ for a while. (○)
그 사고 소식은/ 날 말문이 막히게 했어요/ 잠시 동안.

→ 그 소식은 듣고 난 잠시 동안 말문이 막혔어요.

☞ 어떤 특정한 사건[소식]이나 구, 절의 수식을 받는 경우에는 앞에 **the**가 붙습니다.

[참고] a clove of garic 마늘 한 쪽
boiled rice, Kimchi stew, and noodles 밥, 김치찌개, 국수
use your noodle! 머리 좀 써라!

money가 들어가는 표현

Money begets **money**. 돈이 돈을 번다.

Do you make a lot of **money**? 돈 많이 버세요?

Money cannot buy happiness. 돈으로 행복을 살 수는 없어요.

My wife always says "**Money**." 아내는 늘 돈타령입니다.

(3) 시험에 자주 출제되는 집합적 물질명사들

유사한 종류의 것으로 이루어진 물질명사들이 집합체를 이룬 것을 **집합적 물질명사**라 하는데, 시험출제 1순위이므로 잘 기억해야 하며, 용법은 앞에서 소개한 **셀 수 없는 명사 용법과 같습니다.**

weaponry 무기류	furniture 가구	clothing 의류
machinery 기계류	baggage 수하물	mail 우편물
stationery 문구류	foliage 나뭇잎	produce 농산물
pottery 자기류	rubbish 쓰레기	merchandise 상품
jewelry 보석류	crockery 도자기류	scenery 경치, 풍경
poetry 시, 시작품	china 도자기	tobacco 담배

The Internet is/ **a** double-edged **weaponry**/ because it's full of/ mudslinging. (×)

The Internet is/ **a** double-edged **weapon**/ because it's full of/ mudslinging.　(○)

인터넷은 입니다/ (선과 악의) 양날의 무기/ 왜냐면 난무하기 때문이죠/ 인신공격이.

The museum is full of **many** antique **furnitures**. (×)

The museum is full of **a many** antique **furniture**. (×)

The museum is full of **much** antique **furnitures**. (×)

The museum is full of **much** antique **furniture**. (○)

그 박물관은 가득합니다/ 많은 고가구로.

가구의 여러 표현

a piece[an article] of furniture 가구 한 점　(○)

many **pieces** of furniture　　　　가구 여러 점 (○)

cf. many pieces of furnitures　가구 여러 점 (×)

a set of[suite] furniture　　　가구 한 벌　(○)

The relief squad dispensed/ **much food** and **clothings**/ to the tornado victims. (×)

The relief squad dispensed/ **much food** and **clothing**/ to the tornado victims. (○)

The relief squad dispensed/ **some food** and **clothes**/ to the tornado victims.   (○)

구호반은 나누어 주었습니다/ (많은) 음식과 옷가지를/ 토네이도 피해자들에게.

cf. **clothing** (집합적) 의류 – **clothes**(옷, 의복) – **cloth**(천, 옷감) – **clothe**(옷을 입히다)

   poetry (집합적) 시   – **poem**(한 편의 시) – **poet**(시인)

   Much clothing is ∼. (○)

   Many clothes are ∼. (○)   ☞ **food, clothing, and shelter** 의식주

3 수표시어와 양표시어의 용법

1) 수표시어는 셀 수 있는 명사와, 양표시어는 셀 수 없는 명사와 함께 사용합니다.

수표시어＋셀 수 있는 명사 (○)	**양표시어＋셀 수 없는 명사** (○)
수표시어＋셀 수 없는 명사 (×)	양표시어＋셀 수 있는 명사 (×)

2) **수표시어와 양표시어의 정리**

수표시어	양표시어
many – (수가) 많은	much – (양이) 많은
a few (수가) 조금 있는 〈긍정의미〉	a little (양이) 조금 있는 〈긍정의미〉
few (수가) 거의 없는 〈부정의미〉	little (양이) 거의 없는 〈부정의미〉
a (large) number of a great number of ⎤ (수가) 많은	a great[large] amount of a great[good] deal of ⎤ (양이) 많은
☞ **보통명사**와 사용	☞ **물질명사, 추상명사**와 사용

3) some, any, no, a lot of, lots of, plenty of ＋ **셀 수 있는[없는] 명사**

   ☞ 이들은 셀 수 있는 명사, 셀 수 없는 명사 **양쪽 모두를 수식**할 수 있습니다.

1) Heavy taxes are laid/ on **many** fine imported **merchandise**. (×)

   Heavy taxes are laid/ on **much** fine imported **merchandise**. (○)

   중과세과 부과되었습니다/ 많은 고급 수입 상품에.

2) New employees/ have very **few** hands-on **experience** in business. (×)

   New employees/ have very **little** hands-on **experience** in business. (○)

   신입사원들은/ 실제 실무경험이 거의 없습니다.

3) We have **plenty of time**/ to try it again.

우리에겐 충분한 시간이 있어요/ 그걸 다시 시도해 볼.

The patient has to drink/ **plenty of fluids**/ to prevent dehydration.

그 환자는 섭취해야 합니다/ 수분을 많이/ 탈수현상을 방지하기 위해.

4 수량표시를 위해 보조수사를 사용하는 경우들의 예

a **loaf** of bread 빵 한 덩어리

a **bowl** of rice 밥 한 공기

a **pack** of cigarettes 담배 1갑

a **quart** of milk 우유 1쿼터

a **spoonful** of sugar 설탕 한 숟갈

a **tube** of toothpaste 치약 튜브 1개

an **acre** of land 1에이커의 땅

a **flash**[**bolt**] of lightning 번개, 섬광

a **crash**[**clap, peal, rumble, roar, roll**] of thunder 천둥소리

a **shower** of rain[bullets] 퍼붓는 비[빗발치는 총알]

a **slice** of pizza[cheese, ham] 피자[치즈, 햄] 한 조각

a **stick** of chalk[chewing gum] 분필 1자루[껌 하나]　a **cake**[**bar**] of soap 비누 하나

a **piece**[**word**] of advice[information] 한마디 충고[한 가지 정보]

a **bunch of** keys[roses,garlic] 열쇠 한 무더미[한 떨기 장미꽃, 마늘 한 타래]

a **sheet**[**piece**] of paper 종이 한 장

a **lump** of sugar 각설탕 1개

a **piece**[an **item**] of news 뉴스 한 토막

a **sack** of rice 쌀 1포대

a **stroke** of luck 한 차례의 행운

a **roar** of laughter 한바탕 웃음

an **article** of clothing 의류 1점

a **suit** of clothes 옷 한벌

A loaf of bread is better than/ the song of many birds.

빵 한 덩어리가 더 낫지요/ 많은 새들의 재잘거림보다. → 금강산도 식후경이다.

The chef needs/ **a sack of flour**,/ **a jar of jam**,/ **a bunch of bananas**,/ and **a bundle of onions**.

그 주방장은 필요로 합니다/ 밀가루 한 포대,/ 잼 1병,/ 바나나 1송이,/ 양파 1꾸러미를.

After **a flash of lightning**,/ we heard **a crash of thunder**.

번개가 친 뒤,/ 우린 천둥소리를 들었습니다.

[참고] in a fit of anger 홧김에

have a fit of anger 울컥 화가 치밀다

1개 이상을 나타낼 경우의 표현법

☞ 명사를 복수형으로 하면 안 되고 **보조수사만 복수**로 해야 합니다.

an ear of corn	(○) 옥수수 1개	a loaf of bread	빵 한 덩어리
two ears of corn	(○) 옥수수 2개	two loaves of bread	빵 두 덩어리
cf. two ears of corns	(×)	cf. two loaves of breads	(×)
two pieces of advice	두 마디의 충고		

more tips **동물의 단위표시**

a herd of cattle[sheep] 소[양] 떼	[참고] a bird in the hand 확실한 이득
a flock of sheep[geese, gulls] 양[거위, 갈매기] 떼	a piece of cake 식은 죽 먹기
a shoal[school] of fish 물고기 떼	a bolt from the blue 청천벽력

4 셀 수 없는 명사의 보통명사화

앞에서 학습한 바와 같이 **셀 수 없는 명사 −고유명사 · 추상명사 · 물질명사**에는 부정관사 a, an을 붙일 수 없고 복수형으로도 할 수 없음이 원칙입니다. 세상만사 원칙이 있으면 예외가 있듯, 이들 셀 수 없는 명사도 앞에 **관사가 붙거나 복수형**이 되면 보통명사처럼 쓰이게 되는데, 이를 **보통명사화**라 하며 다음과 같은 뜻을 나타냅니다.

1 고유명사의 보통명사화

1) 형   식 : ① 관사+고유명사   ② 고유명사+s[es]
2) 의   미 : ① ~와 같은 (훌륭한) 사람
             ② ~이라는 사람, ~가문의 사람
             ③ ~의 작품 · 제품
             ④ the+고유명사의 복수 ☞ ~부부, ~집안, ~일가족

① The self-proclaimed inventor/ wants to become **an Edison**.

 그 자칭 발명가는/ 에디슨과 같은 (위대한) 발명가가 되고 싶어합니다.

 cf. The inventor is/ the Edison of Korea.

  그 발명가는 입니다/ 한국의 에디슨.

② There are **two Peters**/ in our department.

두 명의 피터가 있습니다/ 우리 부서에는.

③ I am seriously considering/ which to buy,/ **a Ford** and **a Toyota**.

전 신중히 고려 중입니다/ 어느 것을 살지./ 포드와 도요타 (자동차) 중에서.

A great Picasso/ was knocked down to the gallery/ for $25 million.

피카소의 대작 한 점이/ 그 화랑에 낙찰되었습니다/ 2천 500백만 달러에.

④ **The Bakers** accepted/ the invitation to the dinner party.

베이커 부부는 응했습니다/ 저녁식사 파티에 오라는 초대에.

☞ the Carnegies 카네기 집안

the Carnegie Endowment for International Peace 카네기 국제평화재단

2 추상명사의 보통명사화

1) 형 식 : ① 관사 + 추상명사　　　　② 추상명사 + s[es]
2) 의 미 : ① 종류, 실례; 구체적인 행동[일]; 제품
　　　　 ② 어떤 성질의 소유자
　　　　 ③ all + 추상명사 = 추상명사 + itself = very + 형용사 : 매우 ~한, ~자체인
　　　　　　 ↳ kindness, attention, astonishment, …
　　　　 예) all attention = attention itself = very attentive 매우 주의 깊은[신경 쓰는]

① The opposite meaning of the word '**kindness**'/ is '**unkindness.**' 〈추상명사〉

'친절'이란 말의 반의어는/ '불친절'입니다.

She has constantly done us/ **many kindnesses**.　　　　　〈보통명사〉

그녀는 변함없이 우리에게 베풀고 있습니다/ 많은 친절한 행위를.

[참고] help 도움 – a help 일손　　　　surprise 놀람 – a surprise 놀라운 일[사건]
　　　 luxury 사치 – a luxury 사치품　　　necessity 필요 – a necessity 필수품

② The promising youth/ was fascinated by her **beauty**.　　　〈추상명사〉

그 전도유망한 청년은/ 그녀의 미모에 매료되었습니다.

She was **a beauty**/ in her prime.　　　　　　　　　　〈보통명사〉

그녀는 미인이었습니다/ 한창때에.

cf. The travellers admired/ **the** feral **beauty**/ of the lake.

여행객들은 감탄했습니다/ 자연 그대로의 아름다움에/ 그 호수의.

☞ 추상명사가 형용사구 등으로 한정될 경우에는 **the**+**추상명사**가 됩니다.

③ The restaurant employees/ are always **all kindness**.

   = The restaurant employees/ are always **kindness itself**.

   = The restaurant employees/ are always **very kind**.

      그 식당 종업원들은/ 언제나 매우 친절합니다. → 친절 그 자체 입니다.

---

more tips

1. The president is **all ears**/ to the voice of the nation.

   = The president is **very attentive**/ to the voice of the nation.

     대통령은 경청합니다/ 국민의 소리를[여론을].

2. The students were **all eyes**/ when the teacher talked about the directions.

   학생들은 주의를 집중했습니다/ 그 선생님이 지시사항에 대해 말할 때.

3. The successful applicants/ are **all smiles**.

   합격생들은/ 싱글벙글 웃고 있습니다.

4. The student/ who is stuck on mathematics/ is **all thumbs**.

   그 학생은/ 수학에 푹 빠진/ 손재주가 전혀 없어요.

---

3 추상명사의 중요한 모든 것

(1) 추상명사가 들어 있는 중요 표현

> have the+추상명사+to V
> have the+추상명사+of ~ing] : ~하게도 V[~]하다

The cook/ **had the kindness to teach** me/ how to cook alligator.

= The cook/ **had the kindness of teaching** me /how to cook alligator.

= The cook/ **kindly** taught me/ how to cook alligator.

    그 요리사는/ 친절하게도 내게 가르쳐주었어요/ 악어 요리법을.

[참고] **have a tendency to V** : V하는 경향이 있다   *tendency n. 성향, 경향, 추세

   The new hybrid car/ that runs on gasoline and electricity/ **has a tendency** to shoot off.

   새로 개발된 그 하이브리드 자동차는/ 휘발유와 전기로 달리는/ 급발진하는 경향이 있습니다.

   ☞ abrupt acceleration 급발진

(2) of + 추상명사 = 형용사구

1) of significance = significant 중요한   of ability = able 유능한
   of experience = experienced 경험 있는   of wisdom = wise 지혜로운
   of sense = sensible 지각 있는   of learning = learned 학식 있는
   of importance = important 중요한   of use = useful 유용한
   of value = valuable 귀중한   of no use = useless 쓸모없는
   of no value = valueless 하찮은(=worthless; trivial; frivolous)

2) of consequence[importance, account, moment] = important 중요한
   of no consequence[importance, account, moment] = unimportant 중요하지 않은

☞ of + 추상명사 사이에 **great, much, a great deal of**가 들어가면 **매우 ~**,

   small, little이 들어가면 **약간 ~**,

   no가 들어가면 **~하지 않은** 이란 뜻이 됨

*of much account/ of great moment 매우 중요한

The development of new drugs/ must be **of use**/ to human beings.
신약개발은/ 유용해야 합니다/ 인간에게.   useful

---

more tips

a man of ability = an **able** man   유능한 사람
a matter of importance = an **important** matter 중요한 문제

---

(3) 전치사 + 추상명사 = 부사구

1) with kindness = kindly 친절하게   with ease = easily 쉽게
   with confidence = confidently 자신 있게   with care = carefully 조심해서
2) in comfort = comfortably 안락하게   in safety = safely 안전하게
   in confidence = confidentially 은밀히   in haste = hastily 서둘러
3) by accident = accidentally 우연히   by luck = luckily 운 좋게
4) on occasion = occasionally 이따금   on purpose = purposely 일부러

The shoplifter fled/ **in deadly haste**/ as soon as he saw a police officer.
                  very hastily   *flee – fled – fled
그 좀도둑은 달아났어요/ 죽어라고/ 경찰관을 보자마자.   달아나다

(4) to+one's 감정(표시)명사 : ~가 ···하게도

1) to one's sorrow 슬프게도   to one's embarrassment 당황하게도
2) to one's joy[delight] 기쁘게도   to one's disappointment 낙심천만하게도
3) to one's astonishment[amazement, surprise, shock] 놀랍게도

To our disappointment,/ the development of our new technologies/ didn't go well.

실망스럽게도,/ 우리의 신기술개발은/ 잘 진척되지 않았습니다.

4 물질명사의 보통명사화

물질명사 : 물건의 재료가 되는 물질을 나타내는 명사로
일정한 형태가 없고, 하나씩 개체화되지 않기 때문에 **셀 수 없는 명사**입니다.

1) **종류** : ① **기체** : air, gas, oxygen, vapor(증기), hydrogen(수소), ···
        ② **액체** : water, wine, beer, milk, oil, rain, snow, dew(이슬), ···
        ③ **금속** : gold, silver, copper, iron, mercury(수은), platinum(백금), ···
        ④ **재료** : paper, glass, wood, wool, stone, soil(흙), sand, cement, ···
        ⑤ **먹을 것** : salt, coffee, sugar, milk, cream, butter, wine, rice, ···
        ⑥ **기타** : fire, hair, soap, chalk, ···
2) **형식** : ① **관사+물질명사**   ② **물질명사+s[es]**
3) **의미** : **종류, 제품, 단위, 구체적 사실[사건]을 나타냄**

Grapes/ are made into **wine**.   〈물질명사〉

포도가 와인이 된다. ☞ 포도로 와인을 만든다.

A fine **wine** is/ a complement/ to a dinner party.   〈보통명사 – 종류〉

고급와인은 입니다/ 보완물/ 만찬회의. ☞ 고급와인은 만찬회를 빛나게 해줍니다.

I ironed out the wrinkles/ in my pants/ with **an** electric **iron**.   〈보통명사 – 제품〉

난 주름을 폈습니다/ 내 바지의/ 전기다리미로.

There was **a** big **fire**/ in the heart of downtown/ last night.   〈보통명사 – 사건〉

큰 화재가 발생했습니다/ 시내 중심가에서/ 지난밤.

The ponytailed man/ had his **hair** cut/ yesterday evening. 〈물질명사〉

그 꽁지머리 남자는/ 이발을 했어요/ 어제 저녁에.

The selfish woman did not turn **a hair**/ at the news/ of her husband's death. 〈보통명사〉

그 이기적인 여자는 태연했어요/ 소식을 듣고도/ 자기 남편의 사망.

cf. **The water**/ **in the swimming pool**/ **is a bit cold.**

물은/ 그 수영장의/ 좀 차갑군요.

☞ 물질명사가 형용사구 등으로 한정될 때는 **정관사 the**가 붙습니다.

5 집합명사의 용법

집합명사는 그 유형에 따라 용법이 다르므로 주의해야 합니다.

(1) family형 집합명사

family 가족	committee 위원회	audience 청중	staff 직원
attendance 출석자	class 학급	company 동료, 손님	nation 국민
electorate 유권자	association 협회	community 공동체	population 구민

There **is** a large **family**/ living with his grandparents/ in our village. 〈집합명사〉

대가족이 있습니다/ 할아버지, 할머니와 함께 사는/ 우리 마을에는.

My **family** all **live** happily/ with my grandparents. 〈군집명사〉

우리가족 모두는 행복하게 살고 있습니다/ 할아버지, 할머니와 함께.

바로 이것이 포인트! 문제에서 위 명사가 나오면 집합명사로 쓰였는지 군집명사로 쓰였는지를 반드시 확인

1. **집합명사** 전체적 개념 → 집합체로 생각 **단수동사**로 받음
2. **군집명사** 개별적 개념 → 구성원을 각각으로 생각 **복수동사**로 받음

☞ 흔히 be동사 뒤에 **all**이 나오는 경우가 많음

The editorial staff/ of the publishing company/ **consists of** five members.

편집직원은/ 그 출판사의/ 5명으로 구성되어 있습니다.

The hospital staff/ **are** all very busy/ doing their rounds now.

그 병원 의료진 모두는 매우 바쁩니다/ 지금 회진하느라.

> **more tips**   jury의 수일치
>
> 1. 앞에 정관사 the를 붙이며,
> 2. 배심원단 (전체)로 볼 경우 – 단수동사
>   배심원들 (각자)로 볼 경우 – 복수동사가 원칙이나 구어체에서는 단수동사로 받기도 함
>
> **The jury was** made up of/ 7 women and 5 men.
> 배심원은 구성되었습니다/ 여자 7명과 남자 5명으로.
>
> **The jury are[is]** still out/ on the serial murder case.
> 배심원들은 아직 평결을 내리지 못하고 있습니다/ 그 연쇄살인사건에 대해.

(2) the police형 집합명사 ☞ a police(×), polices(×), The police are ~ (○)

1) police 경찰   ☞ police로도 씀   clergy 성직자들
2) nobility 귀족   gentry 상류층   peasantry 영세농, 소작농   aristocracy 귀족(사회)
☞ 반드시 정관사 the를 붙이고, **복수동사**로 받는 것이 원칙이나 2)는 단수동사로 받기도 합니다.

A police has caught the thief/ in the act of stealing.   (×)
The police have caught the thief/ in the act of stealing. (○)
경찰은 절도범을 붙잡았습니다/ (절도) 현장에서.

cf. policeman, juryman, clergyman은 보통명사로 1명이므로 **단수동사**로 받습니다.
the police = organization 개념   police = men and women 개념

(3) cattle형 집합명사 ☞ a cattle(×), cattles(×), Cattle are ~ (○)

cattle 소, 가축   vermin 해충(=noxious insects), 해로운 짐승   people 사람들
☞ 아무것도 붙이지 않고 그대로 사용하며, **복수동사**로 받습니다.

Vermin/ like rats, lice, and cockroaches/ **is** detrimental to humans.   (×)
Vermin/ like rats, lice, and cockroaches/ **are** detrimental to humans. (○)
해충들은/ 쥐, 이, 바퀴벌레 같은/ 인간에게 해롭습니다.

Cattle/ **has** a pair of horns. (×) [has → have]
소에게는/ 한 쌍의 뿔이 있습니다.

[참고] dairy cattle 젖소   beef cattle 육우   a herd of cattle 소떼

1. people : 사람들 〈군집명사〉 ☞ 복수취급
2. a people : 하나의 민족 〈집합명사〉 ☞ 단수취급
3. two peoples : 두 개 민족 ☞ 복수취급

[주의] people에 **부정관사**가 붙거나 **복수형**이 되면 **민족, 국민**의 뜻이 됩니다.

1. All[Many, Some, The] people **are** ~ 모든[많은, 약간의, 그] 사람들이 ~입니다
2. **A people** in Africa **is** ~ 아프리카의 한 민족이 ~입니다
3. **Two peoples** in Africa **are** ~ 아프리카의 두 민족이 ~입니다

   the greatest **peoples** in the world 세계에서 가장 우수한 민족들

   cf. many **people** 많은 사람들(=many persons)

   a people with no sense of history 역사의식이 없는 민족

5 명사의 복수

1 복수의 여러 형태

(1) 어미가 자음+y인 경우는 y를 i로 고친 후 es를 붙입니다. ☞ ~ies

lady → ladys (×)	city → citys (×)	fly(파리) → flys (×)
ladies (○)	cities (○)	flies (○)

☞ 모음+y인 경우는 s만 붙임

boy → boys   monkey → monkeys

(2) 어미가 s, ss, ch, sh, x 등으로 끝날 때는 es를 붙입니다. ☞ 발음 [iz]

bus → buses	glass → glasses	gas → gases
bench → benches	dish → dishes	box → boxes

☞ 무성음 − p, t, k, f, θ 뒤에는 s만 붙임 → caps, books, stomachs, patriarchs(가장)

(3) 어미가 f, fe인 경우는 대개 -ves로 변합니다.

wife → wives   leaf → leaves   wolf → wolves   half → halves

[예외] roof 지붕 → rooves (×) cliff 벼랑, 절벽 → clifves (×)   safe 금고 → saves (×)
              roofs   (○)   cliffs   (○)   safes   (○)

(4) 자음+o는 es, 모음+o는 s를 붙입니다.

hero → heroes   potato → potatoes   tomato → tomatoes
audio → audios   radio → radios   bamboo → bamboos

[예외] piano → pianoes (×)   photo → photoes (×)   auto → autoes (×)
              pianos (○)   photos (○)   자동차 autos (○) ☞ 줄임말이기 때문

(5) 외래어 복수는 어미가 us → i, sis → ses, on → a, um → a로 규칙변화합니다.

focus 초점	→ foci, focuses	fungus 진균류	→ fungi, funguses
analysis 분석	→ analyses	basis 기초	→ bases ┐ ☞ 발음상 '단어+es'
hypothesis 가설	→ hypotheses	thesis 논제	→ theses ┘ 형태를 갖지 않는다.
phenomenon 현상	→ phenomena	criterion 표준	→ criteria, criterions
datum 자료	→ data	medium 매체	→ media
curriculum 교과과정	→ curricula, curriculums	bacterium 박테리아	→ bacteria

(6) 모음변화

tooth → teeth   foot → feet   goose → geese   ox → oxen
woman → women   mouse → mice   louse → lice   child → children

(7) 단수·복수의 형태가 같은 명사

salmon 연어	trout 송어	deer 사슴	swine 돼지
sheep 양	species 종류	series 연속물	*swine flu 돼지독감
Chinese 중국인	Japanese 일본인	Swiss 스위스인	bird flu 조류독감

(8) 복합어의 복수

brothers-in-law 처남, 매형

fathers-in-law 장인, 시아버지

secretaries-general 사무총장

passers-by 통행인

☞ 앞의 주요 명사를 복수형으로 함

sisters-in-law 처형[처제], 시누이

mothers-in-law 장모, 시어머니

lookers-on 구경꾼, 방관자

commanders in chief 최고사령관

grown-ups 성인

go-betweens 중개자, 중매인

have-nots 무산자들, 갖지 못한 나라

☞ 뒷 명사를 복수로 함

forget-me-nots 물망초

touch-me-nots 봉선화

☞ pain-killing drugs 진통제

poverty-stricken villages 가난에 찌든 마을

state-of-the-art smart phones 최신형 스마트폰

do-it-yourself products 스스로 조립하게 만든 제품(DIY products)

better-late-than-never attitude 아예 안 하는 것보다 늦어도 하는 게 낫다는 태도

fair-haired man 상사[윗사람] 마음에 드는 사람, 유망한 사람

---

more tips 　주요 복합어 정리

all-out war 총력전, 전면전

easy-going 성격이 모나지 않은; 태평한

runner-up 2등, 차점자, 준우승자

top-notch 일류의, 최고의

life-saving 인명구조 *cf.* life vest 구명조끼

two-timer 배신자, 양다리 걸치는 사람

cutting-edge 최첨단의(=state-of-the-art)

jam-packed (버스 등이) 꽉 찬, 빽빽한

sought-after 수요가 많은, 인기 있는(=popular)

risk-taking 위험감수

cf. take a risk 위험을 무릅쓰다

	단수	복수	
[참고]	alumnus →	alumni	남자 졸업생, 동창생
	alumna →	alumnae	여자 졸업생
	alga →	algae	(바다의) 말, 조류
	fungus →	fungi	균류, 곰팡이류

☞ alumni association 동창회

2 단수와 복수가 뜻이 다른 명사

advice 충고, 조언	air 공기, 대기	arm 팔	authority 권위(자)
advices 보고, 통보	airs 뽐내는 꼴	arms 무기	authorities 당국
bone 뼈	brain 뇌	color 빛깔	content 만족
bones 해골, 시체	brains 학력, 두뇌	colors 국기, 군기	contents 목차
custom 습관	drawer 서랍	effect 효과, 결과	feature 특징
customs 관세, 세관	drawers 장롱, 팬츠	effects 동산, 물품	features 용모
force 힘, 작용	glass 유리	good 이익, 선	heaven 천국
forces 군대	glasses 안경	goods 상품, 화물	heavens 하늘
iron 쇠	letter 문자	look 봄, 얼굴	manner 방법
irons 수갑; 족쇄	letters 문학, 증서	looks 용모	manners 예절, 풍습
mean 의미	moral 교훈	pain 고통	paper 종이
means 수단	morals 품행, 윤리	pains 수고, 노력	papers 서류, 여권
part 부분	premise 전제	provision 준비	quarter 4분의 1
parts 지방, 부품	premises 구내	provisions 식량	quarters 숙소, 막사
regard 존경, 경의	remain 나머지	return 돌아옴	respect 존경
regards 안부	remains 유해, 유적	returns 통계표, 수익	respects 인사, 안부
sand 모래	service 접대, 시중	spirit 정신	saving 절약
sands 사막	services 설비, 용역	spirits 기분	savings 저축
time 때	water 물	work 일	writing 쓰기
times 시대	waters 근해, 바다	works 공장, 공사	writings 저작, 작품

The police/ have no **authority**/ to gather evidence/ abroad.

경찰은/ 권한이 없습니다/ 정보를 수집할/ 해외에서.

Some civic groups/ made a strong protest/ against the **authorities** concerned.

몇몇 시민단체들은/ 강력히 항의 했습니다/ 관계당국에.

My colleagues/ took great **pain**/ to put together the surprise party. (×)
My colleagues/ took great **pains**/ to put together the surprise party. (○)

제 동료들이/ 애를 많이 썼지요/ 준비하느라고/ 깜짝 파티를. *take pains 수고하다

The mechanic is inspecting/ the car **part**. (×) [part → parts]

그 자동차 수리공은 점검하고 있어요/ 자동차 부품을.

[참고] put on airs 잘난 체하다

바로 이것이 포인트!

위에 소개한 명사는 단수형과 복수형의 뜻이 다르므로 문제에서 이들 명사가 나오면 문맥에 맞게 쓰였는지 반드시 확인해야 하며, **파란색 볼드체 명사**는 자주 출제되므로 우선적으로 익히세요.

more tips

1. good　　n. 선, 이익, 소용, 장점 – 단수취급

   goods　n. 상품, 물품 – (대체로) 복수취급　　　　*goods and services 재화와 용역

   The pastor always emphasized/ that **good** triumphs over evil.

   그 목사님은 늘 강조하셨습니다/ 선이 악을 이긴다는 것을.

   A lot of smuggled **goods**/ **were** confiscated/ by customs officers.

   많은 밀수품들이/ 압수되었습니다/ 세관원들에 의해서.

2. damage　　n. 손해, 손상, 피해

   damages　n. (손해) 배상금, 피해 보상금

   The typhoon did incalculable **damage**/ to our country.

   태풍은 막대한 피해를 입혔습니다/ 우리나라에.

   The global company/ launched a landmark case/ that claims $10 million/ in **damages**.

   그 세계적인 기업은/ 획기적인 소송에 착수했습니다/ 천만 달러를 요구하는/ 피해 보상금으로.

3 반드시 복수명사를 사용해야 하는 관용어구

'교환' 의미를 가지는 아래 관용어구에서는 **명사를 항상 복수형**으로 사용함에 주의하세요.

1) shake hands with ~　~와 악수하다
2) make friends with ~　~와 친해지다
3) take turns (in) ~ing　교대로 ~하다
4) exchange greetings with ~　~와 인사를 주고받다
5) exchange places[seats] with ~　~와 자리를 바꾸다
6) change trains[cars, planes]　기차[자동차, 비행기]를 갈아타다
7) keep on good[friendly] terms with ~　~와 좋은 관계로 지내다
   be on good[bad, poor] terms with ~　~와 좋은[나쁜] 사이다
8) cross swords with ~　~와 싸우다; ~와 논쟁하다(=dispute)

Let's **exchange** warm **greetings**/ when we meet again/ later.
따뜻하게 인사 나눠요/ 우리 다시 만나면/ 나중에.

We are convinced/ it's only an act/ to **keep on good terms with** Sara.
우린 확신하죠/ 그것이 행동일 뿐이라는 것을/ 사라와 좋은 관계를 유지하려는.

---

more tips

in one's teens 10대에	in one's childhood 어린 시절에
in one's (early) twenties 20대(초)에	middle-aged 중년의

Her mom looks like/ a woman **in her thirties**.
그녀의 어머니는 보여요/ 30대 여자처럼.

4 항상 복수형으로 쓰이는 명사

(1) 짝을 이루는 도구, 의류

scissors 가위	glasses 안경	spectacles 안경	compasses 제도용 컴퍼스
pants 바지	trousers 바지	shorts 반바지	slacks 헐거운 바지
gloves 장갑	stockings 긴 양말	shoes 구두	pliers 집게, 펜치

☞ 「**복수취급**」 단, 수식어구 **a pair of** ~는 「**단수취급**」, **two pairs of** ~는 「**복수취급**」 함

Her **glasses**/ with heavy lenses/ **are** out of focus.
그녀의 안경은/ 도수가 높은/ 초점이 맞지 않아요.
cf. **A pair of scissors are** used to cut cloth. (×) [are → is]

(2) 어미가 -ics인 학문명

mathematics 수학	physics 물리학	economics 경제학
linguistics 언어학	acoustics 음향학	phonetics 음성학
politics 정치학	ethics 윤리학	statistics 통계학
*정견 : 복수취급	*도덕관념 : 복수취급	*통계 : 복수취급

☞ 위 학문명은 형태는 복수이지만 **단수취급**하며,
<u>학문명이 아닌 다른 뜻으로 쓰일 경우</u>는 **복수취급**합니다.

cf. environmental[architectural, genetic] engineering 환경[건축, 유전]공학
educational[clinical, developmental] psychology 교육[임상, 발달]심리학
biotechnology 생명공학　　　　　　　archaeology 고고학
anthropology 인류학　　　　　　　　culturology 문화학

(3) 동명사에서 온 -ings과 형용사에서 온 복수명사

necessaries 필수품　　　　　　　　eatables 식료품
earnings 소득, 수입; 수익　　　　　valuables 귀중품
belongings 소유물, 소지품　　　　　*personal belongings 개인소지품
surroundings 환경　　　　　　　　*home surroundings 가정환경

Please place/ your **valuables** and **personal belongings**/ in this safe.
보관해 두세요/ 당신의 귀중품과 개인소지품을/ 이 금고에.

(4) 기타의 경우

wages 임금　　　　odds 차이　　　　thanks 감사
measles 홍역　　　stairs 계단　　　suburbs 근교, 교외=outskirts
riches 부(=wealth)　billiards 당구　　premises 구내, 부지
cards 카드놀이　　bowls 론(lawn)볼링　the blues 우울증

Many workers commute/ from the **suburbs** to their workplaces.
많은 근로자들이 출퇴근합니다/ 교외에서 자신들의 일터로.

(5) 복수형이 2가지인 경우

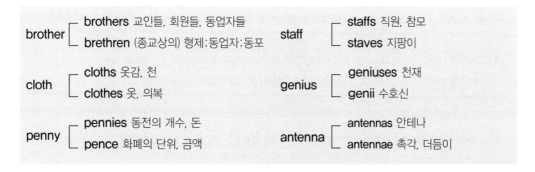

269

5 명사 + 명사

바로 이것이 포인트! 명사+명사 핵심 포인트

1. **역 할** : 앞 명사가 뒤 명사를 설명하는 형용사 역할을 함
2. **용 법** : ① 앞 명사는 항상 **단수**로 씀

   두 개의 명사가 복수인 경우에도 앞 명사는 **단수**, 뒤 명사를 **복수**로 함

   [예외] 복수로만 쓰이는 명사는 그대로 **복수명사+단수명사**로 씀

   ② **소유격**으로 쓰지 않음

maternity leave 출산휴가	control tower 관제탑, 지휘사령탑	application form 신청서
job performance 업무수행	dress code 복장규정	media coverage 보도영역
employee morale 직원사기	face value 액면가	answer sheet 답안지
occupancy rate 점유율	brain injury 뇌손상	host country 주최국
toll collection 통행료징수	book fair 도서전	property taxes 재산세
blood type 혈액형	shoe store 신발가게	door knob 문의 손잡이
bottom line 요점, 결론, 최종가격	bottom price 최저가	mountain range 산맥
intelligence test 지능검사	time signal 시보	birth control 산아제한
water supply 물 공급	water power 수력	insurance coverage 보험적용범위
delivery company 택배회사	expiration date 만기일	feasibility study 타당성조사
currency market 통화시장	response rate 응답율	security card 보안카드
growth potential 성장잠재력	enrollment form 등록양식	product information 상품정보
employment history 경력	address verification 주소확인	traffic congestion 교통정체
product reliability 제품신뢰도	product recognition 제품인지도	
marketing strategy 마케팅전략	home improvement 주택개량	
master bedroom 안방, 부부용 침실	exercise equipment 운동기구	

1) **bloods** types (×)   **answers** sheets (×)   *paid[unpaid] leave
   blood types (○) 혈액형   **answer** sheets (○) 답안지   유급[무급]휴가 〈형+명〉

2) Amnesia may be caused/ by **brain's injury** and severe stress. (×)
   Amnesia may be caused/ by **brain injury** and severe stress.   (○)
   건망증이 생길 수도 있지요/ 뇌손상과 심한 스트레스로 인해.

   The **bottom line** is/ that people want to live happily/ for a long long time.
   요점은 입니다/ 사람들은 행복하게 살길 원한다는 것/ 오래오래.

3) 앞 명사가 복수인 명사+명사의 예

glasses case 안경케이스

customs official[officer] 세관공무원

goods train 화물열차

honors graduate 우등졸업생

communications satellite 통신위성

awards ceremony 시상식

public relations department 홍보부서

arms trade[race] 무기거래[군비경쟁]

sales representative 판매원

savings account 보통예금(계좌)

sports car 스포츠카

clothes bag 세탁물주머니

sales strategy 판매전략

benefits package 복지혜택, 복리후생

futures market 선물시장

charities drive 자선운동

cf. a close call 위기일발(=a close shave, a narrow escape)

clothespin = clothes peg = laundry clipper 빨래집게

casual-dress work environment/ and an excellent compensation, and/

a sound benefits package.

평상복 근무환경과/ 높은 급료와/ 좋은 복리후생제도

6 명사의 격

1 격의 종류

1) **주 격** : 「**주어, 주격보어 및 그 동격 자리**」에 사용

2) **소유격** : 「**명사 앞에서 한정사**」로 사용.

3) **목적격** : 「**(타동사, 전치사의) 목적어, 목적격보어, 동격자리**」에 사용

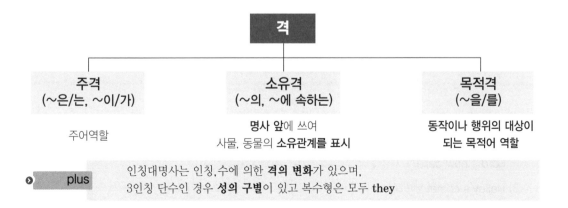

주격 (~은/는, ~이/가)	소유격 (~의, ~에 속하는)	목적격 (~을/를)
주어역할	명사 앞에 쓰여 사물, 동물의 소유관계를 표시	동작이나 행위의 대상이 되는 목적어 역할

plus　인칭대명사는 인칭,수에 의한 **격의 변화**가 있으며,
3인칭 단수인 경우 **성의 구별**이 있고 복수형은 모두 **they**

2 소유격

(1) 소유격의 형태

1) **사람 · 생물** : **어미**+'**s**(아포스트로피(apostrophe) 에스)가 원칙
2) **무생물**　　: **of**(전치사)+**명사**　　　　　　　☞ 's를 사용하는 경우도 있음.
3) **s로 끝나는 복수명사, 고유명사** : '(아포스트로피)만 붙임. 단, 일반 사람의 이름에는 주로 「's」
4) **복합명사**　 : 복합명사의 마지막 단어에 「's」를 붙임

1) my wife's car 내 아내의 자동차　　　　　　children's books 아동용 도서
　 the cat's tail 그 고양이의 꼬리　　　　　　the goldfish's fin 그 금붕어의 지느러미

2) this desk's legs　　　　　(×)　　　　　　the title of this book[song] (○) 〈표준어법〉
　 ⇒ the legs of this desk (○)　　　　　　⇒ this book[song]'s title　(○) → 많이 씀
　　　이 책상의 다리　　　　　　　　　　　　　이 책[노래]의 제목

3) a girls' school 여학교　　　　　　　　　a ladies' room 여성용 화장실
　 Socrates' death 소크라테스의 죽음　　　　Columbus' discovery 콜럼버스의 발견

　　☞ 명사+s로 끝나지 않은 복수형은 「's」를 붙입니다.
　　　a women's university 여자대학교　　　　a men's room 남자용 화장실
　　　cf. James's 제임스의 ～　　　　　　　Charles's 찰스의 ～ → 일반 사람의 이름

4) father-in-law 장인, 시아버지 → father-in-law's 장인의, 시아버지의
　 the King of England 영국왕 → the King of England's 영국왕의
　 the Secretary of Defense's visit to Korea 국방장관의 한국방문

(2) 소유격의 의미

1) 소유자(소유 관계)　2) 저술, 제작　　　3) 발견자, 행위자　　4) 사용자, 대상
5) 주격 관계　　　　　6) 목적격 관계　　7) 동격 관계

1) my wife's apartment = My wife has the apartment. 내 아내가 소유한 아파트
2) Shakespeare's Caesar 셰익스피어가 쓴 시저
　 Ford's new car 포드제 신형차
3) Halley's comet 핼리혜성　　　　　　　　☞ 핼리라는 사람이 발견한 혜성
　 neighbors' dispute 이웃 간의 분쟁

4) a children's hospital = a hospital for children 소아과 병원

5) my daughter's death 내 딸의 죽음　　　☞ 소유격이 행위의 주체

= My daughter died. 내 딸이 죽었다.

the professor's lecture = the lecture given by the professor 그 교수님의 강의

6) my daughter's education 내 딸의 교육　　　☞ 소유격이 행위의 대상

= Someone educates my daughter. 누군가 내 딸을 교육시킨다.

7) the city of Seoul = 서울시　　　　　　☞ the city = Seoul

the Republic of Korea = the Korean Republic 한국

(3) 소유격의 용법

1) 무생물에 「Apostrophe S −'s」를 붙이는 경우
무생물은 전치사 「of」로 소유격을 나타내지만 예외적으로 「's」를 사용하는 경우입니다.

1) 시간 : today's newspaper 오늘의 신문　　　twenty minutes' walk 걸어서 20분
　　　　make a new year's wish 새해 소망을 빌다

2) 거리 : at a stone's throw 가까운 거리에　　　five miles' distance 5마일 거리

3) 무게 : a pound's weight 1파운드의 무게　　　ten tons' weight 10톤의 중량

4) 가격 : a dollar's worth 1달러어치　　　five shillings' worth 5실링어치

5) 명사의 의인화
　① Heaven's will 하늘의 뜻　　　　　Heaven's vengeance 천벌
　② Nature's smile 자연의 미소　　　　Fortune's smile 행운의 미소
　③ Truth's triumph 진리의 승리

6) 지역, 기관
　① the nation's security 국가안보
　② the earth's surface 지표면
　③ Korea's trade surplus 한국의 무역 흑자
　④ China's communist leadership 중국 공산당 지도부
　⑤ America's total petroleum demand 미국의 총 석유 수요
　⑥ the government's investment[control, goal, involvement, refusal]
　　　정부의 투자[통제, 목표, 연루, 거절]

6) 관용어구
　① at one's fingers' ends ～에 정통하여
　② at one's wit's[wits'] end 어찌할 바를 몰라

③ one's journey's end 여행의 목적지, 인생의 종착역

④ by a hair's breadth 간신히, 아슬아슬하게

⑤ by a boat's length 보트 하나 길이 차이로, 간발의 차로

⑥ to one's heart's content 마음껏, 실컷

⑦ for mercy's sake 제발, 부디(=for God's sake)

for safety's sake 안전을 위해(=for safety)

for conscience(') sake 양심에 거리낌이 없도록, 양심에 찔려

within a minute's walk of 엎어지면 코 닿을데 있는 = within a stone's throw of[from]

The pilot escaped death/ **by a hair's breadth**.

그 조종사는 죽음을 보면했습니다/ 가까스로.

The yacht racer was very saddened/ by losing the race/ **by a boat's length**.

그 요트선수는 너무 슬펐어요/ 경주에 져서/ 보트 하나 길이 차이로[간발의 차로].

Several years' absence of the boss/ caused the small-and-medium enterprise/ to go bankrupt.

여러 해 동안의 사장부재는/ 그 중소기업이 하게 했습니다/ 파산.

☞ 여러 해의 사장부재로 인해 그 중소기업은 파산했습니다.

2) 이중소유격

한정사는 두 개가 겹쳐서 하나의 명사를 수식하지 못하므로
아래 2)처럼 사용해야 한다는 문법상의 원칙입니다.

1) 이중소유격으로 써야 하는 한정사들

① **관사**　　　: a, an, the

② **지시형용사** : this, that; these, those

③ **부정형용사** : some, any, no, every, either, neither, other, another, many

④ **의문형용사** : what, which

⑤ **소유격**　　: my, your, his, her, its, their, our

2) **사용법**

a[an, this, some, …]＋**명사**＋of＋**소유대명사 또는 명사's**

a my coworker　　(×)	a my father's coworker　(×)
my a coworker　　(×)	my father' a coworker　(×)
a coworker of mine (○) 내 동료	a coworker of my <u>father's</u> (○) 아버지의 동료
소유대명사	명사's

1. 위 ①,②,③,④,⑤는
2. 하나의 명사 앞에서 한정사 **2개가 나란히 겹쳐 명사를 수식할 수 없으므로**,
3. a[an, this …]+명사+of+명사's[독립소유격] 형식으로 써야 합니다.

a portrait of **my wife's**　내 아내가 소장하고 있는 초상화 한 점　　　　　　　〈이중소유격〉
cf. a portrait of **my wife** 내 아내를 그린 초상화 한 점 = a portrait that paints my wife.　〈목적격 관계〉
　　　　내 아내의 초상　　　내 아내가 그린 초상화 한 점 = a portrait that my wife has painted. 〈주격 관계〉

3) 독립소유격

소유격 's 다음에 house, shop, store, office 등의 건물이나 장소를 나타내는 명사가 나올 경우,
명사를 생략하고 **소유격만 따로 독립해서 사용하는 경우**입니다.

a dentist's 치과　　　　　a chemist's 약국　　　　　a barber's 이발소
a baker's 제과점　　　　　a butcher's 정육점　　　　one's friend's ~ 친구 집

I went to the **dentist's**/ to treat two cavities/ yesterday. 〈office 생략〉
전 치과에 갔어요/ 충치 2개를 치료하러/ 어제.

I have just been to the **barber's**/ to do up my hair.　　〈shop 생략〉
전 방금 이발소에 다녀왔지요/ 머리를 손질하러.

more tips　　명사+of a[an]+명사 : ~과 같은 …

a pig of a fellow 돼지 같은 놈　　　　　a devil of a man 악마 같은 인간
a skeleton of a man 해골 같은 인간　　　an oyster of a man 과묵한 사람
a mountain of a debt[wave] 산더미 같은 빚[파도]
an angel of a child[girl, wife] 천사 같은 아이[소녀, 아내]

[참고] My mother died suddenly.　　+　　I was very surprised.
제 어머니는 갑자기 돌아가셨어요.　　　　　전 놀랐지요.

☞ My mother's sudden death surprised me very much.
　　　소유격　　형용사　　명사
어머니가 갑자기 돌아가셔서 전 엄청나게 놀랐어요.

3 동격(Apposition)

한 문장에서 단어, 구, 절이 다른 단어, 구, 절과 나란히 **equal** 관계를 이루어, 그 단어에 대해 **부연 설명, 강조하는 것**을 **동격**이라 하며, **명사[구, 절], 부정사** 등이 동격어로 쓰입니다.

(1) 명사 상당어구가 동격으로 쓰인 경우

1) **Peter,**/ **a student of our school,**/ was suspended/ for a week.　　　　〈명사구〉

　　피터는,/ 우리 학교 학생인,/ 정학당했습니다/ 일주일 동안.

2) **Hypertension,**/ **one of the most common cardiovascular diseases**/ **in Korea,**/ is a medical condition/ in which a person has very high blood pressure. 〈명사구〉

　　고혈압은,/ 가장 흔한 심혈관계 질환 중의 하나인/ 한국에서/ 질환입니다/ 어떤 사람이 매우 높은 혈압을 가지고 있는.

3) There is **a good chance**/ (that) **we'll have the project finished**/ by next month.

　　　　　　　　　　　　　　　　　　　　　　　　　　　〈명사절 – that은 생략가능〉

　　가능성이 큽니다/ 우리가 그 프로젝트를 마무리 지을/ 다음 달까지.

[동격의 that절 예]

the fact that S+V	~라는 사실	the fear that S+V	~라는[하는] 공포
the idea that S+V	~라는 생각	the rumor that S+V	~라는 소문
the news that S+V	~라는 소식	the problem that S+V	~라는 문제
the belief that S+V	~라는 믿음	the saying that S+V	~하는 말[속담]
the hope that S+V	~라는 희망	the doctrine that S+V	~하는[라는] 주의

바로 이것이 포인트!

1. 동격 문제의 특징은 **동격어구를 생략해도 문장이 성립**하며 빈칸 앞 또는 뒤에 명사가 있고 어느 한쪽에 comma(,)가 있는 경우가 많습니다.
2. 대부분의 문제가 사람과 동격을 이루고 있는데 동격어 또한 사람이 정답으로 오는 경우가 많으며 대다수는 **주어와 동격인 경우**입니다.

(2) 부정사가 동격을 이루는 경우

The pregnant woman/ made **a firm decision**/ **to quit drinking and smoking**/ for her embryo.

그 임산부는/ 굳게 결심했습니다/ 술, 담배를 끊기로/ 태아를 위해.

[부정사 동격의 예]

1) ability + to V : V할 능력	2) failure + to V : V하지 못한 것
be able to V : V할 수 있다	fail to V : V하지 못하다
3) decision + to V : V하겠다는 결심	4) attempt + to V : V하려는 시도
decide to V : V하기로 결심하다	attempt to V : V하려고 시도하다
5) the need + to V : V할 의무[필요]	
need to V : V할 필요가 있다	

(3) 「인칭대명사」의 동격 ☞ 대명사가 앞에 위치

1) both they   (×)   both of they   (×)
   they both   (○)   both of **them**   (○)

They/ were **both** in bed/ with a severe flu.

그들은 둘 다/ 앓아누워 있어요/ 심한 독감에 걸려.

2) Kim, President   (×)
   the President Kim (×) → Kim, the President 잘 안 쓰는 표현
   President Kim   (○) → 가장 일반적

President **Kim** said,/ "We're entering/ a new era of responsibility."

김 대통령은 말했습니다/ "우리가 접어들고 있다고/ 새로운 책임의 시대로."

    cf. the city of Seoul 서울의 도시   〈소유격 해석〉(×)
                           서울이라는 도시, 서울시 〈동격 해석〉 (○)
   the individuals each 개개인 각자

7 명사의 성(Gender)

명사의 성은 남성, 여성, 중성으로 구분되는데 기본적으로
남성명사 → **남성**(he)
여성명사 → **여성**(she)
중성명사(성의 구별이 없는 무생물 등) → **it**으로 받습니다.

1 성의 의인화

다음 무생물 명사는 사람처럼 취급하여 남성 또는 여성으로 받는데
남성으로 받는 명사와 **여성으로 받는 명사**를 구별해야 합니다.

남성 →	anger 화 fear 두려움	battle 전투 ocean 대양	death 죽음 despair 절망	winter 겨울 grave 무덤

☞ 강력하고 웅장하고 능동적인 것 – he로 받음

여성 →	ship 배 car 차	art 예술 moon 달	science 과학 liberty 자유	peace 평화 religion 종교

☞ 아름답고 우아하고 수동적인 것 – she로 받음

Desolate **winter**/ possesses a charm/ of **his** own.

황량한 겨울도/ 매력을 가지고 있죠/ 그 나름의.

The **naval patrol ship** sliced **her** way/ through the waves/ with **her** crew.

초계정은 나아갔습니다/ 파도를 헤치고/ 승무원을 싣고서.

☞ an icebreaker n. 쇄빙선　an ocean liner 원양여객선

Fill **her**[**it**] up/ with premium unleaded, please.

가득 채워주세요/ 고급 무연휘발유로.

☞ unleaded a. 무연의, 납이 첨가되지 않은

[참고] Without lies/ humanity would perish/ of **despair** and boredom. 〈속담〉

거짓말이 없다면/ 인간은 죽을 것입니다/ 절망과 지루함으로.

2 「국가」의 성

1) **정치, 경제, 사회, 문화적 관점**으로 볼 경우 ⇒ **여성 취급** ☞ she, her로 받음
2) **지리적 관점**으로 볼 경우 ⇒ **중성 취급** ☞ it, its로 받음
   ☞ 이것은 원칙일 뿐 글을 쓰는 사람의 관점에 따라 다르게 쓰는 경우도 있습니다.

America declared **her** independence/ from England/ in 1776.
미국은 독립을 선언했습니다/ 영국으로부터/ 1776년에.

Japan is stepping up **its** missile defense program/ after North Korea shot a ballistic missile/ over **its** main island.
일본은 자신의 미사일 방어계획을 가속시키고 있습니다/ 북한이 탄도미사일을 발사한 이후로/ 일본의 본토 위로.

3 성의 구분법

1) 여성어미 −ess, −ine를 붙이는 경우

lion	prince	waiter	steward 스튜어드
lioness	princess	waitress	stewardess 스튜어디스
hero	actor	manager 지배인	mayor 시장
heroine	actress	manageress 여지배인	mayoress 여시장

2) 중성 앞 · 뒤에 성 표시어를 붙이는 경우

boyfriend	peacock	manservant
girlfriend	peahen	maidservant

3) 남성 · 여성이 전혀 다른 말을 쓰는 경우

king	nephew 조카	brother 형제	bull 황소
queen	niece 조카딸	sister 여자형제	cow 암소

The **actress** was cast/ as **heroine**/ among many outstanding applicants.
그 여배우는 캐스팅되었습니다/ 여주인공으로/ 많은 쟁쟁한 지원자들 중에서.

The **steward** and the **stewardess**/ are boarding/ the flight to New York.
남승무원과 여승무원이/ 오르고 있습니다/ 뉴욕행 비행기에.

☞ the flight attendant 비행기 승무원   the flight of capital 자본의 (해외)도피

8 주의해야 할 명사들

1 「동사」와 「명사」를 구별해야 하는 명사

devise 고안하다   ↔ device 장치   advise 충고하다   ↔ advice 충고
prophesy 예언하다 ↔ prophecy 예언   use[juːz] 사용하다 ↔ use[juːs] 사용

This cutting tool is provided with/ a safety **devise**. (×)   〈devise → device〉
이 절삭기에는 달려 있습니다/ 안전장치가.   ☞ 명사자리

2 「형용사」와 「명사」를 구별해야 하는 명사

dead a. 죽은 - death n. 죽음 - die   v. 죽다, 점점 작아지다
deep a. 깊은 - depth n. 깊이 - deepen v. 깊게 하다, 짙게 하다
high a. 높은 - height n. 높이 - heighten v. 높게 하다, 강화하다
wide a. 넓은 - width n. 너비 - widen v. 넓히다, 확장하다

The patient/ with terminal liver cancer/ hovers/ between life and **dead**. (×)
그 환자/ 말기 간암을 가진/ 헤매고 있습니다/ 생과 사 사이에서.   ☞ 명사자리
☞ 그 말기 간암환자는 생사의 갈림길에서 오락가락하고 있습니다.   〈dead → death〉

3 「사람」과 「사물」, 의미차이를 구별해야 하는 명사

account n. 계산, 설명	remainder n. 나머지	riot n. 폭동, 소동
accountant n. 회계사	reminder n. 기념품	rioter n. 폭도
accounting n. 회계(학)	remains n. 유물, 유적	riotous a. 폭동의
coverage n. (취재) 범위	attendance n. 참석, 출석	manufacture n. 제조
cover n. 표지	attendant n. 수행원	manufacturer n. 제조업자
covering n. 덮개	attendee n. 참석자	manufacturing a. 제조의
author n. 작가	receipt n. 영수증	photograph n. 사진
authority n. 권위, 권한	recipient n. 수령인	photographer n. 사진사
authorization n. 허가, 위임	reception n. 환영회	photography n. 사진술

journalist n. 언론인	tip n. 조언, 정보, 묘안	mechanic n. 정비사
journalism n. 언론계	tap n. 수도꼭지	mechanism n. 기계(장치)
journal n. 신문, 잡지	tab n. 계산서, 꼬리표	mechanics n. 기계학, 역학, 방법
interview n. 면접	employment n. 고용	applicant n. 신청자
interviewer n. 면접자	employer n. 고용자	application n. 신청, 응용
interviewee n. 피면접자	employee n. 종업원	appliance n. 가전제품
donor n. 기부자	administrator n. 관리자	purchaser n. 구매자
donation n. 기부	administration n. 관리	purchase n. 구매
founder n. 설립자	arbitrator n. 중재인	occupant n. 점유자
foundation n. 설립	arbitration n. 중재	occupation n. 점령, 직업
architect n. 건축가	prosecutor n. 검사	competitor n. 경쟁자
architecture n. 건축	prosecution n. 기소	competition n. 경쟁
patron n. 단골손님	rival n. 경쟁자	subscriber n. 구독자
patronage n. 보호, 후원	rivalry n. 경쟁	subscription n. 구독
cook n. 요리사	beneficiary n. 수익자	criminal n. 범인, 범죄자
cooker n. 요리도구	benefit n. 수익	crime n. 범죄
entry n. 참가신청	segment n. 부분, 단편	likelihood n. 가능성
entrance n. 입구	segmentation n. 분할	likeness n. 유사성
physicist n. 물리학자	surgeon n. 외과의사	geologist n. 지질학자
physics n. 물리학	surgery n. 외과	geology n. 지질학
astronomer n. 천문학자	chemist n. 화학자, 약사	athlete n. 운동선수
astronomy n. 천문학	chemistry n. 화학	athletics n. 운동경기

objection n. 반대 – objective n. 목적 – objectivity n. 객관성

prescript n. 규정 – prescription n. 처방 – proscription n. 금지, 추방, 박탈

contradiction n. 부정, 반박 – controversy n. 논쟁 – contradictory a. 모순되는

stature n. 키, 수준 – status n. 지위, 상태 – statute n. 법령 – statue n. 동상, 조각상

My **account**/ filed my income tax return/ yesterday.   (×)

제 회계담당 회계사는/ 내 소득세를 신고했습니다/ 어제.

☞ 문맥상 account(계좌, 계산)이 아니라 accountant(회계사)가 되어야 합니다.

The **photograph**/ is taking a **photographer**/ of the beautiful waterfall. (×)

그 사진사는/ 사진을 찍고 있습니다/ 아름다운 폭포의.

☞ 문맥상 photograph(사진)와 photographer(사진사)가 서로 바뀌어야 합니다.

4 「쓰임」에 주의해야 할 명사

(1) percent와 percentage의 구별

> percent   : 앞에 **수사**가 올 경우에 사용
> percentage : 앞에 small, large, high 등의 **형용사**가 올 경우에 사용

One of Edison's famous aphorisms is,/ genius is **one percent** inspiration and **ninety-nine percent** perspiration.

에디슨의 유명한 금언 중의 하나는 입니다./ 천재는 1퍼센트의 영감과 99퍼센트의 노력으로 이루어진다.

Customs duties, income tax and corporation tax/ account for/ a **large** percentage of the nation's tax revenues.

관세, 소득세, 법인세는 차지합니다/ 국가조세수입의 큰 부분을.

☞ defraud the revenue 탈세하다   account for ① 차지하다 ② 설명하다 ③ ~의 이유가 되다

(2) personal과 personnel의 구별

personal : **형용사**로 '개인의, 사적인(private)'의 뜻
personnel : **명사**로 '인원, 직원, 인사과', **형용사**로 '인사의'의 뜻

The industrial espionage said/ that he wanted to stop talking/ about his **personal** life and information.
그 산업스파이는 말했습니다/ 말하고 싶지 않다고/ 자신의 사생활과 신상정보에 대해서는.

The **personnel** director/ reported to his boss/ on the **personnel** policies, company benefits and staff recruitment.
그 인사부장은/ 사장에게 보고했습니다/ 인사정책, 회사 복리후생, 그리고 직원채용에 대해.

☞ personnel department 인사과   personnel shifts[changes] 인사이동
   personnel management 인사관리   sales personnel 영업직원
   personnel reshuffle[shake-up] 직원의 배치전환
   reshuffle[cut] personnel 인원을 개편하다[축소하다]
   a partial[sweeping] reshuffle of the Cabinet 부분 개각[전면 개각]
   a thorough reshuffle in the administration 경영진의 대대적인 물갈이

(3) number와 numeral의 구별

number : 수, 숫자, 총수 등의 **계산에 사용되는 수**에 사용
numeral : 로마 숫자, **아라비아 숫자 등의 기호로 표시될 수 있는 수**에 사용

The **number** of casualties/ **is** mushrooming/ as time goes on.
사상자수가/ 급격히 늘고 있습니다/ 시간이 지남에 따라.

☞ a high[low] number 큰[작은] 수
   the number of ~ : ~의 수   cf. a number of ~ : 많은 ~

The Roman **numeral** for "4"/ is "Ⅳ."
4의 로마숫자는/ Ⅳ이다.

☞ an Arabic numeral 아라비아 숫자

(4) capital과 Capitol의 구별

capital : **명사**로 '수도, 대문자, 자본금', **형용사**로 '주요한, 대문자의'의 뜻
Capitol : the Capitol 미국 국회의사당
capita : caput'(머리(head), 두상돌기)'의 복수형임
    ☞ per capita 1인당(=per head), 머릿수로 나누어, 개인별로

Significant numbers of the citizens of Seoul/ spoke up against/ the transfer of the administrative **capital**.
상당수의 서울시민들은/ 반대했습니다/ 행정수도 이전을.

☞ a capital city[town] 수도   working capital 운영자본, 유동자산
  capital outflow 자본유출   capital assets 고정자산, 자본자산
  capital injection 자본수혈   inflow[influx] of foreign capital 외자도입

Democrats and Republicans/ assembled themselves/ to discuss health care legislation/ in the U.S **Capitol**.
민주당원들과 공화당원들은/ 집결했습니다/ 의료 (개혁) 법안을 논의하기 위해/ 미 국회의사당에.

Per **capita** consumption of rice/ in Korea/ is decreasing/ year after year.
일인당 쌀 소비량은/ 한국의/ 점점 줄어들고 있습니다/ 해마다.

more tips 혼동하기 쉬운 어휘 정리

twice ad. 두 배   nearly ad. 거의
double a. 두 배의   nearby ad. 근처에 a. 근처의

after p. ~후에, 뒤에   some a. 어떤, 약간의
afterward(s) ad. (그) 후에, 나중에   somewhat ad. 다소

accept v. 수락하다, 받아들이다   around p. ~의 주위에 ad. 사방에
except p. ~을 제외하고   round a. 둥근 모양의 ad. 둘레에
excerpt n. 인용, 발췌   all-round a. 전반적인, 만능의
expert n. 전문가 a. 능숙한

5 ~ kind[type, sort] of 명사 : 이런 종류[유형]의 ~

|사용법|	this[that]+kind of 단수명사
〈원칙〉	these[those]+kinds of 복수명사

I've never done/ **this[that] kind** of thing.
전 해 본 적이 없어요/ 이런[저런] 종류의 일을.

I've never done/ **these[those] kinds** of **things**.
전 해본 적이 없어요/ 이런[저런] 종류의 일들을.

☞ I've never done/ **this[that] kind** of **things**. ☞ 구어체에서 흔히 사용함

(1) kind of 뒤의 명사에는 관사가 붙지 않는 것이 원칙이나 종종 부정관사가 붙기도 합니다.

What kind of **smartphone** are you looking for?　〈원칙 – 많이 씀〉
What kind of **a smartphone** are you looking for? 〈구어〉
어떤 종류의 스마트폰을 찾으세요?

(2) kind는 of 앞뒤 어디에나 올 수 있습니다.　☞ 앞에 오는 것이 일반적임

this **kind** of stress[attention, action] 이런 종류의 스트레스[이러한 관심[행동]]
= stress[attention, action] of this **kind**

these **kinds** of machines[games, problems] 이러한 (종류의) 기계[게임, 문제]들
= machines[games, problems] of these **kinds**

(3) kind of는 "어느 정도, 얼마간, 약간(=somewhat)"이란 의미로도 쓰입니다.

It's **kind of** cold/ mornings and evenings/ these days.
좀 쌀쌀해요/ 아침저녁으로/ 요즘.

cf. Kimch is/ **a kind of** fermented food.

김치는 입니다/ 발효식품의 일종.

The orphan has suffered/ **all kinds of** hardships.

그 고아는 겪어왔습니다/ 갖은 고난을.

[참고] a <u>skeleton</u> in the cupboard[closet] 집안의 말 못할 비밀(=a shamful secret)
　　　　뼈대, 골격; 해골; 골자
　　　　　 ↳ framework

관사

Article

이 장은 명사 앞에 붙어 **명사**가 **특정적인지, 일반적인지; 단수**인지 **복수**인지를 결정해 주는 **관사**를 다루는데, 몇 가지 중요 용법만 이해하면 별 어려움이 없는 과로 중요한 것은 관사는 명사와는 뗄 수 없는 불가분의 관계가 있으므로 명사와 연계해서 학습하는 것입니다.

관사 이렇게 이해하자!

관(冠) - 머리에 쓰는 것

↓ 따라서 이 말은

'명사에 얹어 놓은 것'이란 뜻

↓ 이것을 살짝 바꾸면

명사 앞에 붙여 쓰는 것

a, an : 부정관사 ⎤
the　　: 정관사 　⎦ + 명사

시험대비 「관사」 중점 학습 과제

1 관사는 명사와 직접적인 관계가 있으므로 관사나 명사에 관계된 문제가 나오면
이 명사가 **셀 수 있는 명사**인지, **셀 수 없는 명사**인지부터 확인하세요.

1) **셀 수 없는 명사** – 불가산명사(물질, 추상, 고유명사) 앞에는
  ① 부정관사가 붙을 수 없고 ② 복수형으로도 쓸 수 없음이 원칙
2) **셀 수 있는 명사** – 가산명사(보통명사) 앞에는
  ① 관사나 한정사가 붙거나 ② 복수형이 되어야 함

위의 원칙과 반대로 되어 있으면 이것이 바로 답입니다.

2 **부정관사의 용법**을 잘 이해하세요.

1) per(~당), the same(같은 ~), a certain(어떤 ~)이란 뜻으로 쓰임
2) 부정관사 a, an이 붙은 경우 그 구별기준은 철자가 아니라 발음입니다.
  a : **자음** 발음 앞 – university, unique, European, hollow, harbor, yacht, …
  an : **모음** 발음 앞 – honest, hour, heir, E-mail, MP3 player, …

3 **정관사의 용법**을 잘 이해하세요.

1) 명사의 종류에 관계없이 한정어구로 제한되어 특정한 것을 지칭하면 정관사 the가
붙습니다.

A fire engine is throwing **water**/ on the fire.
소방차 한대가 물을 내뿜고 있습니다/ 화재현장에.

The fire engine/ of the fire station/ is throwing water/ on the fire.
그 소방차가/ 그 소방서의/ 물을 내뿜고 있습니다/ 화재현장에.

2) 세상의 단 하나 뿐인 유일물 앞에 : the sun, the moon, the sky, …
  악기 이름 앞에, 계량의 단위에 : play the cello; by the day[pound], …
  서로 알고 있는 것을 가리킬 때 : Turn the light off, please.
  대표단수, 종족대표 : the[a]+단수명사 + 단수동사 – ~는, ~라는 것은
  고유명사에 정관사가 붙는 경우 : 반도, 산맥, 강, 바다, 군도, 복수형으로 된 국가명

4 **부정관사와 정관사의 위치**는 정확히 기억하세요.

1) **부정관사의 위치** : such[what, quite, rather] + a[an] + 형용사 + 명사
            so[as, too, how, however] + 형용사 + a[an] + 명사
2) **정관사의 위치** : all[both, double, twice, half] + the + 명사

5 **관사의 생략** – 관사를 붙이지 않고 사용하는 경우의 예도 잘 기억하세요.

1 관사의 기본적인 이해

1 관사의 종류

1) **부정관사** : a, an ☞ '**막연한 하나**'를 지칭
2) **정관사** : the ☞ '**특정한 바로 그것**'을 지칭

A bird perched/ on **a** willow twig.

새 한 마리가 앉았습니다/ 한 버드나무 가지 위에.

The bird/ which was shot in the leg/ fell prey to **the** eagle.

그 새는/ 다리에 총 맞은/ 그 독수리의 먹이가 되었습니다.

2 관사 학습의 기본적 이해 사항

관사는 명사와 직접적인 관계가 있으므로 명사가 나오면 **명사의 종류**와 **관사의 유무**를 꼭 따져 보세요.

(1) 관사를 붙여야 하는 경우

> 1) **셀 수 있는 명사 앞**
>   ☞ 보통명사 앞에는 **관사**나 **한정사**가 붙거나 **복수형**이 되어야 합니다.
> 2) **셀 수 없는 명사가 보통명사화한 경우**

1) **A** volunteer **is** working/ at **a** daycare center.

   한 자원봉사자가 일하고 있습니다/ 한 보육시설에서.

   Many volunteers **are** working/ at the daycare center.

   많은 자원봉사자들이 일하고 있습니다/ 그 보육시설에서.

2) **Brass** is an alloy/ of **copper** and **zinc**. 〈물질명사〉

   황동은 합금입니다/ 구리와 아연의.

   Tip us **a copper**!/(=Give us a penny!) 〈보통명사〉 → copper = penny 동전

   한푼만 줍쇼!

   ☞ beauty(미) → a beauty(미인)   glass(유리) → a glass(유리잔)
      stone(돌) → a stone(돌멩이)   fire(불) → a fire(화재)

   ☞ rock > stone > pebble = gravel > ballast

(2) 명사에 관사가 붙지 않는 경우

1) 셀 수 없는 명사 앞

☞ 물질명사, 추상명사, 고유명사 앞에는 **부정관사 a, an**을 붙일 수 없음이 원칙.

　단, 특정한 것을 가리키거나 형용사구[절]의 한정을 받으면 **정관사 the**가 붙습니다.

2) 관사가 생략되는 경우

The company has to replace/ **equipment** and **machinery**/ to stay competitive.

그 회사는 교체해야만 합니다/ 장비와 기계를/ 경쟁을 유지하려면.

The company has to replace/ **the** old **equipment** and **machinery**/ to stay competitive. 〈특정한 것〉

그 회사는 교체해야만 합니다/ 그 노후 장비와 기계를/ 경쟁력을 유지하려면.

The company has to replace/ **an equipment** and **machinery**/ **which have been used for ten years**/ to stay competitive. (×) [an → the] 〈형용사절의 한정〉

그 회사는 교체해야만 합니다/ 그 장비와 기계를/ 10년 동안 사용해온/ 경쟁력을 유지하려면.

(3) 명사와 관사의 쓰임 예

1) 부정관사[정관사, 소유격, 한정사, …] + 셀 수 있는 명사 (○)

2) 무관사+셀 수 없는 명사[셀 수 있는 명사의 복수형] 　(○)

3) 부정관사+셀 수 없는 명사[복수명사] 　　　　　　　(×)

1) **an**[**the, his**] immortal masterpiece (○) 한[그, 그의] 불후의 명작

2) knowledge and information 　　(○) 지식과 정보
   how-to books and young readers 　(○) 입문서와 젊은 독자들

3) **a** knowledge and **an** information 　(×) 지식과 정보
   knowledges and informations 　　(×)

[참고] Two parties/ are engaged in brinkmanship.
　　　　　　　　　　　　　　　　n. 위기정책, 벼랑 끝 전술

양당은/ 벼랑 끝 전술로 맞서고 있습니다.

☞ denuclearization n. 비핵화 a nuclear-free zone 비핵지대

2 부정관사(Indefinate Article)

1 부정관사의 용법

```
1) per      : '~마다, ~당'
2) some     : '어떤 ~, 어느 정도 ~'
3) the same : '같은 ~'              의 뜻으로 쓰임
4) one      : '하나의 ~'
```

1) Take this medicine/ three times **a** day/ after meals.

　이 약을 드세요/ 하루 세 번/ 식후에.

　☞ ten hours a day 하루에 10시간　　　　once a week 일주일에 한 번
　　twice a month 한 달에 두 번　　　　　110 miles an hour 시속 110마일

2) In **a** strict sense,/ two teams were nip and tuck/ until the end.

　엄밀한 의미에서,/ 두 팀은 막상막하였습니다/ (경기가) 끝날 때까지.

　A very strange man/ came to see you/ with his hackles up.

　어떤 매우 이상한 녀석이/ 널 만나러 왔어/ 잔뜩 화가 나서.

　☞ nip and tuck = neck and neck 막상막하의, 막상막하로
　　hackle n. 화 → with one's hackles up 잔뜩 화나서

3) We are all of **an** age/ and graduated from the same university.

　우린 모두 동갑입니다/ 그리고 같은 대학을 졸업했습니다.

　You and I/ are of **a** mind/ for all eternity.

　당신과 난 한마음이에요/ 영원히.

4) We never said **a** word/ all day.

　우린 한마디도 안 했어요/ 온종일.

　In **a** word,/ I've been in love with you/ for ages.

　한마디로,/ 난 당신을 사랑해왔어요/ 오랫동안.

　☞ for a day or two 하루 이틀 동안
　　in a day or two 하루 이틀에

2 부정관사 a, an의 선택

1) a : 철자에 관계없이 **발음**이 「**자음**」으로 시작되는 단어 앞에 사용
2) an : 철자에 관계없이 **발음**이 「**모음**」으로 시작되는 단어 앞에 사용

1) a가 붙는 단어들

① **자음**으로 시작되는 단어 : book, cup; yacht, year; hollow, hurry, hospital;
huckster, hybrid, hydraulic, ···
    ☞ **an** hydraulic shovel 포크레인 (×) [an → a]
cf. backhoe; excavator 굴착기

② **모음**으로 시작되는 단어 : one-way, once; uniform, unanimous; Europe, ···
    ☞ [w] → **an** one-way ticket　(×) [an → a]
      → a round-trip ticket 왕복 승차권
    [ju:] → **an** useful hint　　　(×) [an → a]

2) an이 붙는 단어들

① **모음**으로 시작되는 단어 : importance, obstacle, umpire, umbrella, ···
    ☞ [ʌ] → **a** umpires' union　　(×) [a → an]

② **자음**으로 시작되는 단어 : hour, honesty, heir, ···
    ☞ [au] → **a** hour-long meeting (×) [a → an]

③ **약어** : M.P.(엠피), L.P.(엘피), X-ray(엑스레이),
S.O.S(에스오에스), 18th-century, MBC, iPad, ···
    ☞ [e] → **a** MP3 player　　　(×) [a → an]

바로 이것이 포인트! 발음에 의한 구별일까? 철자에 의한 구별일까?

a, an 사용의 구별 기준은?
철자에 의한 구별 (×)
발음에 의한 구별 (○) ☞ 철자만 보고 a, an을 고르는 그런 실수는 하지 마세요.

3 정관사(Definite Article)

1 정관사의 기본용법

1) **수식어구**(전치사구, 형용사구[절])**에 의해 명사가 한정될 경우**에 사용
2) **앞에 한 번 나온 명사가 다시 반복**될 때 사용
3) **형용사의 최상급, 서수, same, only, last에 의해 한정된 명사** 앞에 사용
4) **듣는 사람이 알고 있거나 상황으로 보아서 알 수 있는 것**을 말할 때 사용
5) '**by the 단위표시명사**' 형태로 「**시간 · 수량의 단위**」를 나타낼 때 사용
6) **악기명, 발명품 앞**에 사용
7) **종족대표** – 「**무리 전체를 일컫는 말**」에 사용
8) '**the＋단수명사**'가 **추상적인 의미를 나타내는 경우**에 사용

1) All **the** employees/ **in the office**/ like the new singer/ who made his debut two years ago.

모든 직원들은/ 그 사무실의/ 그 신인가수를 좋아합니다/ 2년 전에 데뷔한.

> **바로 이것이 포인트!**
>
> 같은 명사라도 1. '**특정하지 않은 것**'을 말할 경우는 **부정관사**를,
> 　　　　　　　 2. '**특정한 바로 그것**'을 가리킬 경우는 **정관사**를 붙입니다.

Peter is **an** employee/ at the steel company.

피터는 직원입니다/ 그 철강회사의.

Peter is **the** employee/ **who just joined us**/ last week.

피터는 바로 그 직원입니다/ 갓 입사한/ 지난주에.

2) I saw **a** man crying./ **The** man got dumped/ by his girlfriend.

난 울고 있는 한 남자를 보았습니다./ 그 남자는 차였습니다/ 여자 친구한테.

Sara bought **a luxury handbag** yesterday,/ but she lost <u>it</u>/ on her way home.
　　　　　　　　　　　　　　　　　　　　　　the luxury handbag

사라는 어제 명품 핸드백을 샀습니다,/ 그러나 그녀는 그것을 잃어버렸습니다/ 집에 오다가.

3) Sara chose **the** loudest dress/ at the dress shop.

사라는 가장 화려한 드레스를 골랐습니다/ 그 옷가게에서.

To reform **the** health care system/ is **the** only long-term solution/ to U.S. health care crisis.

의료제도를 개혁하는 것이/ 유일한 장기 해결책입니다/ 미국 의료위기의.

☞ the very ~ 바로 그 ~   the last ~ 결코 ~할 것 같지 않은, 가장 덜 ~한

    the same ~ (똑)같은 ~   the next fiscal year 차기 회계연도

4) What did **the** team manager say/ about your business report/ for this month?

팀장이 뭐래?/ 네 실적보고서에 대해/ 이번 달

Please switch off **the** light/ on your way out.

불 좀 꺼줘요/ 나가는 길에.

☞ the team manager나 the light는 대화 상대방끼리 누굴[뭘] 말하는지 서로 알고 있음

5) Most part-timers/ in Korea/ get paid by **the** hour.

대부분의 시간제근로자들은/ 한국의/ 시급을 받아요.

☞ by **the** day[month, year] 일당[월급, 연봉]으로

    by **the** yard[pound, meter, kilo, ton, liter, box, square meter]

    야드[파운드, 미터, 킬로, 톤, 리터, 상자, 제곱미터] 당[단위로]

    by **the** dozen 다스 단위로, 한 다스에 얼마씩

      [참고] What size is your apartment **in pyeong**? *cf.* per **pyeong** 평 당

            네 아파트 몇 평이야?

6) The talented music student/ plays **the** violin[piano, flute, cello]/ every day.

그 재능 많은 음악도는/ 바이올린을[피아노를, 플루트를, 첼로를] 연주합니다/ 매일.

The opticist/ invented **the** electron microscope/ after years of hard work.

그 광학자는/ 전자현미경을 발견했습니다/ 수년간 각고의 노력 끝에.

☞ invent **the** light bulb[steam engine, magnetic strip, windshield wiper]

    전구[증기기관, 마그네틱선, 자동차 와이퍼]를(을) 발명하다

7) the + 단수명사 + **단수동사**
　 a + 단수명사 + **단수동사**　: ~라는 것은, 모든 ~는
　　 복수명사 + **복수동사**　　〈무리 전체를 일컬음〉

The dog **is** faithful/ to its master/ all its life.　　〈문어적〉
A dog **is** faithful/ to its master/ all its life.　　〈구어적〉
Dog**s are** faithful/ to **their** master/ all **their** life.　〈가장 구어적〉

개라는 동물은 충직합니다/ 자기 주인에게/ 평생.

cf. **Man is mortal.** 사람은 죽게 마련입니다.

8) Almost all dictators ruled the nation by **the** sword.

거의 모든 독재자들은/ 국가를 통치했습니다/ 무력으로.

The unknown author/ earns his salt/ by **the** pen.

그 무명작가는/ (간신히) 밥벌이합니다/ 글을 써서.

the mother 모성애	the patriot 애국심	the pen 글의 힘, 저술	the sword 무력
the father 부성애	the head 이성	the cradle 유년시절, 요람기, 초기	

바로 이것이 포인트!

이것저것 따질 것도 없이,
1. 특정한 것을 가리킬 때는 **정관사**가 붙고
2. 일반적인 그룹 속의 하나를 가리킬 때는 **부정관사**가 붙는다고 이해하세요.

☞ a pen 아무 펜이나 하나　　　　　　　pens 아무 펜이나 2개 이상
　 the pen 특정한 펜 하나　　　　　　　the pens 특정한 펜 2개 이상

2 정관사의 특별용법

(1) the＋형용사[분사]

1) 복수명사	2) 단수명사	3) 추상명사로 쓰임

1) the rich 부자들(=rich people)   the blind 맹인들(=blind people) 〈복수명사〉
   the old 노인들(=old people)   the wise 현명한 사람들
   the handicapped 장애인들   the wounded 부상자들
   the dying 죽어가는 사람들   *cf.* the dead 죽은 자들

2) the accused 피고   the deceased 고인   〈단수명사〉
   (=the person who **has** been accused)

3) the true (진), 진실(=truth)   the good (선)(=goodness)   〈추상명사〉
   the beautiful (미), 아름다움   the sublime 숭고함(=sublimity)
   the right 옳은 것[일](=rightness)   the wrong 나쁜 짓, 잘못(=wrongness)

☞ the **yellow**[**white**] of an egg 계란의 노른자[흰자] ⇒ 물체의 일부분 표시
   the **middle** of the road[night] 길 한복판[한밤중]

(2) 전치사 by와 함께 「신체의 일부분」을 표시할 경우 ☞ 소유격 대신 사용

타동사＋목적어＋by＋소유격[a, an]＋신체의 일부분 (×)
타동사＋목적어＋by＋the＋신체의 일부분   (○)
 └ catch, hold, seize, pull, grasp, grip, drag(잡아당기다) ['**잡다**' 의미의 동사]

☞ ① 정관사 the 대신 소유격이나 부정관사를 사용하지 않도록 주의하세요.
   ② kiss[strike, hit, pat, slap]+(목적어)+on+the+신체의 일부분 → 전치사 on사용
   ③ look[stare, gaze]+(목적어)+in the face[eye]

The inexorable creditor/ **seized** me **by my collar**/ the moment he saw me. (×)
The inexorable creditor/ **seized** me **by the collar**/ the moment he saw me. (○)
그 냉혹한 채권자는/ 내 멱살을 잡았습니다/ 나를 보자마자 대뜸.

☞ by the collar 멱살을   by the shoulder 어깨를
   by the hand 손을   by the arm 팔을

(3) 비교급에 the가 붙는 경우

1) **the**+비교급 ··· + of **the** two (~)   : 둘[두 ~] 중에서 더 ···하다
   = Of the two ~, **the**+비교급 ···
2) **the**+비교급 ~, **the**+비교급 ···   : ~하면 할수록 그만큼 더 ···하다
3) S+V ~ all **the**+비교급 for[because] ~ : ~ 때문에 더욱 ···하다

This is by far **the better**/ **of the two**.

이쪽이 훨씬 나아요/ 둘 중에서.

The harder I try to forget her,/ **the more** I miss her.

그녀를 잊으려고 하면 할수록,/ 그만큼 더 난 그녀가 그리워져요.

Sara likes Peter **all the better**/ **for his good looks and charisma**.

사라는 피터를 그만큼 더 좋아합니다/ 잘생긴 외모와 카리스마 때문에.

바로 이것이 포인트! 비교급, 최상급과 정관사

1. 최상급 앞에는 **정관사가 붙고**,
2. 비교급 앞에는 **정관사가 붙지 않지만**,
   비교급에 정관사(the)가 붙는 예외적인 경우이므로 주의하세요.

(4) 고유명사에 「정관사」가 붙는 경우

고유명사에는 관사가 붙지 않는 것이 원칙이나 다음은 **정관사가 붙는 경우**이므로 주의하세요.

1) 세상에 하나 뿐인 「유일물」 앞과 「방위」 앞에

the sun	the moon	the sky	the world	the Bible
the right[left]	the north[south, east, west]		the equator 적도	the sea
the Southern[Northern] Hemisphere 남반구[북반구]				
the President	the Prime Minister 수상			

☞ a bright sun 밝은 태양   a full moon 보름달
   a clear sky 맑은 하늘   a calm sea 잔잔한 바다
   ⇒ **고유명사에 부정관사가 붙어 보통명사화한 경우**로 '**유일한 명사의 상태**'를 나타냄

2) 산맥, 군도, 반도, 운하, 하천, 강, 해협, 바다, 사막 앞에

the Alps 알프스산맥	the Rocky Mountains 로키산맥
the Philippines 필리핀군도	the Korean Peninsula 한반도
the Thames 템스강	the Han River 한강
the English Channel 영국해협	the Pacific (Ocean) 태평양
the Suez Canal 수에즈운하	the Sahara (Desert) 사하라사막

☞ **산맥** 앞에는 **정관사를 붙이지만,**
   Mt. Everest(에베레스트산), Mt. Baekdu(백두산)처럼 **산이름** 앞에는 **정관사 the가 붙지 않음**
   cf. Incheon Bay = The Bay of Incheon 인천만

3) 공공건물, 시설물 앞에

the British Museum 대영박물관	the Pentagon 국방성
the White House 백악관	the United Nations = U.N. 유엔

☞ 공공건물이 지명을 나타내거나, 지명을 딴 경우에는 the가 붙지 않음.

Seoul Station 서울역	Myeongdong Cathedral 명동성당
Wall Street 월스트리트	Madison Square Garden 매디슨스퀘어가든

4) 선박, 기차이름 앞에

the Titanic 타이타닉호	the Mayflower 메이플라워호 〈배이름〉
the Queen Mary 퀸메리호	the Turtle Boat[Ship] 거북선
the Orient Express 오리엔트 특급열차 〈기차이름〉	

☞ Korean Airlines 대한항공   Asiana Airlines 아시아나항공

5) 신문, 잡지, 정기간행물 이름 앞에

The New York Times 뉴욕타임스	The Washington Post 워싱턴포스트
The Times (런던의) 타임스	The Financial Times 파이낸셜타임스
The Economist 이코노미스트지	

☞ Newsweek(잡지), Time(잡지), Hamlet(햄릿-도서명) 앞에는 the가 붙지 않습니다.

6) 복수 형태의 나라이름 앞에

the Netherlands 네덜란드   the Philippines 필리핀

the United States of America 미합중국

> **more tips**   언어 고유명사 – language가 들어가면 the가 붙습니다.
>
> English = **the** English language 영어
> Korean = **the** Korean language 한국어

3 관사에서 반드시 알고 있어야 할 것들

(1) rest가 나머지라는 뜻으로 쓰일 때는 항상 정관사 the가 붙습니다.

The rest of the shipment/ will be sent/ via special delivery.

나머지 선적은/ 보내지게 될 것입니다/ 특송으로.

cf. The heart patient/ must be kept absolutely **at rest**/ for the time being.

그 심장병 환자는/ 절대 안정이 필요합니다/ 당분간.

(2) 거리명인 Street, Avenue는 무관사로 쓰고, Avenue 앞에는 전치사 on을 붙입니다.

Among the throngs,/ I found Peter walking up **Grand Street**,/ with a backpack on his shoulders.

무리 중에서,/ 난 그랜드가를 걸어 올라가는 피트를 발견했습니다/ 어깨에 배낭을 멘 채.

Peter and Sara/ are walking arm-in-arm down/ **on Fifth Avenue**.

피터와 사라가/ 팔짱을 끼고 걸어 내려가네요/ 5번가를.

(3) 연도 앞에는 관사를 붙이지 않지만, 연대 앞에는 정관사를 붙입니다.

Peter and Sara were born/ in Chicago/ in **1990**.

피터와 사라는 태어났습니다/ 시카고에서/ 1990년.

Divorce is becoming more common/ in **the 2000s**.

이혼이 더욱 흔해지고 있습니다/ 2000년대에 이르자.

☞ Your test score is **in the nineties.** 네 시험 점수는 90점대야.

4 관사의 관용어구

1 부정관사와 함께 쓰는 관용어구

as a rule 대체로
at a loss 당황하여
in a hurry 급히
to a man 만장일치로, 마지막 한 사람까지
keep an eye on ~ ~을 감시하다
have an ear[eye] for ~ ~을 잘 알다[~에 대한 안목이 있다]

at a distance 약간 떨어져서
in a body 한 무리가 되어
in a moment 바로, 곧
all of a s udden 갑자기
have an appointment 약속이 있다

As a rule,/ illegal immigrants are very poorly organized.

대체로,/ 불법이민자들은 조직력이 매우 취약합니다.

2 정관사와 함께 쓰는 관용어구

in the end 결국
in the main 대개, 주로
in the dark[shade] 어둠 속에서[그늘에서]
in the sun 양지에, 고생 없이
on the increase 점차 증가하여
on the way 도중에
to the point 적절한
at the beginning[end] of ~ ~의 초기[말기]에

in the distance 멀리서, 먼데서
in the way 방해가 되어
in the wrong 잘못되어
in the course of ~ ~하는 중에(=during)
on the decrease 점차 감소하여
on the whole 대체로
to the skin 흠뻑
first, last, and all the time 시종일관

The new law/ on drugs/ will take effect/ **at the beginning of** the new year.

새로 제정된 법은/ 마약에 관한/ 발효될 것입니다/ 신년 초에.

3 관사 없이 쓰는 관용어구

at dawn 새벽에
by mistake 실수로
on purpose 고의로
on hand 수중에
on time 정각에, 정시에
in cash 현금으로
take place 발생하다
make progress 진보하다

at heart 본심은
by hand 손으로; 인편으로
on business 볼일로
on trial 심리 중, 시험 삼아
on duty 당번인(↔ off duty 비번인)
from place to place 이리저리
learn (~) by heart (~을) 암기하다, 외다
make haste 서두르다(=hasten)

at hand 가까이에
by trade 직업은
on strike 파업 중인
on order 주문 중인
at first hand 직접
at second hand 간접적으로

5 관사의 생략 ☞ 관사 없이 쓰는 경우

1 1) 식사, 2) 병명, 3) 스포츠, 4) 학과, 5) 계절 명사 앞

1) The foreman of the shipyard/ has **breakfast**/ at six/ to supervise the workers.

그 조선소의 현장주임은/ 아침을 먹어요/ 6시에/ 근로자들을 감독하기 위해.

☞ **특별한 식사**인 경우와 **형용사가 앞에 수식어로 온 경우**에는 관사가 붙습니다.

The weekend couple/ had **a** good dinner/ at the cookout.

그 주말부부는/ 정말 멋진 식사를 했습니다/ 그 야외파티에서.

2) The Hollywood celebrity died/ of **AIDS**[**pneumonia**]/ suddenly.

그 할리우드 스타는 죽었습니다/ 에이즈[폐렴]으로/ 갑자기.

Many people are getting/ **stomach**[**liver, prostate, breast, uterine, pancreatic**] **cancer**/ for environmental pollution and stress.

많은 사람들이 걸리고 있습니다/ 위[간, 전립선, 유방, 자궁, 췌장]암에/ 환경오염과 스트레스로 인해.

The heavy smoker has **lung cancer**/ that cannot be operated on.

그 골초는 폐암에 걸렸어요/ 수술도 할 수 없는.

☞ AIDS, cancer, influenza 등 정식 병명에는 관사가 붙지 않지만,
가볍고 흔한 질병일 경우에는 **관사가 붙습니다**.

have[catch] **a** cold 감기에 걸려 있다[감기에 걸리다]
have **a** headache[stomachache, toothache, backache] 머리[배, 이, 허리]가 아프다

3) The all-round athlete/ plays **tennis**[**baseball, soccer**]/ with his colleagues/ every Sunday/ on the ground.

그 만능 스포츠맨은/ 테니스[야구, 축구]를 합니다/ 동료들과/ 일요일마다/ 운동장에서.

4) They major[specialize] in/ **linguistics**[**biology, philosophy, space engineering**].

그들은 전공하고 있습니다/ 언어학[생물학, 철학, 우주공학]을.

5) As **spring** comes,/ migratory birds move/ from southward to northward.

봄이 오면,/ 철새들은 이동합니다/ 남쪽에서 북쪽으로.

It's **fall**,/ but it's cold/ as if it is **winter**.

가을인데도/ 날씨가 추워요/ 마치 겨울처럼.

2 관직, 신분 등의 명사가 보어로 쓰인 경우

The polifessor was elected/ **Mayor** of New York City/ by a small majority.

그 폴리페서(정치교수)가 당선되었습니다/ 뉴욕시장에/ 근소한 차로.

The professor/ of economics at Dartmouth College/ was appointed/ **chairman** of the Financial Supervisory Commission.

그 경제학교수가/ 다트머스대학의/ 임명되었습니다/ 금융감독위원회 위원장으로.

☞ 시장, 의장, 대통령 등의 **특정한 신분**을 나타내는 경우에만 관사가 생략되고, **일반적인 신분 명사** 앞에는 관사가 붙습니다.

Her daughter became/ **a** high school teacher.
그녀의 딸은 되었습니다/ 고등학교 선생님이.

He is (the) CEO of the company.
☞ 흔히 무관사로 씀

3 관직명이 고유명사 앞에 온 경우와 동격으로 쓰인 경우

President Kim 김 대통령
Queen Elizabeth[Victoria] 엘리자베스[빅토리아] 여왕

Father went to work,/ but **mother** is at home.
아버지는 출근하셨고,/ 어머니는 집에 계셔요.

Waiter check, please! 웨이터, 계산서 부탁해요.

☞ father, mother, uncle, niece, cook 등이 가족끼리 사용되는 경우 **호칭**에도 무관사

4 공공건물·장소 명사가 본래의 목적으로 쓰이는 경우

The scholarship student goes to **school**/ at six/ every morning.
그 장학생은 학교에 (공부하러) 갑니다/ 6시에/ 매일 아침.

The scholarship student goes to **the** girls' **school**/ to date with his girlfriend.
그 장학생은 여학교에 갑니다/ 여자 친구와 데이트하러.

☞ 주로 동사 go와 함께 사용합니다.

☞ in hospital 입원해 있다/ in the hospital (어떤 이유로) 병원에 있다

위의 **공공건물**이나 **장소**를 나타내는 명사는

1. **건물 자체** – 학교, 교회, …를 나타낼 때는 **정관사가 붙고**
2. **본래의 목적** – 수업, 예배, …를 나타낼 때는 **관사가 붙지 않습니다.**

at school 수업 중	at table 식사 중	at church 예배 중	go to bed 잠자리에 들다
at the school 학교에	at the table 테이블에	at the church 교회에	go to market 장보러 가다

5 교통, 통신수단 명사가 전치사 by와 사용된 경우

It takes about 15minutes to work/ **by bus,**/ and an hour **on foot**.

회사까지 15분정도 걸려요/ 버스로,/ 걸어서는 한 시간 걸리고요.

by taxi 택시로	by bus 버스로	by car 차로
by telephone 전화로	by smartphone 스마트폰으로	by letter 편지로
by E−mail 이메일로	by cable 케이블로	by iPad 아이패드로
☞ in a bus 버스로	over[on] the phone 전화로, 전화상으로	on foot 도보로

6 양보구문에서 보어가 문두에 올 경우

Warrior as he was,/ the terrible genocide/ horrified him.

= Though he was **a warrior**,/ the terrible genocide/ horrified him. ☞ 관사가 붙음

그가 전사라고 할지라도,/ 그 끔찍한 대량학살에는/ 소름이 끼쳤다.

☞ Though ⓢ+ⓥ+ⓒ = ⓒ as ⓢ+ⓥ

⇒ 보어는 명사, 형용사 둘 다 가능한데, 명사보어가 문두에 놓일 때는 관사를 **붙이지 않습니다.**

7 짝을 이룬 대조 어구

Don't rush;/ study English grammar/ **step by step**.

서두르지 말고,/ 영문법을 공부하세요/ 차근차근.

man and wife 부부, 내외	side by side 나란히(=abreast)
arm in arm 팔짱을 끼고	day by day 매일(=every day; daily)
man to man 개인 대 개인으로서	step by step 한 걸음 한 걸음
little by little 조금씩, 차츰	bit by bit 조금씩, 서서히(=gradually)

6 관사의 위치

1 정관사의 위치

all[both, double, half, twice] + the + 명사
전치한정사

The speculator lost/ **the all** money he had earned/ in gambling and lotteries. (×)
The speculator lost/ **all the** money he had earned/ in gambling and lotteries. (○)
그 투기꾼은 날려버렸습니다/ 자기가 번 돈 전부를/ 도박과 복권에.

☞ all **the** money 그 돈 전부
at half **the** price 반값으로
both **the** parents 양친 모두
pay double **the** price 가격의 두 배를 지불하다

cf. some[any, most, much, …] of the 명사
some of the tall buildings 그 고층빌딩들 중의 일부
much of the Earth's natural habitat 지구의 자연서식지의 상당부분

2 부정관사의 위치

> 1) such[what, many, quite, rather] + a[an] + (형용사) + 명사
> 2) so[as, too, how, however] + 형용사 + a[an] + 명사

My friend is the last man/ to do **such** a mean thing.
= My friend is the last man/ to do **so** mean **a** thing. ☞ 많이 안 쓰는 표현

　제 친구는 절대 그럴 사람이 아니에요/ 그런 비열한 짓을 할.

What **a** pretty girl you are! 넌 정말 예뻐! (여자 친구에게)
☞ such personal questions 그런 개인적인 질문들 (○) 〈such + 복수명사〉

so short **a** time　　　그렇게 짧은 시간
so hot **a** race　　　아주 뜨거운 경주[경쟁]
too small **a** bottle　　너무 작은 병
too big **an** incursion 그렇게 큰 유입

바로 이것이 포인트!　　**부정관사의 위치에 주의**

1)은 부정관사가 **형용사 앞에** 오고, 2)는 부정관사가 **형용사 뒤에** 옴에 주의하세요.

[주의] so 다음에 단수 가산명사를 쓸 때에는 반드시 **부정관사 a[an]**가 있어야 합니다.

　따라서, so 다음에는 **셀 수 없는 명사를 쓸 수 없습니다.**

> **more tips**
>
> Peter is <u>a</u> <u>smart</u> <u>student</u>. 피터는 똑똑한 학생입니다.
>   관   형   명
>
> Peter is <u>a</u> <u>very</u> <u>smart</u> <u>student</u>. 피터는 정말 똑똑한 학생입니다.
>   관 부 형   명

대명사

Pronoun

이 장은 **명사**(사람, 사물)의 반복을 피하기 위해 **명사 대신 사용하는 대명사**를 다루는데, 대명사의 종류가 많듯 익혀야 할 내용 또한 많습니다. 문장에서 대명사가 나오면 대신하는 **명사와 수, 성, 격** 등이 맞는지 확인하는 습관을 기르는 것이 무엇보다도 중요합니다.

대명사 이렇게 이해하세요!

대(代) + 명사(名詞) → 영어로는 Pro(대신이라는 뜻의 접두사) + Noun(명사)

⇒ 짧게 줄이면 대 (신) 명사

☞ 명사 대신 사용하는 것이 바로 대명사

시험대비 「대명사」 중점 학습 과제

1

문제에서 대명사가 나오면

1) 그것이 받고 있는 것이 **무엇**이며

2) 대신 받는 명사와 **수, 성, 격**이 일치하는지 반드시 확인하세요.

2

인칭대명사는 격의 사용에 주의하세요.

1) **주 격** : 주어, 주격보어 자리에 사용

2) **소유격** : **명사 앞**에 사용

3) **목적격** : 목적어, 목적격보어 자리에 사용

☞ <u>My</u> wife calls <u>me</u> a petty person.
   소유격   목적격

   내 아내는 날 좀팽이라 불러요.

3

재귀대명사의 관용용법은 숙어처럼 통째로 암기하세요.

by oneself 혼자서(=alone)	**beside oneself** 제 정신이 아닌(=almost mad)
in itself 그 자체로도, 본래	**for oneself** 자기 스스로(=without any other's help)
of itself 저절로	**to oneself** 자기에게만, 독점하여

4

지시대명사의 중요 용법은 모두 암기하세요.

1) that[those] of + **명사** : 앞에 나온 단수명사[복수명사] 대신 사용

2) that = the former = the one   : 전자 – 앞의 것

   this = the latter = the other   : 후자 – 뒤의 것

3) **명사** such as **명사** (and[or] **명사**) : ~와 같은 … (=for example; like)

4) **긍정적 동의**와 **부정적 동의**를 정확히 이해하세요.

   ① **~도 역시 그렇다** – 긍정적 동의

      So + V + S : 다른 주어[사람]에 대해 '**~도 역시 그렇다**(=also)'   〈도치〉

      So + S + V : 같은 주어[사람]에 대해 '**정말로 그렇다**(=certainly)'   〈정치〉

   ② **~도 그렇지 않다** – 부정적 동의

      Neither[Nor] + V + S. = S + not V ~ +, either.

5

부정대명사 one, another, other의 관용구문은 모두 암기하세요.

1) one ~, the other …   : 〈둘 중에서〉 하나는 ~ 또 하나는 …이다

   ☞ the other 〈둘 중의〉 다른 한쪽   the others 다른 사람들(=the other people)

2) one thing ~, another … : ~와 …는 별개이다

3) another + **단수명사**/ other + **복수명사**/ some other + **복수명사[단수명사]**

1 대명사의 종류

1) **인칭대명사**	I	you	he	she	they	we	…
① 재귀대명사	myself	yourself	himself	herself	themselves	ourselves	…
② 소유대명사	mine	yours	his	hers	theirs	ours	…
2) **지시대명사**	this, that, these, those, such, so, same, …						
3) **부정대명사**	one, some, any, another, other, every, each, …						
4) **의문대명사**	who, what, which, how, …						
5) **관계대명사**	who, which, that, what, as, but, than, …						

1 대명사의 기본 유의사항

(1) 문제에서나 독해지문에서 대명사가 나오면

    1) **이 대명사는 무엇을 받고 있는가?**
    2) **무슨 용법으로 사용 되었는가?**를 반드시 확인하세요.

(2) 대명사가 그것이 받고 있는 명사와 수 · 성 · 격이 일치하는지를 반드시 확인하세요.

    수(단수, 복수), **성**(남성, 여성, 중성), **격**(주격, 소유격, 목적격)이 일치해야 하며,
    특히 인칭대명사의 경우 **격** 사용에 유의해야 합니다.

2 대명사의 기본 유의사항의 실례

* 다음 문장에서 대명사 them과 it이 받고 있는 것은 각각 무엇인가?

The Internet has brought/ lots of changes/ to us./ Among **them**,/ some are good,/ and some are bad./ and therefore we have to make good use of **it**.

| **해석** | 인터넷은 가져다 주었습니다/ 많은 변화를/ 우리에게./ 그것들 중에는,/ 좋은 것도 있고,/
나쁜 것도 있습니다./ 따라서 우리는 그것(인터넷)을 유효 적절하게 사용해야 합니다.

| **정답** | them은 changes, it은 The Internet을 받고 있음.

☞ 이런 유형은 독해지문에서도 많이 등장하므로 대명사가 나오면
    그것이 '**무엇을 받고 있는지[가리키는지]?**'를 확인하는 습관을 기르도록 하세요.

2 인칭대명사(Personal Pronoun)

1 인칭대명사의 격

(1) 주격, 소유격, 목적격의 사용법

> 1) **주 격 : 주어, 주격보어 자리**에 사용
> 2) **소유격 : 명사** 앞에서 **소유격**+**명사**의 형태로 사용
> ☞ **소유격**은 명사 없이 **소유격만 단독으로 사용할 수 없으나**
> **소유대명사**는 단독으로 사용할 수 **있습니다.**
> 3) **목적격 :** (타동사, 전치사의) **목적어 자리, 목적격보어 자리**에 사용

(2) 대명사의 격 일람표

인칭	수 · 성	주 격	소유격	목적격	소유대명사	재귀대명사
1인칭	단 수	I	my	me	mine	myself
	복 수	we	our	us	ours	ourselves
2인칭	단 수	you	your	you	yours	yourself
	복 수	you	your	you	yours	yourselves
3인칭	남 성	he	his	him	his	himself
	여 성	she	her	her	hers	herself
	중 성	it	its	it	–	itself
	복 수	they	their	them	theirs	themselves
사 용 자 리		주어 주 · 보 자리	명사 앞	목적어 목 · 보 자리	이중소유격	재귀용법 강조용법

> ☞ 위 도표는 영어의 기본이자, 문제풀이에서도 중요하므로 꼭 기억하세요.

Him is/ an aviator and astronaut.　　　　　(×) [Him → He] [주어 자리]

그는 입니다/ 비행가 겸 우주비행사.

We are convinced/ that the criminal is **him**. (×) [him → he]　[주격보어 자리]

우린 확신하고 있어요/ 범인이 그라고.

We think/ the criminal to be **he**.　　　　　(×) [he → him]　[목적격보어 자리]

우린 생각해요/ 범인이 그라고.

Peter loves **her** more/ than (he loves) **me**. [목적어 her와 me의 비교]

피터는 **그녀를** 더 사랑합니다/ **나보다**.

Peter loves her more/ than **I** (lover her). [주어 Peter와 I의 비교]

피터가 그녀를 더 사랑합니다/ **나보다도**.

☞ 비교대상이 **주격**인가, **목적격**인가에 특히 유의하세요.

There is no common interests/ between **your** and **I**;/ we are enemies. (×)
There is no common interests/ between **you** and **me**;/ we are enemies. (○)

공통의 이해관계가 없어/ 너와 난,/ 우린 적일 뿐이야. [전치사의 목적어 자리]

☞ 전치사 뒤에 인칭대명사가 올 경우 반드시 **목적격**을 사용해야 합니다.

Why/ are **you** eyes so bloodshot? (×) [명사 앞에는 소유격 사용]
Why/ are **your** eyes so bloodshot? (○)

왜/ 네 눈이 그렇게 충혈됐어?

[참고] eyedrops 안약 eyeball 안구 pupil 동공

2 재귀대명사(Reflexive Pronoun)

자신[주어]의 동작이 다시 **자신[주어]에게로 되돌아가는 관계**를 나타내는 대명사

再재(다시-again)+歸귀(되돌아가다-return)

(1) 형태

인칭	⇨	주격	단수	복수
1인칭	⇨	I	myself	ourselves
2인칭	⇨	you	yourself	yourselves
3인칭	⇨	he, she	himself, herself	themselves
		it	itself	

☞ 재귀대명사는
형태 문제가 가끔 출제되는데 2인칭 복수는 yourselves, 3인칭 복수는 themselves, * themself (×),
heself, hisself, themself라는 재귀대명사는 없다는 사실을 유념하세요.

(2) 용법

1) 재귀적 용법 : **주어가 행한 동작이 다시 자신에게 미치는 경우**로
주어와 같은 사람[사물]이 문장 속에 다시 한 번 나올 경우에 사용
☞ 이 경우는 **재귀대명사를 생략할 수 없음**

2) 강조적 용법 : 주어, 목적어, 보어 뒤에 덧붙여 **그 말의 의미를 강조**
☞ 이 경우는 **재귀대명사를 생략할 수 있음**

A famous actress killed **herself**/ with a rope around her neck. [주어 = 목적어]

한 유명어배우가 자살했습니다/ 목을 매.

☞ 재귀적 용법 – **재귀대명사 생략 불가**   ⇒ A famous actress killed with ~ (×)

I **myself** saw/ the new spy flick.

난 직접 보았죠/ 새로 개봉한 그 스파이 영화를.

= I saw the new spy flick **myself**.

☞ 강조적 용법 – **생략해도 문장 성립**   ⇒ I saw the new spy flick. (○)

바로 이것이 포인트!

재귀대명사는 반드시 **그것이 받는 것**과 **일치**해야 합니다.
'단수인가? 복수인가? 남성인가? 여성인가?'를 잘 살펴보고 정확히 일치시키세요.

---

3) 관용적 용법

① by oneself 홀로, 혼자서(=alone)
② for oneself 혼자 힘으로, 스스로(=without any other's help); 자기를 위해
③ in itself 그 자체로는; 그 자체가, 본래, 본질적으로(=naturally; by nature)
④ of itself 저절로, 자연히(=automatically; spontaneously; by itself)
⑤ beside oneself 이성을 잃고, 흥분하여(=out of sense; crazy)
⑥ in spite of oneself 자기도 모르게, 무심코(=unconsciously; unwittingly)
⑦ to oneself 자기 자신에게만, 독점하여(=not to be shared)
⑧ between ourselves 우리끼리 얘기지만, 이것은 비밀이지만, 비밀로
   (=between you and me; in secret;
      between you, me and the bedpost[gatepost, lamppost, four walls])

① The widow has lived/ **by herself**/ since her husband's death.
그 미망인은 살아왔습니다/ 홀로/ 남편이 죽은 이래로.

② Peter managed to fix/ the difficult problem/ **for himself**.
피터는 간신히 해결했습니다/ 그 어려운 문제를/ 자기 힘으로[스스로].

③ The urbanization/ is not important/ **in itself**.
도시화는/ 중요하지 않아요/ 그 자체는.

☞ industrialization 산업화 globalization 세계화 standardization 표준화 democratization 민주화

④ The street light went out/ **of itself**/ at dawn.
가로등이 꺼졌어요/ 저절로/ 새벽녘에.

⑤ Sara was **beside herself**/ with rage[grief].
사라는 제정신이 아닙니다/ 화가 나서[슬퍼서].

⑥ Sara usually drinks too much/ **in spite of herself**.
사라는 과음하기 일쑤입니다/ 자신도 모르게.

⑦ Peter made a solemn promise/ **to himself**.
피터는 굳게 약속했습니다/ 자기 자신에게.

Peter uses the language laboratory/ **to himself**.
피터는 어학실습실을 사용하고 있습니다/ 혼자서(독점하여).

⑧ **Between ourselves**,/ he has split up with three girlfriends/ this year.
우리끼리 (비밀) 얘기지만,/ 그는 3명의 여자 친구와 헤어졌어요/ 올해.

---

more tips

1. make oneself understood 자기 말[뜻]을 남에게 이해시키다 ☞ act[see] oneself 자유롭게 행동하다[직접 보다]
2. make oneself at home 마음을 편히 가지다   say for oneself 변명하다
3. come to oneself 의식을 되찾다   say to oneself 독백하다

---

1. **Make yourself understood**/ if you don't agree with me.
네 의사를 내게 이해시켜/ 만약 나한테 동의하지 않는다면.

I made myself understood/ in English.
난 내 의사를 전달했어요/ 영어로. → 의사소통을 영어로 했어요.

2. Please come in,/ and take off your coat,/ and **make yourself at home**.

　자, 어서 오세요./ 코트 벗으시고,/ 편히 쉬세요.

3. Sara swooned/ at the ghastly sight/ and **came to herself** soon.

　사라는 졸도했습니다/ 그 처참한 광경을 보자/ 그리고 곧 의식을 찾았습니다.

3 소유대명사(Possessive Pronoun)

(1) 소유대명사는「소유격＋명사」를 대신합니다.

my,　your,　her,　their briefcase(s)　나의[너의, 그녀의, 그들의] 서류가방(들)
　　　　　　　　　　　　소유격 + 명사

↓　　　↓　　　↓　　　↓

mine, yours, hers, theirs ☞ 소유대명사　　　☞ its → it의 소유격

(내 것)　(네 것)　(그녀 것)　(그들 것)　　　　　　　　　　it's → it is의 축약형

(2) 소유격의 여러 형태

1) **소유격** + **own** + **명사** : 내 자신의 ～
2) **on** + **소유격** + **own** : 자기 부담으로, 독립하여, 혼자 힘으로
3) **이중소유격** : a[an] + **명사** + **of** + 소유대명사[독립소유격 = 명사's]
　　　　　　　　　　　　소유격 of

1) I made a big donation/ **of my own free will**.

　전 거액을 기부했습니다/ 내 자신의 뜻에 따라.

2) The hard worker/ paid for the apartment/ **on his own account**.

　그 성실한 사람은/ 그 아파트값을 치렀습니다/ 자기 돈으로.

　☞ 그 성실한 사람은 자기 돈으로[빚내지 않고] 그 아파트를 샀습니다.

3) Any friend **of** <u>hers</u> is a friend **of** <u>mine</u>.
　　　　　소유격 of 소·대　　　소유격 of 소·대

　그녀의 친구라면/ 제 친구나 마찬가지야.

　the studio apartment **of mine[yours, hers, theirs, my son's]** 〈이중 소유격〉

　내[너의, 그녀의, 그들의, 내 아들의] 원룸(아파트)

(3) 소유격과 소유대명사는 혼동하기 쉬워 자주 출제됩니다.

1) **소유격**	형용사처럼 **명사 앞에 사용** ☞ ～의					
	my	our	your	his	her	their
2) **소유대명사**	명사처럼 **단독으로 사용** ☞ ～의 것					
	mine	ours	yours	his	hers	theirs

These/ are **his** briefcases. 〈소유격〉

이것들은/ 그의 서류가방들입니다.

These briefcases/ are **his**. 〈소유대명사〉

이 서류가방들은/ 그의 것입니다.

A : "I need a black dress/ for the funeral caremoney."

　"난 검정 드레스가 필요해/ 장례식에 입고 갈"

B : "I think that/ Sara will let you wear **her**." (×)

　"I think that/ Sara will let you wear **hers**." (○)

　"내 생각엔/ 사라가 자기 것을 입고 가게 해줄 거야."

---

more tips

1. 총칭인칭

we, you, they, one 등이 **막연한 일반 사람들을 가리키는 경우**로, 해석하지 않아도 됩니다.

We had a bumper crop this year/ thanks to plenty of sunshine.

올해 풍작이 들었습니다/ 일조량이 좋아.

They say/ the majority (floor) leader/ will run for President.

소문이 있어요/ 여당 원내총무가/ 대통령에 출마할 거라는.

2. 여러 개의 인칭이 겹칠 경우의 순서 ☞ 일반적으로 많이 사용하는 순서일 뿐 다르게 쓸 수도 있습니다.

　1) **단수**일 경우 → 2인칭 → 3인칭 → 1인칭 순서

　　　☞ You, she, and I are friends.

　2) **복수**일 경우 → 1인칭 → 2인칭 → 3인칭 순서

　　　☞ We, you and they are friends.

3 지시대명사(Demonstrative Pronoun)

1 It의 용법

(1) 앞에 언급된 명사를 받는 경우

> one = a + **명사** ☞ '동일 종류의 것'
> it = the[소유격] + **명사** ☞ '동일한[바로] 그것' ⎤ 을 받음

"Have you got **a car**?" "차 있니?"   ☞ 차란 이름이 붙은 아무 차나 한 대
–"Yes, I have **one**." "그래, 있어."   (one = a car)
☞ Yes, I have **it.** (×)

"Have you still got **the car**?" "아직 그 차 가지고 있어"
–"Yes, I have **it**." "그래, 가지고 있어."   ☞ 서로 알고 있는 바로 그 차
☞ Yes, I have **one**. (×)

Perter bought **a car** a few days ago,/ but he had **it** stolen last night.

피터는 며칠 전 차 한 대를 구입했는데,/ 어젯밤에 그 차를 도난당했어요. [it = the car – 바로 그 차]

As I have lost **the laptop computer**,/ I must buy **one**. [동일 종류 – 다른 것]

난 노트북 컴퓨터를 잃어버려서,/ 하나 사야 해.   (one = a laptop computer)

☞ 'the + **명사**'가 같은 종류의 다른 물건인 경우는 **one**으로 받습니다.

(2) 가주어[가짜주어]로 쓰이는 경우

> 형   식   It + be + 형용사 + **진주어[진짜주어]** ~ .
>   가주어   ☞ 1) 부정사/동명사/명사구[절]
>   [가짜주어, 형식주어]   2) that[whether, why] S + V

The accused is innocent. 피고는 무죄입니다. ⎤ 두 문장을 결합하면
It is absolutely certain. 그것은 정말 확실합니다. ⎦

☞ <u>That the accused is innocent</u>/ is absolutely certain. ☞ 많이 안 쓰는 문장
     명사절

주어가 너무 길어 문장의 균형도 맞지 않고, 이해하기도 쉽지 않으므로,
가주어 It을 써서 that[**명사절**]절을 뒤로 돌리면 다음 예문처럼 깔끔해집니다.

It is absolutely certain/ **that the accused is innocent**. ☞ 일반적으로 쓰는 문장

정말 확실합니다/ 피고가 무죄인 것이.

To torment the weak is very wrong.

= **It** is very wrong/ **to torment the weak**. 〈현대영어〉

　정말 나쁩니다/ 약자를 괴롭히는 것은.

---

more tips　　　it이 앞에 있는 구 · 절을 받는 경우

The surly bastard/ is a gang boss/ and I know it well.
무례한 그 놈은/ 깡패두목입니다/ 그리고 난 그 사실을 잘 알지요.

---

(3) 가목적어[가짜목적어]로 쓰이는 경우

1) **사용문장** : 5형식 문장(S + V + O + O·C)
2) **동　　사** : take, find, think, make, believe, consider, …
3) **목 적 어** : that절 또는 to 부정사인 경우
　　　　　　☞ **가목적어 it**을 사용하여 **목적어를 목적격보어 뒤로 돌림**
4) **형　　식** : S+V+*it*(가목적어)+명사[형용사]+**진목적어[진짜목적어]**
　　　　　　가짜목적어　　　　　　　① to부정사 ② that S+V ~ ③ whether S+V ~

The sales representative found/ **it** advantageous/ **to pay by installments**.

그 영업책임자는 알았습니다/ 유리하다는 것을/ 할부로 돈을 내는 것이.　　　　　　〈to부정사〉

We believed/ **it** true/ **that the secretary hadn't taken the money**.

우린 믿었죠/ 사실일 거라/ 비서가 그 돈을 훔치지 않은 것이.　　　　　　〈that절〉

We don't think/ **it** important/ **whether the toastmaster will come or not**.

우린 생각하지 않아요/ 중요하다고는/ 그 연회사회자가 오느냐 마느냐가.　　　　　　〈whether절〉

Rumor has **it**/ **that Sara fell in love with Peter**.

소문이 돌고 있어요/ 사라가 피터와 사랑에 빠졌다는.

☞ Rumor says[There is a rumor, The rumor is] that ~로 바꿔 쓸 수 있음.

(4) 「It is[was] ~ that[who, which] …」 강조구문

형　식　　It＋is[was]＋<u>강조하려는 어구</u>＋that＋<u>나머지 부분</u>
　　　　　　　　　　　주 어 · 목적어 · 부사(구)　　　남아있는 부분을 모두 써주면 됨

<u>Peter</u> met <u>Sara</u> <u>at the themepark</u> <u>yesterday</u>.
　① 주어　　② 목적어　　③ 부사구　　④ 부사

피터는 사라를 만났어요/ 그 테마공원에서/ 어제.

① 강조 : It was **Peter**/ **that**[who] met Sara/ at the themepark/ yesterday.
　　바로 **피터**였어요/ 사라를 만난 사람은/ 그 테마공원에서/ 어제.

② 강조 : It was **Sara**/ **that**[whom] Peter met/ at the themepark/ yesterday.
　　바로 **사라**였어요/ 피터가 만난 사람은/ 그 테마공원에서/ 어제.

③ 강조 : It was **at the themepark**/ **that**[where] Peter met Sara/ yesterday.
　　바로 그 **테마공원**이었죠/ 피터가 사라를 만난 곳은/ 어제.

④ 강조 : It was **yesterday**/ **that**[when] Peter met Sara/ at the themepark.
　　바로 **어제**였죠/ 피터가 사라를 만난 날은/ 그 테마공원에서.

바로 이것이 포인트!

1. 「It is[was] ~ that …」 강조구문은 동사를 제외한 주어, 목적어, 부사, 부사구를 강조할 수 있습니다.
2. 강조되는 것의 종류에 따라 **that** 대신,
　　사람인 경우 who(주격) , whom(목적격), 사물인 경우 which,
　　장소인 경우 where, 시간인 경우 when을 쓸 수도 있습니다.
3. It is[was], that을 빼고 '나머지 부분을 순서에 맞게 배열'하면 완전한 문장이 됩니다.

---

more tips　　의문사 강조

Who broke the windowpane? 누가 창유리 깨뜨렸어?. 창문 깨뜨린 사람이 누구야!
　→ **Who** was it that broke the windowpane?

What do you want/ in reward for your **efforts**? 넌 뭘 원해?/ 네 노력의 보상으로
　→ **What** is it that you want/ in reward for your **efforts**?

(5) 「비인칭 주어」로 쓰이는 경우

비인칭 주어란, 특별히 지칭하는 것 없이 **문장성립 상 필요한 주어**로 "**날씨, 거리, 시간, 명암, 상황, 요일, 계절**" 등을 나타냅니다.

It's raining/ cats and dogs/ outside. 〈날씨〉
비가 오고 있네요/ 억수같이/ 밖에.

How far is **it**/ to the airline terminal? 〈거리〉
얼마나 되나요?/ 공항터미널까지는

Excuse me,/ but do you know what time **it** is? 〈시간〉
실례합니다만,/ 지금 몇 시쯤 됐어요? ☞ What time is **it** now?
                                    Do you have the time?
                                    – **It** is ten o'clock. 10시입니다.

It's getting dark here. 이곳은 어두워지고 있어. 〈명암〉

How's **it** going? How was **it** (going)? 〈상황〉
어떻게 지내니?   어떻게 지냈어[어땠어]?

What day is (it) today? 오늘 무슨 요일이니? 〈요일〉
– **It**'s Saturday. 토요일이야.

It is spring. 봄입니다. 〈계절〉

(6) 중요 구문

> 1) **It takes**＋(목적어)＋시간＋**to V** : (～가) V하는데 ～ 시간이 걸리다
> 2) **take it for granted that** ～ : ～을 당연하다고 생각하다[여기다]
> 3) **see (to it) that** ～ : 반드시 ～하도록 (조치)하다, 꼭 ～하다

1) **It** would **take** about 30 minutes/ **to finish** the job[**if you don't get stuck**].
   한 30분 걸릴 거야/ 그 일을 끝내려면[막히지 않으면].

2) I **take it for granted that**/ everyone must obey public morals.
   전 당연하다고 생각해요/ 모든 사람이 공중도덕을 지키는 것이.

3) I will **see to it that**/ I do not betray your confidence.
   꼭 명심할게요/ 당신의 기대를 저버리지 않도록.

When you are in U.S.,/ please **see to it that**/ you meet the professor.

미국에 가면,/ 꼭 하세요/ 그 교수님을 만나 뵙는 걸. → 꼭 교수님을 만나 보도록 하세요.

2 this, that의 용법

(1) 앞, 뒤에 있는 「구 · 절」을 받음.

What I want/ is **this**;/ **I want**/ **someone to lean on**/ **in hard times**.

내가 바라는 것은/ 이것이에요,/ 난 원해요/ 기댈 수 있는 사람을/ 힘들 때.

To live happily with my family/ or **to emigrate alone to the U.S.,**/ **that** is the question.

가족들과 함께 행복하게 사느냐/ 아님 혼자 미국으로 이민을 가느냐,/ 그것이 문제입니다.

The pupil tried/ **to learn all the sentences by heart**;/ he found **this** difficult.

그 학생은 했지요/ 그 문장 전부를 외우려고,/ 그러나 그는 이 일이 무리라는 것을 알았죠.

☞ 앞문장을 받는 경우는 **that**, 뒷문장을 받는 경우는 **this**를 사용하지만,
요즘에는 **this**가 앞 문장을 받기도 합니다.

---

more tips

1. this의 복수 **these**, that의 복수 **those**

Most people live better/ **these days**/ than in **those days**.

대부분의 사람들이 더 잘 삽니다/ 요즘/ 그 당시보다.

2. **this** : 이것, 이분, 이곳, … 〈시간, 거리가 '가까운 쪽'〉
   that : 저것, 저분, 저곳, … 〈시간, 거리가 '먼 쪽'〉] 을 가리킴

What's **this** dish? 이 요리는 뭐죠?

What's **that** strange noise? 저 이상한 소리는 뭐지?

---

(2) 명사의 반복을 피하기 위해 사용하는 that[those]

> 형 식   that of + **명사** → 앞에 나온 명사가 **단수**인 경우]
> those of + **명사** → 앞에 나온 명사가 **복수**인 경우] 에 사용
> ☞ 한정적 어구 앞에 있는 명사를 대신 받는 경우임

The climate of Hawaii/ is like Hinan.   (×)
The climate of Hawaii/ is like **that** of Hinan.   (○) [that = the climate]

하와이의 기후는/ 하이난의 기후와 비슷합니다.   단수명사

☞ 비교대상이 지역이 아니라 기후임.

1) **The ears** of a rabbit/ are longer than a rat.   (×)
2) **The ears** of a rabbit/ are longer than **that** of a rat.   (×)
3) **The ears** of a rabbit/ are longer than **those** of a rat. (○) [those = the ears]

토끼 귀는/ 쥐 귀보다 더 길어요.   복수명사

☞ 1)은 the ears를 받는 대명사와 전치사 of가 빠졌고, 2)의 that은 복수명사를 받을 수 없음

바로 이것이 포인트!

앞에 나온 단어의 반복을 피하기 위해 사용하는 위의 용법은

1. 시험에서는 that (of)이나 those (of)를 **빠뜨리고 출제**하여 혼동시키므로 주의하세요.
2. **this[these]에는 이 용법이 없습니다.**

(3) 전자(앞의 것), 후자(뒤의 것) 표시

1) 전 자 : that	the former	the one
↕	↕	↕
2) 후 자 : this	the latter	the other

Proper nutrition and **adequate exercise** are both necessary to health,/
this gives us physical strength,/ and **that** gives us energy.

적당한 영양분을 섭취하는 것과 운동은 둘 다 건강에 필요합니다,/ (그 이유는) **후자**(exercise)는 우리에게
체력을 주고,/ **전자**(nutrition)는 우리에게 에너지를 주기 때문입니다.

바로 이것이 포인트! 전자, 후자는

1. (that – this), (the former – the latter), (the one – the other)로 **짝지어** 쓰며
2. that 이「전자」, this가「후자」라는 것을 잘 기억하세요.

   cf. the first(첫째는) ↔ the second(둘째는)

(4) one who ~ / those who ~

1) **one who ~** : ~하는 사람   − 단수
2) **those who ~** : ~하는 사람들 − 복수 ☞ those = the people; the persons

One who/ tries to do too much/ at the same time/ cannot do anything.

사람은/ 너무 많은 것을 하려고 하는/ 한꺼번에/ 아무것도 하지 못합니다.

Those who/ took part in this survey/ said/ they started smoking and drinking/ in their adolescence.

사람들은/ 이 조사에 참가했던/ 말했습니다/ 자신들은 술 담배를 시작했다고/ 사춘기 시절에.

[참고] I'm **the one**/ who makes a living/ and provides for our family.
　　　　　　　= brings home the bacon

사람은 바로 나야/ 생활비를 벌고/ 우리 가족을 먹여 살리는.

(5) 시간 표시

1) **this** : 현재의, 지금의, 금 ~ 〈현재〉　　　　**these** : 현재 포함 기간
2) **that** : 그 ~, 그날[그때] ~ 〈과거〉　　　　**those** : 과거 포함 기간

this year 금년　　　　　　earlier this year 금년 초　　　　the end of this year 금년 말
that year 그해　　　　　　later that year 그해 말　　　　　the end of next year 내년 말
　　　　　　　　　　　　　　　　　　　　　　　　　　　the end of the year 그해 말

these[those] days 요즈음[그 당시]
this time tomorrow[yesterday] 내일[어제] 이맘때

> **more tips**　　**this day week** + 과거시제 : 지난주 오늘, 미래시제 : 내주 오늘
>
> Peter **met** Sara/ at the amusement park/ **this day week**.
> 피터는 사라를 만났어요/ 그 놀이공원에서/ 지난주 오늘.
>
> Peter **will meet** Sara/ at the amusement park/ **this day week**.
> 피터는 사라를 만날 거예요/ 그 놀이공원에서/ 내주 오늘.

(6) 부사적 용법

this, that이 부사처럼 **부사, 동사, 형용사를 수식**합니다.

1) **this** : 이만큼, 이렇게
2) **that** : 그렇게, 그만큼

Do you really want to take it **this** far?

너 정말 이렇게(까지) 할 거야?

I only know **that** much.

난 그 정도밖에 모른다니까.

cf. **This** much/ is undoubtedly true. 〈형용사〉

이만큼은/ 틀림없는 사실입니다.

(7) 관용어구

at that 그대로, 게다가, 그래도	all that 그렇게 ~, 그다지 ~
leave it at that 그대로 두다, 그 정도로 해두다	that is (to say) 즉, 다시 말하면(=namely)
with this 이렇게 말하고서	for this once 이번 한 번만
this and that 이것저것, 이런저런 일	That's all. 그것이 전부야, 그뿐이야.

My opinion/ about that/ is not **all that** different from/ yours.

내 의견은/ 그것에 대한/ 그다지 다르지 않아/ 너와.

Sara started for New York/ a month ago,/ **that is to say**,/ on the fifth of January.

사라는 뉴욕으로 떠났습니다/ 한 달 전,/ 다시 말해,/ 1월 5일이에요.

☞ that is to say = in other words = namely 즉, 다시 말해

---

more tips 전화나 소개에 사용하는 this

1. Hello, **this** is Peter speaking. 〈전화에서〉

여보세요, 저 피터인데요.

cf. **This** is your captain speaking. 〈비행기 안내방송〉

저는 이 비행기의 기장입니다.

2. **This** is my wife, Sara. 〈사람을 소개할 때〉

이쪽은 제 아내 사라입니다.

3 such의 용법

(1) as such : 그러한 것으로서

If you keep acting like **a fool**,/ you'll be treated **as such**.   [such = a fool]

바보 같은 행동을 계속해대면,/ 넌 바보 취급받을 거야.

☞ **such**는 as 뒤에서 앞에 나온 명사를 대신하며 "**like＋명사**"와 비슷한 의미임.

cf. Money **as such**/ doesn't matter much.   [as such = in itself]

돈은 그 자체로는/ 그다지 중요하지 않아요.

As such,/ we had a hard time/ without money.   [앞의 어떤 상황]

(상황이) 그러했으므로,/ 우린 고생했죠/ 돈이 없어.

(2) A such as B (**명사 and 명사**) : 예를 들면(=for example)
such A as B : B와 같은 A(=A such as B)

Porky children/ need to cut back on fatty food,/ **such as** sausage, pizza, and bacon.

비만아들은/ 기름진 음식을 줄여야 해요,/ 소시지, 피자, 베이컨 같은.

Such great swimmers/ **as** Michael Phelps/ **are** very rare.
= Great swimmers/ **such as** Michael Phelps/ **are** very rare.

그런 대수영선수는/ 마이클 펠프스 같은/ 정말 드물어요.

(3) 결과 접속사

such＋a[an]＋**형용사**＋**명사**＋that ～
= so＋**형용사**＋a[an]＋**명사**＋that ～   ] : 너무 …해서 ～하다 ☞ 관사의 위치가 다름에 주의

Sara is **such a** winsome girl/ **that** we all love her too much.
= Sara is **so** winsome **a** girl/ **that** we all love her too much.

사라는 너무 애교 있는 여자여서/ 우리 모두는 그녀를 너무 좋아해요.

cf. Sara is **such** a winsome girl/ **as** we all love. 〈유사관계대명사〉

사라는 그런 애교 있는 여자입니다/ 우리 모두가 사랑하는.

1. **such**는 단독으로 **보어**가 될 수 있습니다.

   Her bravery was **such that**/ it astonished a lot of rescue workers.

   = **Such** was her bravery **that**/ it astonished a lot of rescue workers.

   그녀는 아주 용감해서/ 많은 구조대원들을 놀라게 했습니다.

2. **such as it is[they are]** : 대단한 것은 못되지만, 변변치 못하지만

   Help yourself to the dish,/ **such as it is.**

   요리를 마음껏 드세요./ 변변치는 않지만[차린 것은 없지만].

4 so의 용법

(1) 다음 동사와 함께 「that절을 목적어」로 받음

think	hope	suppose	expect	say	tell	be afraid

A : Will it rain in torrents tomorrow? 내일 비가 억수같이 내릴까?

B : I think **so**. 그럴 것 같아.   ☞ that절이 긍정인 경우
       it will rain in torrents tomorrow.

B : I think **not**. 그럴 것 같지 않아.   ☞ that절이 부정인 경우
       it will **not** rain in torrents tomorrow.
       I don't think <u>it will rain in torrents tomorrow.</u>
       I don't think so.   ☞ 일반적으로 많이 쓰는 표현

(2) So+S+V, So+V+S → 긍정적 동의

〈대화문에서〉
A : 긍정문   ☞ S+V ~   : …는 ~이다[하다]
B : **긍정적 동의** ☞ 1) So S+V : **정말 ~이다**   〈같은 주어〉
                         (=Yes, S+V ; Certainly ; Indeed)

                    2) So V+S : **…도 역시 ~이다**   〈다른 주어〉 ☞ 도치문장
                         (=S+V, too. ; S+also+V.)

A : Sara is very pretty. 사라는 정말 예뻐.

B : **So she is**. 〈So S+V〉

   = **Yes**, she is very pretty.　→ 같은 주어 〈맞장구치는 표현〉

     맞아, 그녀는 정말 예뻐.

B : **So is Sera**. 〈So V+S〉

   = Sera is very pretty, **too**. → 다른 주어

     세라도 매우 예뻐.

바로 이것이 포인트!

So+S+V, So+V+S의 선택 기준은
질문 문장과 대답 문장의 「**주어가 같으냐? 다르냐?**」에 있습니다.

1. 같을 경우는 So+S+V,
2. 다를 경우는 So+V+S가 됩니다. ☞ 도치문장

3. 시제는 **질문 문장과 동일**하며
4. 동사는 **조동사, be동사는 그대로 사용**하고
    일반동사는 **대동사 do[does, did]**를 주어, 시제에 맞게 사용해야 합니다.

---

more tips　Neither[Nor]+V+S → 부정적 동의

〈대화문에서〉

A : 부정문　　☞ S not V. : ~는 …아니다
B : 부정적 동의 ☞ 1) S+not V, either.　　
            2) Neither+V+S.　: ~도 역시 그렇지 않다 〈다른 주어〉 ☞ 도치문장
              Nor+V+S.

A : Peter is not a gambler. 피터는 도박꾼이 아니야.

B : Sam is **not** a gambler, **either**. 〈다른 주어〉

   = **Neither** is Sam.　　☞ 도치문장

   = **Nor** is Sam.

     샘도 역시 도박꾼이 아니야.

(3) 앞에 나온 「보어」 대신 사용

Sara is **a spinster**/ and will remain **so**/ all her life. ⟨so = a spinster⟩

사라는 미혼입니다/ 그리고 그렇게 지낼 겁니다/ 평생.

(4) 관용어구

1) **and so forth** : ~등(등)(=and so on; etc.)　　*etc. = et cetera
2) **not so much A as B** : A라기보다는 오히려 B인
3) **not so much as V** : V조차도 않다(=even)
4) **숫자 or so** : ~정도, ~쯤, 가량(=about)　☞ 수량·기간의 수사 뒤에서
5) **So much for ~** : ~에 대해서는 그만 해두고, ~은 그만, ~은 이것으로 끝.

1) We are just talking/ about cultures, values, religions,/ **and so forth**.

　우린 그저 얘기 중이에요/ 문화, 가치관, 종교에 대해/ 그리고 기타 등등.

*2) Sara is **not so much** a gardener **as** a florist.

　= Sara is **not** a gardner **so much as** a florist.

　= Sara is a florist/ **rather than** a gardner.　☞ A, B의 위치가 바뀜.

　= Sara is **more** a florist **than** a gardner.

　　사라는 플로리스트(꽃장식전문가)입니다/ 정원사라기보다는.

3) The mentally retarded man/ **cannot so much as write** his own name.

　그 정신지체 남자는/ 자신의 이름조차도 쓰지 못해요.

　cf. without so much as V : V조차 하지 않고
　　　so as(=in order) to V　: V하기 위하여, V하도록 ⟨목적⟩

4) It is ten miles **or so**/ from the City Hall to the airport.

　10마일쯤 됩니다/ 시청에서 공항까지는.

　The handsome young man/ must be twenty **or so**.

　그 잘생긴 어린 남자는/ 틀림없이 20살쯤 되었을 거야.

5) **So much for** today. 오늘은 이만[그만]하자, 이것으로 끝.

　= Let's call it a day. = Let's stop here today.

　= That is enough for today. = We have done enough for today.

5 same의 용법

(1) the same as[that] ~

> 1) **the same** 명사 **as** S+V : ~와 같은 종류의 명사 〈유사물〉
> 2) **the same** 명사 **that** S+V : 바로 그 명사   〈동일인, 동인물〉

1) This is **the same** mechanical pencil/ **as** I lost yesterday.   〈같은 종류의 것〉

   이것은 똑같은 (종류의) 샤프펜슬입니다/ 내가 어제 잃어버린 것과.

2) This is **the same** mechanical pencil/ **that** I lost yesterday. 〈바로 그것〉

   이것은 바로 그 샤프펜슬입니다/ 내가 어제 잃어버린.

   ☞ same은 항상 the와 함께 as, that과 짝지어 씁니다.

(2) 중요 표현

1) A : (I wish you a) Happy New Year! 새해 복 많이 받으세요!
   B : (The) **same** to you! 당신도요.

   cf. I will do **the same**/ to you/ someday.

   난 똑같이 할 거야/ 네게/ 언젠가. ☞ 언젠가 네게 똑같이 돌려 줄 거야.

2) Same here. ① 〈상대방의 말에 동조할 때〉 나도 그래(=Me too.)
             ② 〈주문〉 같은 것을 주세요.

   A : Peter, how was your vacation? 피터야, 휴가 어땠어?
   B : I went to the ski resort. It was so crowded! 그 스키장에 갔었어. 정말 사람 많더라!
   A : Really? **Same here!** I went there too. 정말? 나도 그랬어! 나도 거기 갔었거든.

3) all the same ① 똑같은 (~)(=exactly the same)
             ② 아무래도 상관없는; 그래도 (역시)(=nevertheless)

   Most sitcoms/ seem **all the same**/ to me.

   대부분의 시트콤이/ 똑같은 것 같아/ 나한테는.

   You can pay/ cash or charge;/ it is **all the same** to us.

   계산할 수 있습니다/ 현금이나 신용카드로,/ 어느 것이든 우리에겐 상관없어요.

   *be much[almost] the same 거의 똑같다, 고만고만 하다

4 부정대명사(Indefinite Pronoun)

1 one

(1) 총칭인칭으로 사용 ☞ 특정한 사람이 아닌 막연한 일반인을 가리키는 경우

One should help bargaining/ and stop quarrels.　　〈속담〉

흥정은 붙이고/ 싸움은 말려라.

☞ one　one's　one　oneself 〈원칙〉
　　he　　his　　him　　himself 〈미국영어〉로도 일치시킴

(2) 앞에 나온 「셀 수 있는 단수명사」 대신 사용 ☞ 복수명사 대신 : ones

I don't have **a ruler**./ Can you lend me **one**?　　〈같은 종류의 아무것이나 하나〉

자가 없네요./ 하나 빌려 주시겠습니까?

cf. Do you have **the ruler** I gave you yesterday?　　〈바로 그것〉

그 자 가지고 있니?/ 내가 너한테 어제 준

– Yes, I have **it**. 그래, 가지고 있어.

바로 이것이 포인트! one을 쓸 수 없는 경우들

1. **셀 수 없는 명사**(물질명사 · 추상명사) 대신으론 쓸 수 없습니다.
　☞ one(하나, 한 사람, …)이 **셀 수 없는 명사**와 함께 쓸 수 없는 것과 같은 이유에서
2. **소유격 뒤** ☞ 단, 형용사가 수식하는 경우는 예외
3. **기수사 뒤** ☞ 서수사 뒤에도 대부분 생략함
4. **최상급의 형용사 뒤**에도 one을 쓰지 않음 ☞ 비교급 (형용사) 뒤에도 생략되는 경우가 대부분임.
5. **소유격+own** 뒤에도 one을 쓰지 않는 것이 일반적임

---

1. I prefer decaffeinated coffee/ to strong **one**.　　(×) 〈one 삭제〉

　전 카페인이 안 들어간 커피를 더 좋아해요/ 진한 커피보다.　☞ **coffee**는 물질명사

2. My laptop computer is much older/ than her **one**.　　(×) 〈her one → hers〉

　내 노트북 컴퓨터는 훨씬 더 구형입니다/ **그녀의 것**보다 더.

cf. This laptop computer/ is as good as my **new one**.　(○)

　이 노트북 컴퓨터는/ 내가 새로 산 컴퓨터에 못지않게 좋아요.

　☞ 형용사가 수식하는 경우는 one을 쓸 수 있음

3. The parvenu has five apartments/ but I have two **ones**. (×) 〈ones 삭제〉

　그 벼락부자는 아파트가 5채나 있으나/ 난 2채뿐이에요.

　☞ 복수명사는 ones로 받으나, 기수사 뒤에는 one을 쓸 수 없음　*cf.* two **small** ones(○)

After I have finished reading the first volume,/ I will read **the second**.

　1권을 다 읽고 나서,/ 난 2권을 읽을 거야.

　☞ 서수사 뒤에도 one을 생략하는 것이 일반적임

4. The prices here/ are the highest **ones**/ in the world.　(×) 〈one 삭제〉

　이곳 물가가/ 가장 높아요/ 세계에서.

These pictures are quite good,/ but I have seen **better**.　〈ones 생략〉

　이들 그림들도 꽤 좋으나,/ 난 더 좋은 것들을 많이 봤어요.

　☞ 비교급 (형용사) 뒤에도 생략되는 경우가 대부분임

5. Sara has her own car,/ but Peter doesn't have **his own**.

　사라는 자기 차가 있으나,/ 피터는 자기 차가 없어요.

　☞ 인칭대명사의 '소유격+own' 뒤에는 one을 쓰지 않는 것이 일반적임

[참고] This raw material/ is the same quality/ as **that** (one).

　　이 원자재는/ 똑같은 품질입니다/ 저것과.

　　☞ 이런 경우도 that 뒤에 one을 쓰지 않는 것이 일반적임

2 another : an+other → another+단수명사

(1) 기본의미

1) **the same one** : 같은 것[사람](=also one)
2) **a different one** : 다른 것, 별개의 것
3) **부정형용사로** ： ① 또 다른 ∼, 다른 ∼
　　　　　　　　　② **one more** : 하나 더

1) If I am a swindler,/ you are **another**.

　　내가 사기꾼이면,/ 너 또한 마찬가지야[너도 사기꾼이지].

2) I don't like this one;/ show me **another**.

　　이건 마음에 안 들어요./ 다른 걸 (하나 더) 보여 주세요.

　　cf. Please show me **another** one/ in this size and the same color.

　　　다른 것으로 보여 주세요/ 이 사이즈의 똑같은 색상으로. ⟨많은 것 중에서 다른 어떤 하나⟩

3) ① Backbone/ is **another** word/ for spine.

　　　척추는/ 또 다른 말입니다/ 등뼈의.

　　② **Another** two months is required/ to master this technique.

　　　2개월이 더 필요합니다/ 이 기술을 습득하려면.

　　Would you care for/ **another** cup of coffee?

　　　하시겠습니까?/ 커피 한 잔 더

(2) 관용표현

---

1) (A is) one thing, (B is) another : A와 B는 별개이다
　☞ with one thing and another 이런 저런 일로
　　with one thing or another 이래저래
2) each other(둘 사이) ↔ one another(셋 이상 사이) : 서로서로 ⟨원칙⟩
　☞ 현대영어에서는 구별하지 않는 경향임.

---

1) To know a lot of English/ is **one thing**,/ and to speak English/ is **another**.

　　영어를 많이 아는 것은/ 하나이고,/ 영어를 말하는 것은/ 또 다른 하나입니다.

　　☞ 영어를 많이 아는 것과 영어를 말하는 것은 별개입니다.

2) The two/ fell in love with **each other**/ at first sight.

　　그 두 사람은/ 서로 사랑에 빠졌죠/ 첫눈에.

3 other

(1) 기본의미 : 다른 것; 그 밖의 것[사람들]

---

1) the other　: (둘 중의) 다른 한 쪽[사람], 다른 쪽
2) others　　 : 다른 것들; 다른 사람들(=other people)
3) the others : (특정한) 나머지 (사람들, 것들)(=the rest)
4) other　　　: 부정형용사로 "**다른** ~"

---

1) It's difficult/ for an amateur/ to tell **one** from **the other**.

어려워요/ 비전문가가/ 양자를 구별하기는.

I don't like these trousers;/ show me some **others**.

이 바지는 맘에 안 들어요./ 다른 것을 좀 보여주세요.

We have to be willing to offer/ help to **others**.

우린 기꺼이 제공해야 합니다/ 다른 사람에게 도움을.

3) Peter's good looks and charisma/ make him stand out/ from **the others**.

피터의 잘생긴 외모와 카리스마는/ 눈에 띄게 해줍니다/ 다른 사람들로부터.

4) Could you show me/ **some other** sports pants?

제게 보여주시겠어요?/ 다른 운동복 바지 좀

(2) 관용표현

1) one ~, the other …   :〈둘 중에서〉하나는 ~, 다른[또] 하나는 …

2) one ~, another …   :〈다수 중에서 2개를 지정하여〉하나는 ~이고, 다른 하나는 …

3) some ~, others …   :〈다수 중에서 몇 개씩을 지칭하여〉어떤 것은 ~, 다른 것들은 …

4) some ~, the others …   :〈다수의 정해진 수 중에서〉몇 명은 ~하고, 나머지는 …

5) one ~, the others …   :〈다수의 정해진 수 중에서〉하나는 ~, 나머지 전부는 …

6) one after another   :〈정해지지 않은 수의 것이〉잇따라서, 차례로

　 one after the other   :〈두 사람 · 두 물건이〉교대로, 번갈아

　　　　　　　　　　　　〈특정수의 것이〉차례로, 순차적으로

7) one, another, the other(=third) : 하나는, 또 하나는, 나머지 하나는

　☞ 셋을 나열한 경우

　 one, another, the others : 하나는, 다른 하나는, 나머지 전부는

　☞ 넷 이상의 것을 나열할 경우

1) I have **two** brothers;/ **one** is tall/ and **the other** is short.

전 두 명의 동생이 있는데요,/ 한 명은 크고/ 다른 한 명은 작아요.

2) There are **many** tangerines;/ **one** is sweet/ and **another** is sour,/ **the rest** are stale.

귤이 많아요./ 하나는 달고/ 다른 하나는 시며,/ 그 나머지는 신선하지 않아요.

3) **Some** students study English grammar/ and **others** (study) English vocabulary.

영문법을 공부하는 학생들도 있고/ 영어어휘를 공부하는 학생들도 있네요.

4) There are **ten** students; **some** study English grammar/ and **the others** study English vocabulary.

학생이 10명 있습니다./ 그중 몇 명은 영문법을 공부하고/ 나머지 전부는 영어어휘를 공부합니다.

5) There are **ten** tangerines;/ **one** is mine,/ **the others** are his.

귤이 10개 있습니다./ 그중 하나는 내 것이고,/ 너머지 전부는 그의 것입니다.

6) Many cars go past/ **one after another**/ on the highway/ at full tilt.

많은 차들이 지나갑니다/ 잇따라/ 고속도로를/ 전속력으로.

Several buses arrived/ **one after the other**/ at the express bus terminal.

버스 몇 대가 도착했습니다/ 차례로/ 고속버스터미널에.

7) There are **three** shapes:/ **one** is a lozenge,/ **another** is an oval,/ and **the other** is a square.

세 가지 모양이 있습니다,/ 하나는 마름모,/ 다른 하나는 타원형,/ 나머지 하나는 네모입니다.

There are **many** tangerines:/ **one** is for Sara,/ **another** is for Sera,/ and **the others** are for me.

귤이 많이 있어요,/ 하나는 사라 거,/ 다른 하나는 세라 거,/ 나머지는 다 내 거예요.

바로 이것이 포인트! other, the other, the others, another의 주의사항

1. other a. 다른 ~, 그 밖의 ~, 딴 ~

   others n. 다른 사람들(=other people), 다른 것(들)

2. other에 **정관사**가 붙으면 **수가 (몇 개로) 한정됩니다.**

   the other (둘 중에서) 나머지 하나

   the others (셋 이상 중에서) 나머지 전부

3. 형용사로 사용될 때 **another**는 **단수명사**와 **other**는 **복수명사**와 씁니다.

another＋**단수명사**	**other**＋**복수명사**
another states (×)	other state (×)
another state (○)	other states (○)

4 some; any

1) **some**과 **any**는 막연한 수량이나 전체 중에서 일부를 나타낼 때 사용하며,
2) 부정대명사보다는 **부정형용사**로 더 많이 쓰입니다.

If **any** of the workers is absent/ without leave,/ can he[she] be fired?

근로자들 중에서 어느 누구라도 결근하면/ 무단으로,/ 그는[그녀는] 해고당할 수 있나요?

Some of the skyscrapers/ in Dubai/ are colossal.

일부 초고층빌딩은/ 두바이의/ 정말 어마어마합니다.

Some say/ that the company is considering/ closing its business.

어떤 이들이 말합니다/ 그 회사가 고려 중이라고/ 폐업을.

(1) 용법

1) **some** : 긍정문
2) **any** : **의문문, 부정문, 조건문**(if, unless, …)에 씀이 원칙

Do you have **any** plans/ for this weekend?　　　　　　　　〈의문문〉

어떤 계획 있어?/ 이번 주말에

– Yes, I have **some** plans. 그래, 좀 있어.　　　　　　　　〈긍정문〉
– No, I don't have **any** plans. 아니, 전혀 없어.　　　　　　　〈부정문〉

If you have **any** further questions,/ please talk to receptionist. 〈조건문〉

문의사항이 더 있으시면,/ 접수원에게 문의하시기 바랍니다.

---

more tips

1. 부정 의미를 갖는 "without, few, unless, too ~ to V"가 들어 있는 문장에도 **any**를 씁니다.
2. something, anything도 some, any의 용법에 준합니다.

I was too upset/ to do **something**. (×)
I was too upset/ to do **anything**. (○)
난 너무 당황해/ 아무 것도 할 수가 없었어요.

☞ Would you like something **cold** to drink? 시원한 것 좀 마실래?

　　learn something **new** 뭔가 새로운 것을 배우다

의문문에는 any를 쓰는 것이 원칙이지만,
다음 경우는 의문문일지라도 some을 쓰므로 주의해야 합니다.

(2) 「의문문」에 some을 쓰는 경우

> 1) **권유의 경우**
> 2) **부탁의 경우**
> 3) **긍정의 대답(Yes)을 기대하는 경우** → 알면서 물어볼 때

1) Would you like **some** more dessert?　　〈권유〉

　　디저트(후식) 좀 더 드시겠습니까?

2) Mam,/ can I have **some** pocket money? 〈부탁〉

　　엄마,/ 용돈 좀 주실래요?

3) Do you have/ **some** extra ten dollars?　　〈긍정의 대답을 기대〉

　　가지고 있지?/ 여윳돈 10달러 정도?

　　☞ Yes, I have.를 기대하는 경우로 '빌려 줄 수 있지?'라는 뉘앙스까지 담고 있음.

　　cf. Do you have **any** extra ten dollars? (○)

　　　　☞ '여윳돈 10달러를 가지고 있는지'만 물음

(3) some, any의 모든 것

1) some + 때[장소, 수사]

some +	때 표시 명사	: 언젠가 ☞ some other day : 후일, 언젠가 다른 날
	장소 표시 명사	: 어딘가, 어딘가에서(=somewhere)
	수사[숫자]	: 약, …쯤의(=approximately ; about)

Let's discuss/ the matter further/ **some other day**.

논의해 봅시다/ 그 문제를 좀 더/ 후일에.

My schoolmates are backpacking/ **some** place in Africa.

내 동창들은 배낭여행을 하고 있어요/ 아프리카 어딘가에서.

I stayed/ at a hotel/ in Chicago/ with my partner/ for **some** two months.

전 머물렀죠/ 한 호텔에서/ 시카고에 있는/ 내 짝꿍과/ 약 두 달 동안.

2) any의 기본 유의사항

① **긍정문에 쓰인 any는 '어떤 ~라도, 모든 ~의' 뜻**
② **부정문에는 any ~를 주어로 사용할 수 없음**, 즉 'Any ~ not'이 아니라 'No ~'로 씁니다.

Any beginner can do/ such routine work.

어떤 초보자라도 할 수 있어요/ 그런 일상적인 업무는.

Anyone did**n't** want/ to buy the mansion/ at that price. (×)
No one wanted/ to buy the mansion/ at that price.　　　(○)

아무도 원치 않았죠/ 그 대저택을 구입하길/ 그 가격에.

☞ Any[Either] ~ not (×) / No[Neither] 명사 ~ (○)

3) everything; something; nothing

① **everything** : 가장 중요한 것　　　　　　　*cf.*　**anybody** 상당한 사람
② **something** : 상당히 중요한 것[사람]　　　　　　**somebody** 대단한 사람
③ **nothing** : 쓸모없는 것[사람], 보잘 것 없는 것[사람]　　**nobody** 보잘 것 없는 사람

I always think/ health is above **everything** else.

난 언제나 생각해요/ 건강이 제일 중요하다고.

The personnel manager/ is **something**/ in the multinational company.

그 인사부장은/ 상당한 인물입니다/ 그 다국적회사에서.

Most of the company's coworkers regard/ my immediate supervisor/ as **nothing**.

회사 동료들 대부분은 생각합니다/ 제 직속상관을/ 별 볼 일 없는 사람이라고.

☞ have nothing to do with ~ ~와 관계가 전혀 없다
　 have something to do with ~ ~와 관계가 좀 있다
　 something wrong with ~ ~ 뭔가 잘못된　　　for nothing 공짜로(=free of charge; gratis)
　 anything but 결코 ~아닌(=never)　　　　　　something like 다소 비슷한
　 nothing but 단지 ~에 불과한(=only)　　　　　somewhat ad. 얼마간, 다소

5 none; no one; no; not

1) **none** : ① **수**(셀 수 있는 명사) = **복수취급** ☞ none of 복수명사+복수동사 ⎤
　　　　　　　양(셀 수 없는 명사) = **단수취급** ☞ none of 단수명사+단수동사 ⎦ 가 일반적임.

　　　　　② 'no+단수명사' 대신사용

2) **no one** : none을 풀어 쓴 형태　　　　☞ **사람**에만 사용하며 **단수취급**

3) **no** : (명사 앞에 사용하는) **부정형용사**　☞ no+명사, not any 명사 (○)

　　　　　　　　　　　　　　　　　　　　　none+명사 (×)

4) **not** : **부사**로 '〜아니다, 〜않다'의 뜻

1) ① **None of** them **know**/ anything about the fraud case/ yet. 〈사람〉

그들 중 아무도 모르고 있습니다/ 그 사기사건에 관한 어떤 것도/ 아직은.

None of the information/ **was** useful to us. 〈사물〉

그 정보의 어떤 것도 않았어요/ 우리에게 유용하지.

It's **none of** your business.

상관하지 마.

② Half a loaf/ is better than **none**. 〈속담〉

빵 반 조각이라도/ 없는 것보다는 더 낫다.

☞ 조금이라도 있는 것이 전혀 없는 것보다 낫다.

2) **No one knows**/ what will happen/ in the future.

아무도 모르지요/ 무슨 일이 생길지는/ 앞으로.

3) I have **no** personal relations/ with the Attorney General.

전 개인적 친분은 없습니다/ 검찰총장과는.

☞ 명사 앞에는 **no** 사용

4) **not too good** 별로 좋지 않은

be not all there 제정신이 아니다, 좀 모자라다

pretend not to see 못 본 체하다

not without some doubt 다소의 의구심을 가지고

not once or twice 한두 번이 아니고

do not know what to do 어쩔 줄 모르다, 뭘 해야 할 지 모르다

6 every; each

1) **every** : (한정) 형용사　　☞ 모든, 모두의　　– 집단 전체, 한 덩어리
2) **each** : 대명사, 형용사, 부사 ☞ 각자, 각자의, 각기 – 개개인, 낱개

1) **Every** student and **every** teacher/ **love** their school.　(×)
   Every student and **every** teacher/ **loves** his school.　　(○)
   모든 학생과 선생님들은/ 자기 학교를 사랑합니다.

2) **Every** of the students **has his** own personal computer. (×) ☞ 단독 주어 사용 불가
   Each student **has his** own personal computer.　　(○)
   Each of the students/ **has his** own personal computer. (○)
   학생들 각자는/ 개인용 컴퓨터가 있습니다.

   cf. **Every** student **has** his own personal computer.　　(○)
   　All the students **have** their own personal computers. (○)

바로 이것이 포인트!

1. 주어자리에 every, each가 들어 있는 경우 **단수취급**하여 **단수동사, 단수 인칭대명사, 단수 소유격**
   – 「he, she; his, her」로 일치시킵니다.
2. **each는 단독으로 주어가 될 수 있으나, every는 단독으로 주어가 될 수 없습니다.**
3. every는 전치사 of와 함께 사용할 수 없으나, each는 가능합니다.
   every of them (×) / each of them (○)

3) **every**＋**기수**＋**복수명사**
   every＋**서수**＋**단수명사**　] : ～마다, 매 ～ ☞ 반복용법

3) Soccer players/ go head-to-head/ **every four years**/ in the World Cup.
   = Soccer players/ go head-to-head/ **every fourth year**/ in the World Cup.
   축구선수들은/ 접전을 펼칩니다/ 4년마다/ 월드컵에서.

   ☞ every two days = every second day = every other day 하루 걸러, 격일로
   　every two years = every second year = every other year
   　in alternative years = biennially 2년 마다, 한 해 걸러, 격년으로

7 both; either; neither

1) **both**   양쪽 긍정 → 양쪽, 양자 모두 ☞ **복수취급**
2) **either**   둘 중에서 한쪽 긍정 → 둘 중의 어느 하나[한쪽]
3) **neither** 양쪽 부정 → 둘 중의 어느 쪽도 아닌
   ☞ either, neither는 **단수취급이 원칙**이지만,
     구어에서 특히 of 뒤에 복수(대)명사가 올 경우 복수취급하는 경우도 있습니다.

1) **Both** are married/ to good guys/ and live in L.A.
   둘 다 결혼해서/ 좋은 남자랑/ 로스앤젤레스에 살고 있어요.

2) **Either** of them/ **is**[are] good enough/ to be a leader.
   그들 중 어느 한 사람은/ 자격이 충분합니다/ 지도자가 될.

3) **Neither** of them/ **knows**[know] what happened/ there at that time.
   그들 둘 다 모릅니다/ 무슨 일이 있었는지/ 그곳에서 그때.

more tips

1. on **both sides** of the street 거리 양쪽으로
   = on **either**[each] side of the street
2. 3개 이상 중에서 ┌ **all** : 전부 긍정   *cf.* not any ┐
                  └ **any** : 하나 긍정   none ┘ 전부 부정
3. all, both, half는 대명사 앞에서는 **of를 생략할 수 없습니다.**
   all of us 우리 모두   **both of them** 그들 둘 다
   half of it[them] 그것[그것들의] 절반
   half (of) these tangerines 이 귤들의 절반 ☞ 명사 앞에서는 of 생략 가능

8 most; almost

1) <u>most</u> + 복수명사 : 대부분의 ~
   형용사
2) <u>most of the</u>[소유격, 한정사] + ┌ 복수명사 ┐ : ~의 대부분은 ┌ 복수명사 = 복수동사
   대명사   └ 단수명사 ┘   └ 단수명사 = 단수동사
3) <u>almost</u> all of the 명사 : 거의 모든 ~   ☞ almost every of + 명사 (×)
   부사   ~의 전부   almost every + 명사 (○)

1) **Most** girls like pets such as dogs and cats.　　　　대부분의 소녀들은 ~

　= **Most of the** girls like pets such as dogs and cats.　그 소녀들 대부분은 ~

　= **Almost all of the** girls like pets such as dogs and cats. 그 소녀들 거의 모두는 ~

　　대부분의 소녀들은/ 애완동물을 좋아합니다/ 개와 고양이 같은.

　　☞ be like cats and dogs 사이가 나쁘다, 앙숙이다, 견원지간이다

2) The recruit/ did **most of the** backbreaking work/ for himself.

　　그 신입사원이/ 그 힘든 일의 대부분을 했습니다/ 스스로.

3) **Almost all of the** undergraduates/ in Korea/ use messenger/ which is the text version/ of a phone call.

　　거의 모든 대학생들은/ 한국의/ 메신저를 사용합니다/ 문자판인/ 전화통화의.

　　　　　　　　　　　　　　　→ 문자로 나누는 전화통화인.

바로 이것이 포인트! most와 almost의 사용법

1. most는 all, every 없이　　☞ most+명사 / most of the[소유격, 한정사]+명사

　almost는 all, every와 함께 ☞ almost all (of) the 명사 (○)

　　　　　　　　　　　　　　 almost every of 명사　(×) → almost every 명사 of 명사 (○)

　　　　　　　　　　　　　　 most all (of) the 명사　(×)

2. the most 가장　　　　　☞ the most loved[hilarious] people 가장 사랑받는[웃기는] 사람

　(a) most+형용사 = very+형용사 : 매우 ~한

　at (the very) most : 고작, 기껏, 많아야(=not more than; at the outside)

　for the most part : 대부분, 대개, 보통(=mostly; nearly all; usually)

This is **the most**/ I can do/ for national unity.

이것이 최대한의 것입니다/ 내가 할 수 있는/ 민족화합을 위해.

Nuclear weapons/ are **a most** terrible weapon/ which can make a country go down inflames.

핵무기는/ 아주 무서운 무기입니다/ 한 국가를 화염 속에 휩싸이게 할 수 있는[파멸시킬 수 있는].

☞ 핵무기는 한 국가를 파멸시킬 수 있는 아주 무서운 무기입니다.

I can give you/ only 20 dollars **at (the) most**/ as things are.

난 너한테 줄 수 있어/ 고작 20달러를/ 지금 형편으로는.

→ 지금 형편으로 내가 너한테 줄 수 있는 건 고작 20달러 뿐이야.

They were,/ **for the most part,**/ small groups of anarchists/ bent on violence.

그들은 이었습니다./ 대부분./ 무정부주의자들의 작은 집단들/ 폭력성향을 띤.

5 의문대명사(Interrogative Pronoun)

1 용법

1) who ① **이름 · 신원 · 신분**을 물을 때 사용
   ② 주격 – **who**(누가), 소유격 – **whose**(누구의), 목적격 – **whom**(누구를)
2) what ① 「무엇이, 무엇을」의 뜻으로 **직업 · 국적** 등을 물을 때 사용
   ② 주격, 목적격으로 쓰임
3) which ① 일정 수의 물건 · 사람 중에서의 **선택**에 사용
   ② 주격, 목적격으로 쓰임 ☞ 어느 쪽[것], 어느 사람

1) **Who** is that girl/ in black turtleneck sweater? 〈신원〉
   저 여자 누구야?/ 검은색 폴라를 입고 있는.
   – She is **Sara**, my girlfriend. 내 여자 친구 사라야.

   Who is the best soccer player/ in the national team?
   누가 최고의 축구선수입니까?/ 국가대표 팀에서.

   cf. **Whom[who]** did you call?   〈의문대명사 whom – who의 목적격〉
   누구에게 전화하셨습니까?

2) **What**'s your girlfriend do?   〈직업〉
   여자 친구 직업이 뭐야?
   – She is a government official. 그녀는 공무원이야.

   What is/ the most common occupational disease/ in the chemical plant?
   뭡니까?/ 가장 흔한 직업병이/ 그 화학공장의

3) **Which** is yours?   〈주격〉
   어느 게 네 거야?

   Which of the following statements/ is not true?
   다음 진술 중/ 사실이 아닌 것은?

   Which of them do you want?   〈목적격〉
   그것들 중에서 어느 것을 원해?

② 간접의문문

1) **개념정의** : 의문문이 **다른 문장 속에 들어가 그 문장의 일부가 된 경우**〈종속절〉로, 주어, 목적어, 보어, 즉 **명사절**로 쓰입니다.

2) **어　　순** : **의문사 + 주어 + 동사**　　　〈간접의문문의 어순〉

　　　　　　☞ **의문사 + (조)동사 + 주어**　　〈일반의문문의 어순〉

3) **의문사가 문장 앞으로 나가는 동사들** ☞ 사고(think) 동사들

think(생각하다)　believe(믿다)　guess(추측하다)　suppose(추측하다)　imagine(상상하다)

　　☞ What[Who, When, Where, How, Why] do you think[believe, guess, ⋯] ～ ? (○)

1) What are you doing now?를　　　　　　　　　　　　　　　　〈일반의문문〉
   지금 뭐 해?

   아래 주절에 연결시키면

   I know (난 알아)
   I don't know (난 몰라)
   I want to know (난 알고 싶어)

   I know (난 알아)　　　　　　　┐
   I don't know (난 몰라)　　　　│ what you are doing now. 〈간접의문문〉
   I want to know (난 알고 싶어) ┘ 의문사 + 주어 + 동사 ～. 〈의주동〉

   난 알아[몰라, 알고 싶어] 네가 지금 뭘 하는지.

2) <u>What is your name</u>?　　　　　〈직접의문문〉 이름이 뭐야?
   　의문사 동사　　주어

   ⇒ I don't know <u>what</u> <u>your name</u> <u>is</u>.　〈간접의문문〉 난 네 이름이 뭔지 몰라.
   　　　　　　　　의문사　+　주어　+　동사

3) Do you think + Who will attend the general meeting of stockholders?
   ⇒ **Do you think** who will attend the general meeting of stockholders? (×)
   ⇒ **Who** **do you think** will attend the general meeting of stockholders? (○)
   　누가 주주총회에 참석할 거라 생각하세요?

3 의문형용사

의문사가 형용사처럼 **명사 앞에서 수식어**로 쓰인 경우

1) **which** : 어느, 어떤, 어느 쪽의
2) **what** : 무슨, 어떤, 얼마 만큼의

1) In **which** year/ was the company's operating profit highest?

어느 해에/ 그 회사의 영업이익이 가장 높았습니까?

☞ 영업이익이 가장 높았던 해는 언제인가요?

2) **What** day (of the week) is it today?

오늘은 무슨 요일입니까?

cf. **What** fruit do you like best?　　　　　　　　　　〈**부정수** 중의 무엇〉

어떤 과일을 가장 좋아하세요?

Which one would you like better, melon or watermelon? 〈**일정수** 중의 무엇〉

멜론과 수박 중 어느 것을 더 좋아하세요?

4 의문부사

의문의 뜻 -**언제, 어디서, 왜, 어떻게**-에 대해 궁금한 것을 물어볼 때 사용하며,
주어나 목적어로는 쓸 수 없고 의문부사는 다음 4개뿐입니다.

1) **when**(때-언제)   2) **where**(장소-어디서)
3) **why** (이유-왜)   4) **how** (방법-어떻게)

1) **When** are you leaving for your holidays?

휴가 언제 떠나?

2) **Where** are you going for your holidays?

휴가 어디로 갈 거야?

3) **Why** are you still up?

왜 아직 안 자?

4) **How** do I go there?   거긴 어떻게 가면 돼요?
   – By bus[subway, on foot, …]. 버스[지하철, 걸어서, …].

관계사

Relatives

이 장은 앞에 있는 명사나 대명사(=**선행사**)를 받으면서(**대명사 역할**), 두 문장을 한 문장으로 연결(**접속사 역할**)시키는 역할을 하는 「**관계대명사**」와 「**복합관계대명사**」, 「**관계부사**」, 「**관계형용사**」를 다루고 있는데, 출제빈도가 매우 높을 뿐만 아니라 관계사의 이해 없이는 앞으로의 영어 학습에 크나큰 장애를 초래하게 되므로 반복학습을 통해 무조건 정복해야 합니다.

관계 = 서로 어떻게 **연결된 것**

두 문장을 연결시키면서 ┬ 대명사 역할을 하면 - 관계대명사 ← 연결대명사
　　　　　　　　　　 ├ 형용사 역할을 하면 - 관계형용사 ← 연결형용사 로
　　　　　　　　　　 └ 부사　 역할을 하면 - 관계부사　 ← 연결부사
　　　　　　　　　　　　　　　　　　　　　　　　 생각하세요.

복합관계사는
여기에다 복합이라는 글자만 앞에다 붙이면 끝
복합관계대명사, 복합관계형용사, 복합관계부사

시험대비「관계대명사」중점 학습 과제

1 관계대명사 관련 문제가 나오면 가장 먼저 **선행사**를 확인하세요.

☞ 1) **사람** – who   whose   whom : **형용사절 유도**
2) **사물** – which   of which   which : **형용사절 유도**
3) **관계대명사에 선행사가 포함된 경우** – what : **명사절 유도**

2 다음으로 **관계대명사**의 격을 확인하세요.
관계대명사가 이끄는 절 속에

1) **주어가 없으면**   : 주격 관계대명사   ☞ 선행사 + 관계대명사 + V ~
2) **목적어가 없으면**   : 목적격 관계대명사   ☞ 관계대명사 S + V ~
3) **명사를 수식하고 있으면** : 소유격 관계대명사   ☞ whose + **명사** ~
of which the + **명사** ~

3 주격 관계대명사인 경우 동사의 수일치를 확인하세요.
주격관계대명사가 이끄는 절 속의 동사의 수는 **선행사**와 일치해야 합니다.

☞ 선행사가 1) **단수명사 → 단수동사**
2) **복수명사 → 복수동사**

4 관계대명사 **that의 용법**에 유의하세요.

1) that 앞에는 **전치사를 쓸 수 없고, 계속적용법으로도 사용할 수 없으며,**
2) 다음의 경우는 that을 (주로) 씁니다.
① 선행사가 '사람+동물'. '사람+사물', '의문사(who, which)'인 경우
② 최상급, 서수, the only[very, same, most, last, …]가 선행사를 수식할 경우
③ 선행사가 all, anything, everything, something 등일 경우

5 관계대명사 what은 **관용표현**이 중요하므로 잘 기억하세요.

1) what we[you, they] call, what is called : 소위, 이른바, 말하자면
2) what S(주어) is[was, used to be] : 주어의 현재[과거] 인격, 인물, 본성
what S(주어) has[have] : 주어의 재산
3) A is to B what[as] C is to D : A가 B에 대한 관계는 C가 D에 대한 관계와 같다

6 복합관계대명사는 다음 용법에 유의하세요.

1) **선행사를 포함**하고 있으므로 **선행사와 함께 사용할 수 없고,** '관계대명사+ever'로
관계대명사를 포함하고 있으므로 **다른 관계대명사 같이 사용할 수 없습니다.**
2) 복합관계대명사의 격은 복합관계대명사 절 안에서 빠진[필요한] 요소에 따라 결정됩니다.

1 관계사의 전반적인 이해

1) 관계는 "**연결, 접속**"의 의미로 이해하세요.
   그럼, 관계사에 대한 개념정의가 간단해집니다.

2) **관계대명사** : 연결(시켜주는) **대명사**
   관계형용사 : 연결(시켜주는) **형용사**
   관계부사　 : 연결(시켜주는) **부사**

3) 여기에 "**복합**"이라는 말만 덧붙이면 "**복합관계사**"도 거저먹기
   복합–'여러 개가 합쳐진 것'
   "**관계사**"에 뭔가 '복합적으로 합쳐졌다'는 정도만 이해해도 이미 반은 끝난 것입니다.

관계사
(Relatives)

1) **관계대명사** ① **접속사**와 **대명사 역할**
   　　　　　　　② **형용사절**을 이끔. 단, what은 **명사절**을 이끔
   ☞ Voters should watch out for politicians/ **who** are implicated/
   in illegality and corruption.
   　유권자들은 정치인들을 경계해야 합니다/ 연루된/ 부정부패에.

2) **관계형용사** ① **접속사**와 **형용사 역할**　　　 * 종류 : **what, which**
   　　　　　　　② 형용사처럼 **명사 앞에서 수식**
   ☞ The benefactor gave needy neighbors/ **what** money he had.
   　그 후원자는 불우이웃들에게 주었습니다/ 그가 가진 돈 전부를.

3) **관계부사**　 ① **접속사**와 **부사 역할**
   　　　　　　 ② **시간 · 장소 · 방법 · 이유**를 나타냄
   ☞ I vividly remember/ the day **when** I first met you.
   　난 생생히 기억해요/ 내가 당신을 처음 만난 그 날을.

4) **유사관계대명사** : 관계대명사와 닮은[비슷한] 관계대명사
   ☞ I like such a girl/ **as** is leggy and curvaceous.
   　난 그런 여자가 좋아요/ 늘씬한 다리에 각선미 있는.

5) **복합관계대명사, 복합관계형용사, 복합관계부사**
   ☞ Choose/ **whichever** you like/ in the show window.
   　골라봐/ 어느 것이든 네가 좋아하는 걸/ 진열창에서.

2 관계대명사

1 관계대명사를 이용한 문장연결

(1) I know **a news anchor**. 난 한 뉴스 진행자를 압니다.

He speaks English fluently. 그는 영어를 유창하게 합니다.

⇒ I know a news anchor/ **who** speaks English fluently.

　　난 한 뉴스 진행자를 알고 있습니다/ 영어를 유창하게 하는.

☞ a news anchor = He, He가 주어이므로 주격 관계대명사 who

(2) This is **the news anchor**. 이 분이 그 뉴스 진행자입니다.

His wife is a famous announcer. 그의 아내는 유명 아나운서입니다.

⇒ This is the news anchor/ **whose** wife is a famous announcer.

　　이 분이 그 뉴스 진행자입니다/ 그의 아내가 유명 아나운서인.

☞ a news anchor's wife = His wife, His가 소유격이므로 소유격 관계대명사 whose

(3) This is **the news anchor**. 이 분이 그 뉴스 진행자입니다.

I am looking for **him**. 난 그를 찾고 있어요.

⇒ This is the news anchor/ **whom** I am looking for.

　　이 분이 그 뉴스 진행자입니다/ 내가 찾고 있는.

☞ the news anchor = him, him이 목적격이므로 목적격 관계대명사 whom

2 관계대명사의 선택

각종 시험에서는 선행사에 맞는 관계대명사를 고르는 문제와 관계대명사를 잘못 사용한 부분을 고치는 문제가 주류를 이루고 있으므로 다음 페이지에서 소개하는 **관계대명사의 종류와 격 일람표**는 반드시 익혀야 합니다.

The hunter keeps a hunting dog/ **which** has a good nose.　　　〈선행사 사물 – 주격〉

그 사냥꾼은 사냥개 한 마리를 기르고 있습니다/ 냄새를 잘 맡는.

What I told you yesterday/ still holds good.　　　〈선행사가 없음 – 목적격〉

내가 어제 네게 말한 것은/ 아직도 유효해.

All (**that**) the rich woman wants to do/ is to enjoy life/ to the full.　〈선행사가 all – 목적격〉

그 돈 많은 여자가 바라는 것은 단지/ 인생을 즐기는 것입니다/ 실컷.

관계대명사의 「종류」와 「격」 일람표

선행사 \ 격	주 격	소 유 격	목 적 격
사람(one, he, those, …) 사물 · 동물 선행사 포함	who which what	whose whose, of which –	whom which what
① 사람+동물[사물] ② 서수, 최상급, 의문사(who) ③ the only[very, same, …] ④ all, no, some, any+명사	that을 주로 사용	–	that
⑤ such, the same, as ⑥ no[not, hardly, few] ⑦ 비교급[–er, more ~]	as but than	– – –	as but than

위의 일람표는 관계대명사 학습의 기본의 기본이며,
완전히 이해한 후 다음 순서에 따라 문제를 풀면 아주 효과적입니다.　☞ ⑤ ⑥ ⑦은 유사관계대명사

3 문제풀이 3단계

(1) 선행사가 무엇인지 제일 먼저 확인하세요.
　　└ 관계대명사가 지시하는 주절의 명사[대명사]; 관계대명사 앞에 있는 명사[대명사]
　☞ 그 이유는 **선행사의 종류에 따라 관계대명사가 결정**되기 때문입니다.

☞ 선행사가
사람	–	who	whose	whom
사물	–	which	of which	which
선행사 포함	–	what	–	what

위 일람표의　　① ② ③ ④　⑤　⑥　⑦
　　　　　　　　　that　　as　but　than 사용

I'd like to go out with **the girl which** speaks English fluently. (×)
I'd like to go out with **the girl who** speaks English fluently.　(○)〈선행사 – 사람〉
난 그 여자애랑 데이트하고 싶어/ 영어를 유창하게 하는.

Caterpillars,/ **who** spend most of their time/ eating tree leaves,/ turn into
butterflies/ with the lapse of time. (×)　　　　　　　　[who → which]
쐐기벌레들은/ 대부분의 시간을 보내는데/ 나뭇잎을 먹으면서/ 나비가 됩니다/ 시간이 지남에 따라.

(2) 다음은 격을 확인하세요.

> **바로 이것이 포인트!** 관계대명사의 격 선택법
>
> 관계대명사가 이끄는 절은 주어, 목적어, 보어가 빠진 불완전한 절의 형태이므로
>
> 관계대명사절에 ① **주어**가 없으면 ☞ **주격 관계대명사**
>
> ② **목적어**가 없으면 ☞ **목적격 관계대명사**가 오게 됩니다.
>
> 관계대명사절의 형태를 살펴보면,
> 1. 주격 관계대명사 뒤에는 **동사**가 옴. 즉, 동사 앞에 나오는 관계대명사는 **주격**입니다.
>   ☞ (선행사+) 주격 관계대명사+**동사** ~.
> 2. 소유격 관계대명사 뒤에는 **명사+문장**이 옴.
>   ☞ whose+명사 ~. of which the+명사 ~.
> 3. 목적격 관계대명사 뒤에는 S+V ~가 옴. ☞ 관계대명사절에 목적어가 빠져 있으므로
>   ☞ 선행사+목적격 관계대명사 S+V ~.

1) There is someone/ **who** wants to see you. 〈주격 관계대명사〉

   어떤 사람이 있어요/ 당신을 보고 싶어 하는.

2) There are many portraits/ **whose** painters are not known. 〈소유격 관계대명사〉

   초상화가 많이 있군요/ 그 초상화의 화가가 알려지지 않은.

3) That is the representative director/ **whom** I met yesterday. 〈목적격 관계대명사〉

   저 분이 그 대표이사님이십니다/ 제가 어제 만나 뵈었던. └─목적어자리

(3) 마지막으로 수를 확인하세요.

> ☞ **주격 관계대명사**인 경우
>
> 관계대명사절 속의 **동사**는 선행사의 인칭·수와 일치해야 합니다.
>
> 선행사가 [**단수명사 → 단수동사**
> **복수명사 → 복수동사**] 가 되어야 함

Peter is dating **a girl**/ who **is** very pretty and charming.
Peter is dating **a lot of girls**/ who **are** very pretty and charming.

피터는 한[많은] 소녀를 사귀고 있어요/ 매우 예쁘고 매력적인.

cf. Peter is dating a girl who **are** very pretty and charming.　　(×)

　　Peter is dating a lot of girls who **is** very pretty and charming. (×)

4 관계대명사에서 자주 출제되는 것들

(1) 「삽입절」이 관계대명사절 속에 들어 있는 경우

1) **형　　식**	선행사＋주격 관계대명사＋(S´＋V´)＋V ~.
	삽입절
2) **핵심포인트**	① S´＋V´는 삽입절로 관계대명사의 격에는 영향을 주지 않고,
	② 삽입절을 생략해도 문장이 성립하며,
	뒤에 **동사(V)**가 또 나오므로 앞에는 **주격 관계대명사가** 옴
3) **자주 쓰이는 동사**	

think	believe	imagine	suppose	guess	be sure, …

We hired new employees/ **whom we thought** were well qualified. (×)

We hired new employees/ **who we thought** were well qualified.　　(○)

우린 신입사원들을 채용했습니다/ (우리가 생각하기에) 자격이 충분한.

☞ we thought는 삽입절이므로 무시해도 되며,

　 were의 주어 자리이므로 '**주격 관계대명사** – who'가 옳은 표현.

We hired new employees/ **who** we thought (to be) well qualified.　　(×)

We hired new employees/ **whom** we thought (to be) well qualified. (○)

우린 신입사원들을 채용했습니다/ 우리가 생각하기에 자격이 충분한.

☞ We thought **new employees** (to be) well qualified.의 문장에서

　 관계대명사가 목적어 new employees 대신 쓰였으므로

　 '**목적격 관계대명사** – whom'이 되어야 함.

　 [주의] 삽입절 아님 → 5형식

「관계대명사 what」

We are seeking/ which/ are informative and very interesting. (×)

We are seeking/ what/ is informative and very interesting.　　(○)

우린 찾고 있어요/ 유익하고 매우 재미있는 뭔가를.

☞ 선행사를 포함하고 있는 경우는 **what**을 사용하며 **what**절이 주어인 경우는 단수로 받음.

(2) 소유격 관계대명사

I bought a news magazine.   두 문장을 관계대명사를 사용하여 연결하면
The cover <u>of it</u> is yellow.   ☞ 무생물의 소유격을 생각하면서
          그 잡지의 〈소유격〉

I bought a news magazine ⌈ **whose** cover is yellow.
                         ⎢ **of which** the cover is yellow.
                         ⌊ **the cover of which** is yellow.가 됩니다.

난 시사잡지를 샀습니다/ 그 표지가 노란.

위와 같이 3가지로 표현할 수 있는데
다음 도표만 기억하면 문제풀이에 어려움이 없습니다.

바로 이것이 포인트!   **소유격 관계대명사의 형태**

1. **whose**+**명사**   ☞ 사람 · 사물 모두에 씀
2. **of which**+**the**+**명사** ┐ ☞ 명사 앞에 **정관사**가 옴에 유의 → of which가 앞으로 나간 경우
3. **the**+**명사**+**of which** ┘ ☞ 무생물의 소유격 표시와 동일 ← the legs of the desk

(3) 「which」의 주의사항

1) **선행사가 사람인 경우는 who를 사용해야 하나, 사람 자체가 아니라 사람의** 성격 · 직업 · 지위 ·
   신분을 가리킬 때는 which나 that을 사용합니다.

Peter is a **cool guy**,/ **who** his brother is not.   (×)
Peter is a **cool guy**,/ **which** his brother is not. (○)
피터는 멋진 녀석입니다./ 그러나 그의 형은 아닙니다.

Sara is no longer **the naive girl**/ **which**[**that**] she was in her school days.
사라는 이젠 순진한 소녀가 아닙니다/ 학창시절과 같은.

2) **선행사가 구, 절; 앞 문장; 형용사인 경우 which를 사용합니다.**

   ☞ 계속적용법에 한하며, '**접속사**(and, but, for, though)+**대명사**'로 해석함.

The sales manager said nothing at all,/ **which** made his boss more angry.
그 영업부장은 아무 말도 하지 않았습니다./ 그러나 그것이 사장을 더욱 화나게 했습니다.

   ☞ 앞 문장 전체가 선행사이고, 어떤 것[상황]을 부가적으로 설명하고 있음

Peter is **tall** and very **handsome**,/ **which** I am not. 〈형용사〉

피터는 키도 크고 정말 잘생겼습니다./ 그러나 전 아니에요.

3) 선행사, half[both, most, all, …] of+which 〈계속적용법〉

I am reading many **kinds of** books these days,/ **most of which** are instructive.

전 요즈음 많은 종류의 책들을 읽고 있습니다./ 그리고 그 대부분은 유익합니다.

cf. Ninety percent of the **voters**/ turned out for votes/ in the last general elections,/ over half of **whom**/ **were** women.

유권자의 90%가/ 투표에 참여했습니다/ 지난 총선에서,/ 그리고 그중 절반 이상이/ 여성이었습니다.

(4) 「that」의 주의사항

1) 선행사가 아래 ①, ②인 경우와 ③에 소개하는 어구가 선행사에 붙어 있는 경우는 관계대명사 「that」을 (주로) 사용합니다.

① 선행사가 사람+사물[동물]인 경우

Look at the pretty **girl** and her **pet dog**/ **that** are crossing the crossing.

그 예쁜 소녀와 그녀의 애완견 좀 봐/ 횡단보도를 건너고 있는.

② 선행사가 의문사 – who, which인 경우

Who/ **that** is careful of his health/ would drink immoderately every day?

누가/ 건강에 신경을 쓰는 사람이라면/ 매일같이 폭음을 하겠는가?

③ 선행사를 한정해 주는 어구가 있는 경우

> a. **최상급**　　: the best[most, last, first, …]; the only[same, very, …]
> b. **부정대명사** : every, all, little, much, some, any, no, …

They say/ that he is **the greatest** player/ **that** Korea has ever produced.

사람들은 말합니다/ 그가 가장 위대한 선수라고/ 지금까지 한국이 낳은.

This is **the only** paper/ **that** covers/ the crippled operation of the National Assembly.

이것이 유일한 신문입니다/ 보도하고 있는/ 파행국회를. ☞ the only는 강한 한정어구

Study/ **all the** sections/ **that** have been colored/ as priority.

공부하세요/ 모든 부분을/ 컬러로 칠해진/ 우선적으로.

2) 반드시 알아 두어야 할 that의 필수사항

> **바로 이것이 포인트!**
>
> 1. that 앞에는 **전치사를 쓸 수 없음** ☞ 전치사+that (×)
> 2. **계속적 용법으로는 쓸 수 없음**
> 3. 소유격은 없고, **주격·목적격으로만 쓰임**
> 4. who, who(m), which **대신**으로 쓰임

다음 예를 잘 살펴보세요.

This is the penthouse.	+	Sara lives in it.
이것은 그 고급 아파트입니다.		사라는 그 아파트에 살아요.

① This is the penthouse **which** Sara lives in. (○)
② This is the penthouse **in which** Sara lives. (○)
③ This is the penthouse **in that** Sara lives.　(×)
④ This is the penthouse **that** Sara lives **in**.　(○)
⑤ This is the penthouse Sara lives **in**.　　(○) ☞ 관계대명사 생략

> ☞ 1) 선행사가 사물이므로 which나 that을 사용할 수 있음 → ①, ③
> ☞ 2) which를 쓸 경우 전치사를 관계대명사 앞에 두어
>   **전치사+관계대명사** 형태로 쓸 수 있음 → ②
> ☞ 3) 관계대명사 that 앞에는 **전치사를 쓸 수 없음** → ③
>   관계대명사 that을 사용할 경우는 반드시 전치사를 **문장 끝**에 두어야 함 → ④
> ☞ 4) **목적격 관계대명사**는 생략할 수 있음 → ⑤
>   관계대명사를 생략할 경우 전치사는 반드시 **문장 끝**에 둠 → ⑤
>   [참고] 관계대명사 구문에서 전치사는 관계대명사 앞이나 문장 끝에 위치합니다.

3) 선행사가 「사람」인 경우에도 "Which ~?가 이끄는 의문문의 대답"으로 사용된 경우는 「that」을 주로 사용합니다.

A : Which doctor delivered your baby?
　　　어느 의사가 네 아기 받았어?

B : The doctor/ **that** did my physical examination/ delivered my baby.
　　　바로 그 의사가/ 날 건강검진했던/ 아기를 받았어. ☞ 한정적 의미가 강하기 때문

cf. The doctor/ **who** saved her life/ is a surgeon. 〈일반적〉
　　　그 의사는/ 그녀의 목숨을 구한/ 외과의사입니다.

(5) 「what」의 주의사항

what은 다음 사항만 이해하면 용법 문제는 모두 해결됩니다.

1) 관계대명사 what에서 가장 중요한 것

> **바로 이것이 포인트!**
>
> 1. what은 자체에 선행사를 포함하고 있으므로 **선행사와 함께 쓸 수 없음**
> 2. **명사절**을 이끎
> 3. what : ~하는 (모든) 것, ~인 것
>   = all (~) that = the thing(s) which
>   = that[those] which

1. The things **what** she bought/ at the traditional market/ were of much use. (×)
   그녀가 산 것들은/ 재래시장에서/ 매우 쓸모 있습니다.

   ☞ what을 which[that]으로 바꾸든지, The things를 생략하고 what을 대문자로 고쳐야 함.

2. Sorry but,/ that is not/ **what** I meant to say.   〈명사절 – 보어〉
   죄송합니다만,/ 그것은 아닙니다/ 제가 말하고자 했던 것이.

3. **What** she gave me/ was rough and ready.   〈명사절 – 주어〉
   = **The thing(s) which** she gave me/ was[were] rough and ready.

   그녀가 네게 준 것(들)은/ 조잡했어요. ☞ 단수로 받는 것이 원칙

   cf. Sara gave me **what money** she had with her. 〈관계형용사〉

   This is/ **what** is of no use at all.
   = This is/ **the thing which** is of no use at all.

   이것은 입니다./ 아무짝에도 쓸모없는 것[물건]

2) 「what」의 관용표현

☞ 출제빈도가 높으므로 반드시 암기하세요.

> ① what we[you, they] call; what is called; what one calls
>   : 소위, 이른바, 말하자면(=so called; so to speak)

② what S(주어) **is**   S(주어)의 현재의 **인품, 인격, 상태**

  what S(주어) **was[used to be]**   S(주어)의 과거의 **인품, 인격, 상태**

  what S(주어) **has**   S(주어)의 **재산**[가진 것]

  what S(주어) **does**   S(주어)의 **행위**

③ A is to B what[as] C is to D ⎤ : A가 B에 대한 관계는 C가 D에 대한 관계와 같다

  = As C is to D, so is A to B ⎦

④ what is 비교급 : 더욱 ∼한 것은   what is better : 게다가, 더욱이

  what is 최상급 : 가장 ∼한 것은   what is the best of all : 가장 좋은 것은

⑤ what by[with] ∼, what by[with] … : ∼하기도 하고, …하기도 해서
     수단   원인

⑥ what + ⎡ little(양) ∼ ⎤ : 적지만 ∼ 전부
          ⎣ few(수) ∼ ⎦

① The professor is/ **what we call** a global leader.

그 교수는 입니다/ 이른바 글로벌리더(국제적 감각, 지식, 교양을 겸비한 사람).

The drug company developed a new drug,/ **what is called** a cure-all.

그 제약회사는 신약을 개발했습니다/ 소위 말하는 만병통치약이라는.

② We must judge a man/ **by what he is**/ rather than **what he has**.

우린 사람을 평가해야 합니다/ 인격으로/ 재산이 아니라.

I'm not/ **what I was[used to be]**.

난 아니야/ 과거의 내가. → 지금의 난 과거의 내가 아니야.

☞ what S+was = 선행사+that+S+was : 과거의 ∼

③ Love is to women/ **what** sunshine is to flowers.

사랑이 여자에 대한 관계는/ 햇볕이 꽃에 대한 관계와 같아요.

= **As** sunshine is to flowers,/ **so** is love to women. ☞ C. D가 앞으로 옴

☞ 꽃에는 햇볕이 필요하듯,/ 여자에게는 사랑이 필요합니다.

④ Peter is rich,/ and **what is better**,/ so gentle and cool.

피터는 부자입니다, / 게다가, / 너무 신사답고 멋있습니다.

Peter is intelligent, energetic, affectionate/ and **what is the best of all**,/ faithful to his girlfriend.

피터는 지적이고, 정력적이며, 다정다감하고/ 게다가 더욱 좋은 것은,/ 여자 친구에게 충실합니다.

⑤ **What by** good luck,/ and **what by** hard effort,/ Peter made it big in his work.

운도 따르고,/ 열심히 노력도 해서,/ 피터는 자기 일에 크게 성공했습니다.

What with cold,/ and **what with** hunger,/ the refugees fell down on the ground.

춥기도 하고,/ 배고프기도 해서,/ 난민들은 땅 위에 쓰러졌습니다.

⑥ The pastor gave the poor orphan/ **what little money** he had with him.

그 목사는 그 불쌍한 고아에게 주었습니다/ 적지만 지니고 있던 돈 전부를.

---

more tips

1. What for? : 무엇 때문에, 왜(=Why ～?)

Peter and Sara were on TV./ **What for?**

피터와 사라가 텔레비전에 나왔어요./ 왜?[무슨 일로?]

What did you do that **for**?

어째서[뭣 때문에] 그런 일을 했니?

2. What if ～? : ～이라면[하면] 어쩌지?, ～라면 어떻게 될까?

What if/ they are deeply in love?   *What wonder if ～? : ～라 해도 무엇이 이상하랴?

어쩌지?/ 그들이 깊이 사랑하는 사이라면

What if I dated her before?

내가 전에 그녀와 데이트했다면 어쩔건데?

---

3) 관계대명사 what과 접속사 that의 구별법

관계대명사 what과 접속사 that은 둘 다 「(～하는) 것」이란 의미를 가지는데
이 둘의 차이점을 구별할 수 있어야 합니다.

☞ **구별법** 1) **관계대명사 what** → 문장구성에서 빠진 요소가 **있는 불완전한 절의 형태**
　　　　　 2) **접속사　　 that** → 문장구성에서 빠진 요소가 **없는 완전한 절의 형태**

Sara confessed/ **what** she had done/ at the beach/ during the last vacation.

사라는 고백했습니다/ 자신이 했던 일을/ 그 해변에서/ 지난 휴가 때.

☞ what 이하가 불완전한 절 - **관계대명사** - done의 목적어가 없음   what = that which

I confess/ under a full moon/ **that** I am singing a torch song for you. 〈접속사〉

난 고백해요/ 보름달 아래서/ 지금도 당신을 짝사랑하고 있다고.

☞ that 이하가 완전한 절 - **접속사** → 빠진 요소가 없는 3형식 문장

*torch song : 토치송 - 실연, 짝사랑 등을 읊은 감상적 블루스곡

carry the <u>torch</u> 짝사랑하다

n. 횃불; 손전등(=flash light) ☞ the Olympic torch 올림픽 성화

[참고] **What** is precious to you/ is also precious to me.

너한테 소중한 건/ 나한테도 역시 소중해.

(6) 관계대명사와 전치사

1) **관계대명사가 전치사의 목적어인 경우**
① **관계대명사 앞**이나 **관계대명사절 끝**에 둠
② 단, 관계대명사를 생략할 경우, 전치사는 **반드시 문장 끝**에 둡니다.

This is the small countryside village/ **in** which I was born.
This is the small countryside village/ I was born **in**.

이곳이 작은 시골마을입니다/ 내가 태어난.

cf. This is the small countryside village/ (**which**) I was born. (×)

☞ 전치사 in은 문장구성 필수요소

2) **한정어구** : all of, both of, most of, some of, half of, …
전치사 : (a)round, besides, beyond, concerning, opposite, outside, as to, in front of, …
는 관계대명사 **앞**에 위치합니다.

In Guam,/ I guided tourists,/ **some of** whom were Korean.

괌에서,/ 난 관광객을 안내했는데요,/ 그중 몇 명은 한국사람이었습니다.

3 유사관계대명사

'유사하다' = '비슷하다'이듯 '관계대명사와 비슷한[닮은] 대명사'를 유사관계대명사라고 하며,
문제풀이에서는 선행사에 무엇이 있느냐에 따라 대응하는 유사관계대명사를 찾으면 되므로 아주 간단합니다.

1) **as** 선행사에 such, the same, as, so가 있는 경우 : '주격, 목적격'으로 사용
2) **but** 선행사 앞에 **부정어** no, not, few가 있는 경우 : 주로 '주격'으로 사용
  ☞ but은 that[who] ~ not의 의미이므로 but절에 not을 쓸 수 없음
3) **than** 선행사에 **비교급**이 있는 경우   : '주격, 목적격'으로 사용

1) **Such** people/ **as** suffer from hemophilia/ can bleed to death.   〈주격〉
 그러한 사람들은/ 혈우병을 앓고 있는/ 피를 흘리며 죽을 수도 있습니다.
 ⇒ 혈우병을 앓고 있는 그러한 사람들은 피를 흘리며 죽을 수도 있습니다.

2) There is **no** commercial treaty/ **but** has exceptions/ on tariff cuts. 〈주격〉
There is **no** commercial treaty/ **that** doesn't have exceptions/ on tariff cuts.
There is **no** commercial treaty/ **which** doesn't have exceptions/ on tariff cuts.
There is **no** commercial treaty/ **without** exceptions/ on tariff cuts.
 통상조약은 없습니다/ 예외를 두지 않는/ 관세인하에 관한.

 cf. There is no commercial treaty/ **but** has **not** exceptions on tariff cuts. (×)

3) Don't give your children/ much **more** money/ **than** they need.   〈목적격〉
 애들에게 주지 마세요/ 더 많은 돈을/ 그들이 필요로 하는 것보다.

more tips

'**계속적용법**'에서 앞 **문장 전체를** 선행사로 받는 경우는 **as**를 사용합니다.

I'm totally broke,/ **as** you can see.
전 완전 빈털터리입니다./ 당신이 보시다시피. ☞ 난 완전 거지예요.

4 관계형용사

관계형용사는 관계대명사가 **형용사처럼 명사를 수식하는 경우**로 「what+명사, which+명사」가 있습니다.

1 what+명사

1) what+명사 : ~한 모든 것   ☞ all the 명사 that ~
2) what little[few]+명사   ☞ all the little[few] 명사 that ~
    : 적지만 ~한 모든 것 · what few+복수명사
                   what little+물질[추상]명사

I read word by word/ all night/ **what** books I had.
                           all the books **that** I had.

난 한 자 한 자 읽었어요/ 밤새도록/ 가지고 있던 모든 책을.

My wife and I/ are trying to save up/ **what** little money we have/ for a trip abroad.

제 아내와 전/ 저축하려고 노력하고 있어요/ 적지만 우리가 가진 돈 전부를/ 해외여행을 위해.

2 which+명사

☞ which+명사 : (~하는 것은) 어느 ~이든지(=whichever)
              그리고 그 ~(=and the ~) ☞ 계속적용법

Choose **which** method we may,/ we can't get back our market share.

어느 방법을 취하든,/ 우린 시장점유율을 회복할 수 없어요.

My doctor advised me/ to go see a medical specialist,/ **which** advice I followed.

내 주치의는 내게 권했습니다/ 전문의를 찾아가보라고,/ 그리고 전 그 충고를 따랐습니다. = and the advice

☞ **의문형용사 구문**

   1) **종류** : whose, what, which
   2) **용법** : 의문사가 '**의문사+명사**' 형태로 뒤에 나온 명사를 꾸미면서, 문장에서 '주어나 목적어'로 쓰임.
   3) **예문** : I don't know/ **whose** works they are.   〈간접의문문 – 목적어〉
               난 몰라요/ 그것들이 누구의 작품인지.

             What works you appreciate/ is important. 〈주어〉
             어떤 작품을 감상하느냐가/ 중요해요.

5 관계부사

1) **역　할** : '**접속사＋부사**' 역할을 하며 **형용사절**을 이끎
2) **종　류** : when, where, why, how
   ☞ **선행사의 종류에 따라** 관계부사가 결정됨
3) **선행사와 관계부사의 종류 / 관계부사와 「전치사＋관계대명사」의 관계**

선 행 사	관계부사　＝	전치사＋관계대명사
① **시간** 관련(the time, the day, …)	when S＋V	at[on, in]＋which S＋V
② **장소** 관련(the place, the city, …)	where S＋V	at[on, in]＋which S＋V
③ **이유** 관련(the reason)	why S＋V	for＋which S＋V
④ **방법** 관련(the way, the method)	how S＋V	in＋which S＋V

☞ 관계부사는 **전치사＋관계대명사**로 바꿔 쓸 수 있음

4) **관계대명사와 관계부사의 차이점**
   ☞ **관계대명사 → 대명사 대신** 사용
   　 관계부사　 → 부사 대신 사용

① This is the condominium. + Sara lives in it.
　　　　　　　　　　　　　　　　　　　대명사

⇒ This is <u>the condominium</u> **which** Sara lives in. [관계대명사]
　　　선행사　　　　　　　형용사절

② This is the condominium. + Sara lives there.
　　　　　　　　　　　　　　　　　　부사

⇒ This is <u>the condominium</u>/ **where** Sara lives. [관계부사]
　　　선행사　　　　　　　형용사절

이것이 바로 그 분양아파트입니다/ 사라가 사는.

① I vividly remember the day/ **when** we first met and kissed. 〈시간〉
　　　　　　　　　　　　　　on which

난 그날을 생생하게 기억해요/ 우리가 처음 만나 키스한.

② I want to go to the place **where** the World Cup finals are held. 〈장소〉
　　　　　　　　　　　　　　in which

난 그곳에 가고 싶어요/ 월드컵 결승전이 열리는.

361

③ I don't know (the reason)/ **why** you're still dating the fickle girl. 〈이유〉
　　　　　　　　　 for which

난 그 이유를 모르겠어/ 왜 네가 아직도 그 변덕스런 여자와 데이트하는지.

④ I don't know/ **the way** I get to the botanical garden/ from here. 〈방법〉
　　　　　　 the way (in which)

난 몰라요/ 그 식물원에 가는 방법을[식물원에 어떻게 가는 지를]/ 여기서.

관계부사의 주의사항

1) the way how는 잘못된 표현으로, the way나 how 둘 중의 하나만을 사용하거나 how 대신 that을
　 사용합니다.

I don't like **the way**/ **how** my girlfriend treats me.　　　(×)
I don't like **the way**/ my girlfriend treats me.　　　(○)
I don't like **how**/ my girlfriend treats me.　　　(○)
I don't like **the way**/ **that** my girlfriend treats me.　　　(○)
I don't like **the way**/ **in which** my girlfriend treats me. (○)　　　〈관계대명사〉

전 싫어요/ 내 여자 친구가 날 대하는 방법이.

2) the reason why에서 the reason은 생략하는 경우가 거의 대부분입니다.

☞ the reason을 쓸 경우는 why를 생략하거나, that을 대신 사용함

Do you know/ **the reason** Sara is so angry?
Do you know/ **why** Sara is so angry?
Do you know/ the reason **that** Sara is so angry?

넌 아니/ 사라가 왜 그렇게 화난 지를?

Do you know **the reason why** Sara is so angry?

☞ 과거에는 많이 사용했지만, **현대영어는 중복된 표현으로 틀린 것으로 봄**

3) the reason이 주어인 경우 접속사는 that을 사용합니다.

The reason the enterpriser hit the jackpot/ is **that** he never gave up.　　　(○)

그 기업가가 그러한 성공을 이룬 것은/ 결코 포기하지 않았기 때문입니다.

cf. **The reason** the enterpriser hit the jackpot is **because** he never gave up.

☞ 과거에는 틀린 것으로 보았으나 현재는 사용되고 있습니다.

4) 선행사가 「때, 이유, 장소, 방법」일 경우 that으로 대신 할 수 있습니다.

☞ 이때 「선행사」는 생략할 수 없음

This is **the place**/ **where** I was almost run over by a car/ yesterday. (○)

This is **the place**/ I was almost run over by a car/ yesterday.　　　 (○)

This is **where**/ I was almost run over by a car/ yesterday.　　　　　 (○)

This is **the place**/ **that** I was almost run over by a car/ yesterday.　 (○)

This is **that**/ I was almost run over by a car/ yesterday.　　　　　　 (×)

여기가 바로 그곳입니다/ 내가 하마터면 차에 치일 뻔 했던/ 어제.

5) 관계대명사와 마찬가지로 관계부사에도 「계속적용법」과 「제한적용법」이 있습니다.

☞ 「제한적용법」으로는 모든 관계부사를 사용할 수 있으나

「계속적용법」으로 사용할 수 있는 관계부사는 when과 where뿐임.
　　　┗☞ 앞에 comma(,)가 있음

I went out to watch the rising sun/ at six,/ **when** the sun rose.　　　〈계속적 용법〉
　　　　　　　　　　　　　　　　　and then(그런데 그때)

난 일출을 보러 나갔습니다/ 6시에,/ 그런데 그때 해가 떠올랐어요.

I went to the Japanese restaurant/ to eat sushi,/ **where** I met my first lover.
　　　　　　　　　　　　　　　　　　and there(그런데 그곳에서)

난 일식집에 갔습니다/ 스시 먹으러,/ 그런데 그곳에서 첫사랑을 만났죠.　　　〈계속적 용법〉

> **more tips**　　**관계대명사의 제한적용법과 계속적용법**
>
> 1. **제한적용법** : 형용사처럼 뒤에서 수식하는 형태　　⇐ **방향** 〈뒤에서 앞으로〉
> 2. **계속적용법** : 어떤 대상이 나온 후 그 대상에 대해 서술 ⇒ **방향** 〈앞에서 뒤로〉 ⇒ 부연, 보충설명
>   ① 관계대명사 앞에 comma(,)가 있음
>   ② 관계대명사를 "**접속사**(and, but, for[because])**+인칭대명사**"로 풀어서 해석하세요.

1. I have a hunting dog <u>which runs very fast</u>.　　　　☞ 관계대명사 + 불완전한 문장
　　　　　　　　　　　　　　　　　　　　　　　　　　관계부사 　+ 완전한 문장

난 엄청 빨리 달리는 사냥개 한 마리가 있어요.

2. I have a hunting dog, **which runs very fast**.
　　　　　　　　　and it(=the hunting dog)

난 사냥개 한 마리가 있는데요, 그런데 그 사냥개는 엄청 빨리 달려요.

☞ comma(,) 하나가 이런 큰 차이를 만듭니다.

6 복합관계사

1 복합관계대명사(의 모든 것)

1) **형　　태** : **관계대명사+ever**　　☞ 자체에 선행사를 포함하고 있음

2) **역　　할** : ① '**선행사+관계대명사**' 역할
　　　　　　② **명사절과 양보 부사절을** 이끔

3) **해　　석** : ① **명사절인 경우**　　☞ **어떤 ~라도, 누구[어느 것, 무엇]이든지**
　　　　　　　　　　　　☞ 복합관계대명사 뒤가 **불완전한 문장**임
　　　　　　② **양보부사절인 경우** ☞ ~ **하더라도(=no matter ~), ~이든 간에**

4) **각 복합관계대명사의 형식과 뜻**

　　① **whoever V**　　　　= **anyone who V**　　　　V하는 사람은 누구나[누구든지]
　　　　　　　　　　　　no matter who V　　　　누가 V하더라도

　　② **whomever S+V** = **anyone whom S+V**　　S가 V하는 사람은 누구(에게)나
　　　　　　　　　　　　no matter whom S+V　　S가 누구를 V하더라도

　　③ **whatever S+V**　= **anything (that) S+V**　S가 V하는 것은 무엇이든지
　　　　　　　　　　　　no matter what S+V　　S가 무엇을 V하더라도

　　④ **whichever S+V** = **anything (that) S+V**　S가 V하는 것은 어느 것이든지
　　　　　　　　　　　　no matter which S+V　　S가 어느[어떤] 것을 V하더라도

　☞ **anything you like** 당신이 좋아하는 것이면 어느 것이든지 〈총체적 표현〉
　　the thing you like 당신이 좋아하는 것　　　　　　　〈특정 표현〉

　　　[참고] 복합관계대명사의 소유격
　　　　　　whosever 누구의 ~이든지, 누구 것이든지

5) **복합관계대명사 문제풀이 핵심 포인트**

문제풀이에서는 다음 ① ② ③번만 이해하고 있으면 정답을 쉽게 찾을 수 있으므로 잘 기억하세요.

　① <u>선행사를 자체에 포함</u>하고 있으므로 **선행사와 함께 사용할 수 없음**
　② '**관계대명사+ever**'로 <u>관계대명사를 포함</u>하고 있으므로,
　　다른 관계대명사와 함께 사용할 수 없음
　③ 복합관계대명사의 격은 **복합관계사절 안에 필요한 요소에 따라 결정됨**
　　☞ <u>주어가 필요하면</u> 복합관계대명사 **주격**
　　　<u>목적어가 필요하면</u> 복합관계대명사 **목적격**

1) **Anyone whoever** is negligent in his duties/ will be fired/ without remorse. (×)

2) **Anyone who** is negligent in his duties/ will be fired/ without remorse.　(○)

3) **Whoever is** negligent in **his** duties/ will be fired/ without remorse.　(○)

4) **Whoever are** negligent in **their** duties/ will be fired/ without remorse.　(×)

　　자신의 직무에 태만한 사람은 누구든지/ 해고될 것입니다/ 가차 없이.

　　☞ 선행사와 함께 사용할 수 없으므로 2), 3)처럼 써야 하며,
　　　 4) whoever = anyone who이므로 3)처럼 **3인칭 단수**로 일치시킴

5) We will offer a good salary/ to **whoever** likes you.　(○)

　　우린 충분한 보수를 제공할 것입니다/ 당신을 좋아하는 사람이면 누구에게든지.

　　☞ like의 주어가 필요하므로 「복합관계대명사 주격」

6) We will offer a good salary/ to **whomever** you like. (○)

　　우린 충분한 보수를 제공할 것입니다/ 당신이 좋아하는 사람이면 누구에게든지.

　　☞ like의 목적어가 필요하므로 「복합관계대명사 목적격」

I don't mind/ **whomever** you like.

　　난 상관 안 해/ 네가 누구를 좋아하든 → 네가 누구를 좋아하건 난 상관없어.

7) **Whoever that** wants to succeed/ in the industry/ must carve out a niche market. (×)

8) **Whoever** wants to succeed/ in the industry/ must carve out a niche market.　(○)

　　성공을 바라는 사람은 누구나/ 그 업종에서/ 틈새시장을 공략해야 합니다.

　　☞ 복합관계대명사는 다른 관계대명사와 사용할 수 없으므로 8)처럼 써야 함

more tips　　**관계대명사절에 선행사가 없는 경우**

1. **관계대명사 what**이나
2. **복합관계대명사**가 쓰입니다.

1. **What** my wife and I like/ about the apartment/ is that it commands a fine view.

　　저와 아내가 맘에 든 것은/ 그 아파트에 대해/ 전망이 좋기 때문입니다.

2. **Whatever** you do,/ do it well/ from A[start] to Z[finish].

　　무엇이든 할 바에야./ 잘해라/ 처음부터 끝까지.

2 복합관계형용사

1) **형   태** : 「관계대명사+ever」가 명사 앞에서 형용사처럼 **명사를 수식하는 경우**
☞ 자체에 선행사를 포함하고 있음

2) **역   할** : ① '**선행사+관계대명사**'역할
② **명사절**과 **양보 부사절**을 이끔

3) **종류와 의미**

① <u>whatever+**명사**</u> : 막연한 것들 중에서 불특정 선택
any 명사 that ∼ : 어떤 ∼ 이든지

② <u>whichever+**명사**</u> : 일정한 것들 중에서 특정 선택
any 명사 that ∼ : 어느 ∼이든지, 어느 것을 ∼ 하든

The starving child devoured/ in an instant/ **whatever food** we gave him.
$$= \textbf{any food that} \text{ we gave him.}$$

그 굶주린 아이는/ 먹어치웠습니다/ 순식간에/ 우리가 그에게 준 어떤 음식이든지.

Whichever sales team/ outsells other sales teams/ **will be given a bonus**.
= **Any** sales team/ **which[that]**/ outsells other sales teams/ **will be given a bonus**.

어느 영업팀이든지/ 다른 영업팀들보다 더 높은 판매실적을 올리는/ 보너스를 받게 됩니다.

cf. **Whichever** outsells other sales teams will be given ∼   〈복합관계대명사〉
Any team **which** outsells other sales teams will be given ∼ 〈관계대명사〉

3 복합관계부사

1) 형　태 : 「관계부사＋ever」가 (주로) 문두에서 '**양보부사절**'을 이끌며, 복합관계부사가 문두에
있을 경우는 절 끝에 comma(,)가 있음

2) 종　류

① whenever ⎡ at any time when ~ 　: ~할 때는 언제나, ~할 때마다
　　　　　　⎣ no matter when ~ 　 : 언제 ~하더라도, 언제라도

② wherever ⎡ at any place where ~ : ~하는 어디든지, ~하는 어디에나
　　　　　　⎣ no matter where ~ 　 : 어디서 ~하여도, 어디에서든

③ however 　　 no matter how ~ 　 : 아무리 ~해도

① Sales skyrocketed/ **whenever** we lowered our prices.

매출이 급증했습니다/ 우리가 가격을 낮출 때마다.

② The newly-elected President/ was warmly received/ **wherever** he went.

새로 선출된 대통령은/ 환대를 받았습니다/ 가는 곳마다.

③ **However** much money is thrown/ at promotion,/ a poor product will not sell.

아무리 많은 돈을 쏟아 붙더라도/ 홍보에,/ 질 나쁜 제품은 안 팔려요.

[참고]

cf. **No matter when** or **where** you began to study English,

언제 어디서 영어공부를 시작했든,

No matter what the reason may be,/ you master English/ at any cost.

이유 여하를 막론하고/ 여러분들은 영어를 정복해야 합니다/ 기필코.

more tips   no matter how와 no matter what의 차이점

1. no matter how+형용사/부사
2. no matter what+명사/S+V

No matter how hard you try,/ you can't escape/ from the ineluctable destiny.

네가 아무리 발버둥쳐 봐도,/ 넌 벗어날 수 없어/ 그 피할 수 없는 운명에서.

No matter what he says,/ don't say a word.

그가 뭐라 하건,/ 한마디도 하지 마세요.

CHAPTER 15

형용사

Adjective

이 장은 명사 앞·뒤에서 **명사를 수식**하거나 **주격보어, 목적격보어**로 쓰이는 **형용사**를 다루고 있는데, 그렇게 이해하기 어려운 부분은 없으나 혼동하기 쉬운 부분과 암기해야 할 부분이 다수 있으므로 출제 포인트에 초점을 맞춰 학습하면서 주요 부분은 암기하도록 하세요.

형용사는 크게 두 가지
① 명사, 대명사를 수식하고
② 주격보어, 목적격보어로 쓰임

형용사 ⎡ 수식한다 = 꾸며준다 → 명사, 대명사를
　　　　⎣ 보어로 쓰인다 – 주격보어, 목적격보어

시험대비「형용사」중점 학습 과제

---

1 형용사는 그 역할을 이해하는 것이 가장 기본입니다.

1) **명사, 대명사를 수식함**   ☞ **한정적 용법**
2) **보어가 됨** 〈2형식 : 주격보어/ 5형식 : 목적격보어〉 ☞ **서술적 용법**

---

2 형용사는 대부분 앞에서 <u>수식</u>하지만, 아래 <u>뒤에서 수식</u>하는 경우는 아주 중요합니다.
                      전치수식   후치수식

1) **두 개 이상의 형용사가 명사를 수식하는 경우** : **a girl** sweet, sexy, and kind
2) **형용사가 다른 요소와 결합하여 길어진 경우** : **a loss** too heavy to bear
3) **형용사가 –thing, –body로 끝나는 명사를 수식하는 경우** : something **unusual**
4) **최상급이나 all the ~ 뒤에 오는 명사를 –able[–ible]로 끝나는 형용사가 수식하는 경우**
    : the greatest difficulty **imaginable**
5) **서술적 용법으로 쓰이는 형용사가 명사를 수식하는 경우** : a shrimp **alive**

---

3 **한정적 용법, 서술적 용법으로만 쓰이는 형용사는 구별해서 암기하세요.**

1) **한정적 용법**으로만 : only   lone   live   golden   elder   former   mere
2) **서술적 용법**으로만 : asleep   alone   alive   aware   fond   glad   worth

---

4 **형용사를 보어로 취하는 불완전자동사에 유의하세요.** ☞ **부사를 사용하지 않도록 주의하자**

feel	sound	look	prove	seem
smell	taste	grow	appear	become

---

5 의미상 혼동하기 쉬운 형용사는 구별해서 사용하세요.

1) economic 경제의, 경제에 관한   healthy 건강한
   economical 경제적인, 절약되는   healthful 건강에 좋은

2) respective 각각의, 각자의   sensitive 민감한, 예민한
   respectful 공손한, 예의바른   sensible 분별 있는, 현명한
   respectable 존경할 만한, 상당한   sensual 육체적인, 음란한

---

6 다음 소개하는 것들은 출제빈도가 높으므로 반드시 이해하세요.

① **수표시어** : many; few ; a few; a number of + 셀 수 있는 명사
   양표시어 : much; little; a little; a good deal of + 셀 수 없는 명사

② two hundred[thousand, million, score, dozen] eggs   ☞ 단수형 사용
   hundreds[thousands, millions, scores, dozens] of eggs ☞ 복수형 사용

③ a pretty twenty–two–years–old girl (×)
   a pretty twenty–two–year–old girl (○)

1 형용사 ↔ 부사/형용사 ↔ 분사의 역할 비교

1 형용사와 부사의 비교

1) 수식기능   ① **형용사** : **명사** 수식
              ② **부 사** : **형용사, 동사, 다른 부사, 문장** 수식

2) 문장에서의 역할 ① **형용사** : 주격보어, 목적격보어로 쓰이는 **문장의 주요소**
                   ② **부 사** : 단지 수식어로서의 기능뿐인 **문장의 종요소**

1) Sara is a <u>very</u> <u>cute</u> girl.   〈수식어 – 종요소〉   사라는 정말 귀여운 아가씨예요.
           부   형

2) Sara is <u>cute</u> and <u>charming</u>. 〈주격보어 – 주요소〉   사라는 귀엽고 매력적이예요.
         형   형

   I know Sara to be <u>cute</u>.   〈목적격보어 – 주요소〉 난 사라가 귀엽다는 걸 알아요.
   S   V   O   형

2 형용사와 분사의 비교

1) **공통점** : **명사수식, 보어가 됨**
    ① **수식기능**   : **명사** 수식 ☞ 전치수식, 후치수식
    ② **보어로 쓰임** : **주격보어**(2형식), **목적격보어**(5형식)
    ③ **부사의 수식**을 받음

2) **차이점** : 위의 공통점 외에 분사에는 **준동사**로서의 기능이 있음
         ☞ **분사 → 동사 성질**을 가지고 **형용사** 역할을 함
            현재분사는 「**능동＋진행**」 ⎤ 개념이 있음
            과거분사는 「**수동**」   ⎦

1) The **newly-married** couple/ had a very **exciting** experience/ on their honeymoon.
          과거분사   현재분사
그 신혼부부는/ 멋진 경험을 했죠/ 신혼여행에서.

2) I heard/ the flutist **playing the flute**. ☞ 형용사는 목적어를 취하지 못하고 목적어도 될 수 없음
               분사   목적어
난 들었어요/ 그 플루트연주자가 플루트 연주하는 소리를.

2 형용사의 두 가지 용법 ☞ 한정적 용법, 서술적 용법

1 한정적 용법

형용사가 **명사, 대명사**의 **앞**이나 **뒤**에서 수식[한정]하는 경우

> 1) 전치수식 : **형용사＋명사[대명사]** ☞ 형용사가 명사 · 대명사 **앞**에서 수식
>   └─➤ 前(앞에) 위치해서
> 2) 후치수식 : **명사[대명사]＋형용사** ☞ 형용사가 명사 · 대명사 **뒤**에서 수식
>   └─➤ 後(뒤에) 위치해서

In a **Global** Era,/ we must open the door/ to the **international** community. 〈전치수식〉
세계화 시대를 맞아,/ 우린 문호를 개방해야 합니다/ 국제사회에.

Something **bad**/ must have happened/ to the expedition to the North Pole. 〈후치수식〉
안 좋은 어떤 일이/ 생겼음에 틀림없어요/ 북극 탐험대에.

(1) 형용사가 후치수식하는 경우

> 1) 두 개 이상의 형용사가 명사를 수식하는 경우
> 2) 형용사가 다른 요소와 결합하여 길어진 경우
> 3) 형용사가 −thing, −body, −where로 끝나는 단어를 수식하는 경우
> 4) **최상급, all, every** 뒤에 오는 명사를 −able[−ible]로 끝나는 형용사가 수식하는 경우
> 5) 서술적 용법으로 쓰는 형용사가 명사를 수식하는 경우
>   주격 관계대명사에서 **관계대명사＋be동사**가 생략될 경우
> 6) 측정어구
>   − long(길이), high(높이), deep(깊이), wide(너비), old(나이), tall(키) 등이 수사와 결합될 경우
> 7) 관용적으로 후치수식하는 어구들

> 1) We really like the teacher/ **handsome, muscular,** and **humorous**.
>   우린 그 선생님을 정말 좋아합니다/ 미남에다 근육질이며 유머도 있는.

> 2) The trading company suffered a loss/ too **heavy** to bear/ because of the exchange loss.
>   그 무역회사는/ 손실을 입었습니다/ 견뎌내기에 너무나도 큰/ 환차손 때문에.

3) The teeth smart/ when I drink **something cold**.

이가 시려요/ 차가운 뭔가를 먹을라 하면.

Let's go somewhere **nice**!

어디 괜찮은 데로 가시죠!

4) At the global economic recession,/ many Asian nations faced/ **the greatest financial crisis imaginable**.

세계경제침체 시에,/ 많은 아시아 국가들이 직면했습니다/ 상상할 수 없을 만큼의 큰 금융위기에.

5) There were a great number of people **present**/ at the year-end party.

참석자들이 아주 많았습니다/ 송년회에.

A relative (who was) **close** to me/ died suddenly/ last night.

가까운 친척 한 분이/ 갑자기 돌아가셨습니다/ 간밤에.

a lobster **alive** 살아있는 바닷가재
= a lobster (which is) **alive**

cf. a **live** fish 살아있는 물고기
a **living** coral 살아있는 산호

6) This is a living room/ ninety feet **wide**/ and fifty-five feet **long**.

이것은 거실입니다/ 폭 90피트/ 길이 55피트인.

Sera is (a girl) twenty years **old**.
= Sera is a **twenty-year-old** girl. 세라는 20살 아가씨예요.

7) Asia Minor 소아시아
China proper 중국본토
God Almighty 전지전능한 신
the sum total 총계
the heir apparent 법정추정상속인
from time immemorial 태곳적부터

Attorney General 검찰총장, 법무장관
court martial 군법회의
poet laureate 계관시인
the President(-)elect 대통령당선자
the authorities concerned 관계당국

---

more tips 익혀두면 유용한 표현들

an attached document 첨부서류
damaged items 손상 제품들

the preferred means of communication 선호되는 의사소통 수단
a designated parking area 지정주차구역

(2) 한정적 용법으로만 쓰는 형용사

only 유일한	elder 손위의	drunken 술 취한	lone 고독한	live 살아 있는
utter 완전한	upper 상위의	golden 황금의	very 참된	right 오른쪽의
mere 겨우 ~의	inner 안의	wooden 목재의	main 주요한	left 왼쪽의
sheer 순전한	outer 밖의	woolen 양모의	spare 여분의	lovely 아름다운
major 주요한	former 앞의	leaden 납의	entire 전체의	

My **elder**[older] brother was caught/ in a general crackdown/ on **drunken** driving.
우리 형은 걸렸습니다/ 일제단속에/ 음주운전.

☞ an only son[daughter] 외아들[외딸]　　　a lone house 외딴 집
　 a live broadcast 생방송　　　　　　　　golden hair 금발
　 a main event 본시합[주요행사]　　　　　woolen goods 모직물
　 an inner pocket 안주머니　　　　　　　a mere formality 한낱 의례적인 것
　 a spare tire 예비타이어　　　　　　　　an utter darkness 칠흑 같은 어둠

☞ drunk는 '서술적 용법'으로만 쓰이는 형용사이나 아래 뜻의 경우는 '한정적 용법'으로도 쓰임.
　 older는 '서술적 용법, 한정적 용법, 양쪽으로 쓰이지만 서술적 용법에는 older를 사용하는 것이
　 원칙.

　 a **drunken**[drunk] **driving** 음주운전 = **driving while intoxicated** (DWI)
　 the **older** generation 구세대
　 the **older** model 구형모델

　 [참고] The woman is the **older** of the couple.
　　　　그들은 연상연하 커플입니다.

☞ *cf.* be drunk[older]　　(○) 〈서술적 용법〉
　　 be drunken[elder] (×) ☞ 구어에서는 쓰는 경우도 있으나 표준어법은 아님

---

more tips

**명사 앞에 하이픈으로 연결된 어군을 두어 명사를 수식하는 경우가 있는데
이 어군은 하나의 형용사로 보면 됩니다.**

☞ a hard-drinking custom 폭음 관행　　　a cold-blooded animal 냉혈동물
　 a grab-and-go lunch 포장 점심　　　　a low-voiced man 저음의 남자
　 an on-the-spot inspection 현장검증　　an easy-to-follow way 따라하기 쉬운 방식

2 서술적 용법

형용사가 동사 뒤에서 **주격보어**(2형식), **목적격보어**(5형식)로 쓰이는 경우입니다.

The music concert was deeply **moving**/ and very **interesting**.　　– 주격보어　〈2형식〉
그 음악회는 몹시 감동적이었고/ 아주 재미있었습니다.

We found/ a music concert deeply **moving**/ and very **interesting**. – 목적격보어 〈5형식〉
우린 알게 되었죠/ 음악회가 정말 감동적이고/ 아주 재미있다는 것을.

(1) 서술적 용법으로만 쓰는 형용사 → 불완전자동사＋형용사 〈2형식〉

1) a–	alive 살아 있는	alone 홀로	asleep 잠든	afraid 두려워하는
형용사	aware 알고 있는	alike 같은	awake 잠이 깬	ashamed 수줍어하는
2) **기타**	drunk 취한	glad 기쁜	content 만족한	unable 할 수 없는
형용사	fond 좋아하는	loath 싫어하는	ignorant 모르는	worth 가치가 있는

Because the freshman was **drunken** like a fiddler,/ he couldn't fetch up a memory. (×)
Because the freshman was **drunk** like a fiddler,/ he couldn't fetch up a memory. (○)
그 신입생은 너무 취해 있어서,/ 그는 아무 기억도 할 수 없었습니다.

I am very **loath**/ to part from you.
매우 애석합니다/ 여러분을 떠나게 되어. → 떠나게 되어 애석한 맘 금할 길 없습니다.

☞ an **alive** fish (×)　　　　　　　be **worth** much　(○)
　 be still **alive** (○)　　　　　　 be **fond** of music (○)

바로 이것이 포인트!　한정적 용법의 전환

a guy (who is) very **cool** and **good-looking** 〈후치수식〉
☞ a very **cool** and **good-looking** guy　　　〈전치수식〉
정말 멋있고 잘생긴 녀석

375

'**서술적 용법**'으로만 사용되는 형용사가 명사를 수식하려면 같은 의미의
'**한정적 용법**'으로(만) 사용되는 형용사로 바꿔 주어야 합니다.

☞ ① alive(서) → living(한)

a[an] **living** things[beings. witness, author] 생물[생명체, 산증인, 현역작가]

cf. a living expense[room] 생활비[거실] 〈동명사 + 명사〉

② asleep(서) → sleeping(한)

sleeping baby[position, habit] 잠자는 아기[자세, 잠버릇]

(2) 형용사를 보어로 취하는 불완전자동사 ☞ 불완전자동사＋형용사(2형식)

feel	sound	look	taste	smell
prove	seem	grow	appear	remain

I feel so **pathetically** myself/ when I shoe the goose. (×)
I feel so **pathetic** myself/ when I shoe the goose.　　(○)

난 내 자신이 정말 한심하게 느껴져요/ 쓸데없는 일에 시간낭비할 땐.

☞ **feel**(~하게 느껴지다), **sound**(~하게 들리다), **look**(~하게 보이다)처럼 뜻이 부사처럼
해석된다고 **보어자리에 부사를 사용하지 않도록 주의하세요.**

3 the＋형용사[분사]

1) **복수명사**	2) **단수명사**	3) **추상명사**로 쓰임

1) **The rich are** not always happy/ and **the poor are** not always unhappy. ☞ 복수취급

부자들이라고 해서 항상 행복한 것도 아니고/ 가난한 사람들이라고 해서 항상 불행한 것도 아닙니다.

☞ the rich[wealthy] 부자들(＝rich people)　　the living and the dead 산 자와 죽은 자들
　 the poor 가난한 사람들(＝poor people)　　the old 노인들(＝old people)
　 the blind(＝blind people) 맹인들　　the wise 현명한 사람들(＝wise people)
　 the handicapped 장애인들　　the wounded[injured] 부상자들
　 the dying 죽어 가는 사람들　　the unemployed 실업자들
　 the homeless 집 없는 사람들　　the elderly 노인들

2) **The deceased was buried**/ in the cemetery park/ yesterday.　　　　☞ 단수취급

고인은 매장되었습니다/ 공원묘지에/ 어제.　　　　*hearse n. 영구차 coffin n. 관

☞ the accused 피고

(=the person who has been accused)

the deceased 고인

(=the departed)

3) The fine lady/ has an eye/ for the beautiful.　　　　☞ 단수취급

그 세련된 부인은/ 눈을 가졌습니다/ 아름다움을 보는. → 그 세련된 부인에게는 심미안이 있습니다.

☞ the beautiful 미, 아름다움　　　　the true 진실

the unexpected 뜻하지 않은 일　　　　the unknown 미지의 것

the true, the good, the beautiful 진선미

cf. rich and poor, young and old, high and low

　　☞ 서로 대조되는 경우는 the를 생략함

---

more tips

1. '부정관사+형용사', '형용사+s(복수형 어미)'가 '보통명사'로 쓰이는 경우

a white 백인　　　　an innocent 결백한 사람　　　　a dear 애인

a stupid 바보　　　　particulars 명세서, 상세한 것　　　　commons 평민

2. 완전히 명사화한 형용사

noble 귀족　　　　native 원주민　　　　necessaries 필수품

movables 동산　　　　valuables 귀중품　　　　eatables 먹을 수 있는 것

cf. belongings 소지품　　　　earnings 소득, 수입

　　surroundings 환경　　　　savings 저축

4 형용사+목적어(명사)

형용사는 목적어를 취하지 못하지만 **예외적으로 목적어를 취하는 경우**입니다.

like   unlike   near   opposite   worth

Unlike DNA, fingerprints can differentiate/ between the identical twins.
디앤에이와는 달리,/ 지문은 차이가 날 수도 있습니다/ 일란성 쌍둥이 간에도.

This English grammar book /is **worth reading**/ seventy times seven.
이 영문법 책은/ 읽을 만한 가치가 있습니다/ 반복해서(repeatedly).

The new film **is worth** seeing again.   (○)
= It **is worth** seeing the new film again.   (○) 가주어 it 사용
The new film **is worthy of** being seen again.   (○) 수동관계(~ by us, people, …)
It **is worthwhile** seeing[to see] the new film again. (○)

   cf. The new film **is worth of seeing** again.   (×)
       The new film **is worth to see** again.   (×)
       The new film **is worthy of to see** again.   (×)

바로 이것이 포인트!   like; alike 어법정리

1. like + **명사[동명사]** ⇔ 명사 + V + **alike**(서술적으로 쓰는 형용사)
   전치사 + 목적어   S + V + C(보어)

  ☞ Dolphins swim/ **like** a fish/ and breathe air.
     돌고래는 헤엄칩니다/ 물고기처럼/ 그리고 공기를 마십니다.

     My wife and I/ are just **alike**/ in many respects.
     우리 부부는/ 아주 비슷합니다/ 많은 점에서.

2. like(~처럼, ~같이)는 「유사함」을 나타내고 as(~로서 : 자격의 전치사)는 「동일인」을 나타냄

  ☞ The teacher speaks English fluently/ **like** an American.
     그 선생님은 영어를 유창하게 합니다/ 미국인같이.   (The teacher ≠ an American)

     The teacher speaks English fluently/ **as** an American.
     그 선생님은 영어를 유창하게 합니다/ 미국인으로서.   (The teacher = an American)

5 용법에 따라 뜻이 다른 형용사

한정적 용법으로 쓰일 때와 서술적 용법으로 쓰일 때의 뜻이 다른 형용사입니다.

1) sorry 한. 딱한, 비참한   2) apt 한. 적절한   3) late 한. 고(故) ~, 전(前) ~
     서. 미안한, 후회스러운   서. ~하기 쉬운   서. 늦은

4) sick 한. 아픈, 병든   5) present 한. 현재의   6) certain 한. 어떤
     서. 아픈, 넌더리 난   서. 출석한   서. 확실한

Farming villages/ are in a **sorry** state/ because of the opening of the agricultural market.
농촌은/ 어려운 상황에 처해 있습니다/ 농산물 시장 개방 때문에.

I am **sorry**/ to trouble you/ so often.
죄송합니다/ 폐를 끼쳐서/ 번번히.
→번번히 폐를 끼쳐서 죄송합니다.

the **late** prime minister 전 총리
my **late** father 선친
in **late** January of that year 그해 1월 말에
late spring[fall, marriage] 늦봄[늦가을, 만혼]

The officiator/ was **late** for her wedding ceremony/ because of traffic jam.
주례는/ 그녀의 결혼식에 늦었습니다/ 차가 밀려서.

the **present** position[earnings, politics] 현재의 지위[수입, 정치]
the directors (who are) **present** at the general meeting 총회에 참석한 이사들

on a **certain** day 어느 날, 어떤 정해진 날에
at a **certain** place 어떤 (일정한) 곳에서
be quite[absolutely] **certain** 정말[절대로] 확실하다

I am absolutely **certain**/ that she will not leave me forever.
난 완전 확신해요/ 그녀가 날 떠나지 않을 거라/ 영원히.

6 의미상 혼동하기 쉬운 형용사

*1) **respectable** 존경할 만한, 상당한 respectable parents 존경할 만한 부모
respective 각각의, 각자의 respective jobs[merits] 각각의 직업[장점]
respectful 공손한, 예의바른 a respectful bow[reply] 공손한 절[대답]

*2) **imaginable** 상상할 수 있는 all means imaginable 가능한 모든 수단
imaginary 상상의, 가상의 an imaginary enemy[number] 가상의 적[허수]
imaginative 상상력이 풍부한 an imaginative novelist 상상력이 풍부한 소설가

*3) **sensitive** 민감한, 예민한 a sensitive skin[issue] 민감한 피부[현안]
sensible 분별 있는, 현명한 a sensible man[solution] 분별 있는 사람[현명한 해결책]
sensual 육체적인, 음란한 sensual lips[painting] 육감적인 입술[관능적인 그림]
sensuous 감각적인, 미적인 a sensuous description 감각적인 표현

*4) **economic** 경제의, 경제에 관한 an economic crisis[slump] 경제 위기[불황]
economical 알뜰한, 절약하는 an economical housewife 알뜰한 주부

*5) **healthful** 건강에 좋은 a healthful diet 건강에 좋은 음식물[식단]
healthy 건강한, 건전한 a healthy body[life] 건강한 몸[인생]

*6) **historic** 역사적으로 유명한 the historic remains[era] 사적, 유적[역사적 시기]
historical 역사에 관한, 역사상의 a historical novel[fact] 역사소설[역사적 사실]

*7) **credible** 믿을만한, 믿음직한 a credible witness[election] 믿을만한 증인[선거]
credulous 쉽게 믿는, 잘 속는 a credulous person[listener] 잘 속는 사람[청취자]

*8) **considerable** 상당한, 중요한 considerable labor[clout] 많은 수고[권력]
considerate 동정심이 많은 be considerate of the poor 가난한 사람들에게 동정심이 많다

*9) **industrial** 산업의, 공업의 industrial sewage[disputes] 공장폐수[노동쟁의]
industrious 근면한, 부지런한 an industrious new employee 부지런한 신입사원

*10) **successful** 성공한, 합격한 a successful candidate[life] 당선자[성공적인 삶]
successive 잇따르는, 연속적인 successive failures[victories] 실패의 연속[연승]

*11) **valueless** 무가치한, 하찮은 valueless information[people] 쓸모없는 정보[사람들]
invaluable 매우 귀중한 invaluable jewelry[experience] 귀중한 보석[경험]

| 12) | practicable | 실행 가능한 | a practicable scheme[plan] 실행 가능한 계획 |
| | practical | 실제적인, 실용적인 | practical affairs[experience] 실무[실지경험] |

| 13) | regretful | 후회하는, 애석해 하는 | a regretful look[face] 뉘우치는 모습[서운한 표정] |
| | regrettable | 유감스러운 | a regrettable affair[thing] 유감스런 사건[짓] |

| *14) | momentary | 순간의, 찰나의 | a momentary thrill[impulse] 순간의 전율[충동] |
| | momentous | 중대한, 중요한 | a momentous decision[change] 중대한 결정[변화] |

| *15) | classic | 일류의, 표준적인 | a classic authority[writer] 최고 권위자[일류작가] |
| | classical | 고전적인, 전통적인 | classical music[beauty] 고전음악[고전미] |

| 16) | imperative | 꼭 필요한, 단호한 | an imperative element 꼭 필요한 요소 |
| | imperial | 제국의, 장엄한 | an imperial household[palace] 황실[황궁] |

17)	literal	문자(상)의, 엄밀한	a literal error[meaning] 오자[정확한 뜻]
	literary	문학의, 문학적인	a literary column[talent] 문예란[문학적 재능]
	literate	지식이 있는, 박식한	a literate peasant 글을 읽고 쓸 줄 아는 농부

| 18) | rural | 시골의, 농업의 | rural life[communities] 전원생활[농촌] |
| | rustic | 촌스러운, 소박한 | rustic simplicity[appearance] 순박함[시골풍] |

19)	continual	계속 되풀이되는, 빈번한	continual arguments[scandals] 빈번한 논쟁[추문]
	continuous	(중단없이) 계속되는	continuous development 부단한 발전
			a continuous rainy spell 계속되는 장마

| 20) | popular | 인기있는, 대중의 | a popular singer[entertainer] 대중가수[인기 연예인] |
| | populous | 인구가 많은, 붐비는 | a populous city[region] 인구가 많은 도시[과밀지역] |

| 21) | beneficial | 이로운, 유익한 | beneficial insects[results] 이로운 곤충[결과] |
| | beneficent | 인정 많은, 친절한 | a beneficent old man 자비심 많은 노인 |

*22)	negligible	무시해도 좋은, 하찮은	a negligible person 하잘 것 없는 사람
	negligent	태만한, 부주의한	negligent officials 태만한 공무원
			negligent handling 부주의한 물품취급

| 23) | moderate | 알맞은, 온건한 | moderate prices[rainfall] 적당한 가격[강수량] |
| | modest | 겸손한, 아담한 | modest behavior[weather] 겸손한 행동[온화한 날씨] |

24) **childish**　유치한, 어리석은　　**a childish idea[behavior]** 유치한 생각[행동]
　　childlike　(좋은 뜻으로) 어린애 같은　**childlike innocence** 어린애 같은 순진함

25) **responsible**　책임 있는　　**responsible individuals** 책임 있는 개인들
　　responsive　민감한, 대답의　**a responsive government** 민감하게 반응하는 정부

의미상 혼동하기 쉬운 형용사는 말 그대로 혼동하기 쉬워서 출제가 잘 되지만 그 숫자가 많아 모두 익히기가 쉽지 않습니다. 따라서 출제빈도가 높은 *표부터 먼저 익힌 후 나머지를 익히면 효과적일 것이며, 문제에서 이들 형용사가 나오면 문맥에 맞는 형용사가 쓰였는지 반드시 해석해 보세요.

more tips

1. the **principle** reason (×) → the **principal** reason　(○) 주된 이유
　　n. 원칙, 주의　　　　　　　a peace-at-any-price principle (○) 무사안일주의(=complacency)

　a **popularly** song　(×) → a **popular** song[edition]　(○) 유행가[보급판]

　unmoral politicians　(×) → **immoral** politicians　(○) 부도덕한 정치인들
　도덕과 관계없는　　　　　부도덕한

2. **different** 다른 ⟺ **indifferent** 다르지 않은　(×)
　　　　　　　　　　　　　　무관심한　　(○)

　famous 유명한 ⟺ **infamous** 유명하지 않은 (×)
　　　　　　　　　　　　악명 높은　　(○)

☞ be **indifferent** to politics 정치에 무관심하다
　assume an **indifferent** attitude 방관적 태도를 취하다
　cf. take **tentative** measures 임시조치를 취하다

　an **infamous** outlaw[attitude] 악명 높은 무법자[파렴치한 태도]
　an **infamous** concentration camp 악명 높은 집단수용소[포로수용소]

3 사용에 주의해야 할 형용사

(1) 「high · low」와 함께 사용하는 명사들

price 가격	quality 품질	productivity 생산성	pay 급료
speed 속도	level 수준	temperature 온도	wage 임금
regard 존경	standard 표준	rate 가격, 요금	tide 조수, 조류

The apartment price in the area is too **high**. 그 지역 아파트값은 너무 높아요.
= The apartments in the area are very **expensive**. 그 지역 아파트들은 비쌉니다.

cf. The apartment price in the area is **expensive**. (×)
　　☞ expensive는 물건이 주어로 옴

The entire workforce/ went on strike/ for **higher** wages.

전 종업원들이/ 파업에 돌입했습니다/ 임금인상을 요구하며.

　☞ (a) **deep** knowledge[affection, coma] 심오한 지식[깊은 애착, 깊은 혼수상태]
　　a **big** fire[sale, event, problem, announcement] 큰 불[대규모 세일, 중대 사건, 문제, 발표]

(2) 「large · small」과 함께 사용하는 명사들

family 가족	sum 금액	population 인구	change 거스름돈
success 성공	sale 판매	attendance 출석자	amount 양

The widower has a **many** family/ to support. (×)
The widower has a **large** family/ to support. (○)

그 홀아비는 대가족을 거느리고 있습니다/ 부양해야 할.

We are contented with a **small** success/ in the midst of the fierce competition.

우린 작은 성공에 만족합니다/ 치열한 경쟁의 와중에서. *a big[great] success 대성공

　☞ '많다, 적다'는 「수 · 양」을 나타낼 때 large, small을 수식어로 사용하는 명사들이므로
　　many를 사용하지 않도록 주의하세요.

(3) 「high · low」, 「large · small」 양쪽 모두와 함께 사용하는 명사들

salary 봉급	income 수입	profit 이익	demand 수요
cost 비용	budget 예산	increase 증가(하다)	decrease 감소(하다)

a **high** salary[income, profit, demand] 고액 봉급[고소득, 고수익, 높은 수요]
a **small**[**low**] salary[income, profit, demand] 보잘 것 없는[적은] 급료[소득, 이익, 수요]

(4) 「사물만」을 주어로 하는 형용사들

difficult	easy	hard	possible	convenient
useless	usual	dangerous	impossible	pleasant

We are not **easy**/ to understand a multiethnic society/ in detail.　　(×)
It is not **easy**/ for us to understand a multiethnic society/ in detail. (○)

쉽지 않습니다/ 우리가 다민족사회를 이해하는 것이/ 속속들이.

*multiethnic community 다민족공동체　　　　multicultural family 다문화가정

☞ 「It ~ for … to V」 구문을 사용하는 형용사로
'**부정사의 목적어가 사람**'인 경우는 사람이 주어로 올 수 있습니다.

Peter is **easy**[**difficult**] to please. (○)
피터는 까다롭지 않아요[까다로워요].

(5) 「사람만」을 주어로 하는 형용사들

able	ashamed	afraid	angry	anxious	sure
excited	satisfied	glad	content	happy	pleased
proud	sorry	thankful	willing		

The skilled **welder**/ is **able** to cut the steel plate/ with ease.
숙련된 그 용접공은/ 강판을 자를 수 있습니다/ 쉽게.

My derelict **husband**/ is **sure** to succeed/ in the end.
= I am **sure**/ that my derelict **husband** will succeed/ in the end.
전 확신해요/ 무책임한 내 남편이 성공하리라는 것을/ 결국은.

(6) 「It is 형용사+that+S+V ~」 구문으로 사용하는 형용사들

apparent	certain	likely	evident	fortunate	true
probable	uncertain	unlikely	unclear	obvious	clear

☞ It ~ for … to V 사용 불가

It will be soon **apparent**/ **that** they are involved in the plot.

곧 분명해질 겁니다/ 그들이 그 음모에 가담하고 있음이.

It is **certain**/ **that** the race horse/ will have a big lead over the others.

틀림없습니다/ 그 경주마가/ 다른 말들을 크게 앞지를 것이.

---

more tips　　시험에 자주 출제되는 「be+형용사[분사]+전치사」형 영숙어

be accompanied by ~ ~을 동반하다	be adverse to ~ ~을 싫어하다
be aimed at ~ ~을 겨냥하다	be amazed at ~ ~에 놀라다
be aware[conscious] of ~ ~을 알다[알고 있다]	be conscious of ~ ~을 의식하다
be dependent (up)on ~ ~에 의존하다	be desirous of ~ ~을 갈망하다
be different from ~ ~와 다르다	be enthusiastic about ~ ~에 열심이다
be equal to ~ ~와 동등하다	be exempted from ~ ~로부터 면제받다
be faced with ~ ~에 직면하다	be full of ~ ~로 가득 차다, ~로 가득하다
be good at ~ ~을 잘하다	be ignorant of ~ ~에 대해 모르다
be involved in ~ ~에 연루되다	be open to ~ ~에게 공개되다
be present at ~ ~에 참석하다	be related to ~ ~와 관련되다, ~와 친척관계이다
be similar to ~ ~와 유사하다	be well versed in ~ ~에 정통하다

This six-party talks/ scheduled to hold on July 10/ **are aimed at** denuclearizing the Korean Peninsula.

이번 6자회담은/ 7월 10일에 개최될 예정인/ 한반도 비핵화가 목적입니다.

The ruling party's heavyweight/ **was involved in**/ the bribery case.

여당 실세가/ 연루되었습니다/ 그 뇌물사건에.

The five-star hotel jazz club/ **is open to** nonresidents.

그 특급호텔 재즈클럽은/ 숙박자 아닌 사람도 이용할 수 있습니다.

> ### more tips 혼동하기 쉬운 「be+형용사[분사]+전치사」
>
> 1) **be based on** ～ : ～에 근거를 두다, ～에 근거하다
>   *cf.* **be based in** + 장소 : ～에 (본사 등을) 두다
>
> 2) **be concerned with[in]** ～ : ～와 관계가 있다
>   *cf.* **be concerned about** ～ : ～을 걱정하다
>
> 3) **사람+be familiar with+사물** : ～을 잘 알고 있다, ～에 정통하다
>   *cf.* **사물+be familiar to+사람** : ～에게 잘 알려지다, ～에게 익숙하다
>
> 4) **be comparable to** ～ = **be equivalent to** ～ = **be commensurate with** ～
>   : ～에 필적하다, 상응하다
>
> 5) **be dedicated to** ～ = **be devoted to** ～ ～에 전념하다
>
> 6) **be eligible to[for]** ～ = **be entitled to** ～ = **be qualified to[for]** ～ : ～할[될] 자격이 있다

The economist **is familiar with**/ financial markets and economic issues.

그 경제학자는 정통합니다/ 금융시장과 경제문제에.

= Financial markets and economic issues/ **are familiar to** the economist.

4 형용사의 어순

(1) 전체적 어순

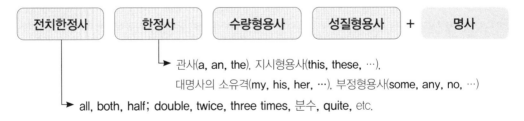

전치한정사 한정사 수량형용사 성질형용사 + 명사

→ 관사(a, an, the), 지시형용사(this, these, …), 대명사의 소유격(my, his, her, …), 부정형용사(some, any, no, …)

→ all, both, half; double, twice, three times, 분수, quite, etc.

All these living things/ are interdependent/ to some extent.

전·한 한정사 성·형 명사

이 모든 생명체는/ 상호의존합니다/ 어느 정도.

Honestly,/ I can't believe **his both** words and actions. (×)
Honestly,/ I can't believe **both his** words and actions. (○)

정말이지,/ 난 그의 말과 행동을 믿을 수가 없어요.

☞ double of the price (×)　　　　　my all life (×)
　 double the price　(○) 두 배 가격　　all my life (○) 내 한평생

(2) 수량형용사의 어순 → 절대적인 것은 아님

서수 →기수　☞ 서수가 기수 앞에 옴

Most workers knuckle down/ during the **two first** years of employment. (×)
Most workers knuckle down/ during the **first two** years of employment. (○)

대부분의 근로자들이 열심히 일합니다/ 입사 첫 2년 동안은.

(3) 성질형용사의 어순

대 · 소 → 형상 · 성질 → 신 · 구 / 노 · 소 → 색깔 → 재료 · 소속 + 명사

The woman doctor/ with big beautiful blue **eyes**/ is my high school alumna.
　　　　　　　　대소　　형상　　색채　명사 → 구어에서 사용함

그 여의사는/ 커다란 아름다운 푸른 눈을 가진/ 내 고등학교 동창입니다.

☞ **beautiful big blue eyes** 〈많이 쓰는 어순〉
　　형상　　대소 색채　명사

Digging up ancient remains,/ the archaeologists found/ **a unique 5th-century**
　　　　　　　　　　　　　　　　　　　　　　　관사　성질　　　신구

bronze sword.
　재료　　명사

고대유적지를 발굴하다가,/ 고고학자들은 발견했습니다/ 진귀한 5세기 청동검을.

☞ 성질형용사의 어순은 **절대적인 것은 아니지만**
　이 원칙을 적용하면 정답을 쉽게 유추해 낼 수 있습니다.

5 수량형용사

(1) many ↔ much

1) many(수)	a number of a great[good] many a great number of	+ **셀 수 있는 명사**	→	많은 (수의) ~
2) much(양)	a good deal of a great deal of a great quantity of	+ **셀 수 없는 명사**	→	많은 (양의) ~
3) 수·양 양쪽	a lot of lots of plenty of	+ **셀 수 있는 명사 셀 수 없는 명사**	→	많은 (수, 양의) ~

1) **many**[**a number of**] entertainers[anglers, predators, hardships, casualties]

많은 연예인들[낚시꾼들, 포식동물들, 고난들, 사상자들]

2) **much**[**a great deal of**] experience[evidence, adversity, insight, ado, pain]

많은 경험[증거, 역경, 통찰력, 야단법석, 고통]

3) **a lot of**[**lots of, plent of**] teenagers[financial restraints, fender benders]

많은 십대들[자금 압박들, 접촉사고들]

a lot of[**lots of, plent of**] trouble[laundry, information, paperwork]

많은 문제[세탁물, 정보, 서류작업]

> **바로 이것이 포인트!** many, much와 명사
>
> many 족은 '**셀 수 있는 명사**'
> much 족은 '**셀 수 없는 명사**'와 사용해야 합니다.
> 시험에서는 이들을 반대로 사용하여 혼동시키고 있으므로 주의하세요.

[참고] Her husband/ is **not much of a** nuclear physicist[semiconductor expert].

그녀의 남편은/ 대단한 핵물리학자[반도체 전문가]는 아니에요.

☞ not much of a ~ : 대단한 ~는 아닌

(2) few ↔ little

few = 거의 없는 ☞ 부정적 의미
a few = 다소 있는 ☞ 긍정적 의미
only a few = but (a) few 극소수의, 단지 ~
not a few = many 적지 않은, 꽤 많은
quite a few = a number of (꽤) 많은

+ 셀 수 있는 명사

Few people can solve/ the North Korean nuclear issue/ peacefully.
해결할 수 있는 사람이 거의 없습니다/ 북핵문제를/ 평화적으로.

Not a few members/ were absent from the convention/ because of the new flu.
꽤 많은 회원들이/ 회의에 불참했습니다/ 신종플루 때문에.

little = 거의 없는 ☞ 부정적 의미
a little = 다소 있는 ☞ 긍정적 의미
only a little = but (a) little 아주 적은, 좀 ~
not a little = much 적지 않은, 많은
quite a little = a good deal of (꽤) 많은

+ 셀 수 없는 명사

The political novice/ has very **little** experience/ in politics.
그 정치초년생은/ 경험이 거의 없습니다/ 정치에서. → 그 정치초년생은 정치경험이 거의 없습니다.

We have **only a little** time left,/ so we had better make rapid progress.
남은 시간이 별로 없어요,/ 그래서 우린 좀 더 빠르게 진행하는 것이 낫겠어요.

The strange incident/ has caused me **not a little** embarrassment.
그 이상한 사건은/ 날 적잖게 당황하게 했어요.
☞ 그 이상한 사건으로 인해 난 많이 당황했어요.

6 수사(Numeral)

1 hundred, thousand, million, score, dozen의 용법

1) 「**수사와 함께 구체적인 수**」를 나타낼 경우
☞ **단수형** 사용 ⇒ 형용사적 용법

2) 「**~s of + 복수명사**」 형태로 「**막연한 수**」를 나타낼 경우
☞ **복수형** 사용 ⇒ 명사적 용법

1)	two	score hundred thousand	tangerines[walnuts]	40 200 2,000	개의 귤[호두]

↳ **단수형** ☜ 수사 뒤, 구체적인 수

2)	dozens = scores hundreds thousands	of tangerines[walnuts]	수십 수백 수천	개의 귤[호두]

↳ **복수형** ☜ 막연한 수

☞ a **thousand** handymen　　(○) 천 명의 잡역부들
　cf. **a thousand of** handymen (×)

thousands of homeless people 수천의 노숙자들
tens of thousands of homeless people 수만의 노숙자들
hundreds of thousands of homeless people 수십만의 노숙자들
millions of homeless people 수백만의 노숙자들

---

more tips

decade	10년간, 10개 한 벌	☞ **over the next two decades** 향후 20년에 걸쳐 = **twenty years**
dozen	12개, 1다스; 다수	☞ **two dozen eggs** 계란 24개, 계란 2타 *cf.* **dozens of times** 수십 번 / **a dime a dozen** 흔해 빠진, 싸구려의
score	20명[개]; 20개 한 벌	☞ **three score and ten** 70, 70년 / **scores of people** 많은 사람들 *cf.* **win by a score of three to nothing** 3대 0으로 이기다

2 수사 + 단위명사 + 명사

☞ 사용법 : 수사 − 복수명사 + 명사 (×)

　　　　　수사 − 단수명사 + 명사 (○)
　　　　　합성형용사

The freshman is/ a twenty-**years**-old youth. (×)
The freshman is/ a twenty-**year**-old youth. 　(○)

그 신입생은 입니다/ 20세의 청년.

Peter gave his wife/ a ten-**dollars** bill/ as a birthday present. (×)
Peter gave his wife/ a ten-**dollar** bill/ as a birthday present. 　(○)

피터는 아내에게 주었습니다/ 10달러 지폐 1장을/ 생일선물로.

☞ **수사 + 명사**가 하이픈 없이 서술적으로 사용되면 **복수명사**를 사용합니다.

This statue in marble/ is nine **feet** tall. 〈서술적 용법〉

이 대리석 동상은/ 키가 9피트입니다.

cf. this nine-**foot**-tall statue 이 9피트 높이의 동상
　　40-**foot**-tall tsunami 40피트 높이의 쓰나미

The freshman is twenty **years** old. 　　　　(○)

그 신입생은 20살 입니다.

The soundproofing walls/ are ten **inches** <u>thick</u>. (○)

그 방음벽은 두께가 10인치입니다. 　　　　　형용사

바로 이것이 포인트! 　수사 + 단위명사 + 명사

수사 + 단위명사가 하이픈으로 연결되어 명사를 수식하는 경우
하나의 (합성)형용사로 취급하여 **단수명사**를 사용함에 주의하세요.
수사가 복수이기 때문에 복수명사를 사용하기 쉬우나, 복수명사를 사용하면 안 됩니다.

3 (명사 수식 시) **서수 · 기수 사용법**

(1) 순서 표시 ↔ 수 표시

☞ the+<u>서수</u>+명사 = 명사+**기수**

    순서(첫째, 둘째, …) 표시   수(하나, 둘, …) 표시

1) **기수** :	one	two	three	four	five	nine	twelve	twenty-two
2) **서수** :	first	second	third	fourth	fifth	ninth	twelfth	twenty-second

Actors and actresses/ went through **the second act**/ several times.
= Actors and actresses/ went through **act two**/ several times.

    남녀배우들은/ 제 2막을 연습했습니다/ 여러 번.

☞ the twelfth lesson = lesson twelve 제12과
    the Second World War = World War Two(Ⅱ) 제2차 세계대전
    cf. a Third World War = a World War Ⅲ 제3차 세계대전
    the fifteenth chapter = chapter fifteen 제15장
    the third act = act three 제3막
    cf. Elizabeth the Second = Queen Elizabeth Ⅱ 엘리자베스 2세
        ☞ 사람 이름일 경우 서수가 사람 이름 **뒤**에 옴.

바로 이것이 포인트!

1. 서수에는 **정관사(the)가 붙고**, 기수에는 **정관사가 붙지 않습니다.**
   cf. 서수가 **부사**로 쓰일 경우는 정관사를 붙이지 않는 것이 원칙

2. '**정관사**+**서수**+**명사**'는 순서가 있고, '**명사**+**기수**'는 순서개념이 없습니다.
   따라서 순서개념이 없을 경우는 '**명사**+**기수**'를 사용합니다.

1) Please, take **the third** seat from the left.

    왼쪽에서 세 번째 자리에 앉으십시오.

    cf. The senator agreed to speak **second**.

        그 상원의원은 2번째로 연설하기로 동의했어요.

This elevator stops/ only on **the seventh** floor.

    이 엘리베이터는 섭니다/ 7층에만.

2) The **eighth** month of the year/ is August.

일 년의 8번째 달은/ 8월입니다.

The subway train is arriving/ on **track three**.

지하철이 들어오고 있습니다/ 3번 홈으로.

Take the subway,/ **line number 2**/ at City Hall.

지하철을 타세요,/ 2호선을/ 시청에서. ☞ 시청에서 지하철 2호선을 타세요.

gate 5 = gate (number) five 5번 출구   *cf.* the fifth gate 5번째 출구

(2) '~마다, 매 ~' 표현법

```
every + 기수 + 복수명사 ]
= every + 서수 + 단수명사 ]  : ~마다, 매 ~
```

The company newsletter is published **every seven days**.
= The company newsletter is published **every seventh day**.

(회사)사보는 7일에 한 번[7일 마다] 발행됩니다.

(3) 수사의 중요한 모든 것

1) 세기는 「서수」로 표시합니다.

the **nineteen** century/ the **twenty** century/ **twenty-one** century   (×)
the **nineteenth** century/ the **twentieth** century/ the **twenty-first** century (○)
      19th   20th   21th
19세기/ 20세기/ 21세기

2) 철자에 유의해야 할 서수사

five – fifth	eight – eighth	nine – ninth
twelve – twelfth	twenty – twentieth	forty – fortieth

3) 분수에서 「분자」는 「기수」, 「분모」는 「서수」를 쓰고,
　 분자가 복수일 경우에는 분모에 복수어미 s가 붙습니다.

$\frac{5}{6}$ = five sixths $\frac{3}{4}$ = three quarters
$2\frac{1}{2}$ = two and a half   = three fourths

4) 연도, 월, 일 표시법

① 1999   = nineteen ninety-nine

            = nineteen hundred and ninety-nine

② 2015   = two thousand fifteen = twenty fifteen   1022 = ten twenty-two

③ 5월 5일 = May fifth = the fifth of May = May 5

5) 숫자, 소수, 화폐 표시법

① 475   = four hundred (and) seventy-five

② 28,228,475 = twenty-eight **million** two hundred (and) twenty-eight **thousand** four

                    hundred (and) seventy-five

    ☞ 숫자는 3자리씩 끊어 읽고, 뒤에서 첫 번째 comma(,)는 **thousand**(천), 두 번째 comma(,)는

       million(백만), 세 번째 comma는 **billion**(10억)으로 읽으며, and는 뺄 수도 있습니다.

③ 3.33   = three point three three

   99.99 = ninety nine point nine nine

    ☞ 소수점은 point로, 소수점 이하는 한 자리씩 읽습니다.

④ cm² = square centimeter   cm³ = cubic centimeter

⑤ $25.50 = twenty-five dollars (and) fifty (cents)

⑥ × = times; multiplied by

   ÷ = divided by

   Four **multiplied by** two is eight. 4 곱하기 2는 8이다.

   Ten **divided by** five is[equals] two. 10 나누기 5는 2다

    ☞ addition, subtraction, multiplication, and division 덧셈, 뺄셈, 곱셈, 나눗셈; 가감승제

6) 시간, 전화번호 표시법

① 11시 10분 전 = eleven to ten (×)

                 ten to eleven (○)

   오전 5시 45분 = 5:45 a.m.

② 345-6780 = three four five, six seven eight ou[zero]

   345-6885 = three four five, six **double** eight five

    ☞ 전화번호는 숫자를 하나씩 차례대로 읽고,

       숫자가 겹치는 경우는 double을 사용하며, 0은 [ou]로 읽습니다.

1. Peter and Sara were born/ **in the nineties**.

피터와 사라는 태어났습니다/ 1990년대에.

They got married/ **in their early twenties**/ for loving each other so much.

그들은 결혼했습니다/ 20대 초반에/ 서로 너무 사랑해서.

2. by twos and threes 삼삼오오   ten to one 십중팔구, 거의 틀림없이(=very probably)

in one's teens[twenties] 10대에[20대에]

4 배수 표시법

1) 형   태 : ① 배수사 as ~ as ···

배수사 more[-er] than ···   ] : ···보다 몇 배 ~인

② 명사 배수 표현

☞ 배수사 the 명사[length, height, depth, width, number] of ~

2) 배수사 : half(반, 1/2); double, twice, two times(2배), three times(3배),

four times, a third(⅓), ··· *one and a half times 1배 반

☞ 3배 이상은 '기수+times'를 씁니다.

1) ① Peter paid **twice as much as**/ I did/ for the purchase.

피터는 2배 많이 지불했어요/ 나보다/ 물건 값으로.

This watermelon is **four times larger**/ **than** that melon.

이 수박이 4배나 더 커요/ 저 멜론보다.

② I have **a hundred times**/ **the depth of** your love.

난 100배를 가졌어요/ 당신 사랑 깊이의.

☞ 내 사랑이 당신 사랑보다 100배는 깊어요.

2) The net earnings in 2020/ were **twice as much**/ those in 2019.   (×)
The net earnings in 2020/ were **twice as much as**/ those in 2019. (○)

2020년 순수익이/ 2배 늘었습니다/ 2019년 순수익보다.

The organic products cost/ about **the double price** of other products. (×)
The organic products cost/ about **double the price** of other products. (○)

유기농 제품들은 비용이 듭니다/ 다른 제품들 가격보다 약 2배.

more tips

☞ half as much again as ～ : (～의) 1배 반[1.5배]의 크기[수, 양]

    as much again as ～ : (～의) 2배 크기[수, 양]

His wife/ is **half as** heavy **again as**/ my wife.

그의 아내는/ **한 배 반** 더 무거워요/ 내 아내보다.

Sera earns/ **as much** money **again as** Sara does.

세라는 벌어요/ 사라보다 **2배**나.

7 '국명'에서 온 고유형용사

국 명	고유형용사	국 민		
	언어[말], 국적	전 체	개인[단수]	개인[복수]
Korea	Korean	the Koreans	a Korean	Koreans
America	American	the Americans	an American	Americans
China	Chinese	the Chinese	a Chinese	Chinese
Japan	Japanese	the Japanese	a Japanese	Japanese
England	English	the English	an Englishman	Englishmen
Germany	German	the Germans	a German	Germans
France	French	the French	a Frenchman	Frenchmen
Greece	Greek	the Greeks	a Greek	Greeks
Holland	Dutch	the Dutch	a Dutchman	Dutchmen

(1) 고유형용사는 국어 – '그 나라말'을 표시하며 'the＋고유형용사＋language'로도 씁니다.

English = the English language 영어
Korean = the Korean language 한국어

(2) 정관사 the가 붙으면 '국민 전체를 표시'하며 '복수동사'로 받습니다.

the Chinese 중국인   the French 프랑스인   the British 영국인
the Koreans 한국인   the English 영국인   the Dutch 네덜란드인

The English is a conservative/ and do-it-yourself people.   (×)
The English are a conservative/ and do-it-yourself people. (○)
영국인은 보수적이고/ 스스로 물건 만들기를 좋아하는 국민입니다.

☞ do-it-yourself 스스로[손수] 하는
　DIY : 가정용품의 제작, 수리, 장식을 직접 하는 것

(3) '그 나라의 언어[말]'을 나타낼 경우는 '단수동사'로 받습니다.

☞ Chinese[English, French] + 단수동사
　　　　　　언어

Their English leave something to be desired. (×)
Their English leaves something to be desired. (○)
그들이 쓰는 영어에는 조금 서투른 데가 있어요.

---

more tips

A : What's your nationality?
국적이 어디세요?

B : I am **Korean**[English, Japanese, Chinese, French, Dutch].
난 한국[영국, 일본, 중국, 프랑스, 네덜란드]인입니다. ☞ 국적 〈형용사〉

[참고] Let's go **Dutch**. 비용은 각자 내자.
　　　cf. Let's split the bill. 나눠서 내자.
　　　Let's split the cost between us two. 비용은 우리 둘이 분담하자.
　　　Let's split the bill fifty-fifty. 반반씩 계산하자.

부사

Adverb

이 장은 오로지 다른 것들–**형용사, 동사, 문장, 다른 부사를 꾸며주는 역할**만을 하는 **부사**를 다루는데, 단순한 역할뿐이어서 어려운 부분도 별로 없고 출제빈도 또한 그리 높지 않으므로 중요하게 언급하는 부분을 중심으로 학습하면 효과적일 것입니다.

부사는 영어에서 꾸며주는 역할밖에 못해 종요소로 쓰일 뿐이고
「adverb＝ad (to) ＋ verb (동사)」에서 알 수 있듯 동사와 아주 친합니다.

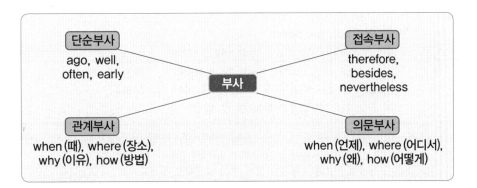

시험대비 「부사」 중점 학습 과제

1 부사는 **동사, 형용사, 다른 부사, 문장**을 앞이나 뒤에서 꾸며주는 역할을 하는 말로 수식 기능뿐이므로 1) **생략해도 문장이 성립하며,** 2) **보어로 사용할 수 없습니다.**

☞ sometimes, here, there, fast, slowly, safely, always, usually, frequently, …

2 두 가지 형태를 갖는 부사 중에서 의미가 서로 다른 경우에 주의하세요.

late – 늦게	hard – 열심히	free – 무료로	deep – 깊게
lately – 최근에	hardly – 거의 ~않다	freely – 자유로이	deeply – 매우

3 enough의 위치는 중요하므로 반드시 기억하세요.

1) **형용사[부사] 수식** : 형용사[부사] + enough   ☞ 반드시 후치수식 〈중요〉
2) **명사 수식** : enough + 명사 or 명사 + enough ☞ 전치수식, 후치수식 모두 가능

It's **enough** full. (×)   **enough** momey to buy it (○)
It's full **enough**. (○)   money **enough** to buy it (○)

4 **빈도부사, 정도부사의 위치문제**는 출제빈도가 높으므로 반드시 기억하세요.

1) **위   치** : ① be동사 뒤   ② 일반동사, have동사 앞
                    ③ be+p.p. 사이 〈수동태〉   ④ 조동사와 본동사 사이 〈완료형〉

2) **빈도부사** : always   frequently   often   sometimes   regularly   ever
   정도부사 : nearly   completely   mostly   greatly   wholly   deeply

5 1) already; still; yet의 용법과 very; much의 수식관계는 기본적으로 이해해야 합니다.
   2) '타동사+목적어+부사의 위치'도 기본적으로 이해하세요.

☞ 목적어가 **명사**   : 목적어 앞뒤 모두 가능
   목적어가 **대명사** : 동사+목적어+부사 〈중요〉

6 이중부정으로 쓸 수 없는 경우는 정말 중요하므로 철저히 이해해야 합니다.

1) **부 정 어** : not, no, never
2) **부정어구** : seldom[hardly, scarcely, rarely]   unless S+V   without ~ing
                    no one, none, nothing, nobody   nor[neither] V+S   few
3) **용   법** : 2)에는 이미 부정의 뜻이 포함되어 있으므로,
                  1)의 부정어를 함께 쓸 수 없습니다.

Far from saving money,/ she can't **hardly** make her living. (×)
Far from saving money,/ she can **hardly** make her living.   (○)
저축은 고사하고,/ 그녀는 생계도 거의 꾸려 나가지도 못해요.

1 부사의 기능과 부사의 쓰임

1 부사의 기능

문장에서 부사는 **형용사, 동사, 다른 부사, 문장 전체**를 수식하는 기능만을 하는 문장의 **종요소**로, 문장 5형식 결정에 영향이 없으므로 **생략해도 문장이 성립**합니다.

1) My stepmother is **rather** idle/ and loves to be dolled up.　　　　〈형용사 수식〉
　 새엄마는 좀 게으릅니다/ 그리고 예쁘게 차려입기를 좋아합니다.

2) The jobseeker wrote his resume and cover letter/ as **good** as he could. (×)
　 The jobseeker wrote his resume and cover letter/ as **well** as he could. (○)
　 그 구직자는 이력서와 자기소개서를 썼습니다/ 그가 할 수 있는 한 잘.　　〈동사(wrote) 수식〉

3) The North Korean defector lives **very** happily/ with her family.　　〈다른 부사 수식〉
　 그 탈북자는 매우 행복하게 살고 있습니다/ 가족과 함께.

4) **Unfortunately,**/ the promotion didn't work out/ as expected.　　〈문장 전체 수식〉
　 불행히도,/ 그 판촉행사는 효과가 없었어요/ 기대만큼은.

☞ 시험에서는 「부사」를 사용할 자리에 다른 품사를 사용하여 혼동시키는 문제가 자주 출제되므로 가장 먼저 **부사가 올 자리인지의 여부**를 확인해야 합니다.

2 문장에서의 부사의 쓰임

(1) 문장 구성요소를 모두 갖춘 문장에서 「동사」, 「be+p.p.」,「have+p.p.」를 수식하는 어구는 「부사」가 되어야 합니다.

　 Applicants were **systematic** grouped/ by age, gender and education level.　　(×)
　 Applicants were **systematically** grouped/ by age, gender and education level.　(○)
　 참가자들은 체계적으로 분류되었습니다/ 연령, 성, 교육수준별로.　☞ be+부사+p.p.

　 Probable/ Altzheimer's disease is/ the most common form of dementia.　　(×)
　 Probably/ Altzheimer's disease is/ the most common form of dementia.　　(○)
　 아마도/ 알츠하이머병은 입니다/ 치매의 가장 흔한 형태.　☞ 문장수식 부사

(2) 시험영어에서는 「부사」를 「보어」로 사용할 수 없음이 원칙입니다.

It may sound **strangely**,/ but I never felt **unsafely**/ in the burning wreckage. (×)
It may sound **strange**,/ but I never felt **unsafe**/ in the burning wreckage. (○)

이상하게 들릴지 모르지만,/ 전 불안하게 느낀 적이 없어요/ 불타는 잔해 속에서.

☞ 시험에서는 부사를 보어로 사용하여 혼동시키는 문제가 출제되므로 주의해야 하고,
해석이 부사처럼 「~**하게**」로 된다고 해서 부사를 보어로 사용하면 절대 안 됩니다.

I feel **strong**/ that it is wrong/ to use human embryos/ in that way. (×)
I feel **strongly**/ that it is wrong/ to use human embryos/ in that way. (○)

진정으로 생각합니다/ 나쁘다고/ 인간배아를 사용하는 것은/ 그런 식으로.
→ 인간배아를 그런 식으로 사용하는 것은 나쁘다는 생각이 강하게 듭니다.

☞ feel은 「형용사」를 보어로 취하므로 strong을 사용하기 쉬우나, S+V+O(that절 S+V+C)
문장에서 동사 feel을 수식해야 하므로 부사 strongly가 되어야 합니다.

바로 이것이 포인트!

1. **완전자동사** 뒤에는 다른 것이 올 수 없고 **부사(구, 절)**만 올 수 있습니다.
2. 문두에 빈칸이 있고, 뒤에 완전한 문장이 온 경우에는
   부사 역할을 하는 어구 – 부사, 부사구, 부사절, 분사구(문), 전치사+명사가 올 수 있습니다.

1) The all-round entertainer sing **good**/ and dance very **good**. (×)
   The all-round entertainer sings **well**/ and dances very **well**. (○)

   그 만능 엔터테이너는 노래도 잘하고/ 춤도 아주 잘 춥니다.

2) **Returning** from her trip overseas,/ she fell ill soon. 〈분사구문〉

   해외여행에서 돌아오자마자,/ 그녀는 바로 병이 났습니다.

☞ liberalize the overseas trip[travel] 해외여행을 자유화하다

   *liberalization 자유화   generalization 일반화
    globalization 세계화   commercialization 상업화, 영리화
    actualization 현실화   capitalization 자본화
    standardization 표준화, 규격화   amortization 할부 상환, 분할 상환
    automatization 자동화(=automation)
    authorization 인가, 허가, 승인

2 부사의 형태

1 부사 만드는 법

(1) 기본형

☞ **형용사 + ly**

bad → badly   poor → poorly   beautiful → beautifully

great → greatly   dangerous → dangerously   meaningless → meaninglessly

(2) 예외의 경우

① 「**자음+y**」로 끝난 경우는 「**y**」를 「**i**」로 고친 후 **ly**를 붙입니다.

easy → easily   happy → happily   heavy → heavily

bloody → bloodily   pretty → prettily   healthy → healthily

② 「**-e**」로 끝난 경우는 「**e**」를 없앤 후 **ly**를 붙입니다.

whole → wholly   noble → nobly   true → truly

gentle → gently   ☞ sole → solely   full → fully

③ 「**-ic**」로 끝난 경우는 「**ally**」를 붙입니다.

dramatic → dramatically   energetic → energetically

enthusiastic → enthusiastically   acrostic → acrostically

2 뜻이 다른 두 가지 부사 형태

late 늦게 - **lately** 최근에, 요즈음	free 무료로 - **freely** 자유로이
hard 열심히 - **hardly** 거의 ~않는	near 가까이 - **nearly** 거의, 대략
high 높게 - **highly** 매우, 대단히	wide 넓게 - **widely** 널리 〈범위〉
pretty 상당히 - **prettily** 아름답게, 곱게	direct 곧바로, 직접 - **directly** 곧장, 똑바로, 즉시
deep 깊게 - **deeply** 매우, 철저히	cheap 싸게 - **cheaply** 쉽게
right 정확히 - **rightly** 정당하게	loud 큰소리로 - **loudly** 크게, 시끄럽게, 야하게
clear 완전히 - **clearly** 분명히	low 낮게 - **lowly** 초라하게
dear 비싸게 - **dearly** 몹시	sharp 정각에 - **sharply** 심하게

1) We were up very **late** last night/ with one thing and another.

우린 지난밤 아주 늦게까지 자지 않고 있었지요/ 이런저런 이유로.

The old maid seems a little edgy/ **lately**.

그 노처녀는 신경이 좀 날카로워 보여요/ 요즈음.

☞ **요즈음** = lately; of late; recently; these days; nowadays

　　*edgy '엣지'　　– 개성있고, 멋지고, 센스 있는
　　chic '시크'　　– 세련된, 멋진
　　unique '유니크' – 독특한

2) If you hitch your wagon to a star,/ study **hard**/ and do your best.

큰 뜻을 품는다면,/ 더욱 열심히 공부하고/ 최선을 다해라.

I can **hardly** wait/ to see her.　　☞ I can't hardly ∼. (×) – 이중부정 사용금지

난 더 기다릴 수가 없어요/ 그녀를 보기 위해. ☞ 난 그녀를 빨리 만나보고 싶어요.

*hitch one's wagon to a star 큰 뜻[대망]을 품다
=have[cherish, harbor, nourish] an ambition

3) Always aim **high**,/ break a leg,/ and work hard.

항상 목표를 높이 두고,/ 힘 내서,/ 열심히 일해라.

* Break a leg! 힘내! 잘해봐! 행운을 빌어!

We are going to do our best/ to have a **highly** successful convention.

우린 최선을 다할 것입니다/ 정말 성공적인 집회가 될 수 있도록.

---

more tips

badly가 'want, need' 등과 함께 쓰이면 「**몹시, 대단히**(=greatly)」라는 뜻이 됩니다.

I **badly want**/ the luxury foreign sedan.
난 몹시 탐나/ 그 호화 외제 세단이.

We **need** your help **badly**/ to land the big contract.
우린 당신 도움이 꼭 필요해요/ 그 큰 계약을 수주하기 위해서는.

3 형용사, 부사 양쪽으로 쓰이는 단어

early	a. 이른	well	a. 건강한	fast	a. 빠른
	ad. 일찍		ad. 훌륭히		ad. 빨리
hard	a. 어려운	slow	a. 느린, 더딘	tight	a. 단단한, 빽빽한
	ad. 열심히		ad. 느리게, 더디게		ad. 단단히, 빽빽히

more tips 「부사」의 형태에 주의해야 할 단어

all ready (×) → already (○)   every daily (×)

as usually (×) → as usual (○)   every day 매일 (○) *cf.* everyday a. 매일의

4 「-ly」 형태의 형용사

friendly 우호적인	lovely 귀여운, 사랑스런	costly 비싼
orderly 규칙적인	homely 가정적인, 수수한	motherly 어머니다운
lively 활기찬	manly 사내다운, 용감한	womanly 여자다운
timely 적시의	comely 아름다운, 미모의	yearly 연간의
lonely 고독한	ugly 추한, 보기 흉한	monthly 매달의
daily 매일의, 일상의	likely ~할 것 같은	bodily 신체의

☞ 위 볼드체 단어는 부사로 나타낼 때는 "in a+**형용사**+way[manner]" 형식으로 쓰입니다.

friendly 우호적인 → <u>in a friendly manner</u> 우호적으로
                        부사구

[참고] in an orderly manner 질서정연하게   in a lively manner 활기차게

　　　in a timely manner 적시에   in a contemptible manner 비열하게

　　　in a wild manner 미친듯이   in a deliberate manner 신중하게

　　　in a capricious manner 변덕스럽게   in a conscientious manner 성실하게

　　　on a large scale 대규모로   as usual 여느 때처럼, 평소와 같이

3 부사의 위치

부사는 수식하는 어구 가까이 어디에나 올 수 있으나 다음의 경우는 특별한 경우이므로 잘 이해해야 합니다.

(1) 빈도부사, 정도부사의 위치

1) **위 치** ① 일반동사 **앞**   ② be동사 **뒤**
         ③ 조동사와 본동사 **사이**   ④ be[have]+p.p. **사이**

2) **빈도부사**
frequently	scarcely	rarely	once	always	ever
regularly	usually	seldom	often	never	sometimes

3) **정도부사**
greatly	nearly	wholly	highly	completely
hardly	deeply	generally	mostly	

The working couple **often** go/ for a drink/ at the cocktail bar.   〈일반동사 앞〉

그 맞벌이 부부는 자주갑니다/ 술 마시러/ 그 칵테일 바로.

Traffic accidents/ are **often** caused/ by drowsy driving.   〈be동사 뒤〉

교통사고는/ 흔히 일어납니다/ 졸음운전에 의해서.

I have **never** seen/ such fabulous pearl earrings/ before.   〈조동사와 본동사 사이〉

난 본 적이 없어요/ 그렇게 멋진 진주 귀걸이를/ 이전에.

The groundwork of the building/ is **almost** finished.   〈be+p.p. 사이〉

그 건물의 기초공사는/ 거의 끝났습니다.

---

more tips   빈도를 표시하는 often, seldom과 very[quite]의 결합 예

It snows there **very often**/ around this time.

그곳에는 눈이 자주 옵니다/ 이맘때쯤에.

Most old bachelors in Korea/ **very seldom** eat breakfast.

대부분의 한국 노총각들은/ 아침식사를 좀처럼 하지 않습니다.

☞ hardly; scarcely; seldom : 거의[좀처럼] ~하지 않다

2 enough의 위치

1) **부사 용법** 형용사[부사] + enough + (to V) ☞ 반드시 **후치수식** 〈중요〉
2) **형용사 용법** enough + 명사 / 명사 + enough ☞ 전치수식 또는 후치수식

1) The roughneck is **old**/ **enough** to know better.　(○)　　〈형용사 수식 → 후치 수식〉

그 망나니도 나이가 들었어요/ 어리석은 짓을 하지 않을 만큼 충분히.

☞ 그 망나니도 철들 때가 되었어요. *know better 어리석지는 않다

cf. The roughneck is **enough old** to know better. (×)

2) We had **enough time** to go home at that time.　(○)　　〈명사 수식 → 전치 수식〉
   We had **time enough**/ to go home/ at that time. (○)　　〈명사 수식 → 후치 수식〉

우린 충분한 시간이 있었습니다/ 집에 가기에/ 그때.　　　　☞ 전치 수식이 우선

3 「타동사＋부사」로 된 동사구에서 목적어의 위치

1) **명사 목적어** : 동사+**명사**+부사 / 동사+부사+**명사** ☞ 부사 앞 또는 뒤
2) **대명사 목적어** : 동사+**대명사**+부사 ☞ **동사와 부사 사이** - 중요
3) **타동사 + 부사**

call off 취소하다(=cancel)	give off (냄새 등을) 내다(=emit)
call on 방문하다(=visit)	pick up 태우러 가다
put down 진압하다, 내려놓다, ~을 적다	put off 연기하다(=postpone)
put on (옷, 모자를) 입다, 쓰다	take off (옷, 모자를) 벗다
turn on[off; out] ~을 켜다[끄다]	use up 다 써버리다

Put on your sweatsuit. (○) 〈명사〉
Put your sweatsuit **on**. (○) 네 운동복 입어.　　☞ 양쪽 모두 가능

Please **put on it**.　(×) 그거 입어.　〈대명사〉
Please **put it on**.　(○)　　☞ 목적어가 동사와 부사 사이에 옴

바로 이것이 포인트!

「타동사＋부사」에서 결국 문제가 되는 것은 목적어가 **대명사**인 경우로
이때는 목적어가 '**동사와 부사 사이**'에 온다는 것만 기억하면 됩니다.

more tips

'타동사+부사'와 비교되는 것으로 '**자동사**+**전치사**'가 있는데요.

형태가 비슷해 혼동하기 쉽지만 이 경우는 목적어가 '**전치사 뒤**'에 온다는 사실도 함께 기억하세요.

☞ Please **listen** your wife **to**. (×)   get it over (×)

Please **listen to** your wife. (○) 〈자동사+전치사〉   get over it (○)

제발, 아내 말 잘 들으세요. ☞ 주요 자동사+전치사 : look at, account for, wait on, …

4 여러 개의 부사가 겹칠 때의 순서

(1) 왕래발착 동사가 「장소 · 방법[빈도 · 양태] · 시간」 부사의 수식을 받을 경우

1) **장소 + 시간**
2) **장소 + 방법**[빈도 · 양태] **+ 시간** ☞ **장 · 방 · 시** → '**방 · 장 · 시**'로도 씀
   Place   Method   Time   P   M   T
3) **왕래발착 동사** : go   start   come   arrive   leave   reach

We will be arriving/ **in Seattle**/ **in 30 minutes**.
                         장소   시간

우린 도착합니다/ 시애틀에/ 30분 있으면.

I'm glad you arrived/ **there safely**/ *last night*.
                       장소   방법   시간

난 기뻐/ 네가 도착했다니/ 그곳에 안전하게/ 어젯밤.

(2) 같은 종류의 부사가 겹칠 때의 순서

1) **좁은 장소 + 넓은 장소**
2) **짧은 (시간) 부사 + 긴 (시간) 부사**

1) The exchange student met a gorgeous guy/ **at a restaurant**/ **in New York**.
                                                좁은 장소   넓은 장소

   그 교환학생은 한 멋진 녀석을 만났습니다/ 한 한국 음식점에서/ 뉴욕의.

2) The two summits met/ **each other**/ **at ten**/ **yesterday**.

   두 정상은 만났습니다/ 서로/ 10시에/ 어제.

4 주의해야 할 비슷한 의미의 부사들

1 already ↔ still ↔ yet

1) already	**긍정문** - 이미, 벌써	**의문문** - 너무 빨라 놀람 - 벌써, 그렇게 빨리	
	☞ already+본동사	have+already+p.p.	be+already+p.p.
2) still	**긍정문, 부정문, 의문문** - 아직(도), 여전히		
	☞ be동사+still	still+일반동사	still+조동사 부정형
3) yet	**부정문** - 아직 ~ 아니다	**의문문** - 벌써, 아직도	**긍정문** - 아직, 언젠가는
	☞ 문장 끝에 많이 오지만, be동사 뒤나, have+p.p. 사이에도 옵니다.		

1) All trainees have **already** started. 〈긍정문〉

모든 연수생들은 이미 출발했어요.

Have all trainees come **already**? 〈의문문〉

모든 연수생들이 벌써 왔다구요? → 놀랐어, 뜻밖이야.

☞ 주로 문장 끝에 위치 → 너무 빨라 '믿기지 않는다'라는 의미를 내포함

2) His wife is **still** angry/ at his husband's indiscretions.

그의 아내는 아직도 화나 있어요/ 남편의 경솔한 언동에.

The tenant **still can't** buy/ the apartment/ because of a lack of money. 〈부정문〉

그 세입자는 여전히 살 수 없습니다/ 그 아파트를/ 돈이 부족해.

My wife has some faults; **still,**/ I love her.   It's **still** better. 〈비교급 강조〉

내 아내는 결점이 있습니다만,/ 그래도,/ 난 그녀를 사랑합니다.   그것이 훨씬 나아.

☞ 그래도, 그럼에도 불구하고 〈접속부사 역할〉

3) Your E-mail/ has not **yet** reached me. 〈부정문〉

네 이메일/ 아직 나한테 안 왔는데.

Have you sent out the invitations/ **yet**? 〈일반적으로 문장 끝에 옴.〉 〈의문문〉

초대장 보냈어?/ 벌써

You'll regret your behavior **yet**. 〈긍정문〉

넌 언젠가는 네 행동을 후회하게 될 거야.

2 very ↔ much

1) very	① (형용사 · 부사의) **원급 수식**		③ the very + **최상급**
	② 현재분사, 형용사화한 과거분사 수식		
2) much	① (형용사 · 부사의) **비교급 · 최상급 수식**		③ **동사/too** 수식
	② 과거분사, 서술적으로만 쓰는 형용사 수식		④ much the **최상급**

1) My fiancee/ is **very** tall, cute and pretty.　　　　　　　　〈원급〉

　내 약혼녀는/ 매우 크고, 귀엽고, 예쁩니다.

New employees were **very** tired/ with the massive workload. 〈수동적 의미가 약함〉

신입사원들은 지쳤습니다/ 과도한 업무로.

☞ **형용사화한 과거분사** 「tired, pleased, worried, delighted, surprised, …」는 very로 수식함
　그러나 뒤에 전치사 by를 동반하여 **수동태가 분명할 경우**에는
　much를 사용하는 것이 원칙이나 구어에서는 very도 사용합니다.

I am so much **worried**/ by the fact/ that teenagers are smoking too much.
난 너무 걱정됩니다/ 그 사실이/ 10대들이 담배를 너무 피우고 있다는.

2) My fiancee is **much** more cute and pretty/ than his wife.　　〈비교급〉

내 약혼녀는 훨씬 더 귀엽고 예쁩니다/ 그의 아내보다.

Most women is **much** afraid of/ a molester of women.

대부분의 여자들은 정말 두려워합니다/ 치한을.

☞ afraid, alike, ashamed, preferable 등은 **much**로 수식하지만, 구어에서는 **very**도 사용함.

---

more tips

1. **동사** + too much(너무 많이, 지나치게) / too much(너무 많은) + **명사**

   All the guests/ present/ ate **too much**/ at the dinner party/ last night.
   모든 내빈들은/ 참석한/ 배터지게 먹었습니다/ 만찬파티에서/ 어젯밤.

   All the employees/ have been burdened with **too much** stress lately/ due to performance reviews.
   모든 직원들은/ 요즘 엄청 스트레스 받고 있습니다/ 업무평가 때문에.

2. cannot[never] V(동사)~ too[too much; enough; over_V=overestimate, …] : 아무리 ~해도 지나치지 않다

   We **cannot** appreciate your consideration and cooperation **too much**.
   당신의 배려와 협조에는 아무리 감사해도 모자랄 지경입니다.

3 good ↔ well

1) good　　**형용사** – 좋은, 훌륭한; 친절한, 착한; 좋은, 능숙한; (약 등이) ~에 잘 듣는
2) well　　① **부사** – 잘, 훌륭하게　　② **형용사** – 건강한(=healthy)

1) This medicine is **good**/ for asthma[alopecia areata, atopic dermatitis].
　　이 약은 잘 듣습니다/ 천식[원형탈모증, 아토피성 피부염]에.

2) Honor students/ speak and write English **good**. (×)
　 Honor students/ speak and write English **well**. (○)
　　우등생들은/ 영어를 잘 말하고 씁니다.

　　☞ Mother and child/ are both quite **well**. 〈형용사〉 산모와 아기 둘 다/ 아주 건강해요.
　　　 a **well** of information 　　　　　　　　〈명사〉　지식의 샘

4 ago ↔ before ↔ since ☞ 사용 시제에 유의하세요.

1) ago　　**과거시제** 문장　　　　〈현재 기준〉　☞ (지금부터) ~이전에
　　　　　　　　　　　　　　　　　　　　　　　*완료시제 문장 사용 불가

2) before　**과거완료시제** 문장　　〈과거 기준〉　☞ (그때보다) ~전에, (정한 때보다) 전에
　　　　　　*단독으로 쓰일 경우 「현재완료, 과거시제」 문장에도 사용 가능

3) since　　**현재완료**＋since＋**과거** 〈과거 어느 시점에서 현재까지 계속〉
　　　　　　　　　　　　　　　　　☞ ~한 이래 지금까지 (죽)

1) I **met** her/ at the cafe/ a great while **ago**. 　　　　〈과거〉
　　난 그녈 만났습니다/ 그 카페에서/ 아주 오래전에.
　　cf. I **have met** her/ at the cafe/ a great while **ago**. (×)

2) It was unlike/ whatever I **had known before**. 　　〈과거완료〉
　　그것은 달랐습니다/ 내가 전부터 알고 있었던 그 어떤 것과도.
　　I've **seen** that flim **before**. 난 전에 그 영화 본 적이 있어요. 〈현재완료〉

3) The runaway girl **has been** unhappy/ (ever) **since** she **left** home.
　　그 가출소녀는 불행했습니다/ 집을 나온 후 줄곧. ☞ 현재완료 + since + 과거
　　cf. I have not seen/ the bad guy/ **since** that time. 　　〈전치사〉
　　　난 만난 적이 없어요/ 그 나쁜 놈을/ 그때 이후로.

5 ever ↔ never ↔ once ☞ 경험 표시 부사

1) ever	① **의문문** – 지금까지, 일찍이	② **조건문** – 언젠가, 앞으로
	③ **부정문** – 결코, 전혀 (~않다)	④ **비교급, 최상급** – 지금까지
2) never	☞ **완전부정** – 결코 ~하지 않다(=not at all)	
	결코 ~한 적이 없다	
3) once	☞ **긍정문** – 한번, 이전에	

1) Have you **ever** been in the hospital?　　〈의문문〉

　　지금까지 입원한 적 있니?

　– Yes,/ I have been in the hospital **once**.　〈긍정문〉

　　그래,/ 한 번 입원한 적 있어.

　☞ 의문사 + ever = 의문사 + on earth[in the world] : 도대체

2) **Never** did I see such a thoughtless bastard. 〈도치〉

　= I **never** saw/ such a thoughtless bastard.

　　난 본 적이 없어요/ 저런 몰상식한 인간을.

3) There **once** lived a beautiful princess/ who was loved by all the people.

　　옛날 한 예쁜 공주님이 살았습니다/ 모든 사람들로부터 사랑받는.

6 soon ↔ early ↔ fast

1) soon	곧, 머지않아 ☞	때의 경과
2) early	일찍 ☞	시각–late의 대조
3) fast	빨리 ☞	속도–slowly의 대조

1) It will warm up **soon**.

　　곧 따뜻해질 겁니다.

2) The sales manager retired **early**/ and has been enjoying the freedom/ of living in the country.

　　그 영업부장은 조기퇴직했습니다/ 그리고 자유를 만끽하고 있습니다/ 전원생활의.

3) The driver/ who got a ticket for speeding/ always drives too **fast**.

　　그 운전자는/ 과속딱지를 받은/ 항상 차를 너무 빨리 몰아요.

7 too ↔ also ↔ either : 또한, 역시

1) **too**   또한, 게다가 : **긍정문** 〈문미, 문중〉 ☞ 너무 ~
2) **either**   ~도 아니다[않다] : **부정문** 〈문미〉
3) **also**   또한, 게다가, ~도 : **긍정문** 〈문중〉 → be동사 뒤

1) My boss is handsome,/ cool and humorous **too**.

사장님은 잘생겼고,/ 성격도 좋으며 게다가 유머까지 있습니다.

My ex-wife is hot-tempered/ and **too** selfish.

전처는 다혈질이고/ 너무 이기적이에요.

2) I could**n't** believe/ the fact, **either**.

믿을 수가 없었어요/ 저 역시도 그 사실을.

3) It's **also** very inexpensive/ and convenient.

그것은 또한 가격도 아주 저렴하고/ 편리합니다.

☞ not only A but also B : A뿐만 아니라 B도

8 no ↔ not

1) **no**   : **형용사**로 **명사** 수식
2) **not**   : **부정부사** : ~아닌
        ☞ be동사의 보어인 명사 앞에서 **not**은 '**단순부정**', **no**는 '**강조**'입니다.

1) There are **no** people/ in the auditorium.

아무도 없습니다/ 강당에는.

2) The constructor is **not** an environmentalist. 〈단순부정〉

그 건설업자는 환경주의자가 아닙니다.

The constructor is **no** environmentalist. 〈강조〉

그 건설업자는 결코 환경주의자가 아닙니다.

☞ **Not a** soul was to be seen in the street. 〈no의 강조〉

단 한 사람도 보이지 않았어요/ 거리에는.

바로 이것이 포인트! 부정의문문에 대한 대답법

부정의문문에 대한 대답은 「**질문에 관계없이**」

대답이 ☞ 긍정이면 → <u>Yes,</u> + 긍정문
　　　　　　　　　┗ 아니요

　　　　　부정이면 → <u>No,</u> + **부정문**임에 주의하세요.
　　　　　　　　　┗ 예

Won't you go to a movie with me? 나랑 영화보러 안 갈래? 〈부정의문문〉
 – No, I won't. 그래, 안 갈래.　　　　　☞ No, + 부정문　No → 예
 – Yes, I will. 아니, 갈래.　　　　　　　Yes, + 긍정문　Yes → 아니요

cf. Will you go to a movie with me? 나랑 영화보러 갈래? 〈긍정의문문〉
 – No, I won't. 아니, 안 갈래.　　　　☞ No, + 부정문　No → 아니요
 – Yes, I will. 그래, 갈래.　　　　　　　Yes, + 긍정문　Yes → 예

more tips　rather ↔ fairly

1. **rather** : 좀, 꽤　　　　〈부정적 내용〉
2. **fairly** : 꽤, 상당히, 약간 〈긍정적 내용〉

1. The weather is **rather** cold today.

　오늘 날씨가 꽤 쌀쌀하네요.

2. The test-taker is **fairly** satisfied with/ his examination results.

　그 수험생은 상당히 만족합니다/ 그의 시험결과에.

☞ next to + 부정어

　<u>next to</u> impossible[nothing] 거의 불가능한[거나 다름없는]
　almost; nearly

　know **next to** nothing about ~ ~에 대해서는 거의 아무것도 모르다
　buy something for **next to** nothing ~을 거저나 마찬가지로 사다
　be worth **next to** nothing 값어치가 전혀 없다

5 부사의 주의해야 할 용법

1 이중부정으로 쓸 수 없는 경우

1) **부정어** : not   no   never
2) **부정의 뜻을 가진 어구들**
    ① seldom[hardly, scarcely, rarely] : 거의 ~않다
    ② no one, none, nothing, nobody, nowhere
    ③ unless S+V, nor[neither] V+S, without ~ing, few
3) **용 법** : 2)에는 이미 부정의 뜻이 포함되어 있으므로 1)의 부정어를 **함께 쓸 수 없음**

I have **hardly no** time/ to be idle/ as I'm so busy. (×)
I have **hardly any** time/ to be idle/ as I'm so busy. (○)
난 시간이 없어요/ 빈둥거릴/ 너무 바빠서.

Don't contact me/ **unless** it **isn't** absolutely necessary. (×)
Don't contact me/ **unless** it's absolutely necessary.   (○)
제게 연락하지 마세요/ 부득이한 경우가 아니라면.

☞ hardly never (×)   can't hardly[scarcely] (×)
    hardly ever (○)   can hardly[scarcely] (○)

바로 이것이 포인트!

위 ①. ②. ③의 어구들 속에는 이미 **부정의미가 포함**되어 있으므로
①. ②. ③이 들어 있는 문장에는 not, no, never를 다시 쓸 수 없음을 꼭 기억하세요.

→ 부정어구 + 부정어(not, no, never) (×)
    이중부정

1. **부정부사와 도치**

　① **부정부사** : seldom　　hardly　　scarcely　　rarely　　never

　　　　　little　　　not until　　only　　few

　　　　☞ 이들 어구가 **문두로 나가면**

　② **도　치** : '부정부사＋조동사＋주어＋본동사'의 **도치문장**이 됩니다. 〈중요〉

☞ **Not until** then **did** the famous actress dream of/ loving such an ugly short guy.

　그때까지 그 유명 여배우는 꿈조차 꾸지 못했죠/ 그런 키 작고 못생긴 녀석을 사랑하게 될 줄은.

2. **부분부정**

☞ **not** + all[both, every, wholly, entirely, completely, quite, always, …]

　: 모두[둘 다, 모든, 전적으로, 완전히, 완전히, 아주, 항상 …] ~한[인] 것은 아니다

Life is **not all** gloomy/ and cheerful.

인생이란 우울하기만 한 것도 아니고/ 즐겁기만 한 것도 아닙니다.

I don't think/ you **always** bark up the wrong tree.

난 생각하지 않아요/ 당신이 항상 헛다리 짚는다고는.

☞ **bark up the wrong tree** 헛다리 짚다. 오해하다. 엉뚱한 사람을 괴롭히다

　Stop making <u>wild guesses</u>. 헛다리 짚지 마!
　　　　　　　　터무니없는 억측

Goods are **not always** good/ just because they are expensive.

물건이 꼭 좋은 것은 아닙니다/ 비싸다고 해서.

☞ 비싼 물건이 꼭 좋은 것은 아닙니다.

The police investigation report/ is **not entirely** satisfactory.

경찰의 수사결과 보고가/ 완전히 만족스러운 건 아닙니다.

2 앞에 전치사(to)를 쓸 수 없는 부사

단어의 의미상으로만 보면, 앞에 '~에[로]'에 해당하는 장소의 전치사 'to'가 붙는다고 착각하기 쉬우나, to 없이 사용해야 하는 부사들입니다.

home 집에	**downstairs** 아래층에	**overseas** 해외로, 외국에서
abroad 해외로	**upstairs** 위층에, 2층에	**downtown** 시내에
ahead 앞에[으로]	**right** 오른쪽으로	**forward**(s) 앞으로, 전방으로
back 뒤에[로]	**left** 왼쪽으로	**backward**(s) 뒤쪽에[으로]

Unfortunately,/ it's time/ to **go to home** already. (×)
Unfortunately,/ it's time/ to **go home** already.　　(○)
아쉽지만,/ 시간이네요/ 벌써 집에 가야 할.

Nowadays,/ most newly-married couples/ go **to overseas**/ on their honeymoon. (×)
Nowadays,/ most newly-married couples/ go **overseas**/ on their honeymoon.　　(○)
요즘,/ 대부분의 신혼부부들이/ 해외로 갑니다/ 신혼여행을.

[참고] turn left ＝ turn to the left　왼쪽으로 돌다
　　　turn right ＝ turn to the right 오른쪽으로 돌다
　　　go aboard 승선하다, 탑승하다

3 How+형용사/부사 ☞ 정도 표시

How	far 거리	high 높이	+ ?
	often 횟수	long 시간	
	much 가격, 양	tall 키	
	soon 언제 쯤, 얼마나 빨리	old 나이	
	many 수	hard 어려움	

How far is it/ from here to the express bus terminal?

거리가 얼마나 되나요?/ 여기서 고속터미널까지는

How often are there/ flights to L.A.?

얼마나 자주 있습니까?/ 로스앤젤레스행 비행기는

How much do the tuition fees?

수강료는 얼마죠?

How much is the fare to LA?

로스앤젤레스까지 요금이 얼마예요?

cf. **What** is the charge/ for a single room/ for one night?

　= **How much** is the charge/ for a single room/ for one night?

　　숙박료가 얼마죠?/ 1인실/ 하룻밤

How soon can I receive my order?

언제쯤 (주문한) 물건을 받아볼 수 있나요?

How long does it take from here to New York?

여기서부터 뉴욕까지는 (시간이) 얼마나 걸리나요?

☞ **How** do you remember my birthday? 〈방법〉

　어떻게 내 생일을 기억해?

---

more tips how를 목적어, 보어 자리에 사용할 수 있을까요?

1. **How** was she like/ when you met her?　　　　(×) 〈How → What〉

   그녀가 어땠어?/ 만나보니

2. **How** do you exactly mean/ by that?　　　　(×) 〈How → What〉

   정확히 무슨 뜻이야?/ 그게

3. **How** do you think of/ this picture[your girlfriend]? (×) 〈How → What〉

   어떻게 생각해?/ 이 사진을[네 여자 친구를]

☞ 1,2,3의 how자리는 「**목적어, 보어**」 자리이므로 how 대신 **what**을 사용해야 합니다.

4 접속부사 ☞ 부사가 '접속사'처럼 쓰이는 경우

besides 게다가, 그 외에도	〈추가〉	nevertheless 그럼에도 불구하고	〈양보〉
therefore 그러므로, 따라서	〈결과〉	otherwise 그렇지 않다면(=if ~ not)	〈조건〉
hence 따라서, 그러므로, 그래서	〈결과, 이유〉	*whereas ~이지만, ~인데 반해(=while)	〈대조〉
*so 그래서, 그 때문에, 그러므로	〈이유, 결과〉	*yet ~이다, 그러나[하지만]	〈대조〉
*while 그러나, 그런데	〈대조, 비교〉 → 주절 뒤에서		

directly[immediately, instantly, momently] ~하자마자, ~하자 곧　〈시간〉
= as soon as S+V, no sooner ~ than, hardly[scarcely] ~ before[when]　*는 접속사

My sweetheart is pretty./ and **besides**,/ she is cute and smart.
제 여자 친구는 예뻐요,/ 게다가,/ 귀엽고 영리하기까지 해요.

The remnants of the enemy/ were tired and sleepy;/ **nevertheless**,/ they kept on walking.
적 패잔병들은/ 피곤하고 졸렸으나,/ 그럼에도 불구하고,/ 그들은 계속 걸었습니다.

The population is gradually decreasing,/ and **therefore** the government must increase the birth rate.
인구가 점차 감소하고 있습니다./ 그러므로 정부는 출산율을 높여야만 합니다.

The retiree is still competent,/ **so** he has got the new job/ in a jerk.　〈접속사〉
그 퇴직자는 여전히 유능합니다./ 그래서 그는 새 직장을 잡았습니다/ 곧바로.

I am out of job now,/ **while** my friend has made a killing/ by auction.　〈접속사〉
난 지금 백수입니다,/ 그러나 제 친구는 돈을 많이 벌었어요/ 경매로.

The parent company was in the black,/ **whereas** its subsidiary was in the red.　〈접속사〉
모회사는 흑자를 냈습니다만,/ 자회사는 적자를 냈습니다.

The couple seem happy,/ **yet** they have worries/ that are unknown to others.　〈접속사〉
그 부부는 행복하게 보이지만,/ 그녀는 고민들이 있습니다/ 남에게 알려지지 않은.
☞ 그 부부는 행복해 보이지만, 남들이 모르는 고민들이 있습니다.

CHAPTER 17

비교
Comparison

이 장은 **사람, 사물의 성질·상태 등의 정도 차이**를 서로 견주어 보는 **비교**를 다루는데, 이는 **형용사·부사에서 파생되는 부분**으로 비교에는 혼동하기 쉬운 부분과 암기할 부분이 많고, 독해, 영작 등에서도 상당히 중요한 역할을 하므로 완전히 정복해야 합니다.

비교는 "누가 누구만큼[보다] 어떠한 지를 서로 견주어 보는"게 바로 비교!

Sara is pretty.	사라는 이뻐.
Sara is as pretty as Sera. 〈원급〉	사라는 세라만큼 이뻐.
Sara is prettier than Sera. 〈비교급〉	사라는 세라보다 더 이뻐.
Sara is the prettiest of us all. 〈최상급〉	사라가 우리 모두 중 가장 이뻐.

형용사 ┬ **원급** (비교) ☞ 둘(2) 간의 대등한 수준에서의 비교
     ├ **비교급** (비교) ☞ 둘(2) 간의 우열−더 낫고[못하고]를 비교
     └ **최상급** (비교) ☞ 3개 이상 간의 최고, 최하를 비교

이렇게 정리하니 바로 딱 떨어지죠!

시험대비 「비교」 중점 학습 과제

---

1 우선 **원급, 비교급, 최상급의 개념**부터 정확히 이해하세요.

1) **원 급** ☞ 둘(2) 간의 대등한 수준에서의 비교　　⇒ …**만큼** ~한
2) **비교급** ☞ 둘(2) 간의 우열-더 낫고[못하고]를 비교 ⇒ …**보다** ~한
3) **최상급** ☞ 셋(3) 이상 간의 최고, 최하를 비교　　⇒ **가장** ~한

---

2 **원급, 비교급, 최상급의 형식**은 중요하므로 정확히 이해해야 합니다.

1) **원 급** : as 원급 as　　　　　: …만큼 ~하다
　　　　　 not so[as] 원급 as : …만큼 ~하지 못하다 ⎤ ☞ than과는 연결 불가

2) **비교급** : -er[more] than　　: …보다 더 ~하다
　　　　　 less 원급 than　　 : …보다 덜 ~하다 ⎤ ☞ as와는 연결 불가

3) **최상급** : the **최상급** of (all) + 복수명사　　　　　: …중에서 가장 ~한
　　　　　 the **최상급** in + 단수명사〈지역, 소속, 집단〉 : …에서 가장 ~한

---

3 **more, most**를 붙이는 **비교 변화**에 유의하세요.

1) 동일인, 동일물의 두가지 성질·특징을 비교할 경우 ☞ 음절수에 관계없이 무조건
2) afraid, alive, asleep, aware, worth, fond 등의 서술적 용법으로만 쓰는 형용사
3) 2음절어 형용사 어미가 '-able, -al, -ful, -ive, -ous, -less'로 끝나는 경우

---

4 다음은 **비교급에서 반드시 알아야 할 사항**들이므로 잘 이해하세요.

1) 어미가 -ior로 끝난 **라틴어계 비교**에는 접속사 than 대신 전치사 to를 씀
2) 비교급 강조어구로는 much, by, by far, even, yet 등이 쓰이고, **very는 쓸 수 없음**
3) the+**비교급** ~, the+**비교급** … 　 : ~하면 할수록 그만큼 더 …하다
　 the+**비교급** of the two[A and B] : 둘[A와 B] 중에서 더욱더 ~하다

---

5 **비교의 관용표현**은 정말 중요하므로 모두 암기해야 합니다.

1) **원급 관용표현** : as ~ as possible[one can] : 가능한 한 ~
　　　　　　　　 not so much as V : V조차 않다　as good as ~　: ~와 다름없는

2) **비교급 관용표현** : no more than : 단지(=only)　　no less than ~ : ~만큼이나
　　　　　　　　 not more than : 기껏해야　　not less than ~ : 적어도

3) **최상급 관용표현** : at least : 적어도　　at most : 많아야, 기껏　at best : 기껏해야
　　　　　　　　 most ~ : 대부분의 ~　a most ~ : 매우 ~한　the most : 가장 ~한

1 비교의 개념이해

비교급은 둘(2) 간의 우·열을 나타내고,
최상급은 셋(3) 이상 간의 최상·최하를 나타낸다는 것을 기본적으로 이해하셔야 합니다.

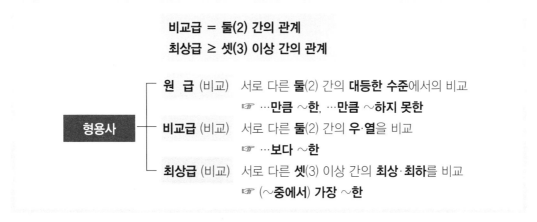

Sera is cute.   세라는 귀여워.
Sera is **as** cute **as** Sara. 〈원급 비교〉   세라는 사라만큼 귀여워.
Sera is cut**er than** Sara. 〈비교급 비교〉 사라보다 세라가 더 귀여워.
Sera is **the cutest of all**. 〈최상급 비교〉 세라가 모두들 중에서 가장 귀여워.

The big-time singer/ is poised to become **the highest**-paid actor/ in Hollywood.
그 최고 인기가수는/ 최고의 돈을 받는 배우가 될 준비가 다 되어 있지요/ 할리우드에서.

바로 이것이 포인트! 비교의 형태 문제 풀이의 기본

1. 뒤에 than이 있으면, 앞에는 −er[more, less]가 와야 하고,
   앞에 −er[more, less]가 있으면, 뒤에는 than이 와야 합니다.
2. as ~ as에서 as 대신 more나 than으로 바꿔 쓸 수 없습니다.

1) The new ventilation system/ is **more** efficient **than** the old one. (○)
   새 환기장치는/ 이전 것보다 더 효율적입니다.

2) The new ventilation system/ is **as** efficient **as** the old one.   (○)
   새 환기장치는/ 이전 것만큼 효율적입니다.

   ☞ The new ventilation system is **more** efficient **as** the old one. (×)
      The new ventilation system is **as** efficient **than** the old one. (×)

2 비교의 형태 변화

형용사 · 부사의 비교변화에는 **규칙적**으로 변하는 경우와,

불규칙적으로 변하는 경우 두 가지가 있습니다.

1 규칙변화

(1) 「-er, -est」를 붙이는 경우

    1) **1음절어** - 거의 대부분

    2) **2음절**   ① 어미가 -er, -ow, -le, -y, -ly, -some인 경우

             ② **2음절어** 중에서 **둘째 음절**에 강세가 오는 경우

    1) small - smaller - smallest   more easy (×) → easier   (○)

        fast   - faster   - fastest   more strong (×) → stronger (○)

        the most great (×) → the greatest (○)

    2) clever - cleverer - cleverest   slender   - slenderer   - slenderest

        narrow - narrower - narrowest   showy   - showier   - showiest

        simple - simpler   - simplest   handsome - handsomer - handsomest

        early   - earlier   - earliest   profound   - profounder - profoundest

        ☞ slender, shallow, gentle, wholesome, … 등도 -er, -est를 붙임.

바로 이것이 포인트!   주의해야 할 비교변화

1. 어미가 「**단모음**+**단자음**」으로 끝날 때는 어미의 자음을 겹쳐 쓴 후 「-er, -est」를 붙입니다.
2. 어미가 「**자음**+y」로 끝난 경우는 y → i로 고친 후 「-er, -est」를 붙입니다.

    1) big - bigg**er** - bigg**est**   thin - thinn**er** - thinn**est**

        hot - hott**er** - hott**est**   fat - fatt**er**   - fatt**est**

    2) happy - happi**er** - happi**est**   easy - easi**er** - easi**est**

        early - earli**er** - earli**est**   pretty - pretti**er** - pretti**est**

(2) 「more, most」를 붙이는 경우

> 1) **같은 사람, 같은 물건의 두 가지 성질, 특징을 비교하는 경우**
>   ☞ 음절 수에 관계없이 무조건 「more ~ than」 사용
> 2) **서술적 용법으로만 쓰는 형용사**
>   ☞ afraid, alive, alone, asleep, aware, worth, tired, …
> 3) **2음절어 중에서 어미가 「–able, –al, –ant, –ful, –ing, –ive, –less, –ous, …」로 끝나는 경우**
> 4) **3음절어 이상인 경우**

1) My girl friend is cut**er than** pretty.　　(×)
   My girl friend is **more** cute **than** pretty. (○)

   내 여자 친구는 예쁘다기보다는 귀여워요.

   cf. Sera is cut**er than** Sara. 〈다른 사람과의 비교〉

   세라는 사라보다 더 귀여워요.

   [주의] 단, 「long, wide, high, thick」 등의 단위 표시 형용사에는 –er than을 사용합니다.

   First-quarter sales/ were **higher than** expected.

   1분기 매출액이/ 예상보다 높습니다.

2) Most people/ are **more** fond of/ coffee **than** green tea/ thesy days.

   대부분의 사람들이/ 더 좋아해요/ 녹차보다 커피를/ 요즘은.

   afraid － **more** afraid － **most** afraid
   tired － **more** tired － **most** tired

3) the plentifulest (×) → **the most** plentiful (○)
   the famousest (×) → **the most** famous (○)

   important － **more** important － **the most** important
   useful － **more** useful － **the most** useful

   ☞ valuable, active, useless, childish, earnest, happily, up–to–date, …

4) This English course is **much difficulter/ than** I thought it would be.　　(×)
This English course is **much more** difficult/ **than** I thought it would be. (○)

이 영어강좌는 엄청 더 어려워요/ 내가 그럴 것으로 생각했던 것보다.

interesting － **more** interesting － **the most** interesting
industrious － **more** industrious － **the most** industrious
difficult　　 － **more** difficult　　 － **the most** difficult

---

more tips

1. '**형용사**＋ly'인 **부사의 비교급**에는 more를 붙입니다.

Sound travels/ more slowly **than** light.

소리는 이동합니다/ 빛보다 더 늦게.

☞ actively － **more** actively － **most** actively

2. **복합어의 비교 변화**

Long ago,/ my family was **more** well-to-do/ **than** his.

옛날에,/ 우리 집은 더 부유했죠/ 그의 집보다.

☞ narrow-minded → **more** narrow-minded → **the most** narrow-minded 가장 편협한
　　well-to-do　　→ **more** well-to-do　　→ **the most** well-to-do　　 가장 부유한
　　absent-minded → **more** absent-minded → **the most** absent-minded 가장 멍한
　　cf. well-known → better-known　　→ the best-known　　　　 가장 유명한
　　　　bloodthirsty → bloodthirstier　　→ the bloodthirstiest　　 가장 피에 굶주린
　　　　　　　　　　　　　　　　　　　　☞ the most bloodthirsty로도 씀

2 불규칙변화

(1) 「원급」이 두 가지인 것

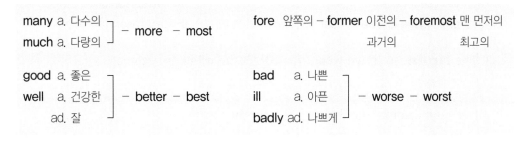

many a. 다수의
much a. 다량의] – more – most

fore 앞쪽의 – former 이전의 – foremost 맨 먼저의
　　　　　　　　　과거의　　　　　　최고의

good a. 좋은
well a. 건강한] – better – best
　　 ad. 잘

bad a. 나쁜
ill a. 아픈] – worse – worst
badly ad. 나쁘게

more tips

little	– less	– least		up	– upper	– up(per)most
small	– smaller	– smallest		in	– inner	– in(ner)most

(2) 「비교급, 최상급」이 각각 두 가지인 것

1) old
　　older (더 늙은) – oldest (가장 늙은) 〈연령〉 → 대부분 사용
　　elder (손위의) – eldest (가장 손위의) 〈가족관계〉 → 제한적 사용

2) late
　　later (나중에, 후에) – latest (최근에) 〈시간〉
　　latter (뒤쪽의) – last (마지막 ~) 〈순서, 차례〉

3) far
　　farther (더 멀리) – farthest (가장 먼) 〈거리–먼, 멀리〉
　　further (더한층) – furthest (가장 ~) 〈정도–더 한층, 더욱 더, 더 이상〉

　　☞ further는 구어에서 farther의 뜻으로도 쓰임.

4) near – nearer –
　　nearest 〈공간〉 가장 가까운
　　next 〈시간〉 다음의, 〈공간〉 이웃의, 다음의

1) Peter is two years **older/ than** Sara.

피터는 2살 위예요/ 사라보다.

　　☞ **be동사 뒤에서 보어로 쓰일 경우**는 older를 쓰며, 명사 앞에서 한정적으로 쓰일 때는
　　elder, eldest가 원칙이나 현대영어에서는 older, oldest도 흔히 씁니다.

2) There was a bit of a mood change/ in the **later** part of the play. (×)
There was a bit of a mood change/ in the **latter** part of the play. (○)

약간의 분위기 반전이 있었습니다/ 그 연극의 후반부에.

☞ the latest book 최근의 책   the latest fashion 최신 유행

at this time last[next] year 작년[내년] 이맘 때에   the last resort 마지막 수단

3) The **farther** north we went,/ the colder the weather became.

우리가 북쪽으로 더 멀리 갈수록,/ 날씨가 더 추워졌어요.

Let's not discuss/ the thorny issue **further**.

논의하지 말죠/ 그 골치 아픈 문제는 더 이상.

4) the **nearest** man[way, exit, post office, subway station, public transportation]

가장 가까운 사람[길, 출구, 우체국, 지하철역, 대중교통]

the **next** stop[floor, issue, scene, corner, flight, department meeting]

다음 정거장[층, 호, 장면, 모퉁이, 비행기 편, 부서회의]

next week[month, year, time] 내주에[다음달에, 내년에, 다음번에]

☞ next Friday 다음 금요일에(=on Friday next)

3 비교급 · 최상급으로 잘 사용하지 않는 형용사

round 둥근	complete 완전한	vacant 빈	empty 빈
dead 죽은	square 정사각형의	unique 유일한	supreme 최고의
full 가득 찬	perfect 완전한	matchless 비길 데 없는	

☞ '단어의 의미상' 비교변화 시키지 않지만, 오늘날에는 변화시키는 경우도 있습니다.

The eyeball is **as** round **as** a ball. 안구는 공처럼 둥글어요.

Knowing is **more** perfect/ **than** doubting.

아는 것이 더 완벽합니다/ 의문을 갖는 것보다.

---

more tips   「비교급 and 비교급」: "점점 ~하는"

☞ more and more 점점 더   fewer and fewer 점점 줄어드는   worse and worse 설상가상으로

colder and colder 점점 추워지는   darker and darker 점점 어두워지는

3 비교의 형식

비교의 여러 형식은 영문법뿐만 아니라 영문독해, 영작문, 회화에 이르기까지 정말 많이 쓰이므로 용법과 의미에 유의해서 철저히 이해해야 합니다.

1 원급 비교의 형식

(1) as 원급 as ↔ not so[as] 원급 as

> 1) **as 원급 as** ~   : ~만큼 …한   〈긍정문〉
> 2) **not so[as] 원급 as** ~ : ~만큼 …하지 못한 〈부정문〉

1) Sera is **as** cute and pretty/ **as** Sara.

   세라는 귀엽고 이뻐/ 사라만큼.

2) Diana is **not so[as]** cute and pretty/ **as** Sera and Sara.

   다이애나는 귀엽고 이쁘지 않아/ 세라나 사라만큼.   ☞ 긍정문에는 so ~ as를 쓸 수 없음.

   [참고] Sera is **as** cute **than** Sara. (×)
          Sera is **cuter than** Sara. (○) 세라는 사라보다 더 귀여워.
          Sera is **as** cute **as** Sara. (○) 세라는 사라만큼 귀여워.

(2) not so[as] 원급 as의 문장전환

> A is not so[as] ~ as B
> = A is **less** ~ than B   : A는 B만큼 ~하지 않다
> = B is ‑er[more] ~ than A

Diana is **not so[as]** cute **as** Sara.

다이애나는 사라만큼 귀엽지 않아.   ☞ Diana 〈 Sara

Diana is **less** cute **than** Sara.

다이애나는 사라만큼 귀엽지 않아.   ☞ Diana 〈 Sara

Sara is **cuter than** Diana.

다이애나보다 사라가 더 귀여워.   ☞ Sara 〉 Diana ⇐ A, B의 순서가 바뀜

2 비교급 비교의 형식과 용법

(1) 우등비교 ↔ 열등비교

1) **우등비교** : −er than ∼
   more 원급 than ∼ ┤ : ∼보다 더 …한 ☞ '**더 나음**'을 비교

2) **열등비교** : less 원급 than ∼ : ∼보다 덜 …한 ☞ '**더 못함**'을 비교

1) Sara is three inches **taller than** Sera.   〈우등비교〉
   = Sara is **taller**/ **than** Sera/ **by** three inches.

   사라는 더 큽니다/ 세라보다/ 3인치.

   ☞ 「비교급＋by 수사＋명사」 표현

2) Diana is **less** beautiful/ **than** Sara.   〈열등비교〉

   다이애나는 덜 아름다워/ 사라보다.

   Sara is **more** beautiful/ **than** Diana.   〈우등비교〉

   사라는 더 아름다워/ 다이애나보다.

(2) 라틴어계 형용사의 비교급

superior **to** ∼ ∼보다 우수한[뛰어난]   minor **to** ∼ ∼보다 소수의
inferior **to** ∼ ∼보다 열등한   prior **to** ∼ ∼보다 앞선
anterior **to** ∼ ∼보다 이전에   senior **to** ∼ ∼보다 손위의
posterior **to** ∼ ∼보다 후에   junior **to** ∼ ∼보다 아래인
be preferable **to** ∼ ∼보다 더 낫다[바람직하다]

Sara is **superior than** I/ in rank.   (×)
Sara is **superior to** me/ in rank.   (○)

사라는 나보다 높습니다/ 지위가.

Sara is two years **senior to me**.   (○)
= Sara is my **senior** by two years.   (○)
= Sara is two years **older than** I.   (○)

사라는 나보다 두 살 연상입니다.

☞ Sara is two years **senior than** I.   (×)
   Sara is two years **senior to** I.   (×)

바로 이것이 포인트! than을 쓸까요? to를 쓸까요?

어미가 (i)or로 끝나는 라틴어계 형용사의 비교급은

1. **than** 대신 to를 사용하고,
2. **to**는 전치사이므로 **목적어**로 **인칭대명사**가 올 경우 **목적격**을 사용하며,
3. 비교급이므로 **very**로는 수식할 수 없습니다.

   A is much **superior to** B : B보다 A가 훨씬 우수하다

(3) 「the + 비교급」

최상급에는 **정관사가 붙고**, 비교급에는 **정관사가 붙지 않는 것**이 원칙이나
비교급에 the가 붙는 예외의 경우이므로 반드시 기억하세요.

> 1) **the + 비교급** ~, **the + 비교급** … : ~하면 할수록 더욱 더 …하다
> 2) (all, none) **the + 비교급 + 이유를 나타내는 어구** : ~ 때문에 더욱 …하다
>   ↳ for; because of; on account of; as S + V ~; because S + V ~
> 3) S + V + **the + 비교급 + of the two**[복수명사; A and B] : 둘[A와 B] 중에서 더 ~하다
>   = Of the two (복수명사), S + V + **the + 비교급**

1) **The harder** I try to forget her, / **the more** I miss her.

   그녀를 잊으려고 하면 할수록, / 난 그녀가 더 그리워요.

2) I like Sera **all the better** / for her beauty and frankness.
   = I like Sera **so much the better** / because she is beautiful and frank.
   = As she is beautiful and frank, / I like her **all the better**.

   난 세라를 그만큼 더 좋아해요 / 그녀가 아름답고 솔직하기 때문에.

   It's **none the worse** / nor **the better** / for being praised.

   더 나쁠 것도 / 더 좋을 것도 없어요 / 칭찬 받는다고.
   ⇒ 칭찬 받는다고 더 좋을 것도 더 나쁠 것도 없어요.

3) Sam is **the cooler** / of the two (guys).
   = **Of the two** (guys), / Sam is **the cooler**.

   두 녀석 중에서 / 샘이 더 멋져요.

(4) 「비교급, 최상급」 강조어구

1) **비교급** :	much	far	by far	even	still, yet	a lot
2) **최상급** :	much	far	by far	the very	far and	away(단연)

⎿➤ 비교급 · 최상급 공통 강조어구

This apartment is **much better**/ **than** that one.

이 아파트가 훨씬 좋아요/ 저 아파트보다.

Taxi drivers drive/ **far more** carefully **than** truck drivers.

택시 운전사들은 운전합니다/ 트럭 운전사들보다 훨씬 더 조심해서.

This is **much the best** way/ to do it.

이것이 가장 최선의 방법입니다/ 그것을 하는. ☞ so much the better 훨씬 더 좋은

This is **the very last** question,/ I promise you.

이것이 정말 마지막 질문입니다./ 제가 약속할 게요.

Seoul is **by far the largest** city/ in Korea.

서울은 단연 큰 도시입니다/ 한국에서.

This product is **even better**/ **than** that one.

이 제품이 더 좋아요/ 저것보다.

This product is **as** good **as**/ or **even better than** that one.

이 제품은 저것에 못지않으며,/ (오히려) 저것보다 훨씬 더 나아요.

☞ very는 비교급 강조어구로 쓸 수 없습니다.

Michael is **very** fatter/ than Sam. (×)

Michael is **much** fatter/ than Sam. (○)

마이클은 훨씬 더 뚱뚱해요/ 샘보다.

(5) 비교의 「비유표현」

☞ **as 형용사 as a 명사** : 매우 ～한

as blind as a **bat** 전혀 보이지 않는
as close as an **oyster** 입이 무거운
as cunning as a **fox** 매우 교활한
as greedy as a **wolf** 몹시 탐욕스러운
as poor as a **church mouse** 몹시 가난한
as quick as a **wink** 눈깜짝할 사이에
as mischievous as a **monkey** 매우 짓궂은
as wise as **Solomon** 매우 현명한

as busy as a **bee** 몹시 바쁜
as cool as a **cucumber** 매우 침착한
as dumb as an **oyster** 굳게 입을 다문
as happy as a **king** 말할 수 없이 행복한
as quick as **flash** 잽싸게, 전광석화같이
as stupid as a **donkey** 매우 미련한
as naked as a **jaybird** 벌거벗은 채
as white as **snow** 눈처럼 흰

The couple are **as poor as a church mouse**/ but happier than anyone else.
그 부부는 몹시 가난하지만/ 어느 누구보다도 행복합니다.

☞ The couple live **from hand to mouth**. 그 부부는 하루하루 겨우 먹고삽니다.

A : How's your company doing these days? 요즘 회사는 어때?
B : It's keeping me **as busy as a bee**. 눈코 뜰 새 없이 바빠.

The credit delinquent/ is **as stupid as a donkey**. 그 신용불량자는 매우 미련합니다.

☞ be as good as one's word = keep one's word[promise] 약속을 지키다

more tips than 이하의 비교대상이 명시되지 않는 비교

a[the] greater part of ～	～의 대부분	higher mathematics	고등수학
the latter part of ～	～의 후반(부)	the higher education	고등교육
the upper part of ～	～의 상부[윗부분]	the higher animal	고등동물
the stronger sex	남성, 강자	the younger generation	젊은세대
the weaker sex	여성, 약자	the lower classes	하류층[사회]
upper[lower] teeth	윗니[아랫니]	the upper classes	상류층[사회]

The cost of private education/ accounts for/ **a great part of** household expenditures.
사교육비가/ 차지해요/ 가계지출의 대부분을[가장 큰 부분을].

In the past,/ women were considered/ **the weaker sex** and **the inferior**.
과거에,/ 여성들은 간주되었습니다/ 약자와 열등자로.

3 최상급의 형식과 용법

(1) 최상급의 「형식」

the + 최상급 + (명사) +
- of all + 복수명사 〈대상〉 : … 중에서 가장 ~한
- in + 단수명사 〈지역, 소속, 집단〉 : … 에서 가장 ~한
- that S + have[has] + ever + p.p. : 여태껏[지금까지] 가장 ~한

The black girl/ is **the most** beautiful supermodel/ **of all the participants**. 〈대상〉
그 흑인소녀가/ 가장 아름다운 슈퍼모델입니다/ 모든 참가자들 중에서.

The black girl/ is **the most** beautiful supermodel/ **in the world**. 〈지역, 소속〉
그 흑인소녀가/ 가장 아름다운 슈퍼모델입니다/ 세계에서.

I have **never** seen/ a **more** beautiful landscape/ **than** this. 〈비교급〉
난 결코 본 적이 없습니다/ 더 아름다운 풍경을/ 이것보다.
= This is **the most** beautiful landscape/ I have **ever** seen. 〈최상급〉
이것이 가장 아름다운 풍경입니다/ 내가 지금까지 보아온.
☞ have+never+p.p.+「비교급 ~ than」
= the+최상급+(관계대명사)+주어+have+ever+p.p. ☞ never → ever로 바뀜. 〈중요〉

cf. I have **never** been **happier**/ (than now).
난 더 행복한 적이 없었어요/ 지금보다.
☞ 난 지금 가장 행복해요. → **최상급 의미**

바로 이것이 포인트!

최상급의 형태 문제는
1. 전치사 **of, in**의 사용과, "뒤에 온 명사가 **단수**인가? **복수**인가?"에 유의해야 하며,
2. 비교구문에서 뒤에 **of, in**이 있으면 앞에 **최상급**이 쓰였는지 반드시 확인하세요.

(2) 최상급의 의미를 나타내는 여러 가지 표현들

1) 「원급」이 최상급 의미를 나타내는 표현들

① 부정주어 + as[so] 원급 as
② as 원급 as any + 명사
③ as 원급 as ever + 동사 ☞ as 원급 as possible [S can] 가능한 한[최대한] ~

① **No** (other) girl in the school choir is **as[so]** pretty **as** Sara.
② Sara is **as** pretty **as any** other girl in the school choir.
③ Sara is **as** pretty a girl **as ever** existed in the school choir.

2) 「비교급」이 최상급 의미를 나타내는 표현들

④ 비교급 + than any other + 단수명사
⑤ 비교급 + than (all) the other + 복수명사
⑥ 비교급 + than anyone[anything] else
⑦ 부정주어 (No (other) + 단수명사) + 비교급 + than

④ Sara is **prettier than** any other **girl** in the school choir.
⑤ Sara is **prettier than** all the other **girls** in the school choir.
⑥ Sara is **prettier than** anyone else in the school choir.
⑦ **No** (other) **girl** in the school choir is **prettier than** Sara.

Sara is **the prettiest girl**/ in the school choir.

사라가 가장 예쁜 소녀입니다/ 그 학교 합창단에서.

바로 이것이 포인트!

①~⑦은 모두 "사라가 학교 합창단에서 가장 예쁜 소녀입니다."라는 최상급 의미임
위 표현들은 매우 중요한데 그중 ④, ⑤, ⑦번이 가장 중요하며,
"뒤에 온 명사가 **단수명사**인가?, **복수명사**인가?"에 특히 유의하세요.

Nothing is **easier than** finding fault.

남의 흉보는 것보다 쉬운 일은 없다.

(3) 최상급의 「주요 용법」

1) **양보의 뜻을 갖는 최상급** ☞ even의 뜻

2) **부정의 뜻을 갖는 the last**
   The last 명사 + to V[that절] ~ : 결코 ~할 (사람이) 아닌, ~라고 전혀 생각되지 않는

3) **최상급+but one** ☞ but = except ~을 제외하고, ~외에
   = the second+최상급 : 두 번째로 가장 ~한

4) **정관사를 붙이지 않는 최상급**
   ① 부사의 최상급 ☞ 구어체에서는 붙이기도 함
   ② 같은 사람 · 같은 사물의 (성질) 비교
   ③ 형용사의 최상급이 서술적으로 쓰일 때
   　　☞ 최상급 앞에는 정관사 the가 붙는 것이 원칙이나 the가 붙지 않는 예외의 경우임

1) **The most** loving couple/ have a quarrel/ every now and then.
   = **Even** the most loving couple/ have a quarrel/ every now and then.
   아무리 사랑하는 부부라 하더라도/ 다툽니다/ 가끔씩은. ☞ Even the 최상급

2) We think/ the spinster is **the last** woman **to get** married.
   = We think/ the spinster is **the last** woman **that[who]** would get married.
   = We think/ the spinster is **far from** getting married.
   = We think/ the spinster is **above** getting married.
   우린 생각해요/ 그 노처녀는 결코 결혼할 여자가 아니라고.
   ☞ 그 노처녀는 절대 결혼 안 할 줄 알았죠.

3) Mt. Halla/ is **the highest** mountain **but one**/ in the Korean Peninsula.
   = Mt. Halla/ is **the second highest** mountain/ in the Korean Peninsula.
   한라산은/ 두 번째로 높은 산입니다/ 한반도에서.

   the last but one 끝에서 두번째
   next door but one 한 집 건너 옆집

4) ① Sara gets up **earliest**/ in her family/ only once in a blue moon.

      사라는 가장 먼저 일어납니다/ 그녀의 가족 중에서/ 어쩌다 한번.

② The Han River is **deepest**/ at this point.

      한강은 가장 깊습니다/ 이 지점이.

cf. The river is **the deepest** in Korea. 그 강이 한국에서 가장 깊습니다.

      ☞ the deepest 뒤에 명사 river가 생략되었고, in Korea로 한정되어 정관사가 붙음.

③ This electronic dictionary seems **best**/ for learners of English.

      이 전자사전이 가장 좋은 것 같아요/ 영어 학습자들에게는.

---

more tips

1. most[mostly] → a most → the most → at most
   대부분   매우   가장   기껏해야

2. most of the[소유격] ~ : 대부분의 ~, ~의 대부분

   almost all of the ~
                    ] : 거의 대부분의 ~, ~의 거의 대부분
   almost every ~

   ☞ almost every + 명사   (○)   almost every day 거의 매일

      almost every of the + 명사 (×)   almost every time 거의 항상

4 비교의 관용표현

1 원급 관용표현

(1) 원급 관용표현 1

1) as ~ as any 명사 ⋯   : 어느 누구[것] ⋯ 못지않게 ~한
2) as ~ as ever + 동사의 과거형 ⋯ : 어느 누구 ⋯ 못지않게 ~한 = 최상급 의미
3) as ~ as ever   : 여전히 ~ 한[하게]

1) Peter is **as** qualified **as any** man/ in the English language institute.
피터는 어느 누구 못지않게 자질을 갖춘 사람입니다/ 그 영어학원에서.

2) Lincoln is **as** great a statesman/ **as ever lived**.
링컨은 위대한 정치가입니다/ 지금까지 살았던 어느 누구보다도.

3) The big fat woman is dieting/ but she is still **as** fat **as ever**.
그 덩치 큰 뚱뚱한 여자는 다이어트를 하고 있지만/ 여전히 뚱뚱해요.

(2) 원급 관용표현 2

4) as many as ⋯ : ⋯ 만큼이나 많은; ⋯ 만큼의 〈수〉
5) as much as ⋯ : ⋯ 만큼이나 많은; ⋯ 만큼의 〈양·액수〉
6) as good as ⋯ : ⋯ 와[나] 다름없는(=all but; no better than)

4) The obese man/ had **as many as** seven donuts/ at lunch today.
그 비만인 남자는/ 도넛을 7개나 먹었습니다/ 오늘 점심에.

☞ **비만인** = obese; very fat; corpulent; overweight; portly; fleshy; plump(포동포동한)

5) Second-quarter earnings/ will be **as much as** $25 million.
2/4분기 수익이/ 2천5백만 달러나 될 것 같아요.

6) This ski outfit/ looks just **as good as** new.   ☞ be togged up in one's skiing gear
이 스키복은/ 새것이나 다름없어 보여요.   스키복을 갖춰 입다

cf. as good as dead 죽은 거나 다름없는

(3) 원급 관용표현 3

7) **as early as** ～ : 일찍이 ～, 이미
8) **as late as** ～ : 바로 ～에야, 최근에
9) **as[so] long as** ～ : ～하는 한, ～동안은 〈시간적 범위〉
10) **as[so] far as** ～ : ～하는 한, ～까지 〈거리적 범위〉

7) **As early as** the end of the 20th century,/ the meteorologist warned of global warming.

일찍이 20세기 말에,/ 그 기상학자는 지구온난화를 경고했습니다.

☞ **as early as** this fall 빠르면 이번 가을 쯤에, 일찌감치 이번 가을에
as early as possible[one can] 가급적[되도록] 빨리

8) **As late as** June 1st,/ the Secretary of State said/ the general election was the last straw.

6월 1일에야,/ 국무장관은 말했습니다/ 총선이 마지막 남은 한 가지 희망이라고.

☞ release **as late as** May 1st 바로 5월 1일에 발매되다
*the last[final] straw 최후의 결정타, 더 이상 견딜 수 없는 한계

The last straw breaks the camel's back.
지푸라기 하나를 더 얹어도 낙타의 등뼈가 부러진다. → 인내심에도 한계가 있다.

cf. Sara is **as** pretty **as** you,/ **if not prettier.**
사라는 너만큼은 이뻐,/ 너보다 더 이쁘진 않더라도.

9) **As long as** you live,/ be always thorough about everything.
살아 있는 한,/ 매사에 철저하세요.

10) **So far as** I know,/ Peter is not that kind of guy.
내가 아는 한,/ 피터는 그럴 사람이 아니야.

This bus goes/ **as far as** the last stop.
이 버스는 갑니다/ 종점까지.

*go so far as to say ～ : 심지어 ～라고 까지 말하다

439

(4) 원급 관용표현 4

11) not so much A as B : A라기보다는 오히려 B이다
   = not A so much as B
   = less A than B
   = B rather than A ☞ A, B의 순서가 바뀜
   = more B than A

11) The polifessor is **not so much** a professor **as** a politician.
   = The polifessor is **not** a professor **so much as** a politician.
   = The polifessor is **less** a professor **than** a politician.
   = The polifessor is a politician **rather than** a professor.
   = The <u>polifessor</u> is **more** a politician **than** a professor.
   politics(정치) + professor(교수)

   그 폴리페서(정치교수)는 입니다/ 교수라기보다는 정치인.

   cf. not so much as V : V조차 하지 않다[못하다](=not even+동사)

   The ignoramus cannot **so much as** write/ his own name.
   그 무식쟁이는 쓰기조차 못해요/ 자기 이름을. → 자기 이름조차도 못 써요.

(5) 원급 관용표현 5

12) as ~ as possible
    as ~ as S(주어) can ┐ : 가능한[되도록] ~   ☞ 현재 : can
                                                 과거 : could

13) as ~ as can be   : 몹시 ~한, 더할 나위 없이 ~ 한

12) Please tell her to return my phone call **as soon as possible**[she can].
   그녀에게 나한테 전화해 달라고 말해주세요/ 가능한 빨리.

13) The sky is **as** clear **as can be**/ after a rain.
   하늘이 씻은 듯이 맑아요/ 비온 뒤에.

   as soon as possible
   = ASAP 가능한 빨리

2 비교급 관용표현

(1) 비교급 관용표현 1

> 1) **no more than** +**수사** : 단지(=only), 고작 ~
> 2) **not more than**+**수사** : 많아야(=at most), 기껏해야 [A≦B] ☞ '적다'는 느낌

1) The day laborer/ earns **no more than** ten dollars a day. (=only)

그 일용직근로자는/ 하루에 고작 10달러를 법니다.

2) The day laborer/ earns **not more than** ten dollars a day. (=at most) ☞ A ≦10

그 일용직근로자는/ 많아야 10달러를 법니다.   버는 돈

☞ A를 최대로 보아도 10달러 정도임

(2) 비교급 관용표현 2

> 3) **no less than** +**수사** : ~만큼이나(=as many[much] as), 자그마치
> 4) **not less than**+**수사** : 적어도(=at least) [A≧B]   ☞ '많다'는 느낌

3) The homeless man/ has **no less than** ten dollars.   (=as much as)

그 노숙자는/ 10달러나 가지고 있습니다.

4) The homeless man/ has **not less than** ten dollars.   (=at least) ☞ A ≧10

그 노숙자는/ 적어도 10달러는 가지고 있습니다.   가진 돈

☞ A를 최소로 보아도 10달러는 됨

Write your cover letter of **not less than** 2,000 and **not more than** 3,000 words.

적어도 2천 단어 이상, (많아야) 3천 단어 이하의 자기소개서를 쓰세요.

[참고] Korea **had no alternative**/ **but to** follow the ceasefire negotiation.

한국은 달리 대안이 없었습니다/ 휴전협상을 따르는 것 외에는.

→ 한국은 휴전협상을 따르는 길밖에 다른 방도가 없었습니다.

(3) 비교급 관용표현 3

5) A is not more ~ than B : 기껏해야 ~이다(=at most)   [A ≤ B]
6) A is not less ~ than B : 적어도 ~이다(=at least)   [A ≥ B]
7) A is no less   ~ than B : A는 B와 마찬가지로[B만큼] ~이다 [A = B]

5) Peter is **not more** handsome **than** his elder brother.

    피터는 형보다는 멋지지가 않아요.

    ☞ 아무리 잘 보아도 '형보다 멋지지는 않다'는 의미

6) Peter is **not less** handsome **than** his elder brother.

    피터는 적어도 형만큼이거나 그 이상으로 멋집니다.

7) Peter is **no less** handsome **than** his elder brother.
   = Peter is quite **as** handsome **as** his elder brother. ⟨A = B⟩

      피터는 형과 마찬가지로[형만큼] 멋집니다.

    ☞ 긍정적 의미

(4) 비교급 관용표현 4

8) 긍정문+much[still] more : 한층 더 ~하다, 하물며 ~은 말할 것도 없다
9) 부정문+much[still] less   : 한층 더 ~하지 않다, 더더욱 ~은 아니다

8) The four-star general loves his enemies,/ **much more** our troops.

    그 4성 장군은 적마저도 사랑합니다./ 아군이야 더더욱 말할 것도 없죠.

9) The research assistant hardly understands microeconomics,/ **much less** macroeconomics.

    그 연구조교는 미시경제학도 거의 이해하지 못합니다./ 거시경제학이야 더더욱 말할 것도 없죠.

    ☞ micro − = 마이크로 − '소 ~, 작은, 소규모의, 미시적인'이란 뜻의 접두사
       macro − = 매크로   − '큰 ~, 거대한, 거시적인'이란 뜻의 접두사

(5) 비교급 관용표현 5

10) **부정어구** ⋯ any the less (for) ∼
11) **긍정어구** ⋯ (but) none the less (for), ∼] : ∼에도 불구하고 여전히 ⋯하다

10) Peter does**n't** love Sara/ **any the less for** her seeing another man.

　피터는 여전히 사라를 사랑합니다/ 그녀가 딴 남자를 만남에도 불구하고. → 긍정해석

　피터는 여전히 사라를 사랑하지 않아요/ 그녀가 딴 남자를 만남에도 불구하고. (×)

11) Sara has many faults,/ but Peter loves her **none the less**.

　사라는 결점이 많아요./ 그럼에도 불구하고 피터는 여전히 그녀를 사랑합니다.

(6) 비교급 관용표현 6

12) A is no more B than C is (D)　　] : A가 B가 아니듯이 C도 D가 아니다
13) A is not B any more than C is (D)　　　 C가 D가 아니듯이 A도 B가 아니다 〈쌍방부정〉
　　A ≠ B　　　　　　C ≠ D　　⇒ 뒷쪽 D는 흔히 생략됨.

12) I am **no more** fond of horror movies **than** you are fond of tearjerkers.

　내가 공포영화를 좋아하지 않는 것은 네가 멜로영화를 좋아하지 않는 것과 같다.

13) I am **not** fond of horror movies **any more than** you are fond of tearjerkers.

　내가 공포영화를 좋아하지 않는 것은 네가 멜로영화를 좋아하지 않는 것과 같다.

(7) 비교급 주요 관용어구

more or less	다소	rather than ~	~라기보다는 오히려
sooner or later	조만간	no better than ~	~와 다름없는
no longer ~	더 이상 ~않다(=not ~ any longer)		

The bankrupt is **no better than** a begger.

그 파산자는 거지나 다름없어요. ☞ 영락없는 거집니다.

Because I feel so lonely,/ I can **no longer** stay single.
= Because I feel so lonely,/ I ca**n't** stay single **any longer**.

난 넘 외로워,/ 더 이상 독신으로 살 수 없어요.

more tips

「**more than**」이 수사 앞에 쓰이면 「~ **이상으로**(over)」라는 뜻입니다.

More than ten patients are waiting/ to see the doctor/ because of food poisoning.

10명 이상의 환자가 기다리고 있습니다/ 진찰을 받기 위해/ 식중독으로.

☞ almost, nearly, approximately, about. roughly = 약 ~

[참고]

A friend is **easier** lost **than** found.

친구는 얻기는 어렵고 잃기는 쉽다.

3 최상급 관용어구

at (the) most	많아야, 기껏해야	at least	적어도
at (the) best	기껏해야, 잘해야	at first	처음에는
at one's best	가장 좋은 상태로, 전성기에	to the last	최후까지
do one's best	최선을 다하다	at the latest	늦어도

for the most part = the better part ～ ～의 대부분

to the best of one's knowledge = as far as one knows = as far as one's knowledge goes
☞ ～가 아는 한에 있어서는

to the best of one's ability[belief] 힘닫는 데까지[～이 믿는 한]

The soccer player/ is an eternal backup/ **at best**.

그 축구선수는/ 만년 후보선수입니다/ 잘해봐야.

The key player/ is **at his best**/ these days.

그 주전선수는/ 컨디션이 최고입니다/ 요즈음.

To the best of my belief,/ my wife won't disappoint me.

내가 믿는 바로는,/ 아내는 날 실망시키지 않을 거야.

more tips

1. This is **the second[next] best** way[thing, solution]. ☞ 두 번째로 좋은 ～

   이것이 차선책입니다.

   Read and translate/ the last line **but** two.　　☞ 두 행을 제외한 마지막 행

   읽고 해석하세요/ 마지막 세 번째 행을.　　　　　　but = except ～을 제외하고

2. The new marketing plan/ leaves **nothing more to be desired**. 〈더 바랄 것이 없는〉

   새 마케팅 기획안이/ 더할 나위 없이 잘되어 있어요.

   The company's customer satisfaction/ left **much to be desired**. 〈더 바랄 것이 많은〉

   그 회사의 고객만족도에는/ 아쉬운 점이 많았습니다.

☞ **make the most of** ～ : ～을 최대한 이용하다

   Make the most of/ your[the] opportunities[talents, strengths, modern technologies].

   최대한 이용하세요/ 기회를[재능을, 장점을, 현대 과학기술을].

445

5 비교구문의 비교대상

☞ 비교구문에서 비교대상은 문법상 같은 역할을 하는 것끼리 병렬구조를 이뤄야 합니다.

I love Sara better/ than **he**. 〈비교대상이 주격〉 ☞ he (loves Sara).
내가 사라를 더 사랑해요/ 그 사람보다도.

I love **Sara** better/ than **him**. 〈비교대상이 목적격〉 ☞ (I love) him.
난 **사라를** 더 사랑해요/ 그 사람보다.

Running is a **more** strenuous exercise/ **than** to jog. (×) [동명사=부정사]
Running is a **more** strenuous exercise/ **than** jogging. (○) [동명사=동명사]
달리기는 더 힘든 운동입니다/ 걷기보다.

This year's fashion trend/ **is** quite **different from**/ last year. (×)
This year's fashion trend/ **is** quite **different from**/ last year's. (○)
올해 패션유행은/ 아주 다릅니다/ 작년의 그것과. ⇒ last year's (fashion trend)

[참고] **유행** = craze; vogue; fashion; trend

바로 이것이 포인트!

문제에서 비교구문이 나오면 **비교대상**이 맞는지 확인하는 습관을 기르세요.
☞ 비교대상이 인칭대명사인 경우 **격**이 맞는지와
   품사인 경우 **같은 품사끼리 연결**되었는지를 반드시 확인해 보세요.

접속사

Conjunction

이 장은 문장에서 **단어, 구, 절, 문장을 연결**시켜 주는 역할을 하는 **접속사**를 다루는데, 그렇게 어려운 내용이 없으므로 각 접속사의 용법에 초점을 맞추어 학습하면 충분하리라 생각합니다.

접속은 연결과 같은 말!
문장, 절, 구, 단어를 양쪽으로 연결해 주는 것이 바로 접속사!

영어에서 연결해주는 것에는
접속사, 관계사, 전치사 셋이 있다는 사실을 이해하면서
연결의 차이점을 잘 기억하세요.

접속사 = S + V 형태를 갖추고 단어, 구, 절, 문장을 연결
☞ 등위접속사, 상관접속사, 종속접속사(명사절, 형용사절, 부사절)

연결사 ─ 관계사 = 주어나 목적어, 보어가 빠진 **불완전한 절**로 연결
☞ 형용사절을 이끔. 단, what은 명사절을 이끔.

전치사 = S + V 형태 없이 목적어로 **명사, 대명사, 동명사**를 취함
☞ 전치사 + **명사 (상당어구)** ⇒ 부사구/ 형용사구가 됨
└ 인칭대명사는 목적격 사용

시험대비 「접속사」 중점 학습 과제

1	연결어구인 접속사, 관계대명사, 전치사의 차이점을 이해하세요.

> **연결사**
> ┌ **접속사** = S+V 형태를 갖추고, 단어, 구, 절, 문장을 연결
> ├ **관계사** = 주어나 목적어, 보어가 빠진 **불완전한 절**로 연결
> └ **전치사** = S+V 형태 없이, 목적어로 명사, 대명사, 동명사를 취함

2	등위접속사와 상관접속사가 들어있는 문장에서는, 이들로 연결된 어구가 문장에서 같은 역할을 하는 어구끼리 병렬구조[대구]를 이뤄야 합니다.

His determination is **firmly, clearly,** and **sincere.** (×)
His determination is **firm, clear,** and **sincere.** (○)
☞ is의 보어자리이므로 부사가 아니라 모두 형용사로 병렬구조를 이뤄야 함

3	등위접속사는 'and(나열), but(대조), or(선택)' 중에서 문맥에 맞는 것을 선택하는 문제가 출제되므로 해석을 해본 후 문맥이 잘 통하는 것을 고르면 됩니다.

Innovation results in more jobs **but** higher wages. (×)
Innovation results in more jobs **and** higher wages. (○)

4	상관접속사는 함께 짝으로 쓰는 상관어구 – 'and, but (also), or, nor와 '동사의 수일치', '병렬구조'를 반드시 확인하세요.

1) **both A and B** : A도 B도 (모두) ~이다 ☞ 복수취급
2) **either A or B** : A나 B 둘 중 하나가 (~이다)
3) **neither A nor B** : A도 B도 (둘 다) ~아니다
4) **not only A but (also) B** : A뿐만 아니라 B도 ~이다
   = B as well as A
☞ 동사는 B에 일치

5	종속접속사는 '**원인, 이유, 조건, 목적, 양보, 결과, 양태**'의 접속사 중에서 문맥에 맞는 것을 선택하는 문제가 출제되므로 주절과의 관계를 잘 살펴보세요.

Who is watching your house **although** you're away? (×)
Who is watching your house **when[if]** you're away? (○)
네가 외출할 땐[하면] 누가 너의 집을 봐?

6	부사절에서 주절의 주어(대명사)와 종속절의 주어가 동일하고, 동사가 be동사인 경우 '**주어+be동사**'가 생략되고 '**접속사+명사[형용사, 현재분사, 과거분사]**'로 쓰임에 유의하세요.

My friend/ called at my house/ **when** (he was) **passing.** ⇒ **동일주어+be동사의 생략**
제 친구가/ 우리 집에 들렀습니다/ 지나다가.

1 절(Clause)이 뭐야?

접속사를 이해하려면 절(Clause)에 대한 이해가 필수입니다.

1 구(Phrase)와 절(Clause)의 차이점

1) **구**(Phrase) : 2개 이상의 단어 묶음에서 「S+V ∼가 없는 것」
2) **절**(Clause) : 2개 이상의 단어 묶음에서 「S+V ∼가 있는 것」

1) **To go to a movie/ with Sara,/ I skipped the class**.   ☞ 컬러부분은 모두 「절」

　영화 보러 가려고/ 사라와,/ 난 수업을 빼먹었죠.

2) **I promised/ to go to a movie/ with Sara/ to the multiplex/ when I'm free.**

　난 약속했어요/ 영화 보러 가기로/ 사라와/ 그 복합상영관으로/ 한가할 때.

2 절(Clause)의 종류

1) **대등절** : 등위접속사로 연결된 대등한 절　　　　　〈중문〉
2) **주　절** : 주·종 관계를 가진 문장에서 주가 되는 절　┐
3) **종속절** : 주절에 연결되어[종속되어] 주절을 수식해 주는 절 ┘〈복문〉
　　└─▶ ① 명사절　② 형용사절　③ 부사절

<u>Fish live in the river</u> **and** <u>sea</u>/ **and** <u>animals live in the mountain</u> **and** <u>field</u>.　〈중문〉
　　대등절　　　　　등·접　등·접　　　대등절　　　　　등·접
물고기는 강과 바다에 살고/ 동물은 산과 들에 삽니다.

<u>Do you know</u>/ **why** <u>he resigned</u>/ a good job like that?　　　　〈명사절 – 복문〉
　　주절　　　　　　종속절
아세요?/ 그가 왜 사직했는지/ 그런 좋은 직장을

The gardener is a famous botanist/ **who** works 15 hours/ a day/ at his laboratory.

그 원예사는 유명한 식물학자입니다/ 15시간 일하는/ 매일/ 자기 연구실에서.　〈관계대명사절 – 형용사절 – 복문〉

I quit/ **because** I wanted to recharge my batteries.　　　　〈부사절 – 복문〉
전 사직했어요/ 재충전하고 싶어서.

2 연결사의 기본적 이해

영어에서 연결사로 쓰이는 것은, **접속사, 관계사, 전치사** 이들 셋인데, 이들은 어떤 것을 연결시킨다는 공통점이 있으나, 각각 다른 방법으로 연결시킨다는 차이점이 있으므로 그 차이점을 이해해야 합니다.

1) **연결사의 종류**
   ① **접속사**   ② **관계사**   ③ **전치사**

2) **연결사의 공통점**
   ① ② ③은 모두 문장에서 어떤 것을 연결해 주는 역할을 함

3) **연결사의 차이점**

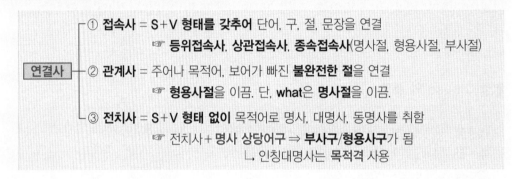

1 접속사와 전치사의 비교

(1) 종속접속사는 접속사, 전치사 양쪽으로 쓰이는 경우가 많습니다.

1) 접속사 + S+V ~
2) 전치사 + **명사 상당어구[명사, 대명사, 동명사]** ☞ **부정사** (×)

We cannot go,/ **for it** is **blowing** a gale. 〈접속사〉

우린 갈 수 없어요./ 왜냐면 폭풍이 몰아치고 있기 때문이죠.

We cannot go/ **for blowing** a gale.   〈전치사〉

우린 갈 수 없어요/ 왜냐면 폭풍이 몰아치고 있기 때문이죠.

(2) 접속사가 없으면 한 문장−단문에 본동사를 2개 사용할 수 없고, 두 개의 문장을 연결하려면 접속사가 반드시 필요합니다.

It'll not **be** long/ we **meet** our quarterly sales goals.　　　　(×)

It'll not **be** long **before**/ we **meet** our quarterly sales goals. (○)

머지않아[곧]/ 우린 우리의 분기매출목표를 달성할 것입니다.

2 접속사와 관계사의 비교

문장에 포함되는 두 개 이상의 절은 어떤 방법으로든 연결이 되어야 하는데,
이를 위해서 **접속사**와 **관계사**가 사용됩니다.

Sara often goes to the movies,/ **because** she loves movies. 〈접속사−부사절〉

사라는 종종 영화 보러 갑니다./ 그녀는 영화를 좋아하기 때문입니다.　　　　└ 완전한 절

I am no longer the coward/ **which** I used to be.　　　　〈관계대명사−형용사절〉

난 더 이상 겁쟁이가 아니라니까/ 과거와 같은 그런.　　　　└ 불완전한 절
　　　　　　　　　　　　　　　　　　　　　　　　　　　　　　↓
　　　　　　　　　　　　　　　　　　　　　　　　　　　be의 보어가 없음

☞ Don't be a chick!

　　겁쟁이가 되지 마.

　　Don't hop the wag!

　　땡땡이 치지 마! 꾀부려 쉬지 마!

　　Never show you face to me again!

　　다신 내 앞에 나타나지 마!

> **more tips**　　접속사의 종류
>
> 1. 기능상의 분류 : **등위접속사, 상관접속사, 종속접속사**
> 2. 형태상의 분류 : ① **단순접속사** : and, but, or, that, because, whether, …
> 　　　　　　　　　② **구접속사** : as soon as, no sooner ~ than, now that, …

3 등위접속사

1) **개념정의** : 문장에서의 역할이 같은 '**단어와 단어**', '**구와 구**', '**절과 절**'을 대등하게 **연결**시켜 주는
   접속사로 **중문**을 만듭니다.

2) **병렬구조** : 등위접속사가 연결하는 연결어구들은 **문장에서 같은 역할을 하는 품사끼리 병렬구조**를
   이뤄야 합니다.

3) **시험전략** : 시험에서 문맥에 맞는 접속사 고르기 문제가 나오면 해석을 해 본 후,
   앞뒤 문장이 논리적으로 잘 연결되는 접속사를 찾으면 됩니다.

① **and** 나열 ☞ 그리고   ② **but** 대조 ☞ 그러나   ② **or** 선택 ☞ 또는
a+b   a↔b   a/b

1 and의 용법

(1) 기본용법 : 「~와, ~ 및, 그리고」라는 '나열' 의미로 단어, 문장을 연결합니다.

Sara and Sera are buddy-buddy/ **and** they two stick together like glue.
사라와 세라는 단짝이고/ 그들 둘은 늘 붙어 다닙니다.

The two suddenly appeared/ **and** went away/ without saying goodbye.
그 둘은 갑자기 나타났다가/ 가버렸어요/ 인사도 없이.

(2) 명령문 …, and + 좋은 결과 : … 하라, 그러면 ~할 것이다
= If you …, (then) S+V ~

Do your best, and you will succeed.   *cf.* 명령문 … or + 안 좋은 결과
= **If you do your best**, you will succeed.
최선을 다해, 그럼 성공할 거야.

(3) 반복강조 : 「같은 단어를 and로 연결」하여 강조합니다.   *Mr. so-and-so 아무개[모] 씨

again and again 되풀이하여, 거듭	more and more 더욱더
through and through 철저하게	hours and hours 몇 시간이나
round and round 빙글빙글, 돌고 돌아	so and so 이러이러하게

(4) 형용사 and 형용사 : 「very+형용사」의 뜻입니다.

Wow, with spring here/ it is **nice and warm**. (=very warm)

우와, 봄이 오니/ 날씨가 정말 따뜻하네요.

It is **good and cold** today. (=very cold)
= It's **pretty cold** today. 오늘 날씨가 꽤 춥네요.

☞ nice[good, fine, rare]+and+형용사 = very+형용사
   pretty[good, terrible, real] +형용사 = very+형용사

(5) 동사 and 동사 : 「동사+to동사원형」으로 바꿔 쓸 수 있습니다. 〈동시동작〉
   ↳ come, go, try, run, send, …

Won't you **come and see** me/ one of these days?
= Won't you **come to see** me/ one of these days?

한번 놀러 오지 않을래?/ 조만간에

Why don't you/ **go and see** a doctor?
= Why don't you/ **go to see** a doctor?

어때?/ 병원에 가보는 게 → 진찰 받아 보는 게 어때?

(6) 명사 and 명사의 수일치 : 원칙적으로 「복수취급」

Sara and Peter **are** responsible/ for the bad rumor. 〈복수취급〉

사라와 피터가 책임이 있습니다/ 그 나쁜 소문에 대해.

Curry and rice and Kimch stew/ **are** what I like best.

카레라이스와 김치찌개는/ 내가 가장 좋아하는 음식들입니다.

☞ 단, 다음과 같이 하나의 의미로 밀접한[불가분의] 관계를 이룰 때는 **단수취급**

brandy and water 물 탄 브랜디	bread and butter 버터 바른 빵
whisky and soda 위스키소다, 소다수를 넣은 위스키	trial and error 시행착오
all work and no play 일[공부]만 하고 놀지 않는 것	curry and rice 카레라이스
early to bed and early to rise 일찍자고 일찍 일어나기	bow and arrow 활과 화살
high thinking and simple life 고매한 사고와 단순한 삶	
*darn up a hole in one's sock with a needle and thread 바늘과 실로 양말에 난 구멍을 깁다	

2 but의 용법

(1) 기본용법 :「그러나」라는 의미로 서로「대조」되는 단어, 문장을 연결합니다.

The marathon runner is old,/ **but** he is still quite robust.

그 마라톤 선수는 나이는 들었지만,/ 여전히 아주 팔팔합니다.

☞ Excuse me, **but**/ can you tell me the way/ to the nearest subway station?

죄송하지만[실례지만]/ 길을 가르쳐 주시겠습니까?/ 가장 가까운 지하철역으로 가는

(2)「부정어」와「짝」지어 쓰는 예

1) not A but B	: A가 아니라 B이다
2) not that A but that B not because A but because B	: A 때문이 아니라 B 때문이다
3) never ~ but[without] ···	: ~할 때마다 ···하다, ~하면 반드시 ···하게 된다
4) indeed ~, but ··· = it is true (that) ~, but ··· = ~, to be sure, but ···	: 사실 ~이기는 하지만

1) The biologist is a vanguard/ **not** of cancer research/ **but** of tuberculosis research.

그 생물학자는 선구자입니다/ 암 연구가 아니라/ 결핵 연구의.

2) Peter likes Sara/ **not because** she is good-hearted/ **but because** she is attractive.

피터는 사라를 좋아합니다/ 그녀가 마음씨가 고와서가 아니라/ 매력적이기 때문에.

3) I **never** meet her/ **but** I think of my old flame.
= I **never** meet her/ **without** thinking of my old flame.

그녀를 만나기만 하면/ 난 옛사랑이 생각나요.

4) **Indeed**, the TV personality is old,/ **but** she is still an absolute knockout.
= **It is true** the TV personality is old,/ **but** she is still an absolute knockout.
= The TV personality is old,/ **to be sure**,/ **but** she is still an absolute knockout.

사실 그 텔레비전 탤런트는 늙어 보이기는 하지만,/ 그녀는 여전히 굉장히 매력적인 미인입니다.

3 or의 용법

(1) 기본용법 : 「또는, 혹은, ~이든가」라는 「선택」의 뜻으로 단어, 문장을 연결합니다.

The driver **or** the pedestrian/ is to blame/ for the traffic accident.

그 운전자나 그 보행자가/ 책임이 있어요/ 그 교통사고에 대해.

☞ in 5 minutes or so 5분 또는 그 정도에서

(2) 명령문 …, + or (else) + 안 좋은 결과 : …해라, 그렇지 않으면 ~할 것이다
= If you not … ; unless you …

Hurry up,/ **or** (else) you will miss/ the flight to New York.
= **If** you don't hurry up,/ you will miss/ the flight/ to New York.

서둘러,/ 그렇지 않으면 놓쳐/ 뉴욕행 비행기를.

> **바로 이것이 포인트!** 명령문+and[or]의 선택 기준
>
> 명령문+and[or]의 선택 기준은 뒤에
> 1. 좋은 결과가 오느냐   ☞ 명령문, and + 좋은 결과
> 2. 안 좋은 결과가 오느냐임 ☞ 명령문, or + 안 좋은 결과

4 nor의 용법

nor가 등위접속사로 쓰이는 경우는 다음 2가지만 이해하면 되고,
nor 뒤가 **도치문장**이라는 사실을 꼭 기억하세요.

(1) 부정문(not, no, never), nor+V+S : S도 또한 ~하지 않다 〈부정의 연속－도치문장〉

Man can**not** live by bread alone,/ **nor he can** live without bread. (×)
Man can**not** live by bread alone,/ **nor can he** live without bread. (○)

인간은 빵만으로도 살 수 없고,/ 또한 빵 없이도 살 수 없어요.

(2) 긍정문, nor+V+S : 그리고 ~도 않다(=and ~ not)

My first lover is so happy,/ **nor am I** concerned about her. 〈도치〉

내 첫사랑은 너무 행복해요,/ (그래서) 난 그녈 걱정하지 않아도 됩니다.

5 for의 용법

다른 「절」 뒤에 위치하여 「~이다, 그 이유는」이라는 뜻으로 앞 문장의 주관적 판단에 대한 부가적 이유를 나타내며, 문두에는 위치할 수 없습니다.

The superwoman must be sick,/ **for** she looks pale and gaunt. 〈앞에 콤마 사용〉

그 슈퍼우먼은 아픔에 틀림없어요./ 왜냐면 창백하고 수척해 보이니까요.

☞ The superwoman looks pale and gaunt **because** she is real sick.

그 슈퍼우먼이 창백하고 수척해 보여요/ 많이 아프기 때문에.

바로 이것이 포인트! **등위접속사와 종속접속사의 차이**

1. 단어[구, 문장] ~ + **등위접속사** + 단어[구, 문장] ~ ☞ 중문
2. 주절(S+V ~)   + **종속접속사** + S+V ~   ☞ 복문
                      └ 종속절 ☞ 명사절, 형용사절, 부사절

---

1) Peter, Sera, **and** Sara/ are to blame for this mess. 〈등위접속사 – 단어연결〉

피터, 세라, 사라가/ 이 난장판의 책임이 있어요.

The actress is in her late fifties,/ **but** she still has an appeal. 〈등위접속사 – 중문〉

그 여배우는 50대 후반이지만,/ 그녀는 여전히 매력적입니다.

2) The open-air performance was interrupted/ **because** a heavy rain began to fall.

그 야외공연은 중단되었습니다/ 폭우가 쏟아지기 시작해서. 〈종속접속사 – 부사절 – 복문〉

4 상관접속사

☞ **상관접속사란?** : 일련의 어구끼리 **짝**으로 관계지어 접속사 역할을 하는 것을 말함.

1) **both A and B**
   = **at once A and B**] : A도 B도 (양쪽 다) 〈양자 긍정〉   ☞ 복수취급

1) The combatants/ have shared **both** joys **and** sorrows.

   그 전투원들은/ 기쁨과 슬픔을 함께 나눕니다. ☞ 고락을 함께 합니다.

   After birth,/ **both** the mother **and** the newborn baby **are** doing well.

   출산 후,/ 산모와 신생아 모두 건강합니다.   ☞ fetus; embryo 태아

2) **either A or B**   : A와 B (둘 중 하나가 ∼인) 〈**양자택일**〉   ☞ 동사는 B에 일치
3) **neither A nor B** : A와 B (둘 다 ∼아닌)   〈**양자부정**〉   ☞ 동사는 B에 일치

2) **Either** Peter **or** I/ **are** at fault/ for the medical negligence. (×) 〈are → am〉 ☞ I에 일치

   피터와 나 둘 중 어느 한쪽이/ 책임이 있어요/ 그 의료과실에 대한.

3) **Neither** Peter **nor** I/ **is** going to the high school reunion.   (×) 〈is → am〉   ☞ I에 일치

   피터나 나 둘 다 아닙니다/ 고등학교 동창회에 갈 예정이. → 피터도 나도 고교동창회에 가지 않을겁니다.

4) **not only A but also B**] : A뿐만 아니라 B도 (역시 ∼인) ☞ 동사는 B에 일치
5) **B (as well as A)**

4) Sara is **not only** pretty/ **but also** very charming.

   사라는 예쁠 뿐만 아니라/ 참 매력적이어요.

5) Sara **as well as** I/ **have** a well-proportioned figure. (×)
   Sara **as well as** I/ **has** a well-proportioned figure.   (○) ☞ Sara에 일치

   나뿐만 아니라 사라도/ 균형 잡힌 몸매를 지니고 있습니다.

☞ not only A but also B와

   B as well as A는 의미는 같지만,

   1) A, B의 **위치가 반대**이고, 2) 동사는 「B」에 일치한다는 점에 주의하세요.

바로 이것이 포인트! 「상관접속사」 문제풀이 Know-how

1. **상관어구**를 확인하세요.

   ☞ 상관접속사에서 함께 짝으로 사용하는 **상관어구** – 'and, but (also), or, nor'가
   잘못 사용되지 않았는지 반드시 확인해야 합니다.

2. **동사의 수일치**에 유의하세요.

   either A or B   not only A but (also) B
   neither A nor B   B as well as A   ☞ 「B」에 일치

3. **병렬구조**가 맞는지 확인하세요.

   ☞ 상관접속사가 연결하는 어구는 문법상 같은 역할을 하는
   '**단어**-**단어**, **구**-**구**, **절**-**절**, **문장**-**문장**'끼리 연결되어야 합니다.

---

more tips   짝지어 쓰는 어구 정리

too ~ to	as ~ as	such ~ that
from ~ to	such ~ as	so ~ that

5 종속접속사

종속접속사는 주절과 종속절을 가진 **복문**에서 주절과 종속절을 연결시켜 주는 접속사를 말합니다.

> 1) **기본형** : 주 절 + **접속사** + 종속절 ☞ 주절에 딸려 주절을 수식해 주는 절 ⇒ **복문**
>   　　　　　 종속접속사 　　└ 종류 ① **명사절** ② **형용사절** ③ **부사절**
>
> 2) **변 형** : 종속접속사 S + V ~, 주절 S + V …

Just like the common cold,/ <u>the new flu is caught/ by viruses/</u> **that** <u>infect the</u>
　　　　부사구　　　　　　　　　　　　　　주절　　　　　　　종속접속사
<u>respiratory track</u>.
　　종속절　　　　　　　　　　　　　　　　　　　관계대명사절(형용사절)

일반감기처럼,/ 신종플루도 걸립니다/ 바이러스들에 의해/ 호흡기를 감염시키는.

1 명사절

'**접속사** + S + V ~'가 문장 내에서 하나의 **명사역할**(주어 · 타동사[전치사]의 목적어 · 보어 · 동격)을 하는
절을 말하며, 다음 접속사들이 명사절을 이끕니다.

that	whether	if	의문사	관계대명사(what)	복합관계대명사	<u>관계부사</u>
						선행사를 생략한 경우

(1) that

That the battlefield commander is as hard as nails/ is undoubtedly true. 〈주어〉

그 야전군 사령관이 냉혹한 사람이라는 것은/ 틀림없는 사실입니다.

I guess/ **that** the new employee did it/ by mistake/ under the strain. 　　〈목적어〉

제 짐작은요/ 그 신입사원이 그랬습니다/ 실수로/ 긴장하여.

No one can deny/ **the fact**/ **that** it isn't our fault. 　　　　　　　　〈동격절〉

아무도 부정할 수 없습니다/ 그 사실을/ 그게 우리 잘못이 아니라는.

[참고] **That** a woman changes/ is not her fault. 여자의 변신은/ 무죄.

Rumors are spreading/ that the actor will divorce his wife. → 동격절이 분리된 경우

소문이 퍼지고 있습니다/ 그 배우가 부인과 이혼할 거라는.

cf. The rumor/ **that** we had heard/ turned out to be false. 〈관계대명사—목적격〉

그 소문은/ 우리가 들은/ 거짓으로 드러났다.

☞ 「동격절」을 취하는 명사

| fact | truth | statement | opinion | news | rumor | report |

> **more tips**
>
> 1. The reason/ why Sara did so/ is **because** she loves me. (×) 〈because → that〉
>
>   이유는/ 사라가 그런/ 날 사랑하기 때문이에요.
>
>   ☞ the reason이 주어일 때 보어 자리에는 부사절인 because가 아니라 명사절인 **that**을 씀.
>
> 2. It's just that ∼ : 단지 ∼이기 때문에 그러하다　　in that ∼ : ∼이라는 점에서, ∼이므로(=since ; because)
>
>   now that ∼ : ∼ 이기 때문에(=since ; because ; as)　　seeing that ∼ : ∼이기 때문에, ∼인 것을 생각하면

(2) whether/if : ∼인지 아닌지　☞ whether to V (○)/ if to V (×)

Whether you succeed **or** fail/ depends on your efforts. 〈주어〉

성공하고 못하고는/ 네 노력에 달렸어.

Sara asked me/ **if** I had seen the animated cartoon.　　　　〈목적어〉

사라는 내게 물었죠/ 그 만화영화를 봤는지를.

> **바로 이것이 포인트!**
>
> 1. if 다음에는 **or not**이 바로 올 수 없습니다. 단 if S + V or not은 가능함.
>
>   I don't know/ for certain/ **whether**[if] Sara loves me **or not**. (○) ☞ whether를 주로 씀
>
>   I don't know/ for certain/ **if or not** Sara loves me.　　　(×)
>
>   난 모르겠어요/ 정확히는/ 사라가 날 사랑하는지 않는지를.
>
> 2. if가 이끄는 주절은 문두 즉, **주어자리**에 쓸 수 없고,
>
>   '**전치사의 목적어, 명사의 동격절**' 자리에도 쓸 수 없습니다.　　　☞ whether는 가능
>
>   **If** Sara loves me/ is immaterial to me.　　　(×)
>
>   사라가 날 사랑하든 말든/ 내게는 상관없는 일이에요.

(3) 의문사(who, why, what, when, where, why, how, …)

How we shall live/ is a matter of cardinal importance. 〈주어〉

어떻게 살아갈 것이냐가/ 아주 중요한 문제입니다.

The most important thing to us/ is **how** we shall live. 〈보어〉

우리에게 있어 정말 중요한 것은/ 어떻게 살아갈 것이냐 입니다.

I don't have a clue/ as to **where** my ex-girlfriend lives/ and works. 〈목적어〉

난 전혀 몰라요/ 전 여자 친구가 어디에 살고/ 어디서 일하는지.

☞ **간접의문문** :「의문사＋S＋V ～」가 문장의 일부로 쓰인 경우

(4) 관계사(관계대명사－what, 복합관계대명사, 관계부사)

What Sara said/ is nowhere near the truth.   〈관계대명사－**what** : 명사절〉

사라가 한 말은/ 전혀 사실이 아니에요.

Whatever Sara does/ matters little to me.   〈복합관계대명사－주어〉

사라가 뭘 하든 간에/ 내겐 상관없는 일이에요.

Give the diamond ring/ to **whoever** loves you.   〈복합관계대명사－목적어〉

그 다이아몬드 반지를 줘라/ 누구든지 널 사랑하는 사람에게.

바로 이것이 포인트! **관계사는 무슨 절(Clause)을 이끌까요?**

1. **관계대명사는 what만 명사절을** 이끌고, 나머지 관계대명사는 **형용사절을** 이끕니다.

I think/ you're the only one/ **that** thinks so. 〈형용사절〉

난 생각해요/ 당신뿐이라고/ 그렇게 생각하는 사람은. → 그렇게 생각하는 사람은 당신밖에 없어요.

2. **관계부사도 형용사절을** 이끌고 선행사가 생략될 경우에는 **명사절을** 이끕니다.

Here is the village/ **where** I was born.   〈형용사절〉

여기가 마을입니다/ 내가 태어난.

Here is **where I was born.**   〈명사절〉

여기가 내가 태어난 곳입니다.

☞ p.362, 363과 연계해서 학습하시면 많은 도움이 됩니다.

2 형용사절

'접속사+S+V~'가 문장 내에서 **형용사처럼** 명사[대명사]를 수식하는 경우인데, 형용사절을 이끄는 대표적인 것이 관계대명사와 관계부사입니다. 관계대명사편에서 자세히 다루고 있으므로 여기서는 간단히 다루기로 합니다.

(1) 관계대명사 : who, which, that

The handsome guy/ is the **diplomat**/ in the Korean Embassy in New York/ **who** speaks English like a native speaker. 〈관계대명사 – 주격〉

그 멋진 사람이/ 그 외교관입니다/ 뉴욕주재 한국대사관의/ 영어를 원어민처럼 하는.

The girl/ **whom** I met at the cafe/ calls me/ quite often/ these days.

그 여자는/ 내가 그 카페에서 만났던/ 나한테 전화해요/ 엄청 자주/ 요즈음. 〈관계대명사 – 목적격〉

(2) 관계부사 : when, where, how, why

Now is the time/ **when** we must pound/ this English grammar book.

지금이야말로 때입니다/ 우리가 맹렬히 공부할/ 이 영문법 책을.

I rack my brains/ but cannot recall/ the place **where** I put the dinner invitation.

아무리 생각해 봐도/ 기억나지 않아요/ 그 만찬 초대장을 어디에 뒀는지.

*rack[pound, drag, beat, cudgel] one's brain(s)
머리를 짜내다. 깊이 생각하다

3 부사절

'접속사+S+V ~'가 문장 내에서 **부사처럼** 동사 · 형용사 · 부사를 수식하는 경우로,
다음 사항은 우선적으로 이해해야 합니다.

바로 이것이 포인트! **부사절에서의 기본적 이해사항**

1. 부사절에서 '동일주어+be동사'의 생략

　① **적용대상** : a. 주절의 주어(대명사) = 종속절의 주어 ☞ **동일주어**

　　　　　　　　 b. 동사가 **be동사**인 경우

　　　　　　　　　 ☞ '주어+be동사'가 생략되는 경우가 많음

　② **문장의 형태** : 접속사+명사[형용사, 현재분사, 과거분사]

2. 전치사와 접속사의 구별

　종속접속사는 **전치사와 접속사 양쪽으로 쓰이는 경우가 많은데,**
　뒤에 **명사 상당어구**가 오면 **전치사**이고, 절[S+V ~]이 오면 **접속사임**
　☞ 전치사+**명사 상당어구**　　　　　접속사+S+V ~

---

1. Pure naphtha is highly explosive/ **if** (it is) **exposed** to an open flame.

　순수 나프타는 폭발 가능성이 아주 높습니다/ 불길에 노출되면.

　A distant relative just stopped by/ to say hello/ **when** (he was) **passing**.

　먼 친척 한 분이 그저 들렀습니다/ 안부를 전하려고/ 지나는 길에.

　Though (he is) **poor**,/ he is above telling a lie.

　가난하지만,/ 그는 거짓말할 사람은 아닙니다.

2. **As we grow older**,/ we are getting more and more forgetful.　　〈접속사〉

　나이가 들어감에 따라,/ 기억력은 점점 더 나빠집니다.

　Minors are not qualified/ **as a voter**.　　　　　　　　　　　　〈전치사〉

　미성년자는 자격이 없습니다/ 유권자로서의.

　As a little girl,/ the female navigator used to sail down the river. 〈접속사〉

　어릴 때/ 그 여자 항해사는 그 강을 배를 타고 내려가곤 했어요.

(1) 「시간」 부사절을 이끄는 접속사

1) after	~한 후에	2) as	~할 때에, ~하면서
3) as soon as	~하자마자	4) as[so] long as	~하는 동안은; ~하는 한
5) before	~하기 전에	6) since	~한 이래로
7) till[until]	~할 때까지	8) when	~할 때에는, ~하면
9) while	~하는 동안, 한편	10) whenever	~할 때에는 언제나

11) no sooner ~ than = as soon as ~ = the moment[instant, minute] S + V ~하자마자

- -

☞ 「시간부사절」에서의 특별 주의사항

　　시간부사절에서는 **현재시제가 미래시제를 대신함**. ☞ **조건부사절도 동일**

　　따라서 미래 조동사 — will, shall을 사용할 수 없고 **현재시제**를 사용해야 합니다.

It **will not be** long **before**/ we **will get** married. (×) ☞ before : 시간부사절

It **will not be** long **before**/ we **get** married. 　　(○)

머지않아/ 우린 결혼할 거예요.

cf. before long 머지 않아, 오래지 않아

They **will have** a tough time/ **as long as** I have an ace up my sleeve.

그들은 고전을 면치 못할 것입니다/ 내가 비책을 가지고 있는 한.

I did **not** know her true love/ **until** she left me.

난 그녀의 진정한 사랑을 몰랐죠./ 그녀가 날 떠날 때까지.

= It was **not until** she left me/ **that** I knew her true love.

　　그녀가 날 떠난 후에야 비로소/ 난 그녀의 진정한 사랑을 알았어요.

　　☞ It is not until ~ that … : ~한 후에야 비로소 …하다

Sera **had no sooner seen** me **than** she **ran away** with her heart in her mouth.

= **No sooner had** Sera **seen** me **than** she **ran away** with her heart in her mouth.

　　　　　　　　과거완료　　　　　　　　　　　　과거　　　　　　　　　　　　　　〈도치〉

= Sera **had hardly seen** me **before**[**when**] she **ran away** with her heart in her mouth.

= Sera **had scarcely seen** me **when**[**before**]/ she **ran away**/ with her heart in her mouth.

= **As soon as** Sera **saw** me,/ she **ran away**/ with her heart in her mouth.

　　세라는 날 보자마자,/ 달아났어요/ 겁에 질려.

　　☞ with one's heart in one's mouth 겁을 먹고, 조급한 마음으로

바로 이것이 포인트! 「∼하자마자 …했다」 구문 필수 이해사항

1. 시제에 유의하세요.

no sooner ┐   than
scarcely   ┤ S + V(과거완료) + when ┐ S + V(과거)
hardly   ┘   before ┘

cf. as soon as S + V(과거) ∼, S + V(과거) …

2. 연결관계에 유의하세요.

no sooner는 than하고만 연결되고,

hardly, scarcely는 「when, before」 양쪽 다 연결될 수 있음

3. 문장의 도치에 유의하세요.

no sooner, hardly, scarcely가 문두로 나가면 「**조동사+주어+본동사**」로 도치됨

4. 다음 단어들도 「∼하자마자 …했다(=as soon as)」 구문으로 쓰입니다.

the moment	the minute	the instant
directly	immediately	instantly

☞ **The moment[minute, instant]**/ (that) Sera heard the bad news,/ she went as white as a sheet.

그 순간/ 그 나쁜 소식을 듣는,/ 세라는 얼굴이 백지장처럼 새하얗게 질렸습니다.

☞ 그 나쁜 소식을 듣자마자, 세라는 안색이 창백해졌습니다.

more tips 기타 시간의 부사절을 이끄는 접속사

1) every time ∼할 때마다(=whenever)   2) by the time ∼할 때까지에는
3) (the) first time 처음 ∼ 했을 때   4) (the) next time 다음에 ∼ 할 때
5) (the) last time 지난번 ∼ 했을 때

Every time I looked at Sera,/ she was yawning/ without covering her mouth/ and was nodding off,/
typically right after lunch.

내가 세라를 볼 때마다,/ 그녀는 하품을 하고 있었습니다/ 입도 가리지 않고서/ 그리고 꾸벅꾸벅 졸고 있었습니다./
특히 점심식사 직후에.

(2) 「조건」 부사절을 이끄는 접속사

1) if : 만약 ∼이라면
2) unless : 만약 ∼ 하지 않으면, ∼가 아니라면(=if ∼ not)
3) in case ∼ : ∼인 경우를 대비해서, ∼인 경우에는
4) on condition that ∼ : ∼라는 조건으로, 가령 ∼이라면
5) as[so] long as ∼ : ∼하는 한; ∼하는 동안은; ∼하기만 하면
6) as[so] far as ∼ : 〈거리·범위·정도가〉∼까지; ∼하는 한
7) once ∼ : 일단 ∼ (하기만) 하면
8) provided (that) ∼, providing (that) : ∼을 조건으로 하여, 만일 ∼이라면
9) suppose (that) ∼; supposing (that) ∼ : 만약 ∼이라면[∼하다면]

1) **If** the weather **will be** fine tomorrow,/ I'**ll go** to the amusement park/ with Sara. (×)
   If the weather is **fine** tomorrow,/ I'**ll go** to the amusement park/ with Sara. (○)
   내일 날씨가 좋으면,/ 난 놀이공원에 갈 거예요/ 사라와.

   ☞ 조건 부사절에서는 「현재시제」가 「미래시제」를 대신하므로
   미래조동사 will[shall]을 쓸 수 없고 **현재시제**를 사용해야 함

2) I will come without fail/ **unless** I have another appointment.
   꼭 갈게/ 다른 약속이 없으면. *without fail 틀림없이, 반드시

3) Take knee pads with you/ **in case** you feel an ache in your joints.
   무릎보호대를 가져가세요/ 관절이 아플 경우에 대비해서.

   In case I forget,/ please remind me/ of our wedding anniversary.
   혹시 내가 잊거든,/ 내게 상기시켜 줘요/ 우리 결혼기념일을.

4) I will lend you the money/ which you need/ **on condition that** you pay it back/ in two months.
   너한테 그 돈을 빌려줄게/ 네가 필요로 하는/ 갚기만 한다면/ 두 달 내로.

5) I will never forget/ this ineffaceable disgrace/ **as long as** I live.
   난 결코 잊지 않을 겁니다/ 이런 씻을 수 없는 치욕을/ 내가 살아 있는 한.

   You may be here/ **so long as** you don't kick up a row.
   여기 있어도 좋아요/ 소란만 피우지 않는다면.

   ☞ kick up a row[dust, fuss] 소란을 피우다, 물의를 일으키다

6) **As[So] far as** I know,/ Peter has a big mouth/ but is not a wicked guy.

내가 알기로는,/ 피터는 말은 많지만/ 악한 녀석은 아니야.

☞ as far as ～ : ～까지 〈거리〉

Ten ecologists went/ **as far as** the Mediterranean/ by icebreaker.

10명의 생태학자들은 갔습니다/ 지중해까지/ 쇄빙선으로.

7) **Once** you meet a beauty,/ make every effort/ to show your charm to her.

일단 미인을 만나면,/ 열심히 노력해라/ 네 매력을 그녀에게 보여주려고.

8) I will attend/ the opening ceremony of the community center/ **provided (that)** time permits.

참석할게요/ 그 시민회관 개장식에/ 시간만 허락하면.

9) **Suppose** the large account/ rejects our suggestion,/ we will face a big crisis.

만약 그 큰 거래처에서/ 우리 제안을 거절한다면,/ 우린 큰일 납니다.

(3) 「양보」 부사절을 이끄는 접속사

1) **though; although** : (비록) ～이긴 하지만, ～일지라도
2) **even if; even though** : (비록) ～일지라도, ～하더라도; ～에도 불구하고
3) **while; when; if** : ～한데, ～에도 불구하고, ～라 하더라도
4) **whether ～ or not** : ～이든 아니든
5) 형용사[과거분사, 관사 없는 명사] **as[though]**+S+V : ～일지라도 〈도치강조〉
6) 동사원형+**as[though]**+S+**will[may]** : 아무리 ～일지라도 〈도치강조〉
7) It is true that ～, but
   True[Indeed], but ⎤ : 비록 ～이지만[～이긴 하지만]
8) **Let** ～ **be ever so**+형용사
   Be ～ **ever so**+형용사 ⎤ : 아무리 ～라 하더라도

1) **Though** small in stature,/ the democratic activist/ was quite a daring person.

키는 작달막했지만,/ 그 민주화 투사는/ 매우 용감한 사람이었습니다.

2) **Even if** we don't succeed,/ the scheme is worth trying.

비록 성공하지 못할지라도,/ 그 계획은 시도해 볼만한 가치가 있습니다.

3) How can you succeed/ **when** you don't bust your butt?

어떻게 성공할 수 있겠느냐?/ 힘껏 노력하지 않으면서[않는데]

☞ bust one's butt 힘껏 노력하다

If I was wrong,/ you're partly responsible/ for the fist fight.

비록 내가 잘못했다하더라도,/ 당신에게도 일부 책임이 있습니다/ 그 주먹다짐에.

☞ when: if가 「양보 부사절을 이끄는 접속사」로 쓰임에 유의하세요.

4) **Whether** you like it **or not**,/ you have to put up with it/ till this time next week.

그것이 싫든 좋든 간에,/ 넌 그걸 참고 기다려야 해/ 다음 주 이맘때까지.

5) **Poor though the part-timer is**,/ he is intelligent and efficient. 〈보어강조〉
Though the part-timer is poor,/ he is intelligent and efficient.

그 아르바이트생은 비록 가난하지만,/ 그는 총명하고 유능합니다.

6) **Change your mind as you will,** you won't gain any further assistance.

네가 마음을 바꾼다 해도/ 넌 더 이상의 지원은 받지 못해.

7) **It is true that** the orphan is young,/ **but** he is always very considerate of others' feelings.

그 고아는 나이는 어리지만,/ 그는 언제나 다른 사람의 감정을 잘 배려합니다.

8) **Let** us **be ever so** rich,/ we should not lead a fast life.

아무리 부자라 하더라도,/ 방탕한 생활을 해서는 안 됩니다.

Be it **ever so** commodious,/ there is no place to park/ in the building.

아무리 널찍하다 하더라도,/ 주차할 공간이 없어요/ 그 빌딩에는.

---

more tips   복합관계대명사, 복합관계부사도 양보의 부사절을 이끈다.

Whatever happens,/ our lives will be easier and safer.   〈복합관계대명사〉
어떤 일이 일어나더라도,/ 우리의 삶은 더 편안하고 안전할 겁니다.

However hungry you may be,/ you shouldn't eat too much. 〈복합관계부사〉
아무리 배가 고파도,/ 과식해서는 안 됩니다.

(4) 「이유」 부사절을 이끄는 접속사

1) **because** 〉 **since** 〉 **as** : 왜냐하면, ∼이므로, ∼하므로, ∼해서
2) **now that** ∼ : ∼이니까, ∼인 이상은
3) **seeing (that)** ∼ : ∼이기 때문에, ∼인 것으로 보아
4) **on the ground that** ∼ : ∼라는 이유로

1) A : Why aren't you at the staff meeting?

　　왜 안 가니?

　B : **Because** I am so tired. ☞ Why에 대한 대답은 because

　　넘 피곤해서요.

As the area was hit with sudden and unexpected downpours,/I didn't go hiking.

그 지역에 게릴라성 폭우가 쏟아졌기 때문에/ 난 하이킹을 가지 않았어요.

　☞ **because of**[on account of, owing to]＋**명사 상당어구**

　　We just caught the plane/ **because of** her late arrival.

　　우린 가까스로 그 비행기를 탔습니다/ 그녀가 늦게 도착해서.

2) **Now that** you mention it,/ faint memories recur to my mind.

당신이 그걸 말하니까,/ 아련한 추억이 내 맘속에 떠오르네요.

3) It is no wonder/ that Peter's broke,/ **seeing (that)** he has poured down the drain.

당연해요[놀랄일이 아니죠]/ 피터가 빈털터리인 것은,/ 돈을 마구 써댔으니.

4) The driver refused to pay the fine/ **on the ground that** he hadn't broken any traffic laws.

그 운전자는 벌금내기를 거부했습니다/ 자신은 어떤 교통법규도 위반하지 않았다는 이유에서.

[참고] because : 이유를 나타내는 가장 분명한 접속사로 청자에게 알려지지 않은 이유에 사용하며
　　　　　　　 문장 앞, 뒤에 모두 올 수 있음.

　　　 since/as : because보다 약하고, 청자에게 이미 알려진 이유에 사용하며
　　　　　　　　 주로 문장 앞에 위치하지만 뒤에도 올 수 있음

　　　 for : 부가적 이유를 나타내고 문장 뒤에 위치함.

「as」의 다양한 쓰임 정리

1. **양 태** : ~와 같이[처럼], ~대로   2. **비 교** : ~와 같은 정도로, ~만큼

3. **시 간** : ~할 때, ~하면서, ~하는 동안(=while)   4. **전치사** : ~로서, ~으로

1. **As** food nourishes our body,/ **so** reading nourishes our mind.

    음식이 몸의 양식이 되는 것처럼,/ 독서는 마음의 양식이 됩니다.

2. Sera loves me **as** passionately/ **as** I love her.

    세라는 날 열렬히 사랑하죠/ 내가 그녀를 사랑하는 만큼.

3. Peter came up/ **as** Sera was whispering in my ear.

    피터가 나타났지요/ 세라가 (내게) 귓속말로 속삭이고 있을 때.

4. Sera works/ **as** a part-time legal secretary/ at a law office.

    세라는 일하고 있습니다/ 시간제 법률비서로/ 한 법률사무소에서.

(5) 「목적」 부사절을 이끄는 접속사

1) so that
   in order that] S may[can; will] ~   : ~하기 위하여 〈복문〉

   ☞ 1) to[so as to; in order to] V   〈단문〉
      2) 주절이 과거일 때는 조동사가 「might, could, would」로 바뀜.

2) lest S (should) ~
   = so as not to V; in order not to V] : ~하지 않도록, ~하지 않기 위해서, ~을 우려하여

3) for fear (that) S should ~   : ~하지 않도록, ~할까 두려워

1) Sera ran on the spur/ **so that** she **might** take the last subway. 〈복문〉 ☞ 과거
   = Sera ran on the spur/ **so as to take** the last subway.   〈단문〉

    세라는 전속력으로 달렸습니다/ 마지막 지하철을 타기 위해.

2) Sera turned her head away/ **lest** her boyfriend (**should**) see her tears.

    세라는 얼굴을 돌렸습니다/ 남자 친구에게 눈물을 보이지 않으려고.

3) Delete flirty videos/ **for fear that** your children **should** see them.

    야한 동영상들을 삭제하세요/ 당신 애들이 보지 않도록.

(6) 「결과」 부사절을 이끄는 접속사

1) **so**+**형용사·부사**+**that** ~
   such+(**a[an]**)+**형용사**+**명사**+**that** ~] : 매우 …해서 ~하다
2) ~, **so that** …   : ~해서 그래서 …하다
3) (**and**) **so** ~   : 그러므로, 그래서

1) The part-time lecturer was **so** angry (**that**)/ he could not speak.

   그 시간강사는 너무 열 받아/ 말을 할 수 없을 정도였어요.

   It was **such** a funny musical **that**/ I saw it three times.

   그것은 너무 재미있는 뮤지컬이어서/ 난 그걸 3번이나 봤어요.

   ☞ 복수명사가 올 경우 부정관사 a[an]은 쓸 수 없으며, 형용사가 생략될 때도 있습니다.

2) I started early/ to avoid the traffic/ **so that** I arrived/ at the rendezvous/ on time.

   난 일찍 출발했죠/ 교통혼잡을 피하기 위해,/ 그래서 난 도착했습니다/ 회합장소에/ 제시간에.

3) The white supremacist/ has racial prejudice,/ **and so** he is unreliable.

   그 백인우월주의자는/ 인종에 대한 편견을 가졌습니다,/ 그래서 신뢰할 수 없어요.

바로 이것이 포인트! so, such의 어법과 관사의 위치

1. such+a[an]+형용사+명사+that
2. so+형용사+a[an]+명사+that
3. such+형용사+복수명사+that ☞ 관사가 없는 경우

(7) 「양태」 부사절을 이끄는 접속사

1) **as** ~ : ~과 같이, ~처럼, ~한 대로
2) **as if[though]** ~ : 마치 ~처럼[같이]
3) **Just as** …, **so** ~ : … 하듯이 ~도 또한 ~하다

1) Do **as** you please,/ Do **as** you are told.

좋을 대로 하든가/ 시키는 대로 해라.

2) The megalomaniac talks/ **as if**[**though**] he knew all about it. 〈가정법〉

그 과대망상증환자는 말하죠/ 마치 모든 것을 아는 것처럼.

3) **As** rust and water eat into[away] iron,/ **so** care and worry eat into[away] the heart.

녹과 물이 쇠를 부식시키듯이,/ 근심걱정은 마음을 좀 먹습니다.

---

more tips

1. 다음은 접속사가 아니고 문장을 연결하는 (**접속**)**부사**입니다.

consequently	nevertheless	therefore	moreover(게다가)
besides	then	thus	hence(그러므로)

☞ Two weeks hence/ I am going to meet her/ in person.

지금부터 2주 후에/ 제가 그녀를 만나 볼 겁니다./ 직접

2. 다음은 접속사가 아니고 **전치사**(**구**)이므로 뒤에는 「**명사 상당어구**」가 옵니다.

because of	according to	in case of	regardless of
despite	in spite of	during	concerning

☞ because S+V

   in case S+V

☞ in case of + **명사 상당어구** ┐ : ~할 경우에 대비해서

   in case + S + V ┘ : ~할 시에는

CHAPTER 19

전치사
Preposition

이 장은 **명사** (상당어구)와 **결합**하여 **부사구**나 **형용사구**가 되는 **전치사**를 다루고 있는데, 전치사의 종류가 많듯 암기할 부분도 많고, 비슷한 의미로 쓰이는 전치사 또한 많아 혼동하기 쉽습니다. 따라서 차근차근 꼼꼼히 주의해서 학습해야 합니다.

전치가 뭘까요?

여기서 전치는 바로 앞에 위치한다는 뜻이구요!
명사, 대명사 앞에 위치해서 이들을 관계 지어 주는 역할을 하는 것이 바로 전치사!

1) 영어 이름 : Preposition   ☞   <u>pre</u> + <u>posit</u> + <u>ion</u>
                                      before앞에   put놓이는   것

2) 한자 이름 : 前置詞(전치사)   ☞   前(앞에)   置(놓이는)   詞(말)

3) 우 리 말 : 토씨[조사]   ☞ "~에, ~에게, ~로, ~의, …"에 해당

전치사 + 명사 상당어구 ⇒ 전명구   ☞   **부사구** 〈대부분〉
             명사역할을 하는 어구들   **형용사구**〈일부〉

                         ⇓

          전치사의 목적어   ☞   명사, 대명사, 동명사 (○)

시험대비 「전치사」 중점 학습 과제

---

1 전치사의 목적어가 인칭대명사인 경우는 반드시 **목적격**을 사용해야 합니다.

We coaxed the new certificate out of his. (×)
We coaxed the new certificate out of him. (○)
우린 그를 구슬려서 새 인증서를 얻어냈습니다.

---

2 각각의 전치사가 갖는 용법과 의미를 묻는 문제가 자주 출제되므로 각 전치사의 용법과 의미를 이해해야 하고, **비슷한 뜻으로 쓰이는 전치사의 용법차이**에 유의해야 합니다.

1) **시간 전치사**의 용법차이에 유의하세요.

   ① at/ on/ in

      at : 몇 시[분, 초], 하루의 정오[새벽, 밤] → at ten[noon] 10시에[정오에]
      on : 요일, 날짜, 특정일의 아침[저녁, 밤] → on the morning of May 5
      in : 월, 년, 세기, 계절, 오전, 오후, 연령 → in 2011, in the twenties

   ② for/ during/ since

      for   : 일정한 기간 동안 ☞ How long ~?에 대한 대답 ⇒ 수사 + 명사가 뒤에 옴
      during : 특정한 기간, 상태의 계속 기간 ☞ When ~?에 대한 대답
      since : 과거에서 현재까지의 계속   ☞ ~ 이래로 줄곧/ 주로 현재완료와 사용

2) **위치, 장소, 방향 전치사**의 용법차이에 유의하세요.

   ① to : 목적지[도착지]   for : 방향과 목적지   from : 출발점
      across : 가로질러   through : ~을 통과하여   out of : ~의 밖으로

   ② at : 비교적 좁은 장소, 한 지점, 주소의 **번지** 표시
      in : 비교적 넓은 장소, 도시, 국가, 어느 지역 안 표시

3) **수단, 도구 전치사**의 용법차이에 유의하세요.

    with : ~으로   ☞ 도구, 수단 → with a hose[handkerchief, towel]
    in   : ~을 가지고 ☞ 필기도구, 미술재료 등의 도구 → in pencil[marble, English]
    by   : ① **행위자**   ☞ ~에 의해 〈수동문〉 → by him[pirates, thieves]
           ② **수단, 방법** ☞ ~으로   〈능동문〉 → by legal means 합법적 수단으로

---

3 전치사구는 전치사에 유의해서 암기하세요.

as a result of ~ ~의 결과로서	for the time being 당분간
in addition 게다가(=besides; furthermore)	in general 일반적으로, 대체로
in the end 마침내, 결국(=finally; eventually)	in person 몸소(=personally)
in a muddle 어리둥절하여, 당황하여	thanks to ~ 덕분에, ~ 때문에
by a narrow margin 아슬아슬하게	to the point 적절한(=pertinent)

1 전치사의 기본적 이해

1 전치사의 역할

전치사는 명사, 대명사, 동명사와 함께 "**전치사 + 명사 상당어구**"형태의 **전명구**를 이루는데, 이 전명구는 **부사구**나 **형용사구**로서 문장에서 부사와 형용사 역할을 합니다.

Shall we go/ **on** foot/ or **by** car[bus, train, subway]?　　　〈동사수식 – **부사구**〉
갈까요?/ 걸어서/ 아니면 차로[버스로, 기차로, 지하철로]

The microwave oven/ **in** the kitchen/ looks brand-new.　　　〈명사수식 – **형용사구**〉
그 전자레인지는/ 주방의/ 최신형으로 보여요.

Most appliances are **of** great use/ **for** housewives.　　　〈보어역할 – **형용사구**〉
대부분의 가전제품들은 매우 유용합니다/ 가정주부들에게.　　⤷ 부사구

2 전치사의 목적어

> 1) **개념정의** : 전치사 뒤에 따라 오는 말을 일컬음
> 2) **전치사의 목적어가 될 수 있는 것들**
> 　**명사 상당어구**(명사 역할을 하는 어구) – **명사, 명사구, 명사절, 대명사, 동명사**
> 3) **주의사항** : ① 대명사가 전치사의 목적어로 올 경우는 반드시 **목적격** 사용
> 　　　　　　　 ② **부정사**는 명사 상당어구이긴 하나 **전치사의 목적어가 될 수 없음**

The henpecked husband/ is always proud **of**/ his fat and garrulous **wife**.　　〈명사〉
그 공처가는/ 항상 자랑하죠/ 뚱뚱하고 말 많은 아내를.

The success **of the business**/ entirely depends **upon**/ **how you do it**.　　〈명사–명사절〉
그 사업의 성공여부는/ 전적으로 달려 있습니다/ 당신이 그 일을 어떻게 하느냐에.

Sera whistled off **from me**/ **without** saying good-bye **to me**.　　〈대명사–동명사–대명사〉
세라는 내게서 휙 떠나갔어요/ 내게 작별인사도 없이.

cf. Sera whistled off **from me**/ **without** to say good-bye **to me**. (×)　　　〈부정사〉

There is a lot of common ground/ **between** we. (×)
There is a lot of common ground/ **between** us. (○)　　　☞ 대명사–목적격 사용
공통점이 많아요/ 우리 사이에는.

2 전치사의 용법

같은 전치사라도 여러 가지 의미로 쓰이고, 또 같은 의미로 쓰이는 전치사도 많아 이해가 쉽지 않지만 지금부터 중요한 것 위주로 가능한 이해하기 쉽게 설명해 드리겠습니다.

1 시간의 전치사

(1) 「at ↔ on ↔ in」 : ~에

> 1) at : **시각**(몇 시[분, 초]), **시점** 등 매우 짧은 시간; **정오, 밤, 새벽**
> 2) on : **특정한 시간**; **요일**; **날짜**; 특정한 날의 **아침[오후, 저녁]**
> 3) in : at보다 비교적 긴 시간; **월, 년; 계절; 세기**; 하루의 **아침[오후, 저녁]**

---

1) at ☞ at 10 o'clock(10시에)　　at noon(정오에)　　　　at dawn(새벽에)
　　　　at midnight(한밤중에)　　at night(밤에)　　　　　at sunset(해 질 무렵에)
　　　　at present(지금은)　　　　at that time(그때는)　　at the age of ~(~살 때에)
　　　　at the beginning[end] of the month[year](월[년] 초[말]에)
　　　　[참고] at this time of the year(연중 이맘때에, 매년 이맘때는)
　　　　　　　The naval patrol ship "Cheonan" began to sink **at** 9:22 p.m. last Friday.

---

2) on ☞ on Sunday next(다음 일요일에)　　　　on Dec. 25(12월 25일에)
　　　　on one's birthday(~의 생일날에)　　　on St. Valentine's Day(밸런타인데이에)
　　　　on New Year's Day(새해에)　　　　　on the eve of death(죽음에 즈음하여)
　　　　on weekends(주말에)　　　　　　　on my birthday(내 생일에)
　　　　on a rainy[cold] night(어느 비 오는[추운] 밤에)

---

3) in ☞ in January(1월에)　　　in 2015(2015년에)　　　in the past(과거에)
　　　　in summer(여름에)　　　in the '90s(90년대에)　　in the future(앞으로)

---

　　in one's life(자신의 생애에서)　　　　in the 21th century(21세기에)
　　in one's childhood(어린 시절에)　　　in one's teens(십대에)
　　in one's absence(부재 중에)　　　　　(in) these[those] days(요즘[그 당시는])
　　in the near future(가까운 장래에)　　　in the wet season(우기에)

바로 이것이 포인트! in과 on의 주의사항

☞ **하루**의 아침, 저녁에는 in

특정한 날의 아침, 저녁에는 on을 사용함에 주의하세요.

in the morning[afternoon, evening] 아침에[오후에, 저녁에]

on the morning[afternoon, evening] of March 3 3월 3일 아침에[오후에, 저녁에]

cf. **In her thirties,**/ his wife suffered from severe depression.

30대에,/ 그의 아내는 심각한 우울증을 겪었습니다.　☞ **young people in their twenties** 20대 젊은이들

more tips　시간의 경과 − 지나서, ~후[뒤]에 −를 나타내는 in과 after의 차이

☞ **현재**를 기준으로 한 미래의 '~**후에**'에는 in

　과거나 **미래**의 한 시점에서 '~**후에**'에는 after ☞ When ~?에 대한 대답

I will be back **in** an hour. 〈현재를 기준 − 미래〉

1시간 후에 돌아올게요.

I will be free **after** two o'clock[lunch]. 〈미래의 어떤 시간[일] 후에〉

난 2시 이후에[점심 식사 후에]나 시간이 날 거예요.

The soccer player came back/ **after** a long period of recovery. 〈과거의 어떤 일[시간] 후에〉

그 축구선수는 돌아왔습니다/ 장기간의 회복 후에.

☞ within : ~이내에, ~을 넘지 않고　　　　☞ in two weeks 2주 후에

　The work will be finished/ **within** six months.　　within two weeks 2주 안에

　그 공사는 끝날 겁니다/ 6개월 이내에.　　　　after two weeks ~ ~ 2주 후에

(2) by : ~까지는 / till : ~때까지 줄곧

1) **by** : (어느 시점까지의) 동작, 상태의 **완료** → 상황이 완전히 종결됨
2) **till** : (어느 시점까지의) 동작, 상태의 **계속** → 그 이후 상황은 유동적

1) The development project/ will be completed/ **by** the end of the year.

그 개발계획은/ 끝날 겁니다/ 연말까지는. ☞ 늦어도 연말에는 끝남(=not later than)

2) You may stay in my house/ **till** the end of the year.

제 집에 계셔도 좋아요/ 연말까지 계속. ☞ 연말까지 계속 머묾

(3) for ↔ during : ～동안 ↔ through : ～동안 죽

1) for : 불특정 **지속기간** 동안 ⇒ **for 수사＋시간명사**[시간, 날, 주, 월, 년, …] 형태로 쓰임
☞ **How long ～?에 대한 대답**에 사용

2) during : 어떤 일이 일어난 **특정 기간** 동안 ⇒ **during the＋명사**
☞ **When ～?에 대한 대답**에 사용

3) through : 어느 특정기간의 **처음부터 끝까지 죽**, 내내 ⇒ **전체기간**

1) Sera lived in Chicago/ **for** two years/ and moved to California. (○)
Sera lived in Chicago/ **during** two years/ and moved to California. (×)
Sera lived in Chicago/ **during** <u>those two years</u>/ and moved to California. (○)
그 2년 동안 – 특정의 2년
세라는 시카고에 살았습니다/ 2년 동안/ 그리고 캘리포니아로 이사 갔습니다.

2) The couple was blissfully happy/ **during** their lifetime.
그 부부는 더 없이 행복했습니다/ 한평생 동안.

3) Heavy rainfall fell/ **through** the night/ accompanied by thunder and lightening.
폭우가 쏟아졌어요/ 밤새도록/ 천둥번개를 동반한.

The team manager kept dozing/ **through** the department meeting.
그 팀장은 계속 졸았어요/ 부서회의 내내.

cf. The team manager kept dozing/ **during** the department meeting.
그 팀장은 계속 졸았어요/ 부서회의 도중에 (잠깐).

> **more tips**
>
> | | |
> |---|---|
> | for a while 잠시 동안 | for a few days 며칠 동안 |
> | for (several) years 수년 동안 | for more than two hundred years 2백 년도 넘게 |
> | during dinner 식사하는 동안 | during conversation 대화 중에 |
> | during vacation 방학[휴가] 중에 | during the war[concert] 전쟁[연주회] 중에 |
> | during this period 이 기간 동안 | during the last ten years 지난 10년 동안 |
> | during the summer 여름에는 | during the spring time 봄철에는 |
> | during one's trip 여행 중에 | only during the weekends 주말에만 |
> | all through the week[year] 일년[일주일] 내내 | |
> | be held January 20th through 31st 1월 20일에서 31일까지 개최되다 | |

(4) since : ～이래로 지금까지 **(줄곧, 계속) / from** : ～부터

1) **since** : ～이래로 줄곧 ☞ 과거부터 현재까지의 계속을 나타냄
   ☞ **현재완료**시제＋since＋**과거**시제[**과거표시어구**]로 자주 씀
2) **from** : ～에서 …까지 ☞ 과거의 출발점만 나타내고 현재까지의 계속의 뜻은 없음
   ☞ **from** A(A부터) **to**[till](B까지) 형태로 자주 씀

The janitor **has been sick** in bed/ from overwork/ **since** last Saturday. 〈전치사〉
그 수위는 잃아누워 있습니다/ 과로로/ 지난 토요일부터 (계속).

Nowadays/ all the workers/ in the department/ works/ **from** morning **to**[till] late at night/ because of a huge inflow of orders.
요즈음/ 전 직원들은/ 그 부서의/ 일합니다/ 아침부터 밤늦게까지/ 주문이 쇄도해서.

cf. Barbara **has been hooked** on drinking/ <u>since</u> she **got divorced**/ two years ago.
접속사
바바라는 술에 빠져 지내고 있습니다/ 이혼한 이후로/ 2년 전.

more tips

1. ~(시)에 시작하다

begin, start + at (○)
begin, start + from (×)

The music concert/ begins **from** seven;/ admission is free. (×)
The music concert/ begins **at** seven;/ admission is free. (○)
그 음악회는/ 7시에 시작하며/ 입장은 무료입니다.

☞ The music concert will start/ **from**[**on**] May 25. (○)   ☞ ~부터 시작하다
그 음악회는 시작될 거야/ 5월 25일부터[에].

☞ You have to start again/ **from** scratch.
넌 다시 시작해야 해/ 처음부터.

begin **from** the bottom of the ladder 밑바닥부터 시작하다

cf. 1. begin[commence] with ~ : ~로부터 시작하다
2. be held at 〈시간〉: ~시에 개최되다 ⇒ be held at 10 a.m.   오전 10시에 ~
be held at[in] 〈장소〉: ~에서 개최되다 ⇒ be held in the auditorium 강당에서 ~

[참고] '시작하다'는 뜻을 가진 단어 정리

commence(시작하다)	institute(시작하다, 도입하다)
initiate(개시하다)	launch(시작하다, 출시하다, 진수시키다) *launching 런칭
resume(다시 시작하다)	inaugurate(개설하다, 취임시키다)
embark on(착수하다)	kick off(경기를 시작하다)
tee off 〈골프〉 제1타를 치다	*cf.* tee somebody off(~를 화[짜증]나게 하다)

2. **past** : 시간이 지나서
to : (~분) 전(=before)

A : Do you know what time it is? 지금 몇 시니?
B : It's half **past**[**after**] eight. 8시 반이야.
It's twenty minutes **to** eight. 8시 20분 전이야.

2 장소, 위치, 방향의 전치사

(1) at ↔ in : ~에

> 1) **at** : 비교적 **좁은 장소** – 마을, 읍, 면; 어떤 지점, 위치의 한 점; 〈주소〉 **번지** 표시; ⓐ = at
> 넓은 장소라도 **잠시 머무는 곳**이나 **한 지점**
>
> 2) **in** : 비교적 **넓은 장소** – **도시, 국가**
> 어느 지역, 지역 **안** – **~속에, ~안에**

1) I am supposed to meet Sera/ **at** Pizza Hut/ at 7 P.M.
세라를 난 만나기로 했어요/ 피자헛에서/ 저녁 7시에.

The conference hall/ is **at** the corner/ of 10th Street and Logan Avenue.
그 회의장은/ 모퉁이에 있어요/ 10번가와 로건 대로의.

☞ meet **at** the mall[hotel, restaurant, fountain, lighthouse, bus stop, usual place]
그 상가[호텔, 레스토랑, 분수대, 등대, 버스정거장, 늘 가던 곳]에서 만나다

a professor **at** Harvard[Yale, Princeton] 하버드[예일, 프린스턴]대 교수 〈소속〉: ~의

be situated[located]/ **at** the junction of two roads/ **at** 1130E.Van Buren
위치하다/ 두 도로가 만나는 교차로에/ 밴 뷰런 1130E 번지

at sea level 해수면에서

2) I used to live/ **in** Seoul[New York, Hanoi, Kingston, Korea, South Africa].
난 살았어요/ 서울[뉴욕, 하노이, 킹스턴, 한국, 남아공]에(서).

☞ **in** the country[castle, Arctic, West] 시골[성, 북극, 서부]에(서)
in the box 상자 안에　　　　　　**in** a speech 담화 속에

more tips

at과 in의 구별은 사용하는 사람의 느낌에 따라 즉, 어떤 장소를 **한 지점으로 보느냐**,
넓은 공간으로 보느냐에 따라 다를 수도 있습니다.

☞ Many boxes are stacked/ **in** the corner. 많은 상자들이 쌓여 있어요/ 구석에.

The nearest pharmacy is/ **at** the corner. 가장 가까운 약국은/ 모퉁이에 있습니다.

in Seoul : 가장 일반적　　　　at Seoul : 지구상의 한 지점으로 보는 경우
☞ the Chinese Minister at Seoul 서울주재 중국공사

(2) around ↔ round ↔ about

1) **around** : ~을 돌아, ~의 주위에 ; ~ 을 둘러싸고 〈정지 상태〉

2) **round** : ~을 돌아 ; ~ 둘레에 〈운동 상태〉

☞ round, around는 거의 구별 없이 사용되고 있고, 미국에서는 around를 씀

3) **about** : ~의 부근에, 근처에, ~의 여기저기 〈막연한 주위, 위치〉

1) Many people hope/ to trip **around**[**round**] the world/ without a visa.

많은 사람들이 바라고 있습니다/ 세계일주 여행하는 것을/ 비자 없이.

2) Everyone in camping/ is drinking alcohol and soft drinks,/ sitting **around**[**round**] the campfire.

캠프에 참가한 모든 사람들은/ 술과 음료를 마시고 있습니다,/ 모닥불 주위에 둘러앉아서.

3) His young daughter/ scattered **about** important documents/ **on** the floor of the livingroom.

그의 어린 딸은/ 중요 서류를 마구 어질러 놓았어요/ 거실바닥 위에.

☞ **around** : ① 약, ~ 쯤(=about) ⇒ **around** ten dollars 약 10달러

around ten o'clock 10시경에

② ~에 관하여, ~에 대하여

⇒ **about; concerning; regarding; when it comes to** ~**ing**(~에 관한 한)

(3) to ↔ toward ↔ from ↔ for

1) **to** : ~으로, ~쪽으로 ; ~까지 〈운동의 방향+도착〉

2) **toward** : ~쪽으로, ~을 향하여 〈운동의 방향+진행〉

3) **for** : ~을 향하여, ~행(차, 비행기, …) 〈방향+목적지 → 미도착〉

4) **from** : ~에서 〈기점 · 출발점〉

Flight AB 501 **to** Chicago,/ scheduled to depart **at** gate 7/ is unable to take off/ **due to** deteriorating weather conditions.

시카고행 AB 501편은/ 7번 탑승구에서 출발예정이던/ 이륙할 수 없게 되었습니다/ 기상악화로 인해.

on one's way to work[school] 출근길에[등굣길에]

get to one's destination[goal] 목적지에 도달하다[목표를 달성하다]

☞ **to 동반 동사** : come, proceed, return, hurry, retire, …

The model student turned/ and walked **toward** the movie theater.

그 모범생은 발길을 돌려/ 극장으로 향했습니다.

☞ **toward 동반 동사** : turn, rush, look, sail, lean, …

Flight AB 501/ takes off/ **for** Chicago/ at 5 p.m.

AB 501편 비행기는/ 이륙합니다/ 시카고로/ 오후 5시에.

☞ **for 동반 동사** : start, depart, leave, sail, head, make, be bound, be destined, …

Because of the snowstorm,/ a lot of people walked home/ **from** the station.

폭설 때문에,/ 많은 사람들이 걸어서 귀가했습니다,/ 역에서부터.

☞ **from 동반 동사** : start, depart, jump, fall, hang, …
☞ **from + 부사[전치사구]**

from here/ from under the table

여기서부터   탁자 밑에서

---

more tips

1. to the east of ∼　　∼의 동쪽에 〈떨어져 있을 때〉

　 in the east of ∼　　∼의 동부에 〈내부에 포함되어 있을 때〉

　 on the east of ∼　　∼의 동부에 〈접촉하고 있을 때〉

2. on the back of ∼　　　∼의 뒷면에

　 to the left[right] (side) of ∼　∼의 왼편에[오른편에]

---

1. We live/ within 5miles/ **to** the east of Atlanta.

우린 살아요/ 5마일 이내에/ 애틀랜타 동쪽.

The youngsters had a festival/ at a hundred-story hotel/ **in** the east of Atlanta.

젊은이들은 축제를 벌였습니다/ 한 100층 호텔에서/ 애틀랜타 동부에 있는.

2. **on** the back of the watch[envelope, postcard, check, head]

시계[봉투, 엽서, 수표, 머리]의 뒷면에

☞ strike[smack, slap] me on the back of my head 내 뒤통수를 치다

to the left[right] (side) of the plate[fax machine, account number]

접시[팩스기, 계좌번호]의 왼편에[오른편에]

(4) between ↔ among : ～사이에, ～간에

1) between : **둘 사이**에 씀   ☞ 뒤에 **복수명사**나 **and**로 이어진 **단수명사**가 옴
2) among   : **셋 이상** 사이에 씀 ☞ 뒤에 **복수명사 · 집합명사**가 옴

         ☞ 현대영어에서는 between, among을 엄격히 구별하지 않는 경향이나,

            시험영어에서는 구별하는 것이 원칙임.

1) When Sera sat/ **between** Sara **and** me,/ Sara blew up at Sera.

    세라가 앉자/ 사라와 나 사이에,/ 사라는 세라에게 화를 냈어요.

2) Drinking and smoking/ are prevalent/ **among** teenagers and women.

    음주와 흡연이/ 만연되고 있어요/ 10대들과 여성들 사이에.

---

more tips

1) beside   : ～의 옆에, 곁에; ～와 나란히
2) besides : ～외에(도); ～말고는, ～을 제외하고(=except)

1) Sera sat down **beside** me/ and put her arms around me.

    세라는 내 옆에 앉더니/ 날 껴안았어요.

2) What language do you learn/ at this language institute/ **besides** English?

    무슨 언어를 배워?/ 이 어학원에서/ 영어 외에

Besides me,/ everyone is qualified/ for the schoolteacher.

    나 말고는,/ 모두가 자격이 있어요/ 교사가 될.

3) next to : ～옆에, ～이웃에, ～다음으로 ☞ 부정어 앞에서 : **거의**(=almost)
4) near   : ～가까이에, ～의 곁에   ☞ 시간적으로   : ～할 무렵

3) It is **next to** impossible/ for South Korea/ to settle mass starvation/ in North Korea.

    거의 불가능합니다/ 남한이/ 대규모 기아사태를 해결하는 것은/ 북한의.

4) Christmas[The final exam, The election day] is **near** at hand.   *near at hand

    크리스마스가[기말고사가, 선거일이] 가까이 다가왔어요[임박했어요].   코앞에 닥친; 가까운

(5) over ↔ under; above ↔ below; on ↔ beneath; up ↔ down

1) **over** : (공간에서 떨어져) (바로) **위에**, (뒤덮듯이) **위에, 위쪽에**
2) **under** : (공간에서 떨어져) (바로) **아래에, 밑에, 기슭에**; **속에 잠기어**

1) The cottage commands a fine view/ out **over** the ocean.

그 별장은 전망이 좋습니다/ 바다 저편의.

☞ a roof **over** one's head 머리 위에 있는 지붕
a bridge **over** a river 강 위에 놓인 다리

2) Many a beautiful girl/ is roasting **under** the sun.

많은 아름다운 여성들이/ 일광욕을 하고 있군요.

☞ **under** the bridge[floor, sea] 다리[바닥, 바다] 바로 밑에
under the rug 양탄자 밑에
under water 수중에, 물 속에
under the hill 산기슭에
hold one's briefcase **under** one's arm 겨드랑이에 서류가방을 끼다

3) **above** : (비스듬히, 막연하게, 전체적으로, 떨어져서) **위쪽에, ~ 상류에**
4) **below** : (비스듬히, 막연하게, 전체적으로, 떨어져서) **아래에, ~ 하류에**

3) All kinds of birds are flying/ **above** their nests.

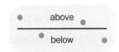

온갖 종류의 새들이 날고 있습니다/ 둥지 위를.

4) The sun is sinking[dipping]/ **below** the horizon.

해가 지고 있습니다/ 지평선 아래로.

☞ ten degrees **above** zero 영상 10도   **above** the bridge 다리 상류에
ten degrees **below** zero 영하 10도   **below** the bridge 다리 하류에

3,000 meters **above** sea level 해발 3천 미터
3,000 meters **below** sea level 해저 3천 미터

5) **on**   : (벽이나 천정 등의 표면에 접촉해서) **위에, 표면에**
6) **beneath** : (표면에 접촉해서) **바로 밑에, 아래에**

5) There is/ a portrait of his grandfather/ **on** the wall.

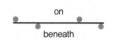

있습니다/ 그의 할아버지 초상화가/ 벽에 걸려.

Flies are walking/ **on** the ceiling/ in thick swarms.

파리들이 기어 다니고 있어요/ 천장 위를/ 새까맣게 떼 지어.

☞ **on** the third floor 3층에서

　 on the stage[floor, sidewalk] 무대[바닥, 인도] (위)에[를]

　 on a curve 커브 길에서

　 *A truck is overtaking/ an express bus/ **on** a curve.

　　트럭이 추월하고 있군요/ 고속버스를/ 커브 길에서.

　　cf. No overtaking. 〈게시〉 추월 금지

6) When the earthquake hit,/ many people felt/ the ground shake/ **beneath** their feet/ and pandemonium broke out.

지진이 나자/ 많은 사람들은 느꼈습니다/ 땅이 흔들리는 걸/ 발밑의/ 그리고 대혼란이 벌어졌습니다.

☞ the ground **beneath** one's feet 발밑의 땅

　 the grass **beneath** a tree 나무 아래에 있는 잔디

　 cf. be **beneath** contempt[criticism] 경멸[비평]할 가치도 없는

　　be **beneath** one's dignity 품위를 떨어뜨리는, 체면 깎이는

　　beneath the Roman rule 로마 지배 아래에서

7) **up**   : (위로 올라가는 운동의 방향 · 이동을 나타내어) **위로, 상류로, 올라가**
8) **down** : (아래로 내려가는 운동의 방향 · 이동을 나타내어) **아래로, 내려가**

Many rock climbers/ are scrambling **up** the rock face.

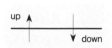

많은 암벽등반가들이/ 기어 올라가고 있습니다/ 암벽으로.

Several athletes/ are running **down**/ the stairs/ at full belt.

여러 명의 육상선수들이/ 달려 내려오고 있습니다/ 계단을/ 전속력으로.

(6) along ↔ across ↔ through

1) **along** : (강, 거리 등의 긴 것을) **따라서, ~을 끼고**
2) **across** : (길, 강, 바다, 어떤 영역을) **가로질러, 횡단하여; 건너편에**
3) **through** : (선, 면을) **통과[관통]하여, ~을 지나서**

Beautiful flowers/ are in full bloom/ **along** both sides of the road.
아름다운 꽃들이/ 활짝 피어있습니다/ 길 양쪽을 따라서.

☞ walk **along** the seashore 해변을 따라 걷다
　　sail **along** the coast 해안을 따라 항해하다

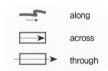

A wild boar/ is swimming/ **across** the river.
멧돼지가 헤엄쳐 건너고 있습니다/ 강을 가로질러.

☞ swim **across** a river 강을 헤엄쳐 건너다
　　drive **across** the country 자동차로 국토를 횡단하다
　　across the gas station 주유소 건너편에

A bullet went **through** his lung[heart, thigh].
총알이 관통했습니다/ 그의 폐[심장, 넓적다리]를(을).

☞ walk **through** a wood 걸어서 숲을 통과하다
　　be discharged **through** the anus 항문을 통해 배출되다

---

more tips

1. throughout 〈장소〉 도처에, ~의 구석구석까지　　　〈시간〉 ~ 내내
2. through 　〈장소〉 ~을 통하여, ~을 꿰뚫고, 헤치고　〈시간〉 ~ 내내

---

1. **throughout** the country[one's whole career] 전국적으로[~의 생애를 통틀어]
　continue **throughout** this year 올해 내내 지속되다

2. **through** the crowd[waves, clouds] 군중을 헤치고[파도를 헤치며, 구름 사이로]
　all **through** the week[year] 일주일[올해] 내내
　through all one's life 한평생

(7) in ↔ into ↔ out of

> 1) **in** : (내부에 속해) ~**안에** 〈정지상태〉 ; ~의 속에서 〈위치〉
> 2) **into** : 밖에서 ~ **안으로** 〈운동상태〉 ⇒ 구어에서는 into 대신 in을 쓰는 경우도 많음
> 3) **out of** : 안에서 ~ **밖으로** 〈운동상태〉 ; ~의 밖에서 〈위치〉

1) Men, women, and children/ are strolling/ **in** the park.

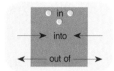

남녀노소들이/ 산책하고 있습니다/ 그 공원 (안)에서.

   ☞ two parrots **in** the cage 새장 안의 두 마리의 앵무새

2) Swimmers are jumping/ **into** the swimming pool.

수영선수들이/ 뛰어들고 있습니다/ 수영장 안으로.

3) The cool dude/ took a wallet/ **out of** his pocket/ to pick up the bill.

그 멋진 녀석은/ 지갑을 꺼냈습니다/ 자기 호주머니에서/ 계산하려고.

Salesmen/ are **out of** their office/ due to their busy schedules.

영업사원들은/ 회사에 없습니다/ 업무가 바빠서.

   ☞ run **out of** a house 집에서 뛰어 나오다

(8) before ↔ behind ↔ after

> 1) **before** : ~의 앞에 〈위치〉; ~의 면전에(=in front of)
> 2) **behind** : ~의 뒤에 〈위치〉; (~의) 배후에(=at the back of)
> 3) **after** : ~의 뒤에 〈순서〉; ~에 계속하여 ⇒ hour after hour 몇 시간씩이나

1) Never appear/ **before** me again.

절대 나타나지 마/ 내 앞에 다시.

2) Don't forget to shut the door/ **behind** you.

(나갈[들어올] 때) 꼭 문 닫아주세요/ 뒤에 있는.

What's **behind** her happy smile?

무엇이 그녀를 행복하게 미소 짓게 할까?

3) Please go ahead[first]./ I'll go **after** you.

먼저 가세요./ 곧 따라갈 테니.

behind the wheel 운전하면서
behind (the) bars 감옥에 갇힌 채로
behind the counter 돈 받으면서
behind the desk 공부하면서

cf. run after 뒤쫓아 가다
   run behind 뒤에서 따라가나, 뉘시나

(9) in front of ↔ in the rear of

1) in front of ~   : ~ 앞에, ~의 앞에서
2) in[at] the rear of ~ : ~의 뒤쪽에; ~의 배후에

1) I'll drop you/ **in front of** your office.
    내려 드릴게요/ 당신 사무실 앞에서.

2) The bathroom is/ **in[at] the rear of** the room.
    화장실은 있어요/ 그 방 뒤쪽에.

---

more tips   off : 분리하여, 떨어져, 벗어나 ☞ 분리 · 이탈

Keep **off** the grass. 〈게시〉
잔디밭에 들어가지 마시오.

A dainty porcelain cup rolled **off** the shelf/ and smashed.
앙증맞은 도자기 컵이 선반에서 굴러 떨어져/ 산산조각이 났습니다.

☞ **off** limits 출입금지의   **off** the point 요점에서 벗어난

   off one's guard 방심한   at 30% **off** the price 정가의 30퍼센트를 할인하여

3 원인 · 이유의 전치사

(1) from ↔ of : ～으로, ～ 때문에

> 1) from : 죽음의 원인이 **과로, 부주의, 부상**인 경우
>> ☞ die, suffer, be taken ill, feel fatigued 등과 사용
> 2) of   : 죽음의 원인이 **병, 굶주림**인 경우
>> ☞ die, be sick, complain, repent, fond 등과 사용 ⇒ die of+병명

> 1) The rescuer died/ **from** overwork[an overdose of sleeping pills].
>> 그 구조대원은 죽었습니다/ 과로로[수면제 과다복용으로].

>> The glutton was taken ill/ **from** eating too much.
>> 그 대식가는 병이 났습니다/ 너무 많이 먹어서[과식해서].

>> *cf.* **from** a sense of duty 의무감에서
>> suffer **from** avian influenza 조류독감에 걸리다

> 2) Many people die/ **of** cancer[tuberculosis, AIDS, diabetes, strokes, leukemia].
>> 많은 사람들이 죽어요/ 암[폐결핵, 에이즈, 당뇨병, 뇌졸중, 백혈병](으)로.

(2) through ↔ out of : ～ 때문에, ～로 인해

> 1) through : **간접적인 원인**이나 **동기·이유**에 사용
>> ☞ neglect, negligence, fault, default, mistake, carelessness, error, pride, help
>> 등의 명사와 자주 사용
> 2) out of : **직·간접적인 원인**이나 **동기**에 사용
>> ☞ curiosity, charity, necessity, respect, friendship, gratitude, pity, fear
>> 등의 명사와 자주 사용

> 1) The juvenile delinquent got injured/ **through** his own negligence.
>> 그 비행청소년은 부상을 당했습니다/ 자기 자신의 부주의로 인해.

>> ☞ **through** pride[mistake, flattery] 자존심 때문에[실수를 통해, 아부해서]

> 2) Most teenagers start smoking/ **out of** curiosity. ⇒ from의 뜻
>> 대부분의 10대들이 담배를 피기 시작합니다/ 호기심에서.

>> ☞ **out of** necessity[respect, loyalty] 필요에 의해서[존경심, 충성심]에서
>> help someone **out of** pity 동정심에서 ～를 돕다

(3) for ↔ with : ∼으로, ∼ 때문에

1) **for** : **행위의 원인**이나 **상 · 벌의 이유**에 사용
   ☞ **동 사** : blame, punish, scold, praise, thank, ⋯
      형용사 : sorry, famous, grateful, thankful, be respected[noted], ⋯와 자주 사용
2) **with** : 추위, 두려움, 열, 배고픔 등의 **외부에서 육체에 미치는 원인**에 사용

1) Sara hugged me/ **for** joy/ to hear that she passed/ the job interview.
   사라는 날 껴안았어요/ 기뻐서/ 합격했다는 소식을 듣자/ 취업면접에.

   ☞ marry for love[fortune, money] 사랑 때문에[돈을 노리고] 결혼하다
      for the cold[many reasons] 추위 때문에[여러 가지 이유로]

2) The pregnant woman went down/ **with** a cold and fatigue.
   그 임산부는 앓아누웠습니다/ 감기몸살로.

   Her cheeks were wet **with** tears/ and her eyes were bloodshot.
   그녀의 빰은 눈물로 젖어 있었고/ 눈은 충혈되어 있었습니다.

   ☞ **with** anger[cold, fever, hunger, excitement, terror, fatigue, shame, fear]
      화나서[추워서, 열이 나서, 배고파서, 흥분해서, 무서워서, 피로로, 창피해서, 두려워서]

more tips

1. ∼에 넌더리나다, ∼에 싫증나다, ∼이 지겹다

be fed up with ∼	be tired of ∼	be bored with ∼	be sick of ∼

I'm **fed up with**/ my wife's continual nagging.   ☞ be tired from ∼ ∼로 지치다
난 진절머리가 나요/ 아내의 끊임없는 잔소리에.

I'm **sick** and **tired of**/ eating instant noodles and junk food/ every day.
난 정말 넌더리가 납니다/ 라면과 영양가 없는 불량식품을 먹는데/ 매일.

2. with의 여러 의미들

with the rapid spread of ∼	∼의 급속한 확산에 따라서	〈동시성〉
break with a person	∼와 인연을 끊다	〈분리〉
meet with an accident	사고를 당하다	〈접촉〉

3. I'm really happy/ to be always **with** you.
   난 너무 행복해/ 너하고 항상 함께 있으니.

(4) at ↔ over

1) **at** : 감정표시 「동사, 형용사」와 「∼을 보고[듣고] …**하다**」라는 의미로 쓰임 〈감정의 원인〉
2) **over** : 「∼의 일로 …**하다**」는 뜻으로 감정표시 동사 weep, mourn, rejoice 등과 쓰임

1) We were all surprised/ **at** her unexpected behavior.

우리 모두는 놀랐습니다/ 그녀의 느닷없는 행동을 보고.

☞ be glad at 기뻐하다   be angry at 화내다

      be pleased[annoyed] at 기뻐하다[짜증이 나다]   be terrified at 놀라다, 겁먹다

2) The devoted husband mourned/ **over** his wife's sudden death.

그 헌신적인 남편은 애통해했습니다/ 아내의 갑작스런 죽음을.

(5) 「원인 · 이유」를 나타내는 전치사구

1) because of
2) on account of
3) owing to
4) due to

    + 명사 (상당어구) : ∼때문에, ∼로 인하여

1) I was late for work/ today/ **because of** a traffic jam.

난 회사에 늦었어요/ 오늘/ 교통체증 때문에.

     cf. I was late for work/ today/ **because** I was stuck in a traffic jam.

         ☞ 접속사 → because[as, since, now that] S+V

2) The open-air performance was put off/ **on account of** bad weather.

그 야외 공연은 연기되었습니다/ 악천후 때문에.

3) I can't go with you/ **owing to** a previous engagement.

난 당신과 함께 갈 수 없어요/ 선약이 있어.

4) The traffic accident/ was **due to** the pedestrian's carelessness.

그 교통사고는/ 그 보행자의 부주의 때문이었습니다.

☞ due to는 일반적으로 문두에 쓰이지 않고, be동사 뒤에서 be due to형식으로 씀

4 목적의 전치사

1) for	: ～을 위해서, ～을 목적으로, ～을 얻으려고	☞ 행동의 목적·추구·수색
2) after	: ～을 추구하여, ～의 뒤를 쫓아, ～을 찾아	☞ 목적·추구
3) on	: ～의 용건(errand, business, journey, …)으로, ～을 위해	☞ 용무·목적

1) I will do anything/ **for** her benefit.

난 뭐든지 할 거예요/ 그녀를 위해서라면.

I don't know/ what to do/ **for** the future.

난 모르겠어요/ 뭘 해야 할지/ 앞날을 위해서. → 난 앞날이 막막해요.

☞ for sale 팔려고 내놓은
not for sale 비매품인
for exercise 운동을 위해

2) A detective is chasing **after**/ the robbery suspect.

형사는 뒤쫓고 있습니다/ 그 강도용의자를.

☞ seek **after**[**for**] happiness[fame, power, one's own interests]

행복을[명예를, 권력을, 자기 자신의 이익을] 추구하다

strive **for**[**after**] a prize[one's dream]

상을 타려고[꿈을 이루려고] 열심히 애쓰다

3) How often/ do you go overseas/ **on** business?

얼마나 자주/ 해외에 나가십니까?/ 사업상 → 사업상 얼마나 자주 해외에 나가십니까?

☞ go **on** an errand[outing, overseas trip, expedition to the North Pole]

심부름 가다[야유회 가다, 해외여행 가다, 북극 탐험을 떠나다]

set out **on** a trip[an excursion, the last mission, a long walk home]

여행을 떠나다[소풍을 떠나다, 마지막 임무수행을 떠나다, 걸어서 긴 귀갓길에 오르다]

5 수단·도구의 전치사 : ～으로, ～을 가지고

1) with	: ～으로, ～을 가지고	☞ 도구·수단·휴대·장비
2) in	: ～로, ～을 사용하여	☞ 미술재료, 공예재료, 필기도구; 표현수단 → 언어
3) by	: ～으로(=by means of)	☞ 능동문 – 수단·매개·방법 *주로 '교통, 통신'수단
	～에 의해	수동문 – 행위자·작용
4) through	: ～에 의하여, ～을 통하여	☞ 매개수단, 경로, 중개
5) for	: ～ 값으로, ～와 교환으로	☞ 교환의 댓가

1) A skier is cleaning/ his goggles/ **with** a handkerchief.

한 스키어가 닦고 있습니다/ 자신의 고글(보안경)을/ 손수건으로.

☞ **with** a pencil[knife, stick, straw, towel, brush, eraser, power tool, credit card]
연필[칼; 막대기, 빨대, 수건, 붓, 지우개, 전동공구, 신용카드](으)로

a cell[cellular, mobile] phone **with** a built-in camera
카메라가 내장된 휴대폰

with disinfectant 살균제로	**with** ticker tapes 색종이로
with an oil burner 석유난로로	**with** a sample 샘플을 가지고
with one's fists 두 주먹으로	**with** loaded dice 교활한 수단을 씨서
with a fork[spoon, chopstick, spatula, whisk]	*decorate a cake **with** strawberries
포크[숟가락, 젓가락, 주걱, 거품기]로	딸기로 케익을 장식하다

2) The regular attendees/ made great strides/ in speaking **in** English.

정규 수강생들은/ 장족의 발전을 했습니다/ 영어 말하기에서.

☞ **in** ink[pencil, marble] 잉크[연필, 대리석](으)로 → 무관사로 사용

pay in cash 현금으로 지불하다   **paint in** oils 유화로 그리다

cf. **in** that manner 그런 식으로   **in** a loud voice 큰소리로

in this way 이러한 방법으로

3) The fertilization/ of many plants and flowers/ is done/ **by** bees and butterflies.

수정은/ 많은 식물들과 꽃들의/ 되어집니다/ 벌과 나비에 의해. 〈수동문〉

cf. Please enter the conference room/ **by** the side doors. 〈통과 : ~을 통해〉

회의실에 들어가 주세요/ 옆문으로.

① **by** car[bus, train, plane, sea, land] 자동차[버스, 기차, 비행기, 배, 육로]로
☞ **on** foot 걸어서   **in** a bus 버스로

② **by** smartphone[mobile phone, mail, E-mail, air freight, wire, fax, Internet, text message, mail order, loudspeaker]
스마트폰[휴대폰, 우편, 이메일, 항공화물, 전신, 팩스, 인터넷, 문자메시지, 통신주문, 확성기](으)로
☞ **speak to** 〈사람〉 **over**[**on**] the phone[smartphone] ~와 전화로[스마트폰으로] 얘기하다

③ **by** post[overnight courier, registered mail, special delivery, parcel post, courier service]
우편으로[특급우편으로, 등기로, 속달로, 소포로, 택배로]
☞ **overnight courier** 익일배달 특급우편, 급송배달, 속달

④ take **by** force 힘으로 빼앗다   **by** hand[auction] 손[경매](으)로

  pay **by** check 수표로 지불하다   *cf.* pay **in** cash 현찰로 지불하다

  ☞ **by** mistake 실수로(=mistakenly)

    by accident[chance] 우연히(=accidentally)

[참고] via ① (어떤 장소를) **경유하여** ② (사람, 시스템 등을) **통하여, 매개로 하여**

① **via** Dubai[Chicago, Pakistan, Scotland, China, Somalia, Heron Bay]
  두바이[시카고, 파키스탄, 스코틀랜드, 중국, 소말리아, 헤론만]를(을) 경유하여

② **via** satellite[parachute, artificial insemination[fertilization], news agency, physical contact]
  위성[낙하산, 인공수정, 통신사, 신체접촉]을(를) 통해

  via E-mail[fax, Internet, surface mail, mailing service, emergency stairs, outdoor activities]
  이메일[팩스, 인터넷, 선상우편[일반우편], 우편서비스, 비상계단, 야외활동]을(를) 통해 *cf.* in person 직접

4) The leading candidate for President/ is speaking **on** the hustings/ **through** a microphone.
  유력한 대통령 후보자가/ 선거 유세를 하고 있습니다/ 마이크를 통해.

  ☞ **through** the Internet 인터넷을 통해서

    through an interpreter 통역을 통해

5) A customer bought/ short skirts and long boots/ **for** a song.
  한 고객이 샀어요/ 짧은 치마와 긴 부츠를/ 아주 싸게.

  We can exchange/ the Korean currency **for** American dollars/ at a bank.
  우린 환전할 수 있습니다/ 한화를 미국 달러로/ 은행에서.

  These pears are $10 **for** 4[4 **for** $10].
  이 배는 4개 10달러 입니다.

  ☞ **at**은 cost, price, expense 등과 함께 씁니다.
    at a great[minimal] cost 엄청난 비용으로[최소 비용으로]
    at no cost 무상으로 ☞ **at** any cost[expense] 무슨 일이 있어도, 꼭, 반드시

    at one's (own) expense 자비로 ***with** public funds 공금으로
    at a high[low, special, discounted] price 고가로[에][저가로[에], 특가로[에], 할인가로[에]]
    at the owner's[taxpayer's, company's] expense 소유자[납세자, 회사]의 비용으로

6 재료의 전치사 ☞ of ↔ from ↔ into

1) 제품 + **be made of** + 재료[원료] ☞ 물리적 변화 → 형태 변함, 재료 불변
2) 제품 + **be made from** + 재료[원료] ☞ 화학적 변화 → 형태, 성질 모두 변함
3) 원료 + **be made into** + 제품   ☞ 원료, 재료를 사용해 제품을 만듦

1) The facade of the efficiency apartment/ **is made of**/ wood.

그 원룸형 아파트의 정면은/ 나무로 되어 있습니다. ☞ 나무가 그대로 있다

2) Makgeolli/ **is made from** rice. 〈막걸리 ← 쌀〉 ☞ **make** Makgeolli **from** rice

막걸리는/ 쌀로 만들어요.

3) Rice/ **is made into** Makgeolli. 〈쌀 → 막걸리〉 ☞ 변화

쌀로 막걸리를 만들지요.

7 기원 · 출처 · 근원의 전치사

1) from   : ~에서 ⇒ 기원, 출처, 유래, 출신지, 출발점, ~산의
      ☞ [be, come, arise, spring, be descended, issue, stem, result] + **from**

2) of   : ~의, ~에서, ~출신의 ⇒ 기원; 가계, 혈통, 가문
      ☞ [come, be born] + of   [참고] ask[inquire, demand] + **of**

3) out of : ~에서, ~출신의 ⇒ from, of 대신 쓰임
      ☞ [pay, choose, come, finance] + **out of**

1) Where are you **from**? 어디에서 왔어?, 어디 출신이야?, 고향이 어디야?
   – I'm from Los Angeles[the United States]. L.A[미국]에서 왔어.

Where did such a good idea come **from**?

어디서 그런 좋은 아이디어가 나온 거야?

Traffic accidents arise chiefly/ **from** carelessness, speeding and drowsy driving.

교통사고는 주로 일어납니다/ 부주의, 과속, 졸음운전에서.

The very cerebral woman/ comes **from** London.

매우 지적인 그 여자는/ 런던 출신입니다.   ☞ result from ~ ~에서 기인하다

☞ be derived from ~ : ~에서 유래하다   result in ~ (~ 결과를) 낳다, 야기하다

2) Our physics professor/ comes **of** good parentage[ancestry].

우리 물리학 교수님은/ 명망가 집안 출신입니다.

3) The reclamation project/ was financed/ **out of** the reserve fund.

간첩사업(비용)은/ 충당되었어요/ 예비비에서.

Good cannot come/ **out of** this terrible disaster.

좋은 일이 생길 리가 없지요/ 이런 끔찍한 재앙에서.

8 제외 · 예외의 전치사(구)

1) except; except for; excepting : ～을 제외하고, ～ 외에는(=but)
2) but : ～을 제외하고, ～외에는
3) besides : ～외에(도), ～말고는

1) I take exercise every day/ to build up stamina/ **except** Sunday.

난 매일 운동해요/ 체력을 기르기 위해/ 일요일을 빼고.

Her composition is excellent/ **except for** a few mistakes.

그녀가 쓴 작문은 훌륭합니다/ 몇 몇 실수만 제외하면.

Drivers must all obey traffic regulations,/ not **excepting** the President.

모든 운전자는 교통법규를 지켜야 합니다/ 대통령이라도 예외일 수는 없지요.

☞ excepting은 주로 문두나 not, without 뒤에 쓰임

2) They were all invited/ to her housewarming (party)/ **but** me.

그들 모두는 초대되었습니다/ 그녀의 집들이에/ 나만 쏙 빼고.

☞ but은 nobody, anybody, nothing, anything, all, who 등의 의문사 뒤에서 주로 쓰임.

3) **Besides** the new finance minister,/ many prominent figures attended/ the funeral.

신임 재무장관 외에도,/ 많은 저명인사들이 참석했습니다/ 그 장례식에.

---

more tips

1. with the exception that **S** + **V** ～ : ～를 제외하고   with the exception of + 명사 상당어구

2. without exception   : 예외 없이   with few exceptions 거의 예외 없이

9 결과의 전치사

1) **to** : 변화의 **방향**, 동작에 의한 결과
2) **into** : 변화의 **결과**   ] : ~**으로**

1) As the light signal changed **to** red,/ all the cars halted/ at the traffic light.

교통신호가 적색으로 바뀌자,/ 모든 차들이 멈춰 섰습니다/ 교통신호등 앞에.

Several homeless people/ were frozen **to** death/ because it got cold/ all of a sudden.

노숙자 몇 명이/ 동사했습니다/ 날씨가 추어져서/ 갑자기.

☞ rise to wealth[fame] 부자가 되다[출세하다]   get cold feet 긴장되고 떨리다. 겁먹다

grow to manhood[womanhood, maturity] 남성스러워지다[여성스러워지다. 성숙해 가다]

go from bad to worse 점점 악화되다

2) As night fell,/ the rain changed **into**[**to**] sleet.

밤이 되자,/ 비가 진눈깨비로 바뀌었어요.

Her common cold/ developed **into** pneumonia.

그녀의 감기가/ 악화되어 폐렴이 되었습니다.

☞ 비 → 진눈깨비/ 감기 → 폐렴으로 바뀜

10 양보의 전치사(구) : ~에도 불구하고

1) in spite of   2) despite
3) with[for] all ☞ after all 결국, 어쨌든   4) notwithstanding

1) **In spite of** his old age,/ the old man is still as sound as a roach.

노령에도 불구하고,/ 그 노인은 아직 매우 건강합니다.

☞ in spite of the heavy rain[language barrier] 호우[언어장벽]에도 불구하고

in spite of all the holdups[insulting remarks] 많은 지체[모욕적인 언사]에도 불구하고

2) **Despite** my many faults,/ Sera is madly in love with me.

내가 결점이 많음에도 불구하고,/ 세라는 날 미치도록 사랑해요.

☞ despite bad weather 나쁜 날씨에도 불구하고

despite shaky economic conditions 불투명한 경제여건 속에서도

despite a few minor problems 사소한 문제들이 있긴 하지만

3) **With**[**For**] **all** her drawbacks,/ Sara has the confidence/ of other people.

결점이 있음에도 불구하고,/ 사라는 신임을 받아요/ 다른 사람들로부터.

4) **Notwithstanding** a broad economic slowdown,/ the electronics company doubled/ its production capacity/ last year.

전반적인 경기침체에도 불구하고,/ 그 전자회사는 두 배로 늘렸습니다/ 생산능력을/ 작년에.

바로 이것이 포인트! 양보의 전치사의 기본 사항

1. despite는 뒤에 of를 쓸 수 없고, **직접 that절도 받지 못함.**
   ☞ despite of/ despite that (×)   └ despite the <u>fact that S + V ~</u> : S가 ~한 사실에도 불구하고
2. 양보의 부사구와 그것과 연결되는 문장은 서로 **대조되는 내용**임.   └ 동격절

---

11 탈취 · 분리의 전치사 − of, from

(1) 「타동사(V)+사람[사물]+of+사물」로 쓰는 동사   ☞ ~에(게)서 …를 ~하다

rob(빼앗다, ~을 털다)	deprive(빼앗다)	strip(빼앗다, 박탈하다, 제거하다)
plunder(약탈하다, 강탈하다)	bereave(〈가족, 희망 등을〉 앗아가다)	rid(제거하다, 없애다)
clear(치우다, 없애다, 제거하다)	empty(〈내용물을〉 비우다)	cure(고치다, 바로 잡다)

Two men with guns **robbed**/ the taxi driver **of** all his money.

권총을 든 두 남자는 빼앗았습니다/ 그 택시운전사에게서 가진 돈 전부를.

The invaders **plundered**/ the citizens **of** valuables and usable household goods.

침략자들은 강탈했습니다/ 시민들의 귀중품과 쓸 만한 가재도구들을.

(2) 「타동사(V)+사물+from+사람[장소]」로 쓰는 동사 ☞ ~에(게)서 …를 ~하다

steal(훔치다)	take(빼앗다)	separate(분리하다)
hide(숨기다)	extort(강탈하다)(=hold up)	loot(약탈하다)

The gunmen **stole**/ all the cash and checks/ **from** the night safe.

무장괴한들은 훔쳤습니다/ 모든 현금과 수표를/ 야간금고에서.

A masked man **extorted**/ a lot of money **from** her/ by threating with a knife.

한 복면강도가 강탈했습니다/ 그녀에게서 많은 돈을/ 칼로 위협해서.

12 관련 · 관계의 전치사(구) : ~에 관해서, ~에 대해서

concerning	regarding	with[in] regard to	as for[to]
respecting	as regards/ (as) touching]	with[in] respect to	about

There are a variety of opinions/ **concerning** the nuclear issue of North Korea.

의견이 분분합니다/ 북한 핵문제에 관해.

As regards the merger and acquisition,/ let's bring it up/ in the next meeting.

인수합병에 대해서는,/ 다루기로 하죠/ 다음 회의에서.

The professor is an expert/ (as) **touching** biotechnology[genetic engineering].

그 교수님은 전문가입니다/ 생명공학[유전공학]에 관한[관해서는].

☞ a touching story 감동적인 이야기   touch-and-go (결과가) 불확실한, 아슬아슬한

more tips

1. 「관련 · 관계」의 전치사 「on」은 「연설 · 논문 · 연구 · 토론」의 주제에 쓰입니다.

   The Minister/ was billed to speak/ **on** the FTA talks between South Korea and the USA.

   그 장관이/ 연설한다고 홍보되었습니다/ 한미자유무역회담에 관해.

   ☞ an authority **on** biodiversity 생물의 다양성에 관한 권위자

   an authority **on** both North Korea and disarmament issues 북한과 군축문제에 관한 권위자

2. 「관련 · 관계」의 전치사 「to」는 「~의, ~에 대한」이라는 의미로 쓰입니다.

   ① a key **to** success[the door, a healthy diet]

   성공[문, 건강 다이어트]의 열쇠

   ② an answer **to** a question[the matter] 질문의 답[그 문제의 해결책]

   ③ the ultimate solution **to** this problem 이 문제에 대한 궁극적인 해결책

   ④ a secretary **to** the president 사장[회장] 비서

3. without regard to[for] ~ : ~에 상관없이, ~을 고려하지 않고=disregarding

   irrespective of ~   : ~에 상관없이, ~에 관계없이, ~을 불문하고

   regardless of ~   : ~에 상관없이, ~에 관계없이, ~에 개의치 않고

   ☞ **without regard for** his passengers' safety 승객의 안전은 안중에도 없고

   irrespective[regardless] of age and rank 나이와 지위고하를 막론하고

4. talk **over** Iraq's future and international menaces of sanctions 〈~에 관해서〉

   이라크의 미래와 국제사회의 제재 위협에 대해 논의하다

13 기타 중요한 전치사 정리

(1) 「종사」의 전치사

1) over : ~하면서   2) at : ~ 중인, ~에 (몰두하여) ⇒ 보통 관사 없이 사용
3) on : ~중인, ~에 종사하여   4) under : ~중인 〈과정〉   5) in : ~중인

1) Let's talk/ **over** drinks/ in your own time.
   우리 얘기나 하지/ 한잔히면서/ 네가 한가할 때.

   ☞ **over** coffee[tea] 커피[차] 마시면서
      over lunch[supper] 점심[저녁] 먹으면서[들면서]

2) What are you **at** now? 지금 뭐 해?
   – I'm **at** work/ with zeal. 일하는 중이야/ 열심히.   **at** church[school] 예배[수업] 중

   ☞ **at** war[work, sea] 교전[작업, 항해] 중인

3) I'm **on** a diet. 난 다이어트 중이야.
   The newlyweds are **on** a world cruise. 그 신혼부부는 세계유람 중입니다.

   ☞ **on** strike[leave, sale, a tour] 파업[휴가, 판매, 여행] 중(인)
      on hunger fighting 단식투쟁 중인   **on** the market[air] 시판[방송] 중인
      on the inspection route 시찰 중인   be **on** the committee 위원회의 일원이다

4) The police booked/ the suspect **under** examination/ without physical detention
   [on a charge of accidental homicide].
   경찰은 입건했습니다/ 조사 중인 그 혐의자를/ 불구속으로[과실치사 혐의로].

   ☞ **under** examination[investigation, survey] 조사 중인
      under construction[discussion, repair, cultivation[tillage]] 시공[토론, 수리, 경작] 중인
      cf. **under** the influence of wine 술김에

5) After a long discussion,/ we reached our final decision/ on the matter/ **in** dispute.
   오랜 논의 끝에,/ 우리는 최종결론에 도달했습니다/ 그 문제에 관해/ 논쟁 중인.

   ☞ **in** dispute 논쟁 중인   **in** progress 진행 중인
      in action 작전수행 중인   **in** the mill 준비 중인

   [참고] a wanted criminal 지명수배 중인 범죄자
         an ongoing study[investigation] 진행 중인 연구[조사]

(2) 「소유」의 전치사

1) **of** : ∼의, ∼이 소유하는; ∼에 속하는   2) **with** : ∼을 가지고, ∼이 있는[달린]

1) Two **of** the eight presidents/ **of** the Ivy League collages/ turned thumbs up[down]/ on abortion.

  8명의 총장 중 2명이/ 아이비리그 대학들의/ 찬성했습니다[반대했습니다]/ 낙태를.

  ☞ the mayor **of** New York = New York's mayor 뉴욕 시장

  the topic **of** the conversation[presentation, article, news report, small talk]
  대화[발표, 기사, 뉴스보도, 잡담]의 주제

2) The angler does the fishing/ **with** live bait/ by the river/ at long intervals.

  그 낚시꾼은 낚시합니다/ 살아있는 미끼로/ 강가에서/ 가끔.

  ☞ a vase **with** a handle 손잡이가 달린 꽃병   a man **with** brown hair 갈색 머리의 남자

  with a hard jolt 심한 충격과 함께   **with** a bang[bump] 꽝하며

  with a fearful rapidity 굉장한 기세로   **with** difficult problems 복잡한 문제들로

[참고] smell of ∼ : ∼의 냄새가 나다; ∼ 티가 나다; ∼한 흔적이 보이다

  smack of ∼ : ∼의 기미가 있다; ∼의 낌새가 나다

  Her excuses/ **smell of** something tricky.
  그녀의 변명에는/ 수상한 냄새가 납니다.

  The politician's attitude/ **smacks of** political opportunism.
  그 정치인의 태도에는/ 정치적 기회주의 냄새가 나는군요.

(3) 「착용」의 전치사

 in : ∼을 입고, 신고, 끼고(=wearing)

The mourners/ at the funeral/ were dressed **in** black.

조문객들은/ 장례식장에 온/ 검은 옷을 입고 있었습니다.

☞ **in** skinny jeans 몸에 꽉 끼는 청바지를 입고   **in** one's skiing gear 스키복을 입고

  in shabby old jeans 다 해진 청바지를 입고   **in** a mottled dress 얼룩덜룩한 옷을 입고

  in skimpy clothes 착 달라붙는 옷을 입고   **in** one's wedding ring 결혼반지를 낀 채

  in an off-the-shoulder dress 어깨가 훤히 드러나는 옷을 입고

  in one's highheeled shoes 굽 높은 구두를 신고

  a woman **in** white 흰옷을 입은 여인

  a man **in** spectacles[a red tie] 안경을 낀[붉은 넥타이를 맨] 남자

「착용」의 on

The gentleman sat cross-legged/ on the floor/ with his overcoat <u>on</u>.

그 신사는 양반다리로 앉았습니다/ 방바닥에/ 외투를 입은 채.   부사 〈부착〉

What a stylish outfit you have **on**! 옷 죽여주는데!

cf. I always have a smartphone **with** me. 난 항상 스마트폰을 가지고 다녀.   〈휴대〉

〈부대상황 : ~한 채로, ~ 하면서〉

☞ **with** one's hat **on** 모자를 쓴 채로

with one shoe **on** and with one shoe **off** 한 쪽 신은 신고 한 쪽 신은 벗은 채로

have a striped silk tie **on** 줄무늬 실크넥타이를 메고

(4) 무조건 외워야 하는 전치사구 – 하나의 숙어로 외우세요.

1) 「out of + 명사」형의 전치사구

out of comparison 비(교)할 데 없는	out of countenance 면목이 서지 않는
out of danger 위험[위기]에서 벗어난	out of date 시대에 뒤떨어진
out of fashion[vogue] 유행이 지난	out of one's control 어쩔 수 없는
out of one's wits 제정신을 잃고	out of order 고장 난(=broken)
out of place 어울리지 않는	out of season 철 지난, 한물간
out of square 부정확한, 무질서한	out of shape 모양이 엉망이 된
out of sight 보이지 않는	out of sorts 기분이 언짢은; 몸이 불편한
out of stock 품절된(↔ in stock)	out of the ordinary 매우 뛰어난
out of the saddle 권좌에서 물러난	out of whack 상태가 나쁜, 제대로 안 되는
out of work 실직한(=unemployed)	nine (cases) out of ten 십중팔구는

If the construction company is **out of business,**/ it will be a devastating blow/ to many subcontractors.

만약 그 건설회사가 폐업하면,/ 엄청난 타격이 될 겁니다/ 많은 하청업체에.

The kidnapped girl/ was scared **out of her wits**.

그 유괴된 소녀는/ 겁에 질려 제정신이 아니었어요.

Sera is **out of sorts**/ these days. ***out of bounds** 도가 지나친, 경기장을 벗어난, 출입이 금지된

세라는 저기압입니다/ 요즈음.

2) 「at+명사」형의 전치사구

at a blow 일격에	at a loss 당황하여
at a stretch 단숨에	at hand 가까이에, 금방
at intervals 때때로	at no charge 무료로
at one's own risk 자기가 책임지고	at random 닥치는 대로
at stake 위태로운	at the curb 도로변에
at the moment 바로 지금	at the first blush 언뜻 보기에는, 첫눈에는
at the pen 글을 써서	at the same time 동시에
at times 때때로	at will 마음대로, 자기 뜻대로
be burned at the stake 화형당하다	join at the hip 매우 친하다

We all **join at the hip**/ and respect each other too much.

우리 모두는 매우 친하며/ 서로를 매우 존중해요.

☞ at the wharf 부두에   at the foot of ~ ~의 기슭에

　　at the depot 창고에   cf. sit at the feet of a person

　　at the flea market 벼룩시장에서   ~의 제자가 되다

---

more tips　　방향 · 목표 · 표적의 전치사 at : ~을 노리고, ~을 향하여

look **at** the moon 달을 보다

aim **at** a target 표적을 겨냥하다

knock **at** the door 문을 두드리다

cf. **at** full[top] speed 전속력으로(=with all speed=at full tilt=with the throttle wide open)

---

3) **전치사 in이 들어가는 중요 표현**

in an emergency 위급한 경우에는	in difficulties 곤경에 빠진
in full blossom 활짝 핀	in large quantities 대량으로
in terms of ~ ~에 있어서는; ~ 면에서는	in the face of ~ ~의 앞에서; ~에 직면하여
in token of ~ ~의 표시로, ~의 증거로	; ~에도 불구하고
in long[short] pants 어른이 된, 성숙한[미숙한]	nip ~ in the bud ~을 미연에 방지하다
nine **in** ten 십중팔구는	packed **in** tens[ice] 10개씩[얼음에] 포장되어
in school[class, office] 재학 중[수업 중; 재직 중인]	

In terms of price and quality,/ there is no comparison/ between them.

가격과 품질에 있어서는,/ 비교가 안 됩니다/ 그것들은.

Many workers evaluate/ job satisfaction/ **in terms of** salary and working conditions.

많은 근로자들은 평가합니다/ 직업만족도를/ 봉급과 근무환경 측면에서.

4) 전치사 to가 들어가는 중요 표현

① be torn to pieces[ribbons, shreds] 갈기갈기 찢기다

    cf. tear[rip] ~ to[into] pieces[ribbons, shreds]; tear ~ apart limb from limb 갈기갈기 찢다

② be filled to capacity 만원이다, 꽉 차다

③ dance to the music 음악에 맞춰 춤추다 〈to - 일치〉 ~에 맞추어서

    work to a plan 계획대로 일하다

④ to the letter 글자 그대로, 엄밀히

⑤ be burnt[frozen, starved, stabbed] to death 타서[얼어서, 굶어, 칼에 찔려] 죽다

    ☞ be shot dead = be gunned down = be cut down by gunfire 총에 맞아 죽다

⑥ be punctual to the minute 시간을 1분도 어기지 않고 지키다, 시간을 엄수하다

The love letter/ from an old flame **was torn to pieces[ribbons]** by my wife.

그 연애편지는/ 옛 애인에게서 받은/ 갈기갈기 찢겼어요/ 아내에 의해.

☞ 옛 애인에게서 온 연애편지를 아내가 갈기갈기 찢었어요.

cf. Her heart **was rent**/ with the sorrow of parting. [rend(찢다) – rent – rent]

    그녀의 마음은 갈기갈기 찢어졌습니다/ 이별의 아픔으로.

A policeman **was shot dead**/ by a gunman/ while on duty.

경찰관 1명이 총에 맞아 사망했습니다/ 무장괴한의/ 근무 중에.

The perfectionist/ **is punctual to the minute**.

그 완벽주의자는/ 1분도 시간을 어기지 않습니다.

cf. up to the minute 가장 최고의, 최신정보의, 최첨단의

3 주의해야 할 전치사의 용법

1 형태와 전치사에 유의해야 하는 경우

1) in proportion as S+V
   in proportion to 명사 상당어구   ] : ~에 비례하여, ~에 따라서

In proportion as her income increases,/ her expenditure is increasing sharply.
그녀의 소득이 늘어남에 따라,/ 그녀의 지출도 크게 늘고 있습니다.

Each man's salary/ is **in proportion to** his performance.
각자의 급료는/ 각자의 업무실적에 비례합니다.

2) according as S+V
   according to 명사 상당어구   ] : ~에 따라, ~에 따르면, ~에 의하면

According as the demand for energy rises,/ energy prices are continually going up.
에너지 수요가 증가함에 따라,/ 에너지 가격이 계속 오르고 있습니다.

The freshmen are grouped/ **according to** age, gender and education level.
신입생들은 편성됩니다/ 나이, 성별과 교육수준에 따라.

3) ① from A to B   : A에서 B까지 〈범위·시간〉
   ② between A and B : A와 B 사이 〈범위〉

① How far is it/ **from** here **to** the botanical garden?
(거리가) 얼마나 되나요?/ 여기서 그 식물원까지

The meteorologist studies/ the earth's atmosphere/ **from** sunup **to** late at night.
그 기상학자는 연구합니다/ 지구 대기를/ 동틀 녘부터 밤늦게까지.   (=sunrise)

② Delta Airlines fly/ **between** Paris **and** Tokyo/ four times a day.
델타항공은 운항합니다/ 파리와 도쿄 간을/ 하루 4번.

Will you choose/ **between** the rich but ugly guy/ **and** the poor but handsome guy?
넌 누굴 택할 거야?/ 돈 많고 못생긴 남자와/ 빈털터리지만 잘생긴 남자 중에서

☞ the difference **between** celebrities **and** general people 유명인사와 일반인의 차이
the difference **between** the **two** things 그 두 물건의 차이

4) **replenish A with B** : (원래처럼) A에 B를 다시 채우다, 보충하다
replace A by[with] B : A를 B로 대체[대신]하다, A 대신 B를 쓰다
= substitute A **by[with]** B   ☞ Ⓐ ← Ⓑ ⎤
= substitute B **for** A   ☞ Ⓑ → A ⎦ : A대신 **B**가 사용됨

Would you like me to **replenish**/ your glass/ **with** warm water?
다시 채워 드릴까요?/ 잔에/ 따뜻한 물을 → 따뜻한 물을 채워 드릴까요?

Butter is too expensive,/ so many families are **replacing** butter **by[with] margarine.**
    = so many families are **substituting** butter **by[with] margarine.**
    = so many families are **substituting margarine for** butter.
버터가 너무 비싸서,/ 많은 가정들이 버터 대신 마가린을 사용하고 있어요.

more tips   공급동사와 전치사

supply[provide, furnish] ⎡ 사람(A)＋with＋사물(B) ⎤ : A에게 B를 공급하다[제공하다]
                        ⎣ 사물(B)＋ to ＋사람(A) ⎦

Many relief organizations **supplied**/ the victims **with** a lot of food.
Many relief organizations **supplied**/ a lot of food to the victims.
많은 구호단체들은 제공했습니다/ 많은 식량을/ 그 이재민들에게.

5) ① **sentence**   A(사람)   to   B(형벌)   : A에게 B의 형을 선고하다 〈주로 수동태로 사용〉

② **translate**   A(언어) 등 ⋯ into B(언어)   : A를 B로 번역하다

③ **congratulate** A(사람)   on   B(좋은 일) : A의 B를 축하하다

① The serial killer/ was sentenced to/ life imprisonment.

그 연쇄살인범은/ 선고받았습니다/ 종신형[무기징역]을

② **Translate** the underlined parts/ **into** Korean[English, Japanese, Chinese].

밑줄 친 부분을 번역하시오/ 우리말[영어, 일본어, 중국어]로.

③ I **congratulate** you again/ **on**[upon] your promotion to executive director.

다시 한 번 축하드립니다/ 전무이사로 승진하신 것을.

☞ Congratulations **on** your promotion[engagement, landing a deal with the company]!

승진을[약혼을, 그 회사와 계약을 성사시킨 것을] 축하드려요!

---

more tips

1. explain A(문제·사항 등을) to B(사람) : A를 B에게 설명하다

2. explain (to 사람) ⎡ that ~   (~을)   ⎤
                      ⎢ what ~   (무엇인지를) ⎥ 설명하다
                      ⎢ why ~   (이유를)   ⎥
                      ⎣ how ~   (방법을)   ⎦

1. Will you **explain**/ how to use the copier/ **to** me?

설명해 주실래요?/ 복사기 사용법을/ 제게

2. Did you **explain** to your wife/ **that** you didn't cheat on her?

집사람에게 설명해봤어?/ 그녀와 바람 피지 않았다고

Can you **explain**/ **why** you like Sera/ (the) most?

설명해 줄 수 있니?/ 왜 세라를 좋아하는지/ 가장

cf. The team leader explained/ where to begin/ and how to do/ the delayed work.

팀장은/ 설명했습니다/ 어디서부터 시작하여/ 어떻게 할 지를/ 밀린 일에 대해   =backlog

2 전치사에 유의해야 할 동사들

1) result ┌ in : 결국 ~로 되다(=end in)
         └ from : ~에서 유래하다

2) call ┌ on+사람 ┐ : ~를 방문하다
        └ at +장소 ┘

3) compare ┌ A to B : A를 B에 비유하다
           └ A with B : A를 B와 비교하다

4) deal ┌ in : 장사하다; (상품을) 거래하다
        └ with : ~을 다루다; 처리하다

5) agree ┌ to 제안, 요구 : ~에 동의하다
         └ with 사람 : ~에게 동의하다

6) stay ┌ at +장소 : ~에 머물다
        └ with+사람 : ~와 함께 지내다

7) succeed ┌ in : ~에 성공하다
           └ to : ~을 계승하다, 상속하다

8) complain ┌ to +사람 : ~에게 불평하다
            └ about+사물 : ~을 불평하다

1) Too much stress/ and overwork/ may **result in** a heart attack.

과도한 스트레스와/ 과로로 인해/ 심장마비가 일어날 수도 있습니다.

Inflammation and boils/ may **result from**/ an unclean environment.

염증과 종기는/ 생길 수도 있습니다/ 비위생적인 환경에서.

원인 V(동사) 결과

① cause ~을 초래하다, 야기하다(=give rise to)

② generate ~을 일으키다, 초래하다; 발전하다

③ lead to ~을 일으키다, 유발하다, 초래하다; ~로 이끌다, 안내하다

④ result in 결과적으로 ~을 야기하다, 초래하다

⑤ A bring about B : A가 B를 야기하다[초래하다]
  = B be brought about by A : A로 인해 B가 야기되다[초래되다]

3) Computer scientists **compare**/ the human brain/ **to** a computer.

컴퓨터 공학자들은 비유하곤 합니다/ 인간의 뇌를 컴퓨터에.

☞ The human brain **is compared**/ **to** a computer/ by computer scientists. 〈수동태〉

인간의 뇌는 비유되곤 합니다/ 컴퓨터에/ 컴퓨터공학자들에 의해.

My wife always **compares**/ me **with** her friend's husband.

네 아내는 항상 비교합니다/ 날 자기 친구 남편과. ☞ 현재는 with[to]를 구별하지 않는 경향임.

5) I will never **agree to**/ such an inordinate demand.

난 절대 동의하지 않을 거야/ 그런 터무니없는 요구에.

I **agree with** you/ to certain degree/ **on** that point.

난 당신에게 동의해요/ 어느 정도는/ 그 점에 있어.

cf. The two countries **agreed on**/ sanctions against Iran. 〈~에 동의하다〉

양국은 의견을 같이 했습니다/ 이란에 대한 제재조치에.

7) To **succeed in** business,/ you need/ buckets of effort and confidence.

사업에 성공하려면,/ 당신은 필요합니다/ 많은 노력과 자신감이.

The only daughter/ of the deceased/ **succeeded to** all his estate.

외동딸이/ 고인의/ 그의 전 재산을 상속받았습니다. *inherit v. 상속받다

---

more tips 1

1. apologize
   - to **사람** ~에게 사과하다
   - for **행위** ~을 사과하다

2. consist
   - in ~ ~에 놓여 있다(=lie in)
   - of ~ ~로 구성되다
   - with ~ ~와 일치하다

3. come
   - across 우연히 만나다(=run across)
   - by 얻다, 획득하다(=obtain)

4. put up
   - at 숙박하다(=lodge)
   - with 참다(=endure)

5. stand
   - by 지지하다(=support)
   - for 상징하다(=represent)

6. wait
   - for ~ ~을 기다리다
   - on[upon] ~ ~을 시중들다

7. be engaged
   - in ~ ~에 종사하다
   - to ~ ~와 약혼중이다

8. be tired
   - of ~ ~에 질리다, 넌더리 나다
   - from ~ ~로 지치다

9. be good
   - at ~ ~에 능숙하다
   - for ~ ~에 좋다

10. be sick
    - of ~ ~에 싫증나다, 넌더리 나다
    - for ~ ~이 그립다

11. be different from ~과 다르다
    be indifferent to ~에 무관심하다

12. be dependent on ~에 의지하다
    be independent of ~에서 독립하다

13. by turns 번갈아, 교대로
    in turns 차례차례, 돌아가며

14. by all means 반드시, 무슨 일이 있어도, 꼭; 아무렴
    by no means 결코 ~ 아니다(=never)

15. crash[bump, run] into +사람, 사물
    collide with +사람, 사물

16. enter + **장소** ~에 들어가다
    enter into + **사건, 사물** 어떤 것을 시작하다.

    (계약 등을) 맺다

I **am sick** and **tired of** this job.

난 이 일이 정말 지겨워.

I **am** terribly **sick for**/ my family back home.

난 몹시 그리워요/ (고향에) 두고 온 가족이.

more tips 2

1. ~을 자랑하다	take pride in be proud of pride oneself on	2. ~로 구성되다	consist of be made up of be composed of
3. ~와 비슷하다	be similar to be like + 목적어	4. ~로 가득 차다	be full of be filled with

Water **consists of**/ hydrogen and oxygen.

= is made up of

= is composed of

물은 구성되어 있습니다/ 수소와 산소로.

I hope/ this year/ will **be full of**(=**be filled with**) good things/ for you!

바랄게요/ 올해는/ 좋은 일만 가득하길/ 당신께.

3 전치사와 뜻에 유의해야 할 명사

(1) 「전치사+time」의 주요 숙어

1) **on time**	: 정각에(=punctually), 시간을 어기지 않고
2) **in time**	: 시간에 맞게, 늦지 않게, 제 시간 안에
3) **behind time**	: 예정보다 늦게(=late), 지각하여; 시계가 느린
4) **behind the times**	: 시대에 뒤떨어진(=out of date); 구형인

1) Be sure/ you have to punch in/ **on time** to the minute/ every morning.

명심들 하세요/ 여러분들이 출근해야 함을/ 1분도 어김없이/ 매일 아침.

2) The job applicant hustled/ to be **in time**/ for the first round of interview.

그 구직자는 서둘렀습니다/ 늦지 않기 위해/ 1차 면접에.

3) The new employee/ is half an hour **behind time** today/ due to the traffic congestion. *cf.* ahead of time (예정보다) 빨리, 시간 전에, 미리, 일찍

그 신입사원은/ 오늘 30분 늦었습니다/ 교통체증 때문에.

4) Day by day,/ read English newspapers/ if you don't fall **behind the times**.

매일매일,/ 영자신문을 읽어라/ 시대에 뒤떨어지지 않으려면.

(2) 「전치사+schedule」의 주요 숙어

1) **on schedule** : 예정대로, 시간표대로, 일정에 맞게
2) **ahead of schedule** : 예정보다 빨리
3) **behind schedule** : 예정보다 늦게
4) **according to schedule** : 예정대로, 계획에 따라서

1) The outdoor shooting/ is coming along/ **on schedule**.

야외촬영이/ 순조롭게 진행되고 있습니다/ 예정대로.

2) The urban development project will be completed/ **ahead of schedule**.

그 도시개발사업은 끝날 것입니다/ 예정보다 빨리.

3) The housing project will be completed/ **behind schedule**/ because of the strike.

그 주택사업은 끝날 것입니다/ 예정보다 늦게/ 파업 때문에.

4) All the scheduled programs/ are going smoothly/ **according to schedule**.

모든 일정이/ 착착 진행되고 있습니다/ 예정대로[계획에 따라서].

---

more tips

1. be scheduled to V : V할 예정이다(=be going to V)
2. be scheduled for ⟨시간, 일시⟩ : ~로 예정되어 있다

---

1. Flight 707 **is scheduled to depart**/ at 10:00 a.m.

707기는 출발할 예정입니다/ 오전 10시에.

2. The executive meeting/ **is scheduled for**/ next Wednesday/ at 5:00 p.m.

간부회의는/ 예정되어 있습니다/ 다음 수요일/ 오후 5시로.

(3) 「전치사＋question」의 주요 숙어

1) out of question : 틀림없이(=undoubtedly), 물론
2) out of the question : 전혀 불가능한(=impossible); 고려할 가치도 없는; 논외인
3) beyond question : 의심할 여지 없이, 물론, 분명히
4) in question : 문제의, 논의가 되고 있는

1) **Out of question**,/ Dokdo is Korean territory.
두 말할 필요도 없이,/ 독도는 한국 땅[영토]입니다.

2) To know everything/ is **out of the question**.
모든 것을 안다는 것은/ 전혀 불가능한 일입니다.

3) His integrity/ are **beyond question**.
그의 정직성은/ 의심할 여지가 없어요[확실해요].

4) The suspect/ has a direct bearing/ on the case **in question**.
그 용의자는/ 직접적인 관련이 있습니다/ 문제의 그 사건과.

☞ the person in question 당사자

(4) 「전치사＋distance」의 주요 숙어

1) at a distance : 좀 떨어져서, 어떤 거리를 두고 ☞ keep somebody at a distance
2) from a distance : 멀리서, 먼발치에서   ～을 가까이 하지 않다
3) in the distance : 저 멀리, 먼 곳에서(=far away)
4) into the distance : 먼 곳을, 저 멀리

1) The landscapes look better/ **at a distance**.
그 풍경화들은 더 잘 보입니다/ (좀) 떨어져서 (보아야).

☞ at a safe distance 안전거리를 두고서

2) I have seen the glamorous woman/ **from a distance**/ for a long time.
난 그 매력적인 여인을 지켜봐 왔어요/ 먼발치에서/ 오랫동안.

3) A number of shots were heard/ **in the distance**.
여러 발의 총성이 들렸습니다/ 저 멀리서[먼 곳에서].

4) The lonely man stood/ gazing **into the distance**/ **with** a cigarette **on** his mouth.
그 고독한 남자는 서있습니다/ 먼 곳을 바라보며/ 입에 담배를 문 채.

4 전치사의 생략

꼭 전치사가 붙을 것 같은 단어들이지만 다음 1), 2), 3) 앞에는 **전치사를 붙일 수 없습니다**.

1) next, last, this, some, every, … +시간명사 앞 ⎤
2) today, tomorrow, yesterday, … 앞   ⎦ : at, on, in 못 붙임
3) home, downtown, overseas, upstairs, … 앞   : to 못 붙임

1) The newly-married couple came back/ from the trip to Europe/ **on last Sunday**. (×)
   The newly-married couple came back/ from the trip to Europe/ **last Sunday**.   (○)
   그 신혼부부는 돌아왔어요/ 유럽여행에서/ 지난 일요일에.

   ☞ last Sunday = on Sunday last   since last week (○)
   (in) these days (○) 요즈음   till tomorrow   (○)
   (in) those days (○) 그 당시   stay (at) home   (○)

   It's been **one of those days**!
   오늘 정말 재수 옴 붙은 날이야! → 오늘 정말 일 안풀리는군!

2) The newly-married couple/ went to Europe/ for their honeymoon/ **yesterday**.
   그 신혼부부는/ 유럽으로 갔습니다/ 신혼여행을/ 어제.

3) To my relief,/ the missing person arrived **home**/ safe and sound.
   다행스럽게도,/ 그 실종자는 집에 돌아왔습니다/ 무사히.

   cf. The mechanic **is at home in** fixing a car.
   그 정비사는 차 수리**에 능숙합니다**.

   ☞ go to overseas   (×) → go overseas   (○)
   go to upstairs[downstairs] (×) → go upstairs[downstairs] (○)

5 시험에 자주 출제되는 「구(Phrase)」 정리

1 시험에 자주 출제되는 전치사구

1) **all along** 줄곧, 내내; 처음부터

2) **all over** 도처에, 여기저기

3) **all the way** 줄곧, 죽, 내내

4) **apart from** ~ ~은 별도로 하고

5) **as a result of** ~의 결과로서

6) **as a whole** 전체적으로, 총괄해서

   cf. **on the whole** 대체로, 전반적으로

7) **as of** 〈날짜〉 ~일자로

8) **at the expense of** ~ ~을 희생하여

9) **by a narrow margin** 아슬아슬하게

10) **by sight** 얼굴로만 아는, 안면이 있는

11) **by the way** 그런데

12) **close to** ~ ~에 가까운

13) **contrary to** ~ ~에 반해서, ~와 상반되는

14) **equal to** ~ ~와 같은, ~할 자격이 있는

15) **for the day** 그날 하루, 당일만

16) **for the time being** 당분간

17) **for years** 오랫동안

18) **free of** ~ ~이 없는, ~이 면제된

19) **in a bind** 곤경에 처한, 난처한

20) **in addition** 게다가, 그 위에, 아울러

   cf. **in addition to** ~ ~에 덧붙여서

21) **in advance of** ~ ~에 앞서, ~보다 미리

   cf. **in advance** 미리, 사전에

22) **in case of** ~ ~의 경우에는

23) **in charge of** ~ ~을 책임지고 있는

24) **in conflict with** ~ ~와 싸워, 충돌하여

25) **in excess of** ~ ~을 초과하는

26) **in demand** 수요가 있는

   cf. **on demand** 청구하는 대로, 요구만 있으면

27) **in general** 일반적으로, 대체로

28) **in line with** ~ ~와 일치하는

29) **in number** 수는, 총계

30) **in one's opinion** ~의 생각으로는

31) **in particular** 특별히

32) **in person** 몸소, 직접

33) **in search of** ~ ~을 찾아서

34) **in the end** 결국

35) **in this way** 이런 식[방법]으로

36) **in token of** ~ ~의 증거로서, ~의 징표로

37) **in writing** 서면으로

38) **in a muddle** 당황하여, 뒤죽박죽으로

39) **in a mess** 어질러 져서, 곤경에 빠져

40) **instead of** ~ ~대신에

41) **no longer** ~ 더 이상 ~않는

42) **on a ~ basis** ~기준으로

43) **on behalf of** ~ ~대신에

44) **on credit** 외상으로

45) **on end** 계속해서, 곧추서서

46) **on leave** 휴가로

47) **on second thoughts** 다시 생각해보니

48) **on the basis of** ~ ~을 기준으로, ~에 근거하여

49) **on the job** 근무 중에, 작업 중에

50) **on the rise** 증가 중인, 상승 중인

51) **on the road** 여행 중인, 이동 중인

52) **once and for all** 영원히, 완전히

53) **once in a while** 이따금, 가끔, 종종   57) **to tell the truth** 사실은, 사실대로 말하자면

54) **regardless[irrespective] of** ～ ～에 관계없이   58) **to the point** 적절한(=proper=appropriate)

55) **to a great extent** 크게   59) **with regard to** ～ ～에 관해서는, ～에 대해서

56) **to begin with** 우선   60) **without regard to** ～ ～을 고려[상관]하지 않고

1) The cunning woman kept lying/ about her divorce/ **all along**.

그 교활한 여자는 숨기고 있었어요/ 자신의 이혼사실을/ 내내.

13) The senior lawmaker was defeated/ in the general election/ **contrary to** our expectation.

그 중진의원은 낙선했습니다/ 총선에서/ 우리의 예상과는 달리.

36) The cool guy/ bought his girlfriend/ a brand-name bag/ **in token of** his love.

그 멋진 녀석은/ 여자 친구에게 사주었습니다/ 명품가방을/ 자신의 사랑의 징표로.

48) Promotion is done/ **on the basis of** merit,/ not seniority.

승진은 행해집니다/ 근무실적에 근거하여/ 연공서열에 의해서가 아니라.

49) A guardian/ is sleeping/ **on the job**.

수위가/ 자고 있어요/ 근무 중에.

☞ **fall down[goof off] on the job** 게으름 피우다[농땡이 치다]

---

more tips

1. **on the contrary** : 그 반대로, 오히려, 반면에   ☞ A(문장), on the contrary B(반대의 내용)
2. **to the contrary** : 반대로[달리], 그렇지 않다는 ☞ A(문장), to the contraty B(반대의 결과)

1. Sara is not in a bad humor./ **On the contrary**,/ she feels a lot better today.

사라는 기분이 나쁘지 않아요./ 오히려,/ 그녀는 오늘 기분이 훨씬 좋아요.

2. Despite repeated announcements **to the contrary**,/ youth unemployment is on the rise.

그와는 반대라는[그렇지 않다는] 거듭된 발표에도 불구하고,/ 청년실업은 증가하고 있습니다.

☞ (청년실업이 줄어든다는) 거듭된 발표에도 불구하고.

☞ **in a nutshell** 간결하게; 간단히 말해서(=to make a long story short=in short)

2 시험에 자주 출제되는 동사구

1) abide by ~ (약속 등을) 지키다; 따르다
2) account for ~ ~을 설명하다, 차지하다
3) act on ~ ~을 따라 행동하다
   ; ~에 작용하다
   cf. act for ~ ~을 대리하다
   ; ~을 위해 활동하다
4) adhere to ~ ~을 고수하다, 지키다
5) answer for ~ ~을 책임지다
6) apply for 〈직업〉~에 지원하다
   cf. apply to ~ ~에 적용되다, 문의하다
7) back up ~ (교통이) 정체하다;
   후원하다; (일이) 밀리다
8) break down 고장 나다(=collapse)
9) bring up 기르다, 교육하다(=educate)
   ; (안건 등을) 내놓다
   cf. bring about ~ ~을 초래하다(=cause)
10) burn down 전소하다, 몽땅 타다
11) capitalize on ~ ~을 이용하다
12) carry out ~ ~을 성취하다, 수행하다
13) carry over ~ ~을 이월시키다; 계속 이어지다
14) catch up with ~ ~을 따라잡다(=overtake)
15) check in 호텔에 투숙하다, 탑승수속을 하다
16) come by ~ ~을 획득하다(=obtain)
17) conform to ~ ~에 따르다; 일치하다(=~ with)
18) convert to ~ ~로 전환하다; 개종하다
19) cut back (on) ~ ~을 삭감하다(=curtail)
20) depend (up)on ~ ~에 의지하다
   (=rely (up)on)
21) do over 다시 하다; 다시 꾸미다
22) drop by[in] ~ ~을 방문하다(=call on)

23) frown upon ~ ~에 반대를 나타내다
24) get ahead 성공하다(=succeed)
25) give in 항복하다(=surrender)
26) give up ~ ~을 포기하다(=abandon)
27) go between 중재[중개, 중매]하다
28) hand out ~ ~을 분배하다(=distribute)
29) hang on 〈전화〉 잠깐만 기다리세요.
   cf. hang up 전화를 끊다, (옷을) 걸다
   hang over 미결인 채로 있다
30) interfere in ~ ~에 간섭하다(=meddle)
31) lay off 해고하다(=dismiss; chuck out))
32) let on 비밀을 누설하다(=reveal)
33) let up (비가) 그치다(=stop), 누그러지다
34) live on ~ (음식, 돈, 월급 등으로) 살아가다
35) look after ~ ~을 돌보다(=take care of)
36) look for ~ ~을 찾다(=search for)
37) make believe 가장하다(=pretend)
38) make out ~ ~을 이해하다(=comprehend)
39) make over ~ ~을 양도하다(=hand over)
40) make up for ~ ~을 보상하다(=compensate)
41) participate in ~ ~에 참가하다(=take part in)
42) pass away 죽다(=die; decease)
43) pay for ~ ~을 변상하다; 값을 치루다
44) put off ~ ~을 연기하다(=postpone)
45) rely on ~ ~에 의지하다(=reckon on)
46) rule out ~ ~을 제외하다(=exclude)
47) run into 우연히 만나다(=come across)
48) run short 부족하다(=want; lack), 바닥나다
49) see about ~ ~에 대해 알아보다, ~을 준비하다
   ; ~을 고려하다, ~의 조치를 하다

50) **show up** 나타나다(=appear; turn up)	56) **take up** ~ ~을 차지하다(=occupy); 시작하다
51) **stand for** ~ ~을 상징하다(=represent)	57) **try on** 입어[신어] 보다
52) **take after** ~ ~을 닮다(=resemble)	58) **turn to** ~ ~에 의지하다(=resort to; rely on; reckon on; depend on)
53) **take in** ~ ~을 속이다(=deceive)	
54) **take off** ~ ~을 벗다(=remove)	59) **use up** 다 써버리다(=consume)
55) **take place** 발생하다(=happen); 개최되다	60) **wait on** 시중들다(=serve)

1) All the workers/ have to **abide by**/ office regulations.

　모든 근로자들은/ 준수해야 합니다/ 근무수칙을.

6) For further particulars,/ **apply to** the information desk.

　더 자세한 것은,/ 안내데스크에 문의하세요.

19) The government/ is drastically **cutting back on**/ the welfare budget.

　정부는 삭감하고 있습니다/ 복지예산을.

32) The devoted wife/ knew his infidelities/ but she didn't **let on** about them.

　그 헌신적인 아내는/ 남편의 부정행위를 알고 있었지만/ 그것들을 말하지 않았습니다.

53) Many girls were nicely **taken in**/ by the flirt's honeyed[sweet] talk.

　많은 아가씨들이 감쪽같이 속아 넘어갔어요/ 바람둥이의 달콤한 말에.

---

more tips

1. 동사+부사[명사]+전치사

come down with ~ ~병에 걸리다(=catch)	get along with ~ ~와 사이좋게 지내다
get hold of ~ ~을 잡다(=grasp); 이해하다	get rid of ~ ~을 제거하다(=remove)
get through with ~ ~을 끝내다, 완수하다	give birth to ~ ~을 낳다(=bear)
give rise to ~ ~을 초래하다(=cause)	have a preference for ~ ~을 더 좋아하다
have an effect on ~ ~에 영향을 미치다(=affect)	have a conversation with ~ ~와 대화하다
have it in for A A에게 원한[앙심]을 품다	keep an eye on ~ ~을 감시하다
pay attention to ~ ~에 주의를 기울이다	steer clear of ~ ~을 피하다, 멀리하다
take a liking for ~ ~을 좋아하다, ~이 마음에 들다	take pride in ~ ~을 자랑하다(=boast; brag)
come up with ~ (방안, 해결책 등을) 내놓다, 생각해내다, 마련하다	put up with ~ ~을 참다, 견디다 (=bear; stand; tolerate; endure)

My granddaughter/ **came down with** chickenpox/ yesterday.

우리 손녀가/ 수두에 걸렸어요/ 어제.

The special task force/ has to **get through** (with) the project/ by today.

그 특별임무팀은/ 그 임무를 끝마쳐야 합니다/ 오늘까지.

Ever since I **steered clear of** Sera,/ she has **had it in for** me.

내가 세라를 피한 이래로,/ 그녀는 내게 앙심을 품고 있어요.

2. be+형용사[분사]+전치사

be sold out 매진되다	be based (up)on ~ ~에 근거를 두다
be derived from ~ ~에서 유래하다	be devoted to ~ ~에 헌신하다, 전념하다
be different from ~ ~와 다르다	be enthusiastic about ~ ~에 열성적이다
be famous[known] for ~ ~로 유명하다	be independent of ~ ~로부터 독립하다
be frightened at ~ ~에[때문에] 놀라다	be surprised at ~ ~에 놀라다
be true to ~ ~에 충실하다	be useful for ~ ~에 유용하다
*be true to life 사실 꼭 그대로다	be welcome to V (마음대로) V 해도 좋다

The new horror movie/ **was based on** a true story.

그 신작 공포영화는/ 실화를 토대로 만들어졌습니다.

This English word/ and that English idiom/ **are derived from** Latin.

이 영단어와/ 저 영어 관용어구는/ 라틴어에서 나온 것입니다.

Office workers/ have to bust their butts/ to **be** financially **independent of**/ their family.

직장인들은/ 힘껏 노력해야 합니다/ 경제적으로 독립하려면/ 집에서.

2 전치사 종합

(1) with는 "~와 동시에"라는 동시성을 나타냅니다.

With the development of genetic engineering,/ a new road to human cloning/ has been opened.

유전공학이 발달함에 따라서,/ 인간복제의 새 길이/ 열렸습니다.

☞ with the end of ~ ~이 끝남과 동시에

(2) beyond는 "~의 범위를 넘어서"라는 범위, 정도를 나타냅니다.

beyond criticism 비난의 여지가 없는	beyond description 형용[설명]할 수 없는
beyond dispute 논의할 여지없이, 명백히	beyond doubt 의심의 여지가 없이
beyond expression 형용할 수 없는	beyond all hope 절망적인
beyond one's belief 믿을 수 없는	beyond one's ability 능력 밖의, 힘에 부치는
beyond one's expectation ~의 기대 밖의	beyond one's capacity 능력 밖의, 수용할 수 없는
beyond one's power ~의 권한 밖의	beyond one's grasp 이해가 안 되는
beyond recognition 알아 볼 수 없을 정도로	beyond one's power 힘에 부치는, 권한 밖의

Her tastes/ in movies and music/ go **beyond imagination**.

그녀의 취향은/ 영화와 음악에 있어서의/ 상상을 초월합니다.

(3) against의 다음 의미는 중요하므로 반드시 기억하세요.

1) Some people/ are **for**/ the constitutional amendment/ and others/ are **against** it.

어떤 사람들은/ 찬성합니다/ 개헌을/ 그리고 또 어떤 사람들은/ 그것에 반대합니다.

→ 개헌을 찬성하는 사람들도 있고 반대하는 사람들도 있습니다.

☞ for : ~에 찬성하여 against : ~에 반대하여

2) The tour guide warned/ the tourists/ **aginst** pickpockets/ in a crowded street.

그 관광안내원은 조심하라고 했습니다/ 관광객들에게/ 소매치기를/ 붐비는 거리에서.   ☞ ~에 대비하여

3) Mt. Sorak's autumn foliage/ is beautiful/ **against** the blue sky.   ☞ ~을 배경으로

설악산의 단풍이/ 아름답습니다/ 푸른 하늘을 배경으로[푸른 하늘과 대비되어].

4) Don't lean **against**/ the elevator door./ It's very dangerous,/ if the door suddenly snaps open.   ☞ ~에 기대어

기대서지 마십시오/ 승강기 문에./ 매우 위험합니다,/ 갑자기 문이 덜컥 열리면.

(4) TV나 라디오의 전파를 타고 방송되는 것에는 전치사 on(~으로)을 사용합니다.

I listen to English news/ **on** the radio/ whenever I have time.

난 영어뉴스를 들어요/ 라디오로/ 시간 날 때마다.

I watched the friendly soccer match/ **against** Japan/ **on** TV.

난 축구 친선경기를 봤어요/ 일본과의/ 텔레비전으로.

CHAPTER **20**

특수구문

Particular Sentences

이 장은 일반적인 문장과는 그 형태가 다른 **도치·강조·생략·삽입·부정·대형태·부가의문문·화법**을
다루는데, 중요한 부분이 많아 시험에도 자주 출제되므로 주의해서 학습해야 합니다. 특수구문에는
이미 앞에서 다룬 것도 있고 처음 다루는 것도 있으므로 이미 다룬 것은 복습하는 느낌으로 가볍게 처음
다루는 것은 정확히 이해하고 넘어가세요.

특 ~, 특수, 특별, 특대, 특상, 특가, …

'특'자가 들어가면 뭔가 특별한 데가 있는 것처럼
'특수구문' 또한 일반적인 문장과는 특별히 다른 문장이란 뜻!

문제풀이에서나 독해에서는
"무엇을 묻는 문제인가?" "어떤 종류의 특수구문인가?"를
바로 알 수 있을 정도로 특수구문의 형태와 그 의미에 익숙해져야 합니다.

시험대비「특수구문」중점 학습 과제

1 도치는 어떤 경우에 도치가 되며, 그 형태가 어떤지를 이해하는 것이 중요합니다.

> 1) 가정법 조건절에서 접속사 if가 생략되는 경우
> 2) 부정어구[부정부사]가 문두로 나가는 경우

1) **Had I had** much money, I **could have lent** you some money then. 〈if 생략〉
  = If I **had had** much money, I **could have lent** you some money then.

2) **Little did I** know that you would let me down. 〈부정부사가 문두로 나간 도치〉
  = I **little knew** that you would let me down. ☞ let down 실망시키다

2 강조는 강조하는 방법의 이해가 중요합니다.

> 1) 동사 강조 – 강조의 조동사 do 사용   2) 대명사 강조 – **재귀대명사** 사용
> 3) 의문사 강조 – on earth, in the world 4) It is[was] ~ that 강조구문

My teacher thinks/ that I didn't study for the test,/ but I **did** study hard.
우리 담임은 생각합니다/ 제가 시험공부를 하지 않았다고,/   〈동사 강조〉
그러나 전 정말 열심히 했거든요.

3 생략은 관용적으로 생략되는 구문의 이해가 중요합니다.

> 1) 부사절에서 '동일주어 + be 동사'의 생략 ☞ 주어가 **대명사**이고 be동사인 경우
> 2) '**주격관계대명사** + be 동사'의 생략 ☞ 선행사+(관계대명사+be동사)+~ing[ed]

1) Be careful/ when (**you are**) driving down sharp curve hills.
  조심하세요/ 급커브 언덕길을 운전해 내려갈 때는.

2) Sara is speaking/ to the cool guy/ (**who is**) standing next to her.
  사라는 말을 걸고 있네요/ 그 멋진 녀석에게/ 자기 옆에 서 있는.

4 부정은 부분부정, 전체부정, 이중부정의 경우를 정확히 이해해야 합니다.

> 1) **부분부정** : not[never] + all[every, always, both, quite, necessarily, …]
> 2) **전체부정** : never, no, none, neither나, not + any[either]가 들어 있는 문장
> 3) **이중부정** : 이중부정으로 쓸 수 없는 경우가 중요

5 부가의문문은 다음 것이 중요합니다.

Let's ~? (제안)	→ shall we?	had better	→ hadn't ~?
권유 명령문	→ won't you?	used to	→ didn't ~?
직접 명령문	→ will you?	ought to	→ shouldn't ~?

1 도치(Inversion)

1 「도치」의 형식 ☞ 의문문

> 1) **일반동사 문장** : do동사＋주어＋본동사?
> 2) **be동사   문장** : be동사＋주어?
> 3) **조동사   문장** : 조동사＋주어＋본동사?

1) What **do you want** to do/ this holiday weekend?

   뭐 하고 싶어?/ 이번 주말연휴에

2) What **are you doing**/ this holiday weekend?

   뭐 할 거야?/ 이번 주말연휴에

   ☞ Are you kidding me? 장난하냐?, 누구 놀리니?

      ＝ Are you pulling my leg?

3) **Can I speak** to you a moment?

   잠시 얘기 좀 할 수 있을까요?

2 구문상의 도치

(1) 「가정법 조건절」에서의 도치 ☞ 접속사 if를 생략하는 경우

   Were I a billionaire,/ I **could buy**/ the petrol-electric hybrid car.
   ＝ **If I were** a billionaire,/ I **could buy**/ the petrol-electric hybrid car.

   내가 억만장자라면,/ 난 살 수 있을 텐데/ 휘발유와 전기를 사용하는 그 하이브리드카를.

(2) 「양보절」에서의 도치 ☞ 형용사[명사]＋as＋S＋V 형식에서

   Woman as the boxer is,/ she has a hard punch.
   ＝ **Though the boxer is a woman**,/ she has a hard punch.

   비록 그 복서는 여자이지만,/ 그녀는 주먹이 강해요.

   ☞ 형용사, 명사 둘 다 보어로 쓰이지만, 명사 보어가 문두로 나갈 경우는 **무관사**로 씀.

(3) S+V(긍정문),　　　(and) so + V + S(=S + V, too) ⇒ 긍정적 동의

(S는 ~해[~야])　　　　　　(~도 또한 그래[~해, ~야])　　← **다른 주어**

S + not V(부정문), (and) neither + V + S　　⇒ 부정적 동의

(S는 ~안 해[~아니야])　　　(~도 또한 그래)[~안 해, ~아니야] ← **다른 주어**

Sara is divorced and so is Sera.

사라는 이혼녀야/ 그리고/ 세라도 그래 (이혼녀야). ⇒ 둘 다 돌싱

I am not married and neither are most of my friends.

난 미혼이야 그리고/ 내 친구들 대부분이 그래. ⇒ 내 친구 대부분이 총각

---

more tips

1. 이 표현은 앞에 내용을 그대로 받으므로,

　뒤에 나오는 「so+V+S」, 「neither+V+S」도 바뀐 주어에 **동사의 수**와 **시제**를 일치시켜야 합니다.

　1) 조동사, be동사는 그대로 사용 한 후, 시제 일치시킴

　2) 일반동사는 대동사 do사용 → 주어와 시제에 맞춰 do, does, did 사용

2. 「S+V(긍정문), (and) so+S(같은 주어)+V」는 "S는 **정말 그래**."라는 뜻입니다.

　A : Sera looks great today. 세라 오늘 멋져 보여.

　B : **So she does.** 정말 그래(멋져).

---

(4) 「the+비교급 ~, the+비교급 …」 형식에서

The harder I try to forget you,/ **the more** I miss you.　　　〈대명사주어 - 정치〉

당신을 잊으려고 하면 할수록,/ 난 그만큼 더 당신이 그립습니다.

The colder the weather gets,/ **the more** things we have a conversation on.

날씨가 추워질 수록/ 우린 더 많은 것들에 관해 얘기해요.

The more water you use, the higher your bill will be.

= **The more** you use **water**, the higher your bill will be. (×)

물을 많이 사용하면 할 수록, 고지서는 그만큼 더 높게 나오게 됩니다.

☞ much의 비교급인 more만 나가서는 안 되고, 수식 받는 명사도 함께 붙어 나가야 함

The colder the weather, **the worse** I feel.

☞ 2형식 문장에서 be동사가 생략된 경우. The colder the weather **is**

3 강조를 위한 도치

(1) 「부정부사」가 문두에 나온 경우

다음 부정부사가 문두에 나오면 주어, 조동사가 도치됩니다.

hardly	scarcely	rarely : 거의 ~않는
no sooner	little	not until ~ that
not only	only+부사구	never
under no circumstances 어떤 경우[상황]에(서)도 ~ 안 되다		barely : 거의 ~아니게[없이]

1) **Little did I dream**/ that Sara loved me top and bottom.
   = **I little dreamed**/ that Sara loved me top and bottom.

   난 꿈에도 생각하지 못했죠/ 사라가 날 완전 사랑하는 줄을.

2) I did**n't** know the news/ **until** I read the English newspaper.

   난 그 소식을 몰랐지요/ 내가 그 영자신문을 읽을 때까지는.

   ☞ 그 영자신문을 보고 나서야 비로소 난 그 소식을 알았습니다.

   = It was **not until** I read the English newspaper/ **that** I knew the news.

   ☞ It ~ that 강조구문 "내가 그 소식을 안 것은 바로 그 영자신문을 읽고 나서였습니다."

   = **Not until** I read the English newspaper/ **did I know** the news. ☞ 도치

3) **Under no circumstances**/ **can** the special price products **be returned**.

   어떤 경우에도/ 특가상품들은 반품이 안 됩니다.

(2) 「부사(구)」의 도치

1) **주어가 명사인 경우** → 부사+자동사+주어 〈도치〉
2) **주어가 대명사인 경우** → 부사+주어+자동사 〈도치 안 됨〉

Here **is** your smartphone. (○) 〈도치〉 〈명사 주어〉
Here your smartphone **is**. (×) 여기 네 스마트폰 있네.
Here **it** is. (그게) 여기 있네. (○) 〈정치〉 〈대명사 주어〉

☞ Here we are. (○)

   (목적지에 도착해서) 다 왔어./ (찾던 것을) 찾았어, 여기 있어요.

(3) 「보어」의 도치

1) **Happy I** was/ when I was with you. 〈보어+S[대명사]+V〉

　　난 행복했어요/ 당신과 함께 있을 때.

　　cf. **Happy** was **Sara**/ when she was with Peter. 〈보어+V+S[명사]〉

　　　사라는 행복했어요/ 피터와 함께 있을 때.

2) **Such** was my astonishment/ that I was struck dumb/ for a while. 〈보어〉
　 = My astonishment was **such**/ that I was struck dumb/ for a while.

　　난 너무나도 놀라/ 말문이 막혔어요/ 잠시.

　☞ be struck dumb at[by, with] : ~에 말문이 막히다. 어안이 벙벙하다

　cf. What a beautiful flower this is! 〈감탄문〉

　　이것은 참 아름다운 꽃이구나!

---

more tips

1. 「목적어」의 도치 – 목적어가 문두로 나갈 때

My leisure time I spend/ with my children.

난 여가시간을 보내죠/ 우리 애들하고.

☞ **목적어**는 문두로 나가도 **도치되지 않는 것이 일반적임**

cf. **Not a word** did my wife say/ during lunch.

　= My wife **did not say a word**/ during lunch.

　　아내는 단 한마디도 하지 않았지요/ 점심을 먹으면서.

☞ 부정어를 포함하여 목적어가 문두로 나간 경우는 흔히 "**도치**"됨

2. **문장의 균형을 위한 도치**

The day will surely come/ **when my dreams and aspirations**/ **will come true**.

그날이 분명 올 거예요/ 내 꿈과 야망이 실현되는.

☞ The day/ **when my dreams and aspirations will come true**/ will surely come.

2 강조(Emphasis)

1 동사의 강조

조동사 do[does, did]를 본동사 앞에 붙이며, 그 뜻은 '**정말로, 진실로, 꼭**'입니다.

☞ 본동사의 시제가 '현재 – do', '과거 – did', '3인칭 단수 현재 – does' 사용

I **love** you. 난 널 사랑해.
I **do** love you. 난 **정말로** 널 사랑해.

I **loved** you then. 난 그때 널 사랑했어.
I **did** love you then. 난 그때 **정말로** 널 사랑했어.

2 (대)명사의 강조

재귀대명사를 사용하며 이땐 재귀대명사를 생략해도 문장이 성립하며, 강조하고자 하는 명사, 대명사 **뒤나, 문장 끝**에 위치합니다.

To please my wife,/ I did the dishes **myself**.
아내를 기쁘게 해주려고,/ 내 스스로 설거지를 했지요.

Sara **herself** took photographs/ of the night view of Seoul.
사라 자신이 직접 사진 찍었어요/ 서울의 야경을.

---

more tips

1. **the very** : 바로 ~

   Sara is **the very** girl/ I have been anxious to meet/ for a long time.
   사라는 **바로 그** 여자예요/ 내가 미치도록 만나고 싶어해 온/ 오랫동안.

2. **최상급[all, everything]** ~+possible[imaginable] : 가능한[상상, 생각]할 수 있는] 최고의[모든] ~

   The drunkard/ in his delirium/ called me **the foulest** names **possible**.
   그 주정뱅이는/ 정신착란에 빠진/ 내게 상상할 수 있는 가장 더러운 욕을 해댔습니다.

   The medical team are trying **everything possible**/ to save the tsunami survivors' lives.
   그 의료진들은 가능한 모든 노력을 다하고 있습니다/ 지진해일 생존자들의 생명을 구하기 위해.

---

3 의문사의 강조 : 도대체

| on earth | in the world | ever | whatever |

Why **on earth** are you so pretty?

도대체 넌 왜 그렇게 이쁜 거야?

What **in the world** are you talking about?

도대체 뭔 소리하는 거야? (뭐 잘못 먹었어?)

4 부정문의 강조

부정어[not, never]+at all[in the least; whatever] : 조금도[결코] ∼않다

I'm **not in the least** interested/ in marriage to the big fat woman.

난 조금도 관심 없어요/ 그 거구의 뚱뚱한 여자와의 결혼에는.

There is **no** doubt **whatever**/ that he is walking a tightrope.

추호의 의심의 여지가 없어요/ 그가 아슬아슬한 상황에 처해 있다는 것은.

5 It is[was] + 강조어구 + that ∼ 강조 구문

I dated/ Sara/ in the aquarium/ yesterday.
난① 데이트했죠/ 사라와②/ 그 수족관에서③/ 어제④.

① 강조 : **It** was **I** that[who]/ dated Sara/ in the aquarium/ yesterday.

그건 **바로 나**였어요/ 사라와 데이트한 건/ 그 수족관에서/ 어제.　　☞ 주어 강조

② 강조 : **It** was **Sara**/ **that**[whom] I dated/ in the aquarium/ yesterday.

그건 **바로 사라**죠/ 내가 데이트한 사람은/ 그 수족관에서/ 어제.　　☞ 목적어 강조

③ 강조 : **It** was **in the aquarium**/ **that**[where] I dated Sara/ yesterday.

거긴 바로 **그 수족관**이었죠/ 내가 사라와 데이트한 장소는/ 어제.　　☞ 부사구 강조

④ 강조 : **It** was **yesterday**/ **that**[when] I dated Sara/ in the aquarium.

그긴 **바로 이제**였죠/ 네기 시라와 데이트한 날짜는/ 그 수족관에서.　　☞ 부사 강조

3 생략(Ellipsis)

1 반복을 피하기 위한 생략

같은 어구가 반복해서 나올 경우 한쪽을 생략하고 쓰는 경우입니다. 〈간결성〉

1) The athlete gets up at five/ and (**he**) works out/ for three hours/ every day.　　〈주어〉
   그 운동선수는 5시에 일어나/ 운동합니다/ 세 시간씩/ 매일.

2) The moon shines at night/ and the sun (**shines**) in the daytime.　　〈동사〉
   달은 밤에 빛나고/ 태양은 낮에 빛나지요.

3) To her/ love is happiness;/ to me/ (**love is**) pain.　　〈주어+동사〉
   그녀에게/ 사랑이 행복이겠지만/ 내게/ 고통입니다.

4) Don't let go of the handle/ until I tell you to (let go of the handle).
   손잡이를 놓지 마라/ 내가 너한테 말할 때 까지.　　〈목적어〉

   cf. the steering wheel 운전대, 핸들 ☞ handle (×)
   　　 sit behind the steering wheel ┐
   　　 take the wheel 　　　　　　　┘ 운전하다

5) Sera is as trim and slender as Sara (**is**).　　〈비교 구문〉
   세라는 날씬해요/ 사라만큼.

6) A : Will you be back soon?
   　　 금방 돌아 올 거지?

   B : Well, I will try to (**be back soon**).
   　　 글쎄요, 애써 볼 게요.　　〈대부정사〉

7) What a fine prospect (**it is**)!　　〈감탄문〉
   어쩜 경치가 이렇게 멋있을까!

2 관용적 생략

(1) 부사절에서 「주어＋be동사」의 생략

> ☞ 원칙 : 동일주어 → **대명사**   동사 → **be동사**

= ① When (**he was**) asked/ why he **had done** so,/ he replied,/ "I **did** so for all of us."
= ② When **asked**/ why he **had done** so,/ he replied,/ "I **did** so for all of us."

질문을 받자/ 왜 그랬냐고, / 그는 대답했어요. / "우리 모두를 위해 그런 거라고."

(2) 「주격관계대명사＋be동사」의 생략

> ☞ **선행사** + (관계대명사+be동사) + −ing(진행형)
>   −ed(수동형)

All the applicants/ (**who are**) **applying for** the management position/ must submit/ a resume and a cover letter.
= All the applicants/ **applying for** the management position/ must submit/ a resume and a cover letter.

모든 지원자들은/ 관리직에 지원한/ 제출해야 합니다/ 이력서와 자기소개서 각 한 통을.

(3) 「the＋비교급 ～, the＋비교급 …」 구문에서의 생략

The higher the price (**is**),/ **the more** effective is hype.

가격이 높으면 높을수록,/ 그만큼 더 과장광고가 효과적입니다.   *spin 왜곡 광고

> ☞ The more, the better. 많으면 많을수록 좋아요. ⇒ 다다익선(多多益善)
> The sooner[faster], the better. 빠르면 빠를수록 좋아요.

The higher the price (**is**),/ **the higher** the quality (**is**).

가격이 높으면 높을수록, 품질도 그만큼 더 높아요.

(4) 「가정법 구문」에서의 생략

What (**would you do**)/ if I sneaked out with Sara?

어쩔 건데[어쩔래]?/ 내가 사라와 몰래 나간다면[사귄다면]

(5) 소유격 + 장소의 명사(store, shop, office, house, etc.)의 생략

The greengrocer also runs the butcher's (**shop**) in the greengrocer's.

그 청과물상은 정육점도 운영하고 있습니다/ 그 야채가게 안에서.

☞ at the barber's (shop) 이발소에서
  at my uncle's (house) 아저씨 댁에서

(6) 「광고 · 게시문」에서의 생략

(Beware of) Wet Paint! 페인트 조심	(Keep your) Hands Off (this). 손대지 마시오.
(The store is) Closed Today. 금일 휴업	(This area is) Off Limits. 출입금지
(This is) Not for Sale. 비매품	(This is) On Sale. 판매 중
(This is) Out of Order. 고장	(This is) Under Repair. 수리 중
Admission (is) Free. 입장무료	Engaged. 사용 중(=Occupied)
No Parking (is allowed). 주차금지	No Smoking (is allowed). 금연
One Way. 일방통행	Standing Room Only. 〈극장〉 좌석 만원
Help Wanted; Situation Vacant. 구인, 사람구함	Situation Wanted. 구직, 일자리 구함

---

more tips

(It is) So much for today. 오늘은 이만[끝].

(If there are) So many men, (there are) so many minds. 각인각색.

(If a man is) Out of sight, (he will go) out of mind. 눈에서 멀어지면 마음에서도 멀어진다.

4 삽입(Parenthesis)

1 단어의 삽입 ☞ 접속부사

however 그러나   therefore 그러므로   moreover 게다가   also 또한

accordingly 따라서   consequently 결과적으로   nevertheless 그럼에도 불구하고

Most chief executives,/ **however**,/ have a different opinion/ on the corporate merger.

대부분의 중역들은,/ 그러나,/ 다른 생각을 가지고 있습니다/ 그 기업합병에 대해.

☞ 그러나 대부분의 중역들은 그 기업합병에 대해 생각이 다릅니다.

2 주절 해당절의 삽입

I believe ~   It seems ~   I am sure ~   It is true ~

The girl/ with her hair dyed red,/ **it seems to me**,/ is very modest.

그 아가씨는/ 머리를 빨갛게 염색한,/ 내가 보기에는,/ 매우 조신합니다.

3 관계사절에서의 삽입

what is more 게다가

what is more important 더욱 중요한 것은

what makes the matter worse 설상가상으로

what is the best of all 게다가, 가장 좋은 것은

what is better 더 좋은 것은, 금상첨화로

what is worse 더 나쁜 것은, 설상가상으로

Sera is pretty and/ **what is more**/ very intelligent.

세라는 예쁩니다/ 게다가/ 매우 지적입니다.

We hired/ new employees/ who (**we believed**)/ were very competent.

우린 채용했습니다/ 신입사원들을/ (우리가 생각하기로)/ 굉장히 유능한.

4 의문사절에서의 삽입

> 의문사+(do you think[suppose, imagine, believe, …]) + S + V ~?

What **do you think**/ is the most important thing/ in your life?

넌 뭐라고 생각해/ 가장 중요한 것이/ 네 인생에서.

cf. What **do you think of**/ Sara[this picture, my presentation]?

어떻게 생각해?/ 사라를[이 사진을, 내 발표를]

5 관용어구의 삽입

1) after all 결국	2) as it were 말하자면, 이를테면
3) by the way 그런데	4) first of all 무엇보다도, 제일 먼저
5) for one thing 우선 첫째로	6) if you like 원하시면, 괜찮으면
7) in deed 정말	8) in short 간단히 말해서
9) instead of 대신에	10) of course 물론(=certainly)
11) on the contrary 반대로	12) on the other hand 다른 한편으로는
13) so far as I know 내가 아는 한에서는 (=to the best of my knowledge)	14) that is (to say) 즉, 다시 말하면
16) such as it is 변변치 못하지만(=poor though it is)	15) to be sure 확실히, 틀림없이

2) Life after emigration was,/ **as it were**,/ a succession of hardships.

이민(후의)생활은 이었습니다,/ 말하자면,/ 고난의 연속.

6) I can,/ **if you like**,/ give you a ride.

전 할 수 있어요,/ 원하시면,/ 태워 줄. ☞ 원하시면 태워 드릴게요.

13) Sara,/ **so far as I know**,/ is the most impressive girl/ in the class.

사라는,/ 내가 아는 바로는,/ 가장 인상적인 소녀야/ 그 반에서.

14) We went surfing/ to Florida/ a week ago,/ **that is (to say)**,/ during the summer vacation. 우린 서핑하러 갔었지/ 플로리다로/ 일주일 전에,/ 즉,/ 여름휴가 동안에 (갔어).

☞ 즉, 다시 말하면 = that is (to say); namely; in other words; as it were(말하자면)

16) The air conditioning system,/ **such as it is**,/ is working well.

그 냉방장치는,/ 그렇게 좋지는 않지만,/ 잘 작동되고 있습니다.

cf. heating system 난방장치   a central heating system 중앙 난방 장치

more tips

1. **if any** : (설사, 혹) 있다고 하더라도 → few, little 등의 부정 수[양] 강조

   ☞ if any가 문장 끝에 오거나, 그 뒤에 **명사**가 옴

2. **if ever** : (혹) 한다고 하더라도 → seldom 등의 시간[빈도] 부사 강조

   ☞ if ever 뒤에 **동사**가 옴

1. The refugees have little hope,/ **if any.**

   그 난민들에게는 희망이 거의 없습니다./ 설사 있다 해도.

2. My family seldom,/ **if ever,**/ go to the art museum.

   우리 가족은/ (전혀 안 가는 것은 아니지만) 가더라도/ 미술관에 좀처럼 잘 안 가요.

5 부정(Negation)

1 부분부정

1) **형태** : 부정어[not, never] + all[always, every, quite, necessarily, …]
2) **의미** : 모두[항상, 완전히, 필연적으로 …] ~한 것은 아니다

Not all rich people/ are egoistic or altruistic.

부자라고 해서 모두가/ 이기적이라거나 이타적이지는 않아요.

Tasty and nutritious meals/ are **not always** good/ for our health.

맛있고 영양가 높은 식사가/ 반드시 좋은 것은 아닙니다/ 우리 건강에.

2 전체부정

1) no[none, neither, never]나
2) not+any[either]가 들어 있는 문장] : 아무도[결코] ~않다

1) I'll **never** forget your love/ as long as I live.

난 당신의 사랑을 절대로 잊지 않을 거예요/ 내가 살아 있는 한.

2) The police have **not** seen **any** evidence/ at the scene of the crime.

경찰은 어떤 증거도 발견하지 못했습니다/ 범죄현장에서.

☞ at the scene of the accident[fire] 사고[화재] 현장에서

3 준부정 ☞ 준부정어 : 거의[좀처럼] ~않다[없다]

little	few	seldom	hardly	rarely	scarcely

The listed company **seldom** reports/ quarterly earnings/ to its stockholders.

그 상장회사는 거의 보고하지 않아요/ 분기별 수익을/ 주주들에게.

The feeble girl/ was so angry/ that she could **hardly** stand it.

그 가녀린 소녀는 너무 화가 나/ 거의 참을 수가 없었어요.

4 이중부정(Double Negation)

영어에서는 이중부정을 잘 사용하지 않지만, 부정의미를 가진 단어를 겹쳐 쓰거나 두 번 사용하면 **완곡한 표현**이 되거나, **강한 긍정 의미**를 갖게 됩니다.

It is **not unusual**/ for the lazybones/ to be more than twenty minutes late.
이상한 일이 아닙니다/ 그 게으름뱅이가/ 20분 이상 늦는 것은.

Small companies have **no small** need/ for technical partnership with big enterprises.
중소기업은 많이 필요로 하지요/ 대기업과의 기술적 제휴를. ☞ no small 적지 않은 → 많은

다음 경우는 이중부정으로 쓸 수 없으므로 주의해야 합니다.

바로 이것이 포인트! 이중부정으로 쓸 수 없는 경우

1. **다음의 부정의미를 가진 단어와**

   ① hardly, scarcely, seldom, rarely : 좀처럼[거의] ~않는
   ② without ~ing / unless S+V / neither[nor] V+S / lest ~ should
   ③ none   nobody   nothing   nowhere

2. **부정어구** : not   no   never
   ☞ **대원칙** : ①, ②, ③에는 이미 부정 의미가 포함되어 있으므로, ①, ②, ③이 들어 있는 **문장**에
            2)의 부정어구 not, no, never를 함께 쓸 수 없습니다.

I will not go skiing/ this weekend/ **unless** the weather is **not** fine. (×)
I will not go skiing/ this weekend/ **unless** the weather is fine.　　(○)
난 스키 타러 가지 않을 겁니다/ 이번 주말에/ 날씨가 안 좋으면.

more tips　부정어구가 들어 있는 중요 표현들

1. **never[not]** … **without** ～**ing** : …하면 반드시 ～한다.

    = **Whenever** …, **S + V** ～.

2. **cannot** 동사원형 ～ **too**[excessively; enough]

    It is impossible to V ～ overpraise, overestimate, exaggerate, … ☞ 아무리 ～해도 지나치지 않다

3. **never fail to V** : 반드시[틀림없이] V하다(=always)

1. Though the proverb says/ "A couple act with one heart and mind,"/

   the young couple **never** meet **without** quarreling.

   = the young couple quarrel **whenever** they meet.

   　속담에서 말하고 있긴 하지만/ "부부는 일심동체라고,"/ 그 젊은 부부는 만나기만 하면 다툽니다.

2. I **can't** thank you **enough**/ for your care and consideration.

   뭐라 감사드려야 할지 모르겠어요/ 당신의 관심과 배려에 대해.

   It is impossible/ to **overestimate** the importance of health.

   불가능합니다/ 건강의 중요성을 과대평가하는 것은.

   ☞ 건강의 중요성에 대해서는 아무리 강조해도 지나치지 않습니다.

3. Most prestigious persons/ **never fail to** keep their promises.

   = Most prestigious persons/ **always** keep their promises.

   　대부분의 명망가들은/ 틀림없이 자신들의 약속을 지키지요.

6 대형태(Pro-Form)

앞에 나온 단어나 문장의 '반복을 피하기 위해 대신 쓰는 말'을 **대형태**(대신 쓰는 형태)라 합니다.

1 대동사

> 앞에 나온 **동사의 반복**을 피하기 위해 do[**does**, **did**]를 대신 씀.
> 현재 3인칭 단수 과거시제

A : Did you finish/ filling out your income tax return?

끝냈어?/ 네 소득세 신고서 작성하는 거

B : Yes, I **did**(=finished ~). 그래, 끝냈어.

2 대부정사

> **to+동사원형**에서 동사원형을 생략하고 **to만 쓰는 것**을 말함.

Let's break up/ if you want **to** (break up).

헤어지자/ 헤어지고 싶으면.

A : Do you want to split up? 헤어지고 싶니?
B : Yes, I should like **to** (split up). 그래, 정말 헤어지고 싶어.

3 목적어 대신 사용하는 경우

> 1) **동사** : hope   believe   think   expect   suppose   guess
> 2) 위 동사가 목적어로 앞 문장을 받는 경우
>   ① **so** : 앞의 긍정의미 문장 전체 ┐
>   ② **not** : 앞의 부정의미 문장 전체 ┘ ~를 대신함

A : Is Sara seriously ill/ with food poisoning? 사라가 많이 아프니?/ 식중독으로

B : I think **so**. 그런 것 같아. 〈상대방과 같은 생각〉

        =Sara is ill with food poisoning.

B : I think **not**. 안 그럴 거야. ☞ 잘 사용하지 않는 표현

   =Sara is not ill with food poisoning.

B : I **don't think so**. 그럴 리 없어. ☞ 실제로 많이 사용하는 표현 〈상대방과 다른 생각〉

   =Sara is ill with food poisoning.

바로 이것이 포인트! hope, think, wish, be afraid 다음에 사용하는 「so, to」

1. Will you leave tomorrow/ as planned? 내일 떠날 거니?/ 예정대로

   – I hope **so**. (○) 그럴 거야. ☞ so = I will leave tomorrow as planned.

   – I hope **to**. (○) 그러고 싶어. ☞ to = to leave tomorrow as planned.

   ☞ **의문문의 주어와 응답자가 같은 경우**는 so, to 모두 가능 ▶ you = I

2. Did the president read my resignation? 사장님이 내 사직서 봤어?

   – I think **to**. (×)

   – I think **so**. (○) 그런 것 같아.(=the president(=he) read your resignation)

   ☞ **의문문의 주어와 응답자가 다른 경우** so만 사용 가능 ▶ the president ≠ I

3. Is she a flight attendant? 그녀는 비행기 승무원이니?

   – I think **to**. (×)

   – I think **so**. (○) 그럴 거야.(=she is a flight attendant.)

   ☞ **의문문에 be동사가 있는 경우** so만 사용 가능

---

④ 단어를 대신 받는 경우

(1) it ↔ one

1) **it**   = the[소유격, 한정사]+**명사** 대신 사용 ☞ 바로 그것
2) **one** = a+**명사** 대신 사용   ☞ 같은 종류의 다른 것

1) A : Do you have **my iPad**, Sara?

   사라야 내 아이패드 가지고 있니?

   B : Yes, here **it** is.   (○) 응, 여기 있어. ☞ 바로 그것
   Yes, here **one** is. (×)

2) A : Do you need **an iPad**?

너 아이패드 필요해?

B : Yes, I really wanted to have **one**.

응, 정말 갖고 싶었어.

A : Well, I will buy you **it** for you.　(×)

Well, I will buy you **one** for you. (○) ☞ 같은 종류의 다른 것

좋아, 내가 하나 사줄게.

(2) that ↔ those

1) **that**　= the 단수명사+of ~ ⎤
2) **those** = the 복수명사+of ~ ⎦ 를 대신 받음

1) **My opinion**/ on capital punishment/ is, on the whole, the same as/ **that** of the opponent of the death penalty.　　　　☞ that = opinion

제 의견은/ 사형에 관한/ 대체로 같습니다/ 사형 반대자의 의견과.

2) Their **opinions**/ on capital punishment/ are, on the whole, the same as/ **those** of advocates of the death penalty.　　　☞ those = opinions

그들의 의견들은/ 사형에 관한/ 대체로 같습니다/ 사형 주창자들의 의견들과.

(3) such ↔ none

1) **such** = as 뒤에서, a[an]+**명사** ⎤
2) **none** = no+**단수명사** ⎦ 를 대신 받음

1) The bum was a gangster/ and was treated **as such**. ☞ such = a gangster

그 부랑자는 폭력배였습니다/ 그리고 그렇게 취급받았습니다.

☞ 그 부랑자는 폭력배였으므로 그렇게 대우 받았습니다.

2) For a bereaved family,/ small consolation/ is better than **none**.

유족들에게는,/ 작은 위로나마/ 없는 것보다 낫습니다.　　☞ none = no consolation

7 부가의문문(Tag-Question)

부가의문문은 자신이 한 말에 대해 상대방의 동의를 구하기 위해 문장 끝에 덧붙이는 의문문을 말합니다. ☞ 부가 = 중요한 것에 덧붙이다(Tag(꼬리표)-Question)

1 부가의문문의 기본원칙

부가의문문을 학습하기에 앞서 다음 기본원칙을 이해하는 것이 중요합니다.

1) 앞 문장이 **긍정**이면 → **부정**
   부정이면 → **긍정** 의 부가의문문이 되고,

2) **시제** ☞ 앞 문장과 **동일 시제**,
   어순 ☞ **동사+주어**

3) **동사** ① be, 조동사, (조동사로 쓰인) have ☞ 그대로 사용
   ② 일반동사, (본동사로 쓰인) have ☞ 대동사 do 사용
   ☞ 인칭, 시제에 따라 변함 → 3인칭 단수 현재 – does/ 과거 – did

4) **주어** ☞ 「명사」인 경우 → 「**대명사**」로 바꿔줘야 함
   ① 남성 → **he**, 여성 → **she**
   ② this[that, 단수명사] → **it**, these[those, 복수명사] → **they**

1) You **love** Sara so much,/ **don't you**?   ☞ 일반동사, 긍정
   너 사라 많이 사랑하지,/ 안 그래?   → do동사, 부정 부가의문문

   You **don't** love Sara anymore,/ **do you**?   ☞ 일반동사, 부정
   너 사라 더 이상 사랑하지 않지,/ 그렇지?   → do동사, 긍정 부가의문문

2) You **loved** Sara so much,/ **didn't you**?   ☞ 일반동사 과거, 긍정
   너 사라 엄청 사랑했지,/ 안 그래?   → do동사 과거 – **did**, 부정 부가의문문

3) He **has** no wife and no children,/ **does he**?   ☞ has – 본동사, 현재
   그는 처자식이 없죠,/ 그렇죠?   → do동사의 3인칭 단수 현재

4) Peter **is** cool and vigorous,/ **isn't he**? ☞ Peter(남성명사) → he

피터는 시원시원하고 정력적이죠,/ 그렇죠?

Sara **is** pretty and cute,/ **isn't she**? ☞ Sara(여성명사) → she

사라는 예쁘고 귀엽죠,/ 안 그래요?

That **will** perk you up,/ **won't it**? ☞ That(단수명사) → it

저게 널 기운 나게 할 거야,/ 그렇지?

Those **were** the goldn days,/ **weren't they**? ☞ Those(복수명사) → they

그때가 정말 좋았지,/ 안 그래?

2 문장형태에 따른 부가의문문

(1) 「명령문」의 부가의문문

1) Let's ~? 〈제안〉 ☞ , shall we?
2) 권유 명령문 ☞ , won't you?
3) 직접 명령문 ☞ , will you?

1) **Let's** go/ get some ice cold beer/ after work,/ **shall we**?

가자/ 시원한 맥주 한잔하러/ 퇴근 후에,/ 어때?

2) Here, **have** some coke,/ **won't** you?

저, 콜라 좀 드세요,/ 어서요?

3) **Don't** blow the gaff,/ **will** you?

비밀 누설하면 안 돼,/ 알았지?

☞ blow the gaff = let the cat out of the bag 비밀을 누설하다

= let on[out] = reveal = divulge

cf. leak out 누설되다, 유출되다

(2) 「조동사」 포함 문장의 부가의문문

1) had better ~ ☞ , hadn't ~?
2) would rather ~ ☞ , wouldn't ~?
3) used to ~ ☞ , didn't ~?
4) have to ~ ☞ , don't ~?
      has to ~ ☞ , doesn't ~?
      had to ~ ☞ , didn't ~?
5) ought to ~ ☞ , shouldn't ~?

1) You **had better** see a doctor at once,/ **hadn't you**?

당장 병원에 가보는 게 낫겠지./ 안 그래?

2) You **would rather** tell me the true,/ **wouldn't you**?

넌 내게 사실대로 말하는 게 나을 거야./ 안 그래?

3) You **used to** go horseback riding,/ **didn't you**?

당신은 승마하러 가곤 했죠,/ 그렇죠?

4) You **had to** quit like a log,/ **didn't you**?

넌 어쩔 수 없이 사직해야만 했지./ 안 그래?

☞ like a log 어쩔 수 없이

   sleep like a log 세상 모르고 자다

5) He **ought to** look around for a new job,/ **shouldn't he**?

그는 새 일자리를 찾아봐야 하지,/ 그렇지?

---

more tips　　need, dare의 부가의문문

1. **조동사**로 쓰일 경우 ☞ , need ~?, dare ~?
2. **본동사**로 쓰일 경우 ☞ , do[does, did] ~? → 시제에 따라 변함

1. You **need not** go to the company picnic,/ **need you**? 〈조동사〉

당신은 회사 야유회에 갈 필요가 없죠./ 그렇죠?

2. We **need** a lot of money to be happy,/ **don't we**?　　〈본동사 – 복수 주어, 현재시제〉

행복하려면 우린 돈이 많이 필요하죠/ 그렇죠?

(3) 「부정어」가 들어 있는 문장의 부가의문문

   1) **부정어** : seldom   hardly   scarcely   few   little   anything but   by no means, …

   2) **긍정의 부가의문문이 되며,**
      ① be, 조동사, (조동사로 쓰인) have ☞ 그대로 사용
      ② 일반동사, (본동사로 쓰인) have ☞ 대동사 do 사용
                                 do[does, did] ∼?가 됨

   1) Sara **seldom** has coffee and sweets,/ **does she**?

     사라는 좀처럼 커피와 단것을 먹지 않죠,/ 그렇죠?

     ☞ 3인칭 단수 현재시제

   2) The police/ had **few** real facts/ about the murder case,/ **did they**?

     경찰은/ 알고 있는 진상이 거의 없었죠,/ 그 살인사건에 대해/ 그렇죠?

     ☞ 주어 the police 복수취급, 과거시제이므로 → did they?

(4) 「복문」의 부가의문문

   1) **형   태** : 주절 + 종속절 문장
   2) **부가의문문** ☞ 주절에 일치시킴

You **hurried** down the mountain because it was really stormy,/ **didn't you**?

폭풍우가 심했기 때문에 당신들은 서둘러 하산했죠,/ 그렇죠?

---

more tips	등위접속사로 연결된 「중문」은 「끝 절」에 일치시킴

> The man was a chief financial officer,/ and **his wife is** a chief executive officer,/ **isn't she**?
>
> 그분은 최고재무관리자(CFO)였고,/ 그분 부인은 최고경영자(CEO)이죠,/ 그렇죠?

(5) S + think[believe, …] + 「that」절의 경우

1) 형   태 : S think[believe, guess, imagine, suppose, expect, …] that S+V
2) **부가의문문**   ① that절에 일치시키며,
                ② 주절이 「**부정문**」일 경우는 긍정의 부가의문문이 됨

1) I think/ that **Sara will** come back to you,/ **won't she**?

내 생각에는:/ 사라가 너한테 돌아올 것 같은데,/ 그렇지?

☞ 종속절 주어 Sara에 일치

2) I do**n't** think/ **Sara will** come back to you,/ **will she**?

난 생각하지 않아/ 사라가 너한테 돌아올 거라고는,/ 안 그래?

☞ 주절이 부정문이면 → 긍정 부가의문

---

more tips

1. There is ∼. → isn't there?
2. 조동사의 축약형은 어떤 조동사의 축약형인지 정확히 살펴보아야 합니다.

1. **There are** many issues/ which threaten national security,/ **aren't there**?
문제들이 많지요/ 국가 안보를 위협하는,/ 그렇죠?

2. Sara**'s been** under the weather/ for a few days,/ **hasn't she**?
사라는 기분이 안 좋지/ 요 며칠 동안,/ 그렇지?   ☞ 's been → has been의 축약형

☞ He's → He has, He is
   He'd → He had, He would[should]

*be under the weather 몸상태가 좋지 않다, 기분이 언짢다[꿀꿀하다]

8 화법(Narration)

'다른 사람의 말을 전달하는 표현 방법'을 화법이라고 하는데, 화법에는 여러 형태가 있으나 여기서는 학습에 도움이 되는 중요 부분만 다루겠습니다.

1 화법의 기본적 이해

(1) 화법의 전환 방법

1) **전달동사** : said to를 told로 바꿔 줌 ⇒ **평서문**의 경우
   ① 단, say, said는 그대로 사용하며,
   ② said to를 told로만 바꿔 주는 것이 아니고,
   문장의 종류에 따라 다양한 전달동사가 사용됨

2) **인용부호** : 없애고 접속사 that을 넣음
   ☞ 접속사도 **that**만 사용되는 것이 아니고, **문장에 종류에 따라 사용하는 것이 다름**

3) **피전달문의 인칭** : 전달자의 입장에 맞게 바꿔 줌

4) **시제** : 시제 일치의 원칙에 맞게 일치시킴

5) **대명사**와 **시간, 장소의 부사**(구)를 전달자의 입장에 맞게 바꿔 줌.

Sera <u>said to</u> me,/ "<u>I will love you forever</u>."   〈직접화법〉
   전달동사   피전달문 ☞ 첫 글자는 대문자로 시작
세라는 내게 말했죠,/ "널 영원히 사랑할 거야."라고

⇒ Sera **told** me/ that <u>she</u> <u>would love</u> <u>me</u> forever.   〈간접화법〉
        I → she   과거   you → me
세라는 내게 말했죠/ 자기는 날 영원히 사랑할 거라고.

(2) 피전달문의 인칭 변화

1) 1인칭 – I, my, me   ☞ 전달문의 **주어**와 일치
2) 2인칭 – you, your, you   ☞ 전달문의 **목적어**와 일치
3) 3인칭 – she[he], her[his], her[him] ☞ 변화 없음

Sera **said to** me,/ "I am very happy **now**." ☞ Sera → I

세라는 내게 말했죠,/ "난 지금 넘 행복해"라고.

⇒ Sera **told** me/ that **she** was happy **then**. ☞ I → she로 바뀜

세라는 내게 말했죠/ 자기는 그때 넘 행복했다고.

(3) 부사의 변화

1) ago → before 그때부터 ~전   now → then 그때   today → that day 그날
2) here → there 거기   this place → that place 그곳   tonight → that night 그날밤
3) tomorrow → the next[following] day 그 다음날
4) yesterday → the day before, the previous day 그 전날
5) last night → the night before, the previous night 그 전날 밤

Sera **said to** me,/ "I will come **here** tomorrow."

세라는 내게 말했어요./ "내일 여기 올 거야"라고.

⇒ Sera **told** me that **she would go there** the next day.   〈다른 장소, 다른 날〉

세라는 내게 말했어요/ 그 다음날 거기 갈 거라고.

cf. Sera **told** me that **she would come here** the next day.   〈같은 장소, 다른 날〉

2 의문문의 화법 전환

1) **전달동사** : ask, inquire of, wonder 등을 사용
2) **접 속 사** : ① 의문사가 있는 경우 → **의문사를 접속사**로 사용
  ② 의문사가 없는 경우 → if나 **whether** 사용
3) **어 순** : 의문문의 어순 → **평서문의 어순**(S+V ~)으로 바뀜

1) Sera **said to** me,/ "**What are you doing this weekend**?" ☞ 의문사가 있는 경우

  세라는 내게 말했죠,/ "이번 주말에 뭐 할 거야?"라고.

  ⇒ Sera **asked** me/ **what I was doing that weekend**.

    세라는 내게 물었죠/ 내가 그 주말에 뭘 할 건지를.

2) Sera **said to** me,/ "**Are you fond of drinking**?" ☞ 의문사가 없는 경우

  세라는 내게 말했죠,/ "너 술 좋아해?"라고.

  ⇒ Sera **asked** me/ **if**[**whether**] **I was fond of drinking**.

    세라는 내게 물었죠/ 내가 술을 좋아하는지를.

3) Sera **said to** me/ "Did you meet anyone in town **yesterday**?"

  세라는 내게 말했죠,/ "어제 시내에서 누구 만났어?"라고.

  ⇒ Sera **asked** me/ **if**[**whether**] **I had seen** anyone in town **the day before**.

    세라는 내게 물었죠/ 내가 그 전날 시내에서 누굴 만났는지를.

---

more tips	화법전환 시 시제변화

전달동사 과거 + 피전달문 ┌ "현재 → **과거**""현재진행 → **과거진행**"
└ "현재완료 → **과거완료**""과거 → **과거완료**"

전달동사 현재 + 모든 시제 ← 그 시제 그대로 씀.

[참고] 진리, 속담은 그대로 사용. **가정법**은 인칭만 바뀜.

3 명령문의 화법 전환

1) **전달동사** : tell, <u>ask</u>, <u>order, command</u>, <u>advise</u>, <u>suggest, propose</u>
   요청   명령   권고   제안

2) **접 속 사** : 접속사 대신 **to 부정사**를 사용하고, 부정문인 경우 '**not to 부정사**'가 됩니다.

1) A traffic cop **said to** me,/ "Stop the car at the curb of the road."

   한 교통경찰이 내게 말했어요./ "도로변에 차 세워요."라고.

   ⇒ A traffic cop **told** me/ **to stop** the car/ at the curb of the road.

   한 교통경찰이 내게 말했습니다/ 차를 세우라고/ 도로변에.

2) The physician **said to** me,/ "Don't smoke from now on."

   그 내과의사는 내게 말했습니다./ "이제부터 담배피지 마세요."라고.

   ⇒ The physician **advised**[**ordered**] me/ **not to smoke** from now on.

   그 내과의사는 내게 권고했습니다/ 이제부터 담배피지 말라고.

3) My colleague **said to** me/ "Let's play golf sometime soon."

   내 회사동료는 말했습니다,/ "조만간 우리 골프 한번 치자."라고.

   ⇒ My colleague **suggested**[**proposed**] me/ **to play** golf sometime soon.   (×)

   ⇒ My colleague **suggested**[**proposed**] (to me)/ that we (should) **play** golf   (○)
   sometime soon.

   내 회사동료는 (내게) 제안했습니다/ 조만간 골프 한번 치자고.

   ☞ 'suggest[propose] + A(목적어) + to V(부정사) 구문으로 쓸 수 없음에 주의하세요

4 중문, 복문의 화법 전환

(1) 중문의 화법 전환

중문에서 접속사 and, but 다음에 사용하는 that은,

☞ 첫 번째 것은 생략할 수 있지만, 그 다음에 나오는 것은 생략할 수 없습니다.

Sara said,/ "I really like a military look,/ **and** I'd like to try this on."

사라는 말했어,/ "난 군복스타일 패션이 너무 좋아,/ 난 이거 입어보고 싶어."라고.

⇒ Sara said (that) **she** really liked a military look,/ **and that** she'd like to try that on.

사라는 말했지요/ 자기는 군복스타일 패션을 너무 좋아하고/ 그걸 입어보고 싶다고.

(2) 복문의 화법전환

1) 종속접속사 for, because, as, so 등의 뒤에는 **that**을 쓰지 않고

2) 전달문이 '명령문+and[or]'인 경우에도 and[or] 뒤에 **that**를 쓰지 않습니다.

1) Sara said to me,/ "you can leave me,/ **for** I love you very much."

사라는 내게 말했죠,/ "넌 날 떠나도 좋아,/ 내가 널 너무 사랑하므로."라고.

⇒ Sara **told** me/ that **I** could leave her,/ **for that she** loved **me** very much. (×)

⇒ Sara **told** me/ that **I** could leave her,/ **for she** loved **me** very much. (○)

사라는 내게 말했죠/ 내가 그녀를 떠나도 된다고,/ 자기가 날 너무 사랑하므로.

2) Sara **said to** me,/ "Hurry up,/ **or** you will be late for the interview."

사라는 내게 말했어요,/ "서둘러,/ 그렇지 않으면 면접 시간에 늦겠어"라고.

⇒ Sara **told** me to **hurry up**/ or **that** I would be late for the interview. (×)

⇒ Sara **told** me/ **that** if **I** didn't hurry up/ **I** would be late for the interview. (○)

⇒ Sara **told** me **that** I would be late for the interview **unless** I hurried up. (○)

사라는 내게 말했어요/ 서두르지 않으면/ 취업면접시간에 늦을 거라고.

Nothing shall prevent me from achieving my goal.

내가 목표 달성하는 것을 그 어떤 것도 막지 못할 것입니다.